Wolfgang Holzschuh

Die Trauer der Eltern bei Verlust eines Kindes

Studien zur Theologie und Praxis der Seelsorge

37

Herausgegeben von
Konrad Baumgartner und Erich Garhammer
in Verbindung mit
Ludwig Mödl, Josef Müller und Ehrenfried Schulz

Wolfgang Holzschuh

Die Trauer der Eltern bei Verlust eines Kindes

Eine praktisch-theologische Untersuchung

seelsorge · echter

Die Abbildungen auf Seite 5 und 7 sind dem Band
»Ich sah die Welt mit liebevollen Blicken« von Käthe Kollwitz entnommen.

Dieser Band ist allen verwaisten Eltern gewidmet.

Die Deutsche Bibliothek – CIP-Einheitsaufnahme

Holzschuh, Wolfgang:
Die Trauer der Eltern bei Verlust eines Kindes : eine praktisch-theologische Untersuchung / Wolfgang Holzschuh. –
Würzburg : Seelsorge Echter, 1998
(Studien zur Theologie und Praxis der Seelsorge ; 37)
Zugl.: Benediktbeuern, Phil.-Theol. Hochsch., Diss., 1998
ISBN 3-429-02077-8

2. Auflage 2000

Gesamtherstellung:
Druckerei Lokay e. K., Reinheim
ISSN 0935-5898
ISBN 3-429-02077-8

Käthe Kollwitz, Frau, ihr totes Kind umklammernd, 1911

Käthe Kollwitz, Die Eltern, 1923

Vorwort

Der Verlust eines Kindes durch Tod erfährt derzeit in den Medien Aufmerksamkeit. Besonders im Zusammenhang mit Gewaltverbrechen, Entführungen und Mißbrauchsdelikten mit anschließendem Mord, wird Empörung aus gesellschaftlichen Reihen laut. Vereinzelt wird dabei vom Umgang der Eltern mit dem Tod ihres Kindes und ihrer Trauer berichtet. Das Thema „Die Trauer der Eltern bei Verlust eines Kindes. Eine praktisch-theologische Untersuchung", steht in einem aktuellen Kontext. Für die Veröffentlichung vorliegender Arbeit wurde der Originaltitel geringfügig geändert: Der kirchengemeindliche Bezug des Themas wird nicht mehr eigens erwähnt, da die praktisch-theologische Untersuchung diesen impliziert und voraussetzt.

Wie sich angesichts des Todes eines Kindes christlicher Glaube ereignen, vollziehen und bewähren kann, wurde mir zum Impuls, vorliegende Arbeit zu erstellen. Besonderer Dank gilt allen Eltern, die bereit waren, mich an ihren Erfahrungen teilhaben zu lassen.

Der Schwerpunkt der Arbeit, die praktisch-theologische Umfrage bei verwaisten Eltern, ist über die Grenzen katholischer Gemeinden hinaus auf konfessionsverschiedene ausgedehnt, wodurch die Arbeit - zumindest in der Datengewinnung - eine ökumenische Ausrichtung erfährt. Angenommen wird, daß sich die Grundanliegen der großen Konfessionen hinsichtlich Trauernder ähneln und daher eine ökumenische Gesamtschau verantwortbar und wünschenswert erscheint; dies soll aber keineswegs Vereinnahmung von konfessionsverschiedenen Christen bedeuten. Bei der Evaluation der Untersuchungsergebnisse und Formulierung der Postulate ist der katholische Kontext grundlegend.

Verwendete Bibelzitate sind der Elberfelder Bibel entnommen, die in ihrer Übersetzung durch größere Nähe zum Urtext für wissenschaftliches Arbeiten geeigneter erscheint als die Einheitsübersetzung. Jener folgt der Verfasser jedoch bei den deuterokanonischen Büchern und den Abkürzungen der biblischen Bücher.

Das Literaturverzeichnis ist der Kapiteleinteilung I bis VI zugeordnet. Wird ein Autor in einer Anmerkung ohne Titel genannt, ist jeweils nur eine Literaturangabe desselben in entsprechendem Kapitel vorhanden; fehlen Titel

und Seitenangabe, bezieht sich die Anmerkung auf die eine Literaturangabe im ganzen. Wiederholungen von Literaturangaben in verschiedenen Teilen des Literaturverzeichnisses kommen in manchen Fällen vor.
Aus Gründen der Textökonomie wird weitgehend auf die weibliche Form von Personsubstantiven verzichtet und nur die männliche gebraucht; gemeint und angesprochen sind aber beide Geschlechter.

Vorliegende Arbeit wurde im Februar 1998 von der Philosophisch-Theologischen Hochschule der Salesianer Don Boscos in Benediktbeuern als Dissertationsarbeit angenommen. Meinem Doktorvater Prof. P. Dr. Jacques Schepens danke ich herzlich für die Begleitung der Arbeit. Für die Erstellung des Zweitgutachtens danke ich Prof. Dr. Konrad Baumgartner.

Dank schulde ich ebenfalls:

- den Vereinen Verwaiste Eltern e.V. in München und Hamburg für ihre Unterstützung bei der Durchführung der Umfrage bei Selbsthilfegruppen verwaister Eltern;

- meiner Frau Sabine Holzschuh und Herrn Dietmar Laubscher für das Korrekturlesen des Manuskriptes;

- den Herausgebern der „Studien zur Theologie und Praxis der Seelsorge“ und dem Verlag Echter für die Aufnahme meiner Arbeit in diese Reihe;

- der Dr. Hans Geiselberger Stiftung sowie den Diözesen Regensburg und Rottenburg-Stuttgart für die Druckkostenzuschüsse.

Regensburg, den 10. September 1998 Wolfgang Holzschuh

Inhalt

I. Einleitung

1. Stellenwert des Themas

Mit gesellschaftlicher Tabuisierung von Sterben und Tod - auf den „frühen" Tod von Kindern und Jugendlichen trifft dies verstärkt zu - wird Trauer um geliebte Menschen zunehmend erschwert. Eltern verstorbener Kinder kommen in eine existentielle Krise, in der sie vielfach alleingelassen werden - meist wird ihre Belastung aufgrund fehlenden bzw. nur geringen öffentlichen Bewußtseins für die Häufigkeit derartiger Verluste nicht oder nur kaum wahrgenommen. Diese Randposition verwaister[1] Eltern ist jedoch nicht nur gesellschaftlich, sondern auch in kirchlichen Gemeinden vorherrschend. Angenommen wird, daß verwaiste Eltern gemeindlicher Anteilnahme und Hilfe bedürfen, in ihrer jeweiligen kirchlichen Gemeinde aber stark vernachlässigt werden. Obwohl sich die Kirche vor allem in Liturgie und Gebet verstorbener Kinder und deren Eltern annimmt, gibt es derzeit kaum gemeindliche Hilfen für verwaiste Eltern. Für kirchliche Gemeinde besteht deshalb Handlungsbedarf, nicht zuletzt aufgrund ihres biblischen Auftrages: Will Gemeinde in Jesu Nachfolge stehen, muß sie sich Trauernden zuwenden, besonders betroffenen Eltern, die mit dem Tod ihrer Kinder extremen Verlust erleiden. Im Vorwort der Pastoralkonstitution des II. Vatikanums ist diese biblisch grundgelegte existentielle Solidarität mit Armen und Bedrängten aller Art wie folgt formuliert: „Freude und Hoffnung, Trauer und Angst der Menschen von heute, besonders der Armen und Bedrängten aller Art, sind auch Freude und Hoffnung, Trauer und Angst der Jünger Christi."[2]

Auf dem Hintergrund des Anspruches Praktischer Theologie, Partei zu ergreifen für „benachteiligte" Gruppen innerhalb kirchlicher Gemeinde, entstand vorliegende Arbeit zum Thema „Die Trauer der Eltern bei Verlust eines Kindes. Eine praktisch-theologische Untersuchung".

---

1 Im deutschen Sprachwortschatz findet sich für Eltern, die ein Kind verlieren, kein Begriff, weswegen im Folgenden von „verwaisten" Eltern gesprochen wird, eine Begrifflichkeit, die in SHG (Selbsthilfegruppe/n) gebräuchlich ist.

2 GS 1.

2. Forschungsstand und Zielsetzung

Durch Y.Spiegels bahnbrechende Habilitationsschrift von 1972 „Der Prozeß des Trauerns. Analyse und Beratung“ wurde die Diskussion um den Themenbereich „Trauer“ im deutschsprachigen Raum in Gang gesetzt. In der Folgezeit erschienen weitere theologische Trauerstudien[3], speziell Trauer verwaister Eltern wurde jedoch kaum wahrgenommen.[4] Bei einem Großteil vorliegender Literatur zu Trauer handelt es sich um Erfahrungsberichte, vielfach werden zusammenfassende Darstellungen mit unterschiedlicher Akzentuierung geboten, wobei psychologische Phaseneinteilungen theologischen Überlegungen meist zugrunde gelegt werden.[5] Manche Autoren begegnen der Tabuisierung von Trauer durch Empfehlungen des Umgangs mit Trauer in anderen Kulturen.[6]
Empirisches Material anderer Wissenschaften wurde von seiten theologischer Forschung im christlichen Sinnhorizont theoretisch abstrakt interpretiert - ohne eigene aktive Beteiligung an empirischen Felduntersuchungen.

Diese Studie setzt unmittelbar bei betroffenen Eltern an: Es gibt eine Reihe von Untersuchungen zu verwaisten Eltern mit psychologischem und medizinischem Interesse, vor allem im angelsächsischen Raum. Eine umfassend psychologisch-wissenschaftliche Gesamtübersicht in diesem Bereich gibt es bisher im deutschsprachigen Raum nicht. Da kaum theologische Literatur und keine praktisch-theologischen Studien zu verwaisten Eltern in kirchlicher Gemeinde vorliegen, steht Datengewinnung von Erfahrungen verwaister Eltern mit kirchlicher Gemeinde im Vordergrund. Gemeindliches Leben ereignet sich in den Grundvollzügen Koinonia, Diakonie, Liturgie und Verkündigung, die als Grundlage für vorherrschendes gemeindliches Handeln gleichzeitig den

---

3 Vgl. u.a. Illhardt, F.J.; Lindemann, F.-W..

4 Dieses Mangels an theologischer Literatur für verwaiste Eltern, besonders derer von totgeborenen Kindern, wurde sich die Deutsche Bischofskonferenz bewußt und gab über die Pastoralkommission und die Kommission Ehe und Familie eine Arbeitshilfe heraus: Eltern trauern um ihr totes neugeborenes Kind.

5 Y.Spiegels Phaseneinteilung der Trauer, die bis in die Gegenwart klassische Grundlage darstellt, wurde für seelsorgliches Handeln im Trauerfall oder auch zur Interpretation der Totenliturgie herangezogen: vgl. u.a. Bärenz, R.; Lämmermann, G., Vom Trösten Trauernder, 103-124. K.Richter sieht in den psychologischen Phasen Entsprechung in der Totenliturgie: ders., Tod und Begräbnis in der Pastoral der Gemeinde, 46-51; ders., Trauerrituale, Trauergeleit, Trauerarbeit.

6 Eine Reihe wissenschaftlicher Beiträge zur Trauerforschung nimmt Trauerrituale weniger differenzierter Gesellschaften in den Blick in der Annahme, die Grundformen menschlichen Trauerverhaltens besser beobachten zu können: vgl. u.a. Canacakis, J.; Sundermeier, T., Auch das Trauern dient dem Leben, 407-415; ders., Todesriten als Lebenshilfe,129-144.

Ansatzpunkt für zukünftiges darstellen. Die Notwendigkeit ihrer Ausführung liegt in der Möglichkeit, Vermutungen über das Untersuchungsfeld anzustellen und tatsächliche Verortung bislang gemeindlichen Handelns an verwaisten Eltern zu eruieren, sowie in der Konsequenz, Postulate im Blick auf verändertes gemeindliches Handeln an verwaisten Eltern in den Grundvollzügen von Gemeinde zu formulieren. Aufgrund des Spezifikums der Trauer verwaister Eltern ist die Beleuchtung der Thematik von seiten sozial- und humanwissenschaftlicher Erkenntnisse als unabdingbare Verstehensgrundlage für die Untersuchung von Bedeutung. Zur Erhellung der Situation verwaister Eltern werden dabei besonders psychologische Aspekte berücksichtigt. Kirchliche Gemeinde ist in ihrem Handeln dem tradierten Auftrag der Hl. Schrift verpflichtet, weswegen eine ausführliche Orientierung am biblischen Verständnis von Trauer - speziell bei Verlust eines Kindes - in diese Arbeit Eingang findet. Mit bibeltheologischen Überlegungen wird ein wesentlicher Beitrag zu Deutung von Trauer im christlichen Sinnhorizont erbracht, den andere Wissenschaften nicht zu leisten vermögen.
Auf dem Hintergrund praktisch-theologischer, psychologischer sowie bibeltheologischer Überlegungen zu Elterntrauer, die in die gemeindliche Situation verwaister Eltern miteinfließen, wird die Problematik verwaister Eltern in kirchlichen Gemeinden mittels Umfrage bei Betroffenen eruiert. Aktuellen Wissensstand aufzuzeigen, praktisch-theologische Daten zur Trauer verwaister Eltern in kirchlicher Gemeinde zu liefern und richtungsweisende Postulate für gemeindlichen Umgang mit verwaisten Eltern aufzustellen, ist Ziel der Dissertation. Letztlich geht es hierbei um Schaffung der Voraussetzung für Bewußtseinsbildung hinsichtlich der Problematik verwaister Eltern in ihren kirchlichen Gemeinden.

3. Methodologische Anmerkungen

Infolge der Komplexität des Themas Trauer verwaister Eltern in ihrer Gemeinde erscheint eine integrative Vorgehensweise sinnvoll, wobei integrativ in diesem Zusammenhang Beleuchtung des Themas mit Forschungsbeiträgen dazu relevanter Wissenschaften meint. Hier sind vor allem Psychoanalyse, Psychiatrie, Psychologie, Soziologie und Theologie zu nennen, die miteinander in einen

Beziehungszusammenhang gebracht werden.[7] Durch dieses Vorgehen wird verhindert, daß Trauer verwaister Eltern und die Eltern selbst in verschiedene wissenschaftliche Sichtweisen auseinanderfallen.

Zum Verständnis dieses integrativen Ansatzes werden relevante Wissenschaftsverständnisse der Gegenwart angeführt. J.Habermas und K.-O.Apel unterscheiden drei Wissenschaftstheorien: empirisch-analytische, hermeneutisch-historische und kritische Ansätze[8], die in folgender Darstellung auf Trauer verwaister Eltern hin spezifiziert werden.

Mit dem empirisch-analytischen Verfahren werden Faktoren, durch die Elterntrauer bestimmt ist, empirisch erfaßt. Elemente empirischer Forschung sind für eine Situationsanalyse notwendig, da die gegebene Situation die Basis für kirchliches Handeln darstellt. Daher wird Elterntrauer auf ihre soziologisch-gemeindlichen[9] und psychologischen Bedingtheiten hin durchleuchtet. Eine Grenze erfährt das empirisch-analytische Verfahren an der transzendentalen Wirklichkeit, denn dieser Ursprung christlichen Glaubens und christlicher Offenbarung kann empirisch nicht erfaßt werden - menschlich-geistige Wirklichkeit übersteigt empirische.

Mit dem hermeneutisch-historischen Verfahren wird Elterntrauer in den biblischen Sinnhorizont gestellt. Sinnzusammenhänge, die einer empirisch-analytischen Betrachtungsweise mit ihrer Sichtung des Istzustandes verborgen bleiben, können aufgedeckt werden. Da theologische Forschung den biblischen Wurzeln verpflichtet ist, muß sie sich in diesen Verstehensprozeß hineinbegeben.

Der kritische Theorieansatz zielt auf Veränderung ab: Er geht von einer widersprüchlichen und veränderbaren Wirklichkeit aus, in der es immer ein Mehr an Möglichkeit gibt. Dieses zu fassen ist Aufgabe des spekulativ-kritischen

---

7 In diesem Zusammenhang stellt sich die Frage nach dem Verhältnis von Theologie zu Sozial- und Humanwissenschaften (vgl. dazu 6 Thesen von K.Wegenast, 178-179). Wechselverhältnisse von Sozial- und Humanwissenschaften zur Praktischen Theologie lassen sich aufgrund der Komplexität der Frage nach dem Verhältnis eher in Analogien und Bildern fassen als in Definitionen (vgl. Mette, N./Steinkamp, H., 164-175; Ven, J.A. van der, 103-130). Der Verfasser folgt dem Verständnis von Intradisziplinarität bei J.A. van der Ven: intradisziplinarisches Vorgehen meint demnach, daß Theologen selbst empirisch tätig werden, um von ihren Optionen, Fragestellungen und Zielsetzungen her adäquate Ergebnisse zu erzielen (vgl. ebd. 117-130). Im Rahmen der Umfrage bei verwaisten Eltern in ihren kirchlichen Gemeinden begibt sich der Verfasser in praktische Feldarbeit und arbeitet mit soziologischem Instrumentarium, was reale Beziehung zwischen Theologie und Soziologie ermöglicht und ein bloßes Denkmodell übersteigt.

8 Vgl. Habermas, J.; Apel, K.-O., 7-44.

9 Vgl. dazu die Ausführungen zum Gemeindekontext verwaister Eltern und besonders die praktisch-theologische Umfrage bei verwaisten Eltern in ihrer Gemeinde.

Denkens. Zur Erfassung von Realität ist die kritische Theorie auf die empirische und hermeneutische Verfahrensweise angewiesen. Sie ist darum „'notwendig historisch-hermeneutisch, kritisch theoretisch und empirisch analytisch.'"[10] Dieser kritischen Funktion werden die Postulate, die auf Veränderung gemeindlichen Handelns im Umgang mit verwaisten Eltern zielen, gerecht.

Will diese praktisch-theologische Studie menschlichem Handeln in der Gemeinde gerecht werden, muß sie Elemente der verschiedenen Wissenschaftsauffassungen integrieren: Sie bedarf empirischer Analysen für die Erforschung der vorherrschenden Situation verwaister Eltern in ihrer Gemeinde, sie bedarf des Verstehens von den biblischen Grundlagen her mit ihrem immanenten Offenbarungsgehalt im Umgang mit Elterntrauer und des kritischen Denkens. Daher werden der empirisch-hermeneutische Horizont zu Elterntrauer erschlossen und im Rahmen der Umfrage bei verwaisten Eltern gemeindlicher Umgang mit verwaisten Eltern auf Sinnhaftigkeit und Notwendigkeit hin geprüft, bevor Postulate, die christlichen Glauben in neuen Umgangssituationen mit verwaisten Eltern transparent machen, formuliert werden.

4. Struktur und Aufbau

Nach der Einleitung im ersten Teil wird im zweiten das Thema in seinen Kontext gestellt[11]: Auf dem Hintergrund gemeindetheologischer Fundierung werden die Grundaufgaben von Gemeinde expliziert. Neben theologischer Fundierung und Argumentation ist für Praktische Theologie von Bedeutung, gesellschaftliche Zeitströmungen wahrzunehmen, da Christen in Gemeinden innerhalb der Gesellschaft leben. Daher werden analytische Anmerkungen zu wichtigen heutigen Gesellschaftsmerkmalen mit deren Auswirkungen auf den Bereich Trauer im christlichen Horizont ausgeführt. Auf dem Hintergrund gesellschaftlicher Situierung wird Trauer verwaister Eltern geortet.
Für den Umgang mit verwaisten Eltern in kirchlicher Gemeinde ist die Kenntnis fachlich-psychologischen Wissens über Trauer notwendig. Erst durch Verstehen der Situation verwaister Eltern kann angemessener Umgang mit ihnen postuliert und eigenes Verhalten im Umgang mit ihnen reflektiert werden. Im dritten Teil ist daher das Phänomen Trauer, speziell verwaister Eltern, von seiten

[10] Lämmermann, G., Praktische Theologie, 119.

[11] Dies erfolgt nur sehr begrenzt, da die Arbeit sonst eine kaum zu übersehende Ausweitung erfahren würde.

psychoanalytischer, psychologischer und psychiatrischer Erkenntnisse zu beleuchten.
Elterliche Trauer bewegt sich in einem Spannungsfeld, das den ganzen Menschen mit seiner transzendentalen Begabung betrifft: Im Blick auf die mit dem Tod ihrer Kinder konfrontierten Eltern ist die Hoffnung auf sinnvolles und sinnstabiles Leben radikal in Frage gestellt. Trauer als Antwort auf diese Verlusterfahrung rüttelt an den Grundfesten der eigenen Lebensauffassung. Als anthropologische Grunderfahrung gehört Trauer zum Menschsein, es kommt darauf an, sie in die Lebenswirklichkeit einzuordnen. Welche Sinnperspektive der christliche Glaube als Sinn- und Deutungsangebot für das Leben im Horizont Gottes für trauernde Eltern weisen kann, wird im vierten Teil aufgezeigt. Letztlich geht es dabei um eine Klärung biblischer Voraussetzungen für den Umgang mit verwaisten Eltern in der gegenwärtigen Gemeindesituation.
Der Schwerpunkt liegt auf einer praktisch-theologischen Felduntersuchung bei Verwaisten Eltern e.V. in SHG (Selbsthilfegruppen) in der Bundesrepublik Deutschland bezüglich ihres Verhältnisses zu ihrer kirchlichen Gemeinde, wobei angenommen wird, daß der Großteil dieser Eltern den beiden Großkirchen angehört: Lange Zeit verstand sich Praktische Theologie als bloße Anwendungswissenschaft anderer theologischer Disziplinen. Mit dem Verständnis Praktischer Theologie als Handlungswissenschaft ist der Selbstvollzug der Kirche vorrangig zu ihrem Gegenstand geworden, womit sich die Aufgabe stellt zu untersuchen, wie Menschen in der Gegenwart mit der Botschaft Christi leben. Betroffene verwaiste Eltern werden über ihr Verhältnis zur Gemeinde und ihre Erfahrungen befragt, wodurch Nähe zur gemeindlichen Praxis und Wirklichkeit garantiert wird.
Konkrete Postulate für den Umgang kirchlicher Gemeinde mit verwaisten Eltern zur Verbesserung ihrer Situation bilden Konklusion und Abschluß der Dissertation.

Übersicht zur Anordnung der Arbeit:

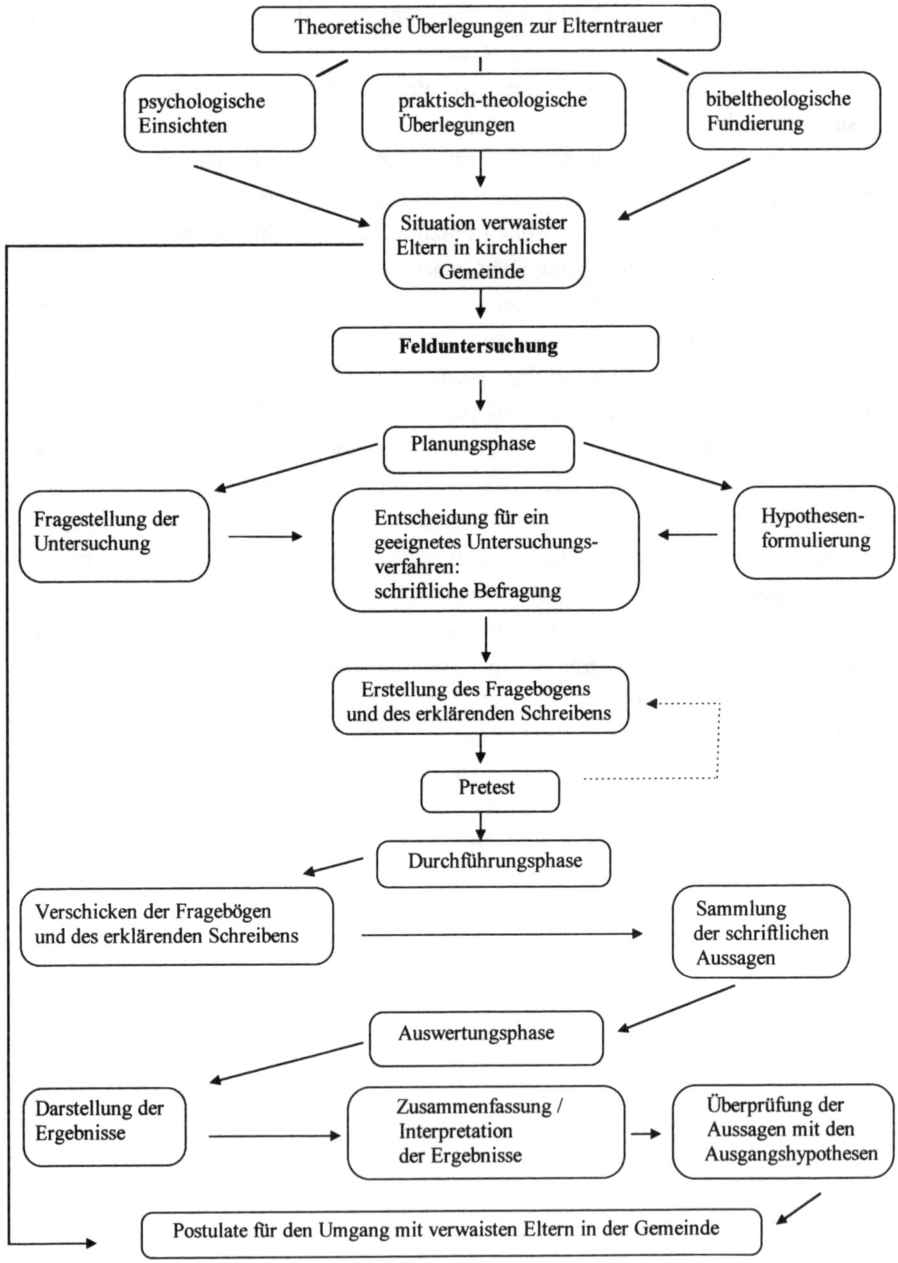

Trauer verwaister Eltern wird im Folgenden in einem Modell veranschaulicht, das dem integrativen Ansatz gerecht zu werden sucht, indem sie Trauer als ganzheitlich existentiell-personales Geschehen auffaßt.

5. Trauermodell für verwaiste Eltern als Aktivierung existentiell-personaler Auseinandersetzung mit Tod und Leben

Trauer in Modellen zu veranschaulichen ist nicht neu; vor allem der emotionale Trauerverlauf wurde in phasenartig-prozeßhaften Modellen vielfach beschrieben. Anschließendes Modell stellt das existentielle Spannungsfeld vor, innerhalb dessen sich Trauer grundsätzlich bewegt, es schließt daher alle Ebenen existentieller Auseinandersetzung mit ein, insbesondere die Personhaftigkeit und transzendentale Begabung des Menschen. Es versucht somit, dem theologischen Anspruch der Ganzheit und Einheit des Menschen Rechnung zu tragen.
Die christliche Menschheitsgeschichte versteht sich als Heilsgeschichte: Als endgültiges Heilsangebot für alle Menschen ist Gott in Jesus von Nazaret Mensch geworden, wobei Heil in diesem Zusammenhang ganzheitliches „Heil-Werden" des Menschen in allen seinen Lebensvollzügen, besonders seinen Unzulänglichkeiten, meint. Trauer ist daher nicht nur Problemlösung, sondern vor allem auch Umgehen-Lernen mit den Geheimnissen von Leben und Tod. Die Frage nach dem Warum des Todes, welche in der Trauer maßgeblich wird, kann nicht ein für allemal abgeschlossen werden - sie ist lebenslanger „Weg".
Nach Ansicht des Verfassers sind die entscheidenden Brennpunkte, auf die Trauer fokussiert werden kann: Tod und Leben. In der Trauer wird existentiell-personale Auseinandersetzung mit Leben und Tod aktiviert. Beide gehören zusammen: ohne Leben gibt es keinen Tod und umgekehrt. Infolge ihres Aufeinander-verwiesen-Seins gilt, daß Menschen mit Angst vor dem Tod auch Angst haben vor dem Leben - sprich vor der Auferstehung, die hier nicht Auferstehung am Ende der Welt meint, sondern eine zum Leben im Jetzt. Je mehr verwaisten Eltern Abschiednehmen von jeder vergangenen Stunde in guter Weise gelingt, umso mehr werden sie vom Leben durchdrungen, denn vom Leben durchdrungene Menschen sind vom Tod durchdrungene. So gesehen bedeutet Trauer existentielle Krise mit der Chance, mehr vom Leben durchdrungen zu werden.

Das geometrische Modell einer Ellipse verdeutlicht diese existentiell-personale Auseinandersetzung mit Tod und Leben in der Trauer.

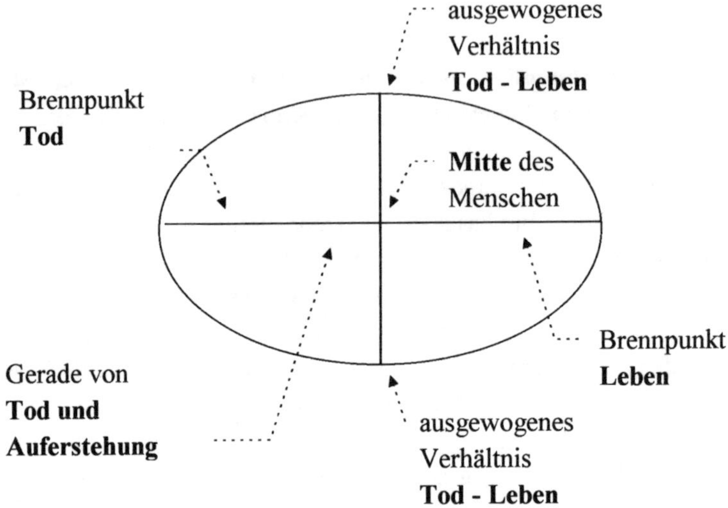

Jeder Punkt der Ellipse charakterisiert einen möglichen Ort von Trauer. Der Schnittpunkt der Geraden symbolisiert die Mitte des Menschen: Ich des Trauernden. Die beiden Brennpunkte der Ellipse sind Leben und Tod. Alle Punkte auf der Ellipse haben in der Summe der Entfernungen zu den Brennpunkten die gleiche Länge, womit die enge Verbindung zwischen Tod und Leben und deren Verhältnis zueinander ausgedrückt ist: Leben und Tod gehören zusammen, sie durchmessen menschliche Existenz persönlichem Standpunkt entsprechend mit verschiedenen Anteilen, es verschiebt sich lediglich die individuelle Position. Befindet sich der Trauernde in geringem Abstand zum Brennpunkt Tod, ist das Thema Tod in allen Ebenen dominant, die Verbindung zum Leben jedoch bricht nicht ab, sie tritt nur in weitere Entfernung. Eine andere Person ist dem Brennpunkt Leben näher. Aus der Ellipse kann niemand herausfallen, selbst durch den Tod nicht, der letztlich auf der Geraden zur Mitte führt. Die Mitte bedeutet Heimat für den Trauernden; sie symbolisiert seine Personmitte, in der Begegnung mit dem lebendigen Gott geschehen kann. Zugang zu dieser Mitte erfolgt auf den Schnittpunkten der Ellipse mit den Geraden: im ausgewogenen Durchdrungensein von Leben und Tod (die Entfernung zu den Brennpunkten ist gleich lang) und auf der Geraden von Tod und Auferstehung, die menschliche Existenz durchzieht.

II. Praktisch-theologische Überlegungen zum Gemeindekontext verwaister Eltern

Auf dem Hintergrund gemeindetheologischer Fundierung werden die Grundaufgaben von Gemeinde, in denen sich gemeindliches Leben widerspiegelt, expliziert. Da sich Gemeinde im gesellschaftlichen Kontext befindet, folgen analytische Anmerkungen zu wichtigen heutigen Gesellschaftsmerkmalen mit deren Auswirkungen auf den Bereich Trauer im christlichen Horizont, bevor die spezifisch gesellschaftliche Situation „Trauer um ein Kind" aufgezeigt wird. Innerhalb dieses Kontextes vollzieht sich Elterntrauer.

1. Aspekte einer Theologie der Gemeinde

Anhand ausgewählter kirchenamtlicher Texte des II. Vatikanums und der Würzburger Synode werden theologische Grundzüge von Kirche und Gemeinde entfaltet, die für das theologische Verständnis von Wesen und Aufgabe der Kirche und Gemeinde entscheidend sind.[1]

1.1 Kirche / Gemeinde als Heilssakrament - II. Vatikanum

Das II. Vatikanum definiert Kirche als Heilszeichen für alle Menschen: „Die Kirche ist ja in Christus gleichsam das Sakrament, das heißt Zeichen und Werkzeug für die innigste Vereinigung mit Gott wie für die Einheit der ganzen Menschheit" (LG 1). Der Heilscharakter der Kirche wurzelt in Jesus Christus selbst. Kirche dient durch die Kraft Jesu Christi als „Werkzeug" der Gnade Gottes, um seinen Heilswillen[2] für die Menschen kundzutun. Kirche ist Zeichen der Einheit der Dreifaltigkeit und aller Menschen und existiert daher nie nur für sich selbst, sondern hat ihrem Wesen nach eine Sendung zu allen Menschen. Wie ihr Dasein Spiegel für JHWH ist, der da ist für die Menschen und sich in Jesus Christus geoffenbart hat, so verwirklicht sich - gleich dieser Seinsweise Gottes - Gemeinde in der Nachfolge Jesu Christi im Dasein-Für.

---

1 Da einer umfassenden Gemeindetheologie eine ausführliche ekklesiologische Darlegung vorauszugehen hätte, diese im Rahmen der Arbeit aber nicht geleistet werden kann, werden nur einige wichtige Aspekte ausgeführt.

2 Vgl. 1 Tim 2,4.

Kirche wird zum Heil der Menschen[3], sie gibt, was sie selbst empfangen hat - das Heil in Christus. Anfang- und zeichenhaft verkörpert sie in ihrer geschichtlichen Gestalt Gemeinschaft mit dem dreifaltigen Gott, ist jedoch nicht Gottes vollendete Basileia, sondern steht in der eschatologischen Erwartung der Parusie Christi.[4] Sie wird zu einem Hoffnungsort auf Verwandlung, die ihr verheißen ist.[5] Heil geschieht im Hier und Jetzt bruchstückhaft; das umfassende Heil, das sich im unmittelbaren Schauen Gottes verwirklicht, steht noch aus.[6]

Mit dem II. Vatikanum gewinnt neben dem zentralistisch ausgerichteten Kirchenbegriff die biblisch-patristische Sichtweise von Kirche an Bedeutung: Gesprochen wird nunmehr nicht nur von Kirche, sondern von Kirchen; Einzelkirchen und Gemeinden werden aufgewertet.[7] „Die Kirche Christi ist wahrhaft in allen rechtmäßigen Ortsgemeinschaften der Gläubigen anwesend (vere adest; d.V.), die in der Verbundenheit mit ihren Hirten im Neuen Testament auch selbst Kirche heißen. Sie sind nämlich je an ihrem Ort, im Heiligen Geist und mit großer Zuversicht (vgl. 1 Thess 1,5), das von Gott gerufene neue Volk. In ihnen werden durch die Verkündigung der Frohbotschaft Christi die Gläubigen versammelt, in ihnen wird das Mysterium des Herrenmahls begangen, 'auf daß durch Speise und Blut des Herrn die ganze Bruderschaft verbunden werde'. In jedweder Altargemeinschaft erscheint unter dem heiligen Dienstamt des Bischofs das Symbol jener Liebe und jener Einheit des mystischen Leibes, ohne die es kein Heil geben kann. In diesen Gemeinden, auch wenn sie oft klein und arm sind oder in der Diaspora leben, ist Christus gegenwärtig"[8]. Gemeinde definiert sich von gläubigen Personen her, weniger nach dem juridischen Verwaltungsprinzip eines bestimmten Territoriums.[9] Sie wird als gläubiges Ereignis gesehen: Von Christi Botschaft bewegte Menschen, die als pilgerndes Gottesvolk gemeinsam leben, feiern und Gottes vollendete Basileia erwarten, machen Gemeinde aus.

---

3 Vgl. LG 48; AG 5.

4 Vgl. LG 8.

5 Vgl. Tit 2,13; Röm 8,18-19.

6 Vgl. LG 49.

7 Zur gegenwärtigen Diskussion um das Verhältnis von Universal- und Einzelkirche: vgl. Kehl, M., 80-98.

8 LG 26.

9 Der Pfarrei haftet stärker eine rechtliche Sichtweise an. Mit ihr verbindet sich ein bestimmtes Territorium, das verwaltet werden muß. Aber auch Gemeinde bleibt in der Spannung von theologischer und juridischer Sicht, die faktisch nicht beizulegen ist. Obwohl die Betonung des Konstitutivums für Gemeinde auf den Personen liegt, wie es Personalgemeinden (beispielsweise Hochschulgemeinden) zeigen, hält sich das Territorialprinzip (vgl. Rahner, K., 115-126).

Was Kirche im Gesamten ist, ist Gemeinde vor Ort, in der sich realisiert, was Kirche ist.[10] Für die Ortsgemeinde gilt, was für die Gesamtkirche gilt.[11] Gemeinde ist demnach der vorzügliche Ort[12], an dem Gottes Volk lebt und sich das Heil Jesu Christi offenbart - an, mit und durch Menschen, in dieser Zeit und unter situativen Bedingungen. Gemeinden stehen damit für den Herrschaftsbereich Gottes, in einer Welt mit Leid und Tod sollen sie auf das unzerstörbare Leben mit Christus zeigen. Übergänge von Tod zu Leben und Auferstehung werden schon im Jetzt möglich.[13] Letztlich soll an Gemeinde sichtbar sein, wie Gott am Menschen handelt.

1.2 Gemeinde als Gemeinschaft der Glaubenden - Würzburger Synode

Die Würzburger Synode versucht, die Konzilsaussagen auf die konkreten Verhältnisse der Kirche in Westdeutschland zu deuten. Im Beschluß „Die pastoralen Dienste in der Gemeinde" finden sich die zentralen Aussagen zur Gemeindetheologie: „Die Gemeinde ist an einem bestimmten Ort oder innerhalb eines bestimmten Personenkreises die durch Wort und Sakrament begründete, durch den Dienst des Amtes geeinte und geleitete, zur Verherrlichung Gottes und zum Dienst an den Menschen berufene Gemeinschaft derer, die in Einheit mit der Gesamtkirche an Jesus Christus glauben und das durch ihn geschenkte Heil bezeugen. Durch die eine Taufe (vgl. 1 Kor 12,13) und durch die gemeinsame Teilhabe an dem einen Tisch des Herrn (vgl. 1 Kor 10,16f) ist sie ein Leib in Jesus Christus."[14] Die theologische Begründung von Gemeinde liegt in ihrer vom Wort und Sakrament durchdrungenen Verfaßtheit. Doch bleiben Fragen bezüglich der konkreten Auswirkung von Wort und Sakrament, struktureller Folgewirkungen, wenn sich Gemeinde als Gemeinschaft versteht, sowie der Explikation des Amtes, das einen und leiten soll, offen.
Weiter heißt es: „Im allerweitesten Sinn verwirklicht sich Gemeinde Christi überall, wo zwei oder drei im Namen Jesu beisammen sind (vgl. Mt 18,20). Die wichtigste(n; d.V.) Zelle(n; d.V.) der Gemeinde sind die christlichen Ehen und

---

10 „Kirche ereignet sich wesentlich in und als Gemeinde" (Klostermann, F., 41).

11 Vgl. Kasper, W., 290.

12 Kirche als Sakrament für die Einheit der Menschen (vgl. LG 1) wird folgerichtig von den deutschen Bischöfen auf die Gemeinde übertragen (vgl. Der pastorale Dienst in der Pfarrgemeinde, 11).

13 Vgl. Zulehner, P.M., Gemeindepastoral, 73.

14 Gemeinsame Synode, 605.

Familien, die das Zweite Vatikanische Konzil ausdrücklich als Hauskirche bezeichnet (vgl. LG 11). Dem Aufbau und dem Wachstum der lebendigen Gemeinde dienen aber auch vielerlei Gruppen, Kreise, Hausgemeinschaften, Basisgemeinschaften, geistliche Gemeinschaften vor Ort sowie andere kirchliche Vereinigungen und Verbände. Sie sind von der Gemeinde im eigentlichen Sinn des Wortes zu unterscheiden. Sie helfen jedoch zur Einwurzelung und Beheimatung des einzelnen in der Gemeinde und in der Kirche. Deshalb kommt ihnen gerade heute eine wichtige Funktion zu."[15] Wiederum wird Gemeinde auf Personen hin theologisch fundiert, wobei aber christliche Milieus vorausgesetzt werden, die es in der Form eines gemeindebildenden Effekts kaum mehr gibt[16]. Erkannt wird allerdings, daß Gruppierungen mit Bezug zur Gemeinde das Gemeindeleben beeinflussen, wenngleich diesen selbst der Titel Gemeinde im Kleinen nicht zuerkannt wird.

Die Verantwortlichkeit aller Gemeindemitglieder für die Pastoral wird an anderer Stelle hervorgehoben: „Aus einer Gemeinde, die sich pastoral versorgen läßt, muß eine Gemeinde werden, die ihr Leben im gemeinsamen Dienst aller und in unübertragbarer Eigenverantwortung jedes einzelnen gestaltet."[17]

Aus den angeführten Texten wird deutlich, welche Grundelemente nach der Synode Kennzeichen einer Gemeinde sind: Grundwurzel der Gemeinde liegt im Wort Gottes und im Sakrament, sie ist auf und in Personen gegründet, die in Rückbindung zum einenden und leitenden Amt und in der Einheit im Glauben der Gesamtkirche stehen, gleichzeitig aber in Eigenverantwortung handeln sollen. Aus diesen Aussagen werden verschiedene Kirchenbilder erkennbar: Rückbindung an das Amt, die Orts- und Gesamtkirche steht für das hierarchische Modell, Eigenverantwortung aller betont das Selbstverständnis der Gemeinde als Communio. Beide Pole bewirken eine Spannung zwischen genannten Kirchenbildern: einerseits wird Eigenverantwortlichkeit und Mündigkeit der einzelnen Gemeindemitglieder postuliert, andererseits unterliegen sie dem leitenden Amt. Im Blick auf diese strukturell schon vorgegebenen Spannungen wäre eine nähere Bestimmung der Gestalt von Eigenverantwortlichkeit und leitendem Amt, gerade, damit es einheitsfördernd wirkt, notwendig gewesen.

---

15 Ebd..

16 Darunter fallen beispielsweise heutige Familienverhältnisse, die nur vereinzelt den Charakter einer Hauskirche besitzen.

17 Gemeinsame Synode, 602.

2. Gemeinde und ihre Vollzüge

Nach diesen idealtypischen Aussagen zum Wesen von Gemeinde als Heilssakrament und Gemeinschaft der Glaubenden mit bleibendem Anspruch für heutige Gemeinde werden die Grundvollzüge von Gemeinde ausgeführt, in denen ihr Wesen und ihre Sendung transparent werden.

Das II. Vatikanum macht keine eindeutigen Aussagen über die Grundvollzüge der Kirche[18], jedoch beginnt mit ihm allmählich deren Ausfaltung. Im „Pastorale" von 1970 werden drei grundlegende Aufgaben der Kirche genannt: „Verkündigung des Wortes", „Vollzug der Sakramente" und „Dienst helfender Liebe".[19]

D.Wiederkehr nennt vier[20] Grundvollzüge christlicher Gemeinde: die bezeugende Gemeinde der Martyria, die kommunikative Gemeinde der Koinonia, die solidarisch-diakonische Gemeinde der Diakonia und die feiernde Gemeinde der Leiturgia.[21] Nach R.Zerfaß sind diese Grundgesten[22] als zentrale Lebensäußerungen der Gemeinde Merkmal für die Identifikation christlicher Gemeinde überhaupt.[23] Insofern diese Vollzüge Jesu Anspruch gerecht werden müssen - in ihnen müssen sein Werk und Leben expliziert und weitergeführt werden -, sind sie für Gemeinde konstitutiv.

Das Verhältnis der Grundvollzüge äußert sich im „Aufeinander-bezogen-Sein": sie bedingen und durchdringen sich gegenseitig.[24] Ursache für diese Verbundenheit ist die ursprunghafte Verwurzelung aller in der Person Jesu Christi, der die Mitte aller Vollzüge ist; er ist Ursprung und Zielpunkt aller christlichen Lebensäußerung. Jeder einzelne Grundvollzug hat daher stets das

---

18 In LG 26 ist allenfalls eine Andeutung auf Kerygma und Liturgie zu finden.

19 Pastorale, 69.

20 Die Zahl der Grundzüge schwankt bei Pastoraltheologen meist zwischen drei und vier, wobei bei drei Grundvollzügen keine inhaltliche Differenz auftritt, sondern ein Grundzug in den anderen subsumiert wird: P.M.Zulehner nennt Mystik, Koinonia, Diakonia (vgl. ders., Gemeindepastoral, 228-229), R.Zerfaß spricht von Martyria, Koinonia, Diakonia (vgl. ders., (Diskussionsbeitrag), 34-40), E.Garhammer nennt Verkündigung, Diakonie, Eucharistie (vgl. ders., 119-120). Neuerdings besteht bei der Mehrheit der Pastoraltheologen Konsens hinsichtlich der Nennung von vier Grundvollzügen (vgl. Das Handeln der Kirche, 91-190).

21 Vgl. Wiederkehr, D., 14-38.

22 Vgl. Zulehner, P.M., Art. Gemeinde, 174-176. Er spricht zudem von „Grundfunktionen" (vgl. ders., Art. Praktische Theologie, 262).

23 Vgl. Zerfaß, R., (Diskussionsbeitrag), 35.

24 D.Wiederkehr wendet auf diese Durchdringung der Vollzüge den Begriff der Perichorese an (vgl. ders., 14).

ganze Heil zum Inhalt. Die Grundvollzüge können so nicht Sache einzelner Christen sein: Subjekt, auf das sie sich beziehen, ist die gesamte Gemeinde.[25]

Diese enge Zusammengehörigkeit der Vollzüge mit ihrem Verwiesensein auf den Ursprung Jesus Christus wird anhand einer Graphik veranschaulicht.

2.1 Graphische Darstellung[26] der Gemeindevollzüge

Die Ausformung des Heils geschieht in der Ausfaltung der Grundvollzüge Verkündigung, Liturgie und Diakonie, dargestellt in den durch das Prisma abgelenkten Grundfarben. Sie haben ihren Ursprung in Christus und ergeben additiv das volle Licht Christi - miteinander gebündelt ergeben sie wieder eins -, weswegen sie aufs engste zusammengehören.

---

25 Vgl. ebd. 28.

26 Auch R.Zerfaß versucht, Grundvollzüge anhand eines geometrischen Körpers darzulegen: vgl. ders., (Diskussionsbeitrag), 37; zum revidierten Modell: vgl. ders., Lebensnerv Caritas, 87; ders., Gefährten in der Bedrängnis, 119-145.
Vgl. Anlagenverzeichnis Teil II: Anlage.

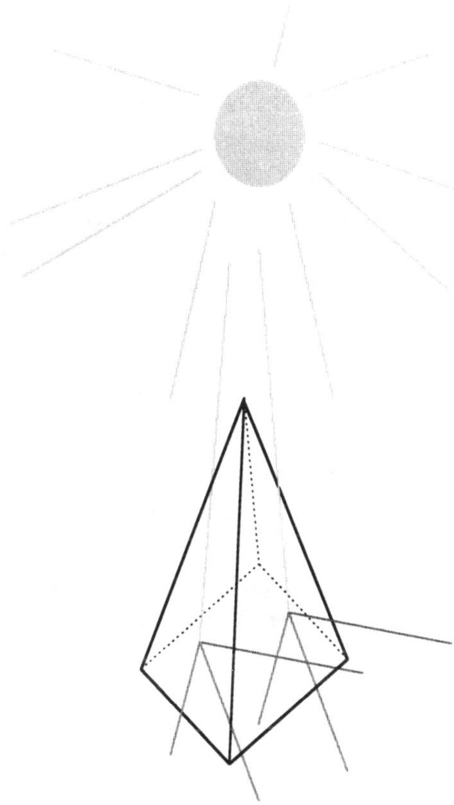

Ausgangspunkt des Lichtes ist die Sonne, die für Christus steht: Er ist Licht für alle Menschen, besonders für jene, die an ihn glauben. Das Prisma symbolisiert die Kirche. Die Sonnenstrahlen erhellen die Kirche und machen sie ganz licht - sie wird erfüllt und durchströmt von der Liebe Christi. Der lichterfüllte Raum steht für den Grundvollzug der Koinonia. Einige Sonnenstrahlen werden vom Prisma absorbiert oder geteilt und abgelenkt oder reflektiert - dasselbe Licht erscheint in verschiedenen Farben. Die drei abgelenkten Grundfarben stellen die Grundvollzüge Verkündigung, Liturgie und Diakonie dar, andere Farben sind Mischungen derselben, auf sie lassen sich alle subsumieren. Ist das Prisma trüb oder verunreinigt, kann es kein Licht aufnehmen, geschweige denn reflektieren oder ablenken. Analog bedeutet dies, wenn Kirche nicht selbst in der Nachfolge

Christi steht und Gemeinschaft - Koinonia - nicht stattfindet, kann das Licht Christi nicht durchdringen. Ebensowenig können die Grundvollzüge zur Entfaltung kommen, setzt sich Kirche nicht dem Licht Christi aus - aus sich selbst kann sie kein Licht erzeugen.
Diese Graphik will zeigen, daß alle Heilskraft von Christus ausgeht und gegenwärtig von Menschen, die sich von seiner Liebe treffen lassen, weitergegeben wird. Das Licht Christi ist Heil für die Kirche, es erhellt sie durch und durch und verwandelt sie selbst in Licht, wodurch jeder in ihr ein anderer Christus wird.[27] Sie behält jedoch nicht das Licht für sich selbst, vielmehr strahlt sie für alle Menschen, gibt Licht von sich weg, lenkt das Licht in modifizierter Weise weiter und wird dadurch zum Licht für andere.

2.2 Entfaltung der Grundvollzüge

Innerhalb der einzelnen Grundvollzüge wird Koinonia als Basis für alle anderen gewählt, da geschwisterliche Gemeinschaft die faktische Grundlage allen gemeindlichen Handelns darstellt. Verkündigung ist für die Gemeinde konstitutiv, denn in ihr liegt ihre Legitimation. Gottes Heilswille und das Heilstun seines Sohnes Jesus Christus werden Wirklichkeit in der Liturgie. Diakonie gründet im Vorbild Christi.

2.2.1 Koinonia - Kommunikative Gemeinde

Vor Jesu Predigen und Tun steht Gemeinschaft[28]: Jesus sammelt und beruft Jünger, mit denen er alle Dimensionen des Lebens teilt und seine Sendung verwirklicht. Vor allem Tun steht liebende Gemeinschaft, die „ist“. Diese Liebe gründet im „Sein“, in Gott, der die Liebe ist. Selbst wie Gott Liebe zu werden ist Aufgabe des Christen; dies wurde geschenkt in der Erlösung Christi. Das Sein, die Verwandlung in einen anderen „Christus“, geht dem wirklichen Dienen

---

27 Vgl. Gal 2,20; 3,27; 4,19.

28 Dies ist auch im trinitarischen Geschehen der Fall: göttlich-liebende Gemeinschaft „ist“, sich explizierend in den verschiedenen Relationen. Auch der Erlösungstod Jesu am Kreuz wurzelt nicht im Tun, sondern im Sein: er als wahrer Sohn Gottes steht in innigster Gemeinschaft mit dem Vater und nur deshalb konnte Erlösung stattfinden.

voraus.[29] Es wurzelt in der von Gott geschenkten Liebe, weshalb Liebe das Prinzip sein muß, das gemeindliches Leben durchdringt. Dieses Sein kommt vorrangig im Liebesband der Koinonia, die Erkennungszeichen der Christus Nachfolgenden[30] ist, zum Ausdruck: In Koinonia ereignet sich die Verwirklichung des Liebesbundes zwischen Gott und seinem Volk. Gemeinde wird so Tempel des Hl. Geistes, der Liebe ist und Gemeinschaft stiftet. Diese Liebe wiederum ist treibende Kraft jeden gemeindlichen Handelns. Liebende Gemeinschaft ist daher Voraussetzung und Nährboden für Diakonie, Liturgie und Verkündigung.[31] Die Differenzierung der Grundvollzüge ist in der Koinonia aufgehoben, denn sie alle sind ihr immanent. Gemeinderealität bestätigt dies: Fehlen Gemeinschaftsbewußtsein, Verständnis füreinander, Teilhabe am Leben untereinander, offene Kommunikation - ein liebendes Band, das verbindet -, gibt es keine Ausfaltung gemeindlicher Dienste.[32] Koinonia wird aus diesem Grund zum Kriterium und identitätsstiftenden Prinzip[33] der übrigen Grundvollzüge.[34]

---

[29] Bei Christen gilt deshalb der Grundsatz „agere sequitur esse". Die Frage des Christseins zielt direkt auf die jeweilige Person: Wer ist der Christ vor Gott? - Ein Mensch, den eine persönliche Beziehung zu Jesus Christus auszeichnet; die Frage nach Aufgabe und Funktion kommt erst danach.

[30] „Daran werden alle erkennen, daß ihr meine Jünger seid, wenn ihr Liebe untereinander habt" (Joh 13,35).

[31] H.Wahl sieht in Koinonia eine Art Matrix, einen Entwicklungsraum, in dem sich die anderen Grundvollzüge entfalten können (vgl. ders., 512-514).

[32] Diese Einsicht liegt allen Gemeinschaften zugrunde: Geht beispielsweise die liebende Beziehung in einer Ehe zu Bruch, belastet dies das ganze Leben der Familie und bindet Energien. Führt das Paar jedoch eine kommunikativ-gelingende Ehe, hat dies positive und befreiende Wirkung auf die Familie und für deren Dienst in der Gesellschaft.

[33] U.Kuhnke sieht in Koinonia den Schlüssel zur Identität von Gemeinde.

[34] O.Fuchs sieht in Koinonia eine „Basis der universalen Diakonie von Christ und Kirche allen Menschen gegenüber" (ders., Kirche für andere, 286). Er nimmt das Modell von R.Zerfaß auf (vgl. Anlagenverzeichnis Teil II: Anlage) und postuliert Koinonia als durchgehendes Prinzip für die anderen Grundvollzüge, die nur in ihr vollzogen werden können, denn nur in ihr bleiben sie aufeinander bezogen. In ihr sieht er die prinzipielle Existenzweise und den gemeinsamen Raum von „Orthodoxie und Orthopraxie, von Gottesdienst und Menschendienst, von Martyria und Diakonie, von kerygmatisch-sakramentaler und diakonaler Verkündigung im Für- und Miteinander" (ders., „Umstürzlerische" Bemerkungen, 35).

S.Knobloch hingegen postuliert Diakonie als Basis: Er versucht, mit Lk 11,20: „Wenn ich aber durch den Finger Gottes die Dämonen austreibe, so ist also das Reich Gottes zu euch gekommen" ihren Vorrang biblisch zu belegen. Sein Hauptargument der innergöttlichen Hingabe und christologischen Selbstentäußerung ist m.E. jedoch genauso auf alle anderen Grundvollzüge anwendbar: Beispielsweise findet die Selbsthingabe und Selbstentäußerung Jesu Christi beim Abendmahl mit den Jüngern oder heute in der Liturgie im Sakrament der Eucharistie einen Höhepunkt (vgl. ders., 124.127-133.329-333). Auch H.Haslinger und H.Steinkamp plädieren für den Primat der Diakonie vor allen anderen Grundzügen. Diakonie, die in der Verantwortung für

Natürlich stehen Grundvollzüge und Gemeinschaft in einer Wechselwirkung, wodurch sie zur Festigung und neuen Stiftung von Gemeinschaft beitragen. Die Liebe untereinander - gemeinsam Leben-Teilen innerhalb der Grenzen der Gemeinde als Gemeinschaft der an Christus Glaubenden - macht jedoch die Ausstrahlung einer Gemeinde aus.[35]
Das Geflecht menschlicher Beziehungen innerhalb der Gemeinde setzt Foren von Kommunikation voraus, in denen Gemeindemitglieder miteinander in Beziehungen wachsen können, denn ohne gemeinsame Biographie kann geschwisterliche Gemeinde im Jetzt und in Zukunft nicht sein. In Anbetracht von Größe der Gemeinden und Anonymität in den Gemeinden[36] werden sie durch kleine lebendige Kreise und verschiedene Gruppen, in denen sich persönliche Liebe zeigen kann[37], belebt.

2.2.2 Verkündigung - Zeugnis der Gemeinde

Das Heil für die Menschen in der Geschichte hat in Jesus Christus Gestalt angenommen, Gott greift sichtbar und wirkungsvoll durch den Gott-Menschen Jesus Christus in die Geschichte ein, um alle Menschen heil zu machen - ohne Abstriche durch Leid, Unerfülltheit und Sinnlosigkeit. Die Offenbarung Christi wird zum Heilsereignis und zur Heilsbotschaft christlicher Gemeinde. In Jesu Christi Nachfolge muß Gemeinde die Frohbotschaft von Gottes Basileia immer neu in der Gegenwart entdecken, verkünden und bezeugen. Beispiel dafür gibt Jesus selbst, der umherziehend das Evangelium predigt und zum Zeugen der schon nahegekommenen Basileia Gottes wird.[38]

---

andere ihren Anspruch hat: „Die Diakonie ist als die Erfüllung dieser unbedingten Verantwortung für den Anderen aus sich heraus Diakonie nach dem Willen Gottes und nicht erst durch einen verkündigenden, gemeinschaftsbildenden oder liturgischen Effekt. Umgekehrt aber sind Verkündigung, Koinonia und Liturgie erst dann Verkündigung, Koinonia und Liturgie nach dem Maß des Unendlichen, wenn in ihnen die Verantwortung für den Anderen gewahrt ist, wenn sie also Diakonie sind“ (Haslinger, H., 752); vgl. auch Steinkamp, H., Solidarität.

35 Daraus darf aber nicht abgeleitet werden, daß Gemeinde für sich als Selbstzweck dient, nach außen hin nicht offen ist und ausschließenden Charakter hat. Rückzug ins Ghetto oder Pflegen einer harmonisierenden Atmosphäre sind nicht gemeint.

36 P.Weß plädiert für überschaubare Gemeinden: Communio kann nur stattfinden, wenn sie den Erfahrungsraum der Gemeindemitglieder prägt. Die Anrede „Bruder“ und „Schwester“ ist in den Gemeinden verlorengegangen, da ein Sich-Vertrautsein nicht mehr möglich ist.

37 Beispielsweise Bibel-, Familien- und Gebetskreise, Haus- und Basisgemeinschaften.

38 Vgl. Mk 1,15.

Verkündigung umfaßt drei Zeitzonen: Erinnerung der Heilsgeheimnisse in der Vergangenheit, Vergegenwärtigung des Heils in der Gegenwart und Blick auf das Eschaton, die Vollendung von Gottes Basileia im Kommen Christi. Durch diesen Zeitbogen kann Gottes Heilswirken in der Gegenwart gedeutet werden. Verkünden und Bezeugen des Wortes Gottes geschehen immer im gegenwärtigen Vollzug, was Hören auf Gottes Wort in der Zeit, sensibles Aufnehmen von Gottes Offenbarung und Eingehen auf verschiedene Kulturen[39] und Zeitströmungen erfordert. Verkündigung ist ganzheitlicher Vollzug, in dem Christen ihr Leben aus dem Evangelium gestalten. Die Botschaft von Gottes Basileia findet gelebten Ausdruck in jedem einzelnen Christen - in der Weise, wie sich dieser der Botschaft öffnet - und ereignet sich in menschlichen Begegnungen.

Verkündigung empfängt demnach Gottes Heilsgeheimnisse, ihr sind sie anvertraut, und hat gleichzeitig die Aufgabe, diese weiterzugeben. Verkündigung vollzieht sich im Beschenktwerden und Schenken, in Mit- und Austeilung, wobei sie eine zweifache Richtung verfolgt: zum einen nach innen in Weitergabe, Vermittlung und Vertiefung des Glaubens in der Gemeinde, zum anderen nach außen im evangelisierenden Wirken.

2.2.3 Liturgie - Feier der Gemeinde

Gottes Heilswille und das Heilstun seines menschgewordenen Sohnes Jesus Christus werden über die sichtbare Kirche an seiner Gemeinde Wirklichkeit in der Liturgie. Insofern Gott in Christus an der versammelten Gemeinde das einmal vollzogene Heilswerk in der jeweiligen Feier fruchtbar macht[40], ist Liturgie Gipfel kirchlichen Tuns[41] und zugleich Ort der Begegnung von Gott und

---

39 Damit das Evangelium die Menschen im jeweiligen geschichtlich-kulturellen Kontext anspricht, ist es nötig, Berührungspunkte der jeweiligen Kultur und Geschichte zum Evangelium zu finden, d.h., das Evangelium muß die konkrete Lebenswelt der Menschen durchdringen: „Das Evangelium und somit die Evangelisierung identifizieren sich natürlich nicht mit der Kultur und sind unabhängig gegenüber allen Kulturen. Dennoch wird das Reich, das das Evangelium verkündet, von Menschen gelebt, die zutiefst an eine Kultur gebunden sind, und kann die Errichtung des Gottesreiches nicht darauf verzichten, sich gewisser Elemente der menschlichen Kultur und Kulturen zu bedienen. Unabhängig zwar gegenüber den Kulturen, sind Evangelium und Evangelisierung jedoch nicht notwendig unvereinbar mit ihnen, sondern fähig, sie alle zu durchdringen, ohne sich einer von ihnen zu unterwerfen“ (EN 20).

40 Vgl. Häußling, A.A., 118-130.

41 Die Liturgie ist „der Gipfel, dem das Tun der Kirche zustrebt, und zugleich die Quelle, aus der all ihre Kraft strömt“ (SC 10), ein Tun, dessen „Wirksamkeit kein anderes Tun der Kirche an Rang

Mensch. Die Feier aller Gottesdienste und Sakramente, alle Sakramentalien, Riten, Zeremonien und Gebete, in denen die Gottesverehrung der Kirche zum Ausdruck kommt, verweisen in verbalen und nonverbalen Zeichen auf das Göttlich-Unsichtbare[42] und vergegenwärtigen diese Begegnung von Gott und Mensch. Sie zielen auf eine innige Begegnung mit Christus, der im Hl. Geist den Weg zum Vater auftut. Die Mitte der Liturgie bildet daher Christus selbst in der Eucharistie[43]: Ermutigt durch das Vermächtnis Jesu[44] an seine Jünger lebt Liturgie aus der Anamnese, der Erinnerung an die Heilsgeschichte der Menschheit mit Gott, mündet in die Gegenwart in Vergegenwärtigung und blickt auf das Kommende. Sie erfaßt den Menschen in seinem ganzen geschichtlichen Sein als Verdankten, Feiernden und Hoffenden.
Die Heilsgeheimnisse werden gefeiert, weil sich Christen als von Gottes Liebe Angesprochene erfahren; ohne konkrete Erfahrung von Gottes Wirken und Sehnsucht nach dem lebendigen Gott ist Feier sinnentleert und wirkt dem Leben entfremdet. Liturgie ist Antwort des Christen auf diese liebende Zuwendung Gottes in verbalen und nonverbalen Zeichen: sie wird zum Lobpreis Gottes, zum Gebet, zur Klage der Bedrängten, die auf Erlösung warten, und zur Fürbitte der Kirche um künftigen Beistand. In der Liturgie geht es letztlich um den Ausdruck dessen, was Gott an Menschen getan hat, tut und in Zukunft verheißen hat, sie gipfelt in der Anbetung Gottes um seiner selbst willen.
Feiernde Gemeinde hat aufbauend-stärkende Wirkung für sich selbst und fungiert als Zeichen für die Welt.

2.2.4 Diakonie - Dienst der Gemeinde

Der Menschensohn ist gekommen, um zu dienen[45], sein Dienst an seinen Jüngern gipfelt in Fußwaschung und Mahl[46], an Außenstehenden in Verkündigung mit

---

und Maß erreicht" (SC 7). Die Kirche wird durch die Liturgie aufgebaut und drückt sich in ihr als einer ihrer Grundfunktionen aus (vgl. SC 2; 36).

42 In allem liturgischen Tun ist „das Menschliche auf das Göttliche hingeordnet ..., das Sichtbare auf das Unsichtbare" (SC 2).

43 Vgl. LG 11.

44 „Dies tut zu meinem Gedächtnis" (Lk 22,19b).

45 Vgl. Mt 20,28. Jesu radikales Vorbild zeigt sich in Entäußerung und Hingabe für andere (vgl. Phil 2,6-11).

46 Jesus dreht die Maßstäbe der Welt für die ihm Nachfolgenden um: Nicht Macht (vgl. Mt 20,25), Streben nach Ehre (vgl. Mt 20,27; Lk 22,24-27) und Besitz (vgl. Mk 6,8; Lk 19,8-9) sind Zeichen von Größe, vielmehr der Dienst an anderen. Der Größte ist der wirklich Dienende und Sich-

Zeichen und an allen Menschen in seiner Selbsthingabe am Kreuz. Jesu Dienst hat daher zwei Richtungen: zum einen wendet er sich ganz seinem Jüngerkreis zu, zum anderen den Menschen, die ihm begegnen und an ihn glauben, wobei er sich vorrangig mit Armen, Kranken und Benachteiligten in Wort und Tat solidarisiert.
Dienst der Gemeinde orientiert sich an Jesu Beispiel[47] und realisiert sich im „Nach-tun" seiner Werke, so daß auch sie in zwei Richtungen weist, den inner- und außergemeindlichen Raum. Christliche Gemeinde dient daher ihren Gläubigen, ohne dabei Gottes universalen Heilswillen für alle Menschen aus dem Blick zu verlieren. Sie ist parteiisch, denn sie muß sich besonders für in irgendeiner Weise Arme[48] einsetzen. Diakonie realisiert sich auf zwei Ebenen: persönlich-individuelle Hilfe und Veränderung in Strukturen als kritisch-sozialpolitisches Engagement. Wird Diakonie delegiert an Caritas und andere Wohlfahrtsverbände, „wird die Diakonie nicht mehr zentral in den Gemeinden erfahrbar, ... verlieren (diese; d.V.) ein wesentliches Merkmal ihres Gemeindeseins."[49]

Die gemeindlichen Grundaufgaben und ihr Auftrag sind verdeutlicht, Konstitutiva für Gemeinde sind damit genannt. Daran rückgekoppelt muß Gemeinde ihre Situierung im heutigen gesellschaftlichen Kontext finden. Insofern sie unter konkreten Zeit-Raum-Bedingungen existiert, treffen und beeinflussen sie heutige gesellschaftliche Strömungen. Gemeinde und Gesellschaft stehen in wechselseitiger Beziehung zueinander, weshalb analytische Anmerkungen zur heutigen Gesellschaft folgen.

3. Gesellschaftlicher Kontext

Kirchliche Gemeinde existiert in ihrer konketen Gestalt immer nur innerhalb des gesellschaftlichen Kontextes: Das Bild der Gesellschaft findet sein Abbild in der

Hingebende, was Jesus verwirklicht, wenn er den niederen Dienst des Fußwaschens tut und sich im Mahl selbst schenkt.

47 Vgl. Joh 13,14-15.

48 Gemeint sind Marginalisierte, An-den-Rand-Gedrängte, Benachteiligte und Entrechtete (vgl. Steinkamp, H., Sozialpastoral, 43; Zulehner, P.M., Gemeindepastoral, 117). D.Wiederkehr spricht von Formen der Lebensverhinderung, die es zu überwinden gilt (vgl. ders., 24). Zu dieser Gruppe gehören in Anlehnung an Jes 61,1-3 und Mt 5,3-4 auch die Trauernden.

49 Garhammer, E., 119.

Kirche und mit ihr in der Gemeinde. Die gesellschaftliche Wirklichkeit stellt den Kontext dar, in dem Christen in Gemeinden leben.

In einem situationsanalytischen Schritt werden grundlegende Merkmale „entfalteter Moderne“[50] mit deren Auswirkungen auf den Bereich Trauer im christlichen Horizont beschrieben. Die besondere Situation der „Trauer um ein Kind“ beschließt den gesellschaftlichen Kontext.

3.1 Überblick zu gesellschaftlichen Merkmalen

Pluralisierung, Differenzierung und Individualisierung sind zu verbreiteten Chiffren für die Charakterisierung der Gesellschaft geworden.[51] In Erlebnisjagd und Leichtgläubigkeit sind prägende Folgen jener Merkmale für heutige Gesellschaft angezeigt.

3.1.1 Pluralisierung - Differenzierung - Individualisierung

Christliche Religion durchdringt nicht mehr die Lebenswelten der Menschen von heute. Lebenswelten fallen auseinander und können, zum Teil unabhängig voneinander, in Teilsystemen existieren. Bisher nahm das Christentum die Stelle einer „Klammer“ ein, die die Lebenswelten miteinander verband und durchdrang, indem Deutungen christlichen Lebens in allen Lebenswelten gehört wurden; Christentum und Kirche verloren ihr Monopol und wurden selbst zu einem Teilsystem.

Grundkennzeichen entfalteter Moderne ist radikale Pluralisierung, die sich als Grundoption für heutige Gesellschaft durchsetzt. Dies bedeutet Auseinanderfallen der einzelnen Lebenswelten und der damit verbundenen Sinndeutungen. Der Mensch lebt in verschiedenen Teilsystemen, jedes ohne Monopolstellung, und wird innerhalb dieser mit entsprechend pluralisierten und auch im Widerspruch zueinander stehenden Handlungs- und Denkmustern konfrontiert. Gesellschaftliche Einrichtungen treten in Konkurrenz zur Kirche, indem sie religiöse Bedürfnisse der Menschen im Sinn einer Dienstleistungsgesellschaft zu erfüllen versuchen.

---

50 Vgl. Gabriel, K., 121-141.

51 Vgl. Welsch, W..

Mit Pluralisierung geht ein immer größer werdender Grad an Differenzierung und Spezialisierung einher: Die Aufgliederung in verschiedene Teilbereiche führt zu Arbeitsteilung und Komplexität der Lebensräume mit einer für das Individuum unüberschaubaren Relevanz für das eigene Leben. Gefragt sind Spezialisten mit Verantwortung nur für einen bestimmten Lebensbezug, der „ganze" Mensch gerät aus dem Blick. Der Mensch steht unter enormem Leistungsdruck: Im Blick auf die Globalisierung der Märkte wird Konkurrenz deutlich stärker, d.h., ein besseres Produkt schneller als andere auf den Markt bringen ist zum Überleben eines Unternehmens notwendig. Zeit ist Geld, deshalb muß alles schnell gehen: vom Selbstbedienungsautomat an der Bank zum Fast-Food-Drive-In. Kehrseite solcher zeitsparender Errungenschaften ist gesellschaftlich sich ausbreitende Anonymität mit der Folge radikalisierter Vereinzelung. Zurecht finden sich nur Menschen, die mit Schnellebigkeit und Leistungsnormen dieser Gesellschaft Schritt halten können.

Pluralisierung betrifft auch den einzelnen: Der gesellschaftlichen Entwicklung entsprechend zeigt sich die Tendenz zu Individualisierung nach U.Beck[52] darin, daß der einzelne Mensch aus historisch vorgegebenen Sozialformen und -bindungen im Sinn traditionaler Herrschafts- und Versorgungszusammenhänge herausgelöst ist, traditionale Sicherheiten im Blick auf Handlungswissen, Glauben und leitende Normen verliert und hinsichtlich seiner Lebensgestaltung mit allen Risiken, Chancen und Widersprüchen auf sich selbst gestellt ist.[53] Mit größerer Freiheit als Folge der Individualisierung wird die eigene Biographie als Aufgabe des einzelnen gesehen[54]: Festgelegte oder zugewiesene Lebensentwürfe, vorgegebene soziale, moralische, religiöse und andere Bindungen gehören der Vergangenheit an. Dauerhafte und verläßliche zwischenmenschliche Beziehungen sind in Auflösung begriffen. Beziehungen werden als Privatsache ohne gesellschaftliche Verbindlichkeit und Verpflichtung gesehen.[55] Der einzelne steht im Mittelpunkt und konstituiert sich über seinen je eigenen

---

52 U.Beck hat zur Analyse des Umbruchs der Industriegesellschaft als erster auf die Kategorie der Individualisierung zurückgegriffen (vgl. ders., Jenseits von Stand und Klasse (erstmals veröffentlicht 1983); ders., Risikogesellschaft).

53 Vgl. ders., Risikogesellschaft, 206; ders., Jenseits von Stand und Klasse, 44. In gesellschaftlich gesteuerter Bildungsexpansion mit dadurch ermöglichten individuellen Aufstiegsorientierungen, in erhöhter sozialer und regionaler Mobilität und in der Logik der Konkurrenz sieht er wichtige Faktoren, die den Individualisierungsprozeß vorantreiben (vgl. ebd. 46-48).

54 Vgl. Berger, P.A..

55 Vgl. Beck, U., Risikogesellschaft; Beck-Gernsheim, E., 307-340.

Lebensentwurf.[56] Mit den positiven Auswirkungen der Freisetzung hat Individualisierung nach K.Gabriel auch negative Folgen: Verlust traditionaler Sicherheiten, Verunsicherungen eigener Lebensdeutung und Orientierung in der Welt sowie - angesichts der Auflösung schicksalhafter Selbstverständlichkeit der Welt- und Lebensdeutung - ständig aufgenötigter Entscheidungszwang.[57] Der eigene Lebensentwurf wird zur permanenten Suche nach sich selbst. Überforderung, Vereinsamung und Vereinzelung drohen. Durch das Auf-sich-selbst-Verwiesensein wächst Selbstbezogenheit und Egozentrik des Individuums, Entsolidarisierung mit anderen wird verstärkt. Der „Single“, Prototyp heutiger Gesellschaft, kommt vor der Gemeinschaft. Als Gestalter seiner eigenen Existenz fühlt sich der einzelne oft auch nur für diese verantwortlich.

3.1.2 Erlebnisjagd - Leichtgläubigkeit

Da Verbindlichkeiten in sozialen Beziehungen weniger gesucht werden und immer weniger Menschen sich über soziale Positionen definieren, rückt ein anderes Selbstverständnis in den Vordergrund: Der einzelne definiert sich über Erlebtes, das gilt insbesondere für die Produkt- oder Angebotswahl. Nicht mehr Nützlichkeit und Funktionalität des Produktes sind für den Käufer entscheidend, vielmehr „erlebnisorientierte Zusatzqualitäten“[58]. Der neue Imperativ lautet: Erlebe dein Leben! Extreme erleben Hochkonjunktur und verschaffen den Betreffenden „Kickerlebnisse“, extreme Freizeitgestaltungen von free climbing bis hin zu Sprüngen aus großer Höhe mit einem Gummiseil um die Füße, dem sogenannten Bungeejumping, stehen im Trend. Diese Erlebnisjagd bringt mit weiterem Individualisierungsschub auch eine neue Form von Sozialität: es bilden sich Erlebnisgemeinschaften, individuelle Erlebnissuche trifft sich mit der anderer. Ziele solcher Suche sind „fun“ oder im religiösen Bereich Bewußtseinserweiterung im Sinn einer Instant-Mystik, wobei konsequent versucht wird, schmerzliche Erfahrungen um Leid und Tod auszuklammern[59].

---

56 U.Beck benennt die neue gängige Lebenshaltung „Eigenes Leben“: alle Verantwortlichkeiten sind auf dem Individuum vereint (vgl. ders., Eigenes Leben).

57 Vgl. Gabriel, K., 136.

58 Schulze, G., 59. Beispielsweise wird eine bestimmte Seife aufgrund ihrer versprochenen Frische, ihrer erotischen Form oder ihrer Umweltverträglichkeit favorisiert.

59 G.Schulze nennt dies Ästhetisierung und Marginalisierung von Kontrasterlebnissen: Ästhetisierung meint, eine Distanz wird von den Medien zu Unglück, Katastrophen, Kriegen, Verbrechen, Armut und Hunger dadurch hergestellt, daß sie in sekundenschnellen Spots Schreckensnachrichten über den Bildschirm jagen und dies zur Routine wird. „ ... durch den Tonfall des Sprechers und durch die

Entgegen den Prophezeihungen fortschreitender Säkularisierung erlebt das „Religiöse“ neuen Aufschwung, übermäßige Wissenschafts- und Fortschrittsgläubigkeit haben enttäuscht und werden mit größerer Nüchternheit betrachtet. Nicht die institutionell gebundene Religion mit ihren unausweichlichen Verbindlichkeiten, sondern ein esoterischer Markt im Sinn der Dienstleistungsgesellschaft bietet sich an: Horoskope, Wunderheiler, Wahrsager, esoterische Gruppen. Der Religionssoziologe P.L.Berger beschreibt die Leichtgläubigkeit unserer Zeit wie folgt: „... entgegen allen akademischen Festreden haben Erziehung und Bildung, wenn überhaupt, nur wenig Einfluß auf die moderne Glaubensbereitschaft. Kein Blödsinn, der nicht von irgendeinem Segment der modernen Intelligenz mit Verve verfochten würde, absurde und ärgerliche abergläubische Vorstellungen eingeschlossen. Es spricht sogar einiges dafür, daß die Neigung, offensichtlichen Unsinn zu glauben, mit dem Bildungsgrad eher zu- als abnimmt. In diesem zugegebenermaßen negativen Sinn kann man denn auch sagen, daß das moderne Zeitalter ein großes Glaubenszeitalter ist. Von Leichtgläubigkeit zu reden wäre zutreffender.“[60] Im Rahmen einer Wertestudie bezeichneten sich ca. 55% der Menschen in Westdeutschland, ein knappes Drittel in Ostdeutschland als religiös, doch steht Religion meist nicht in Verbindung mit dem Glauben an den in Jesus Christus menschgewordenen Gott.[61] Viele Menschen verbinden mit Gott nicht mehr einen personalen Gott, vielmehr eine diffuse und nicht benennbare Sehnsucht nach Glück ohne Leid, die sich allem öffnet, winkt nur irgendeine Sicherheit oder ein neues Erlebnis. Inmitten eines religionsfreundlichen Milieus entsteht eine neue „Gotteskrise“[62].

Einbettung der Nachricht in andere Erlebnisangebote ... gerät das Unglück in die Sphäre des Unwirklichen“ (ebd. 69). Marginalisierung meint, Umweltkrisen, Verarmung in den Großstädten oder Hunger in der Welt werden bagatellisiert und aus dem Bewußtsein gedrängt (vgl. ebd. 69-71).

60 Berger, P.L., 131.

61 Vgl. Denz, H./Zulehner, P.M., 18-30.

62 Vgl. Metz, J.B., 77-78.
Zu Religiosität in heutiger Gesellschaft: vgl. Abel, P., 20-35; Steins, G., 57-74. Zur Neureflexion von Frömmigkeit, Kirche und Theologie angesichts bestehender Gesellschaftsverhältnisse: vgl. Kunstmann, J..

3.2 Auswirkungen der gesellschaftlichen Merkmale auf Trauer im christlichen Horizont

Einflüsse angeführter gesellschaftlicher Merkmale auf den Bereich Trauer werden näher beleuchtet.

In heutiger Gesellschaft ist der Tod „ausgebürgert", seinen Platz in der Familie hat er verloren.[63] Im familiären Umfeld können daher kaum Erfahrungen damit gemacht und Kompetenzen im Umgang mit Sterben und Tod erworben werden. Der Tod, der nicht mehr als natürlich zum Leben gehörig erfahren wird, ist an Institutionen delegiert. Aus dieser Delegation resultiert, daß Tod als Ausnahmezustand, Notstand und Bedrohung erlebt wird. Er wird möglichst verheimlicht, in der Öffentlichkeit werden Gefühle kaum gezeigt: es herrscht Trauerverbot[64]. J.Duss-von Werdt sieht Todesferne als Ergebnis kollektiver Todesverdrängung[65] und Kennzeichen gegenwärtiger Zivilisation. Der Tod ist in moderner Welt nicht gesellschaftsfähig, d.h., er paßt nicht in die propagierte Werteskala von Erfolg und Fortschritt.[66] Seine Verdrängung begünstigen Schnellebigkeit und Bindungslosigkeit.[67]

---

63 Sterben findet im Krankenhaus statt, weswegen der Tod zu einem „technischen Problem" geworden ist, eine festgefügte Zeremonie - wie beim Sterben zuhause - ist nicht mehr notwendig (vgl. Winau, R., 24).

64 Vgl. ebd.. Ph.Ariès spricht von „Unschicklichkeit der Trauer" (ders., 740) und beschreibt, daß G.Gorer bereits 1955 die These vertreten habe, der Tod habe als gesellschaftliches Tabu die Stelle der Sexualität eingenommen (vgl. Gorer, G., 128, zitiert in: Ariès, Ph., 742).

65 Zur Praxis von Todesverdrängung: vgl. Nassehi, A./Weber, G., 157-207; zur Genese moderner Todesverdrängung: vgl. ebd. 277-325. K.Feldmann plädiert für eine Objektivierung der Verdrängungsproblematik: Durch allgemeine Analysen von Kultur und sozialer Funktionen der Individuen sollen subjektive Wertung und verdeckte Kulturkritik der jeweiligen Autoren verringert werden (vgl. ders., 87).

A.Seigfried nennt sechs Fluchtversuche hinsichtlich des Umgangs mit Tod und Trauer in heutiger Gesellschaft: 1. eine trivialisierte Umgangsweise mit Tod; 2. der Tod wird in eine technische Dimension verkürzt, worin wenig Trauer und Betroffenheit zum Ausdruck kommt; 3. der Tod wird auf dem Hintergrund der Evolution als „Kunstgriff der Natur" gedeutet; 4. der Tod wird als „Sozialkritik" gedeutet, d.h., bestehende soziale Ungerechtigkeit ist mit dem Tod aufgehoben; 5. Tod und Trauer werden vermarktet; 6. christliche Verkündigung vertröstet vielerorts auf das ewige Leben (vgl. ders., 89-91).

Zur Vermarktung von Trauer und Tod: vgl. u.a. SZ, Nr. 141 vom 21. Juni 1996, 12; Nr. 268 vom 21. November 1997, 12; SZ Magazin, Nr. 21 vom 24. Mai 1996, 38-39; KNA.ID, Nr. 13 vom 26. März 1997, 5.

66 Vgl. Duss-von Werdt, J., 203.

67 Inzwischen partizipieren auch die Toten an der Mobilität der Gesellschaft: der angemietete Grabplatz auf dem Friedhof wird bereits nach wenigen - derzeit durchschnittlich 12 - Jahren neu

3.2.1 Pluralisierung - Differenzierung - Individualisierung von Trauer

Gesellschaftliche Pluralisierung zeigt sich im Trauerbereich in der Kennzeichnung nur einer Minderzahl von Todesanzeigen[68] und Gräbern durch christliche Deutung von Leben und Tod[69] und christliche Symbolik[70]. Friedhöfe werden meist nicht homogen von einer Gruppe genutzt - viele sind offen für alle Konfessionen, mit steigender Tendenz für andere Religionsgemeinschaften, Konfessions- und Religionslose -, wodurch eine einheitlich christliche Friedhofskultur nicht mehr gegeben ist. Die Distanz Friedhofskultur und Kirche ist besonders in Großstädten im räumlichen Abstand ausgedrückt. Bei Beerdigungen drängen andere Institutionen in den Bereich der Kirchen[71], neue Berufe wie Bestattungsredner bestätigen den Profanisierungstrend.
Nicht mehr Gemeindeverantwortliche werden als erste über einen Sterbefall benachrichtigt, vielmehr Bestattungsunternehmer: Infolge der Hilflosigkeit Hinterbliebener angesichts eines Todesfalls werden Spezialisten[72] geholt, die im Sinn der Dienstleistungsgesellschaft das Geschehen um Tod und Trauer als Service und Leistung verstehen - Arbeit in bestimmter Zeit durch den Dienstleister, der sich als Vertragspartner sieht. In der Ausweitung der Bestattungsunternehmen auf Trauerhilfe im Komplett-Angebot - von der Bestattungsvorsorge bis zur Trauerbegleitung - wird eine Marktlücke nach Art der Dienstleistungsgesellschaft zu füllen versucht. Ein Bestattungsinstitut erhält

---

vergeben (vgl. SZ, Nr. 281 vom 6./7. Dezember 1997, 3). Ohne lokale Bindung etablieren sich virtuelle Friedhöfe im Internet (vgl. SZ, Nr. 158 vom 12./13. Juli 1997, 12).

68 An der Universität Münster wurden 5000 Todesanzeigen untersucht (vgl. Richter, K., 20-21). Trauer in Anzeigen ist zunehmend weniger an kirchliche Rituale und Inhalte gebunden (vgl. Biener, H., 395-411).

69 Während auf christlichen Friedhöfen viele Symbole für Vergänglichkeit und Tod zu finden sind, sind typische für die Hoffnung auf Auferstehung selten anzutreffen.

70 „Auf Kindergräbern finden sich Gestalten und Figuren aus Fernsehsendungen und der Spielzeugindustrie häufiger als ausdrücklich christliche Symbolfiguren“ (Zulehner, P.M., Übergänge, 37). Auch die Bischöfe machen säkulare Symbole wie Pumuckl, Vögel, Fische, Hunde, Katzen, Pferde, Sportboot oder Motorrad als Grabsteinsymbole nachdenklich (vgl. Unsere Sorge um die Toten und die Hinterbliebenen, 19).

71 Vgl. Richter, K., 13. Das Bestattungsmonopol der Kirchen ist vor allem in Großstädten längst nicht mehr gegeben, in den neuen Bundesländern vollziehen sich Bestattungen aufgrund antikirchlichen und sozialistischen Erbes meist ohne die Kirchen (vgl. Unsere Sorge um die Toten und die Hinterbliebenen, 15).

72 Zur Veranschaulichung des Spezialisierungsgrades: vgl. SZ Magazin, Nr. 45 vom 7. November 1997, 14-23.

im Zug der Delegation des Todes den Auftrag, sich ganz um den „Todesfall“ zu kümmern: Waschen, Anziehen, Aufbahren und Einsargen der Leiche, was früher die engsten Angehörigen am Toten vollzogen, werden heute von unbeteiligten dritten mit keinerlei Bezug zum Verstorbenen verrichtet. Da der Tote innerhalb kurzer Zeit abgeholt wird, ist Abschiednehmen kaum möglich, traditionelle Sterbegebete und Wachen an der Leiche finden sich nur noch vereinzelt in ländlichen Gemeinden, meist entfallen sie ersatzlos. Blumen und Kränze werden direkt ans Grab geliefert, der Sarg wird nicht von Freunden oder Nachbarn des Verstorbenen getragen, immer häufiger wird er nicht einmal mehr in Anwesenheit der Trauergemeinde in die Erde gelassen, um möglichen Emotionsausbrüchen Nahestehender vorzubeugen. Insofern konkretes Handeln Trauernder selbst am und um den Toten unterbunden bleibt, erschwert diese Spezialisierung Angehörigen den Umgang mit Tod und Trauer. Unfähigkeit zu Trauer wird strukturell gefestigt und weitere Differenzierung und Privatisierung der Trauerkultur[73] begünstigt.
Auch kirchliche Gemeinde steht im Anspruch eines Servicedenkens: Beerdigung wird auf Anfrage vollzogen, Trauerbegleitung darüberhinaus selten gewährt, wenn, durch Hauptamtliche - Gemeindemitglieder mit ihren eigenen Lebens- und Trauererfahrungen fühlen sich dafür kaum verantwortlich. Funktionale Differenzierung oder „Strategie der Arbeitsteilung“[74] zieht sich so auch im Trauerbereich durch kirchliche Gemeinde.

Kurzfristig scheint es bei einem Todesfall eine Solidargemeinschaft zu geben: In Todesanzeigen, Danksagungen und öffentlicher Teilnahme an der Beerdigung wird Zugehörigkeit zu Verstorbenem und Hinterbliebenen ausgedrückt. Mit der Abreise Verwandter stehen Hinterbliebene oft allein in ihrer Trauer.[75] Auch Solidargemeinschaft kirchlicher Gemeinde endet vielfach mit der Beerdigung, Trauerpastoral ist mit Trauergespräch, Rosenkranzgebet und Beerdigung abgeschlossen; weitere Begleitung findet kaum statt. Während früher in traditionell christlich geprägten Gegenden Verstorbene von der gesamten Dorfgemeinschaft, von Vereinen und Gruppen verabschiedet wurden, bestehen in heutigen Großgemeinden persönliche Beziehungen zumeist nur zwischen wenigen christlichen Gemeindemitgliedern; der Bezug kirchlicher Gemeinde zum Verstorbenen ist darum vielfach anonym. Der Wunsch Angehöriger, am Grab auf

73 Zum Wandel der Trauerkultur: vgl. u.a. Schuchard, J., 16-18; Gornik, H.A., 18-21.
74 Haslinger, H., 228.
75 Vgl. Nassehi, A./Weber, G., 257-262; Schmied, G., 165.

Beileidsbezeugungen zu verzichten, verweist auf die Angst vor schmerzvollem Gefühlsausdruck einer unpersönlich erscheinenden Öffentlichkeit gegenüber. Das Verlangen, Verstorbene nur im Kreis der Familie zu Grab zu tragen - unter Ausschluß der Öffentlichkeit -, setzt sich mehr und mehr durch. Bestattungsunternehmen leisten diesem Trend Vorschub, indem sie eigene Trauerräume für Angehörige errichten, in denen sie allein vom Verstorbenen Abschied nehmen können.[76] Trauer wird in die Sphäre des Privaten gedrängt, zur Privatsache erhoben und individueller Bewältigung anheimgestellt.

3.2.2 Erlebnisverweigerung von Trauer

Das Bestattungswesen unterliegt zunehmender Kommerzialisierung: Geld[77] bestimmt die Begräbnisform. Da anonyme Bestattung die billigste Form darstellt, steht diese im Trend.[78] Weder Zeitpunkt noch genauer Ort des Grabes ist Angehörigen bekannt, zweckrational werden mehrere Urnen gesammelt und an einem Tag bestattet.[79] Christlichem Verständnis ist dies entgegengesetzt:

---

76 Vgl. Unsere Sorge um die Toten und die Hinterbliebenen, 17.

77 „Natürlich hat auch dieser Tod und seine Besorgung seinen Preis. Doch die Entlastung und Stütze in dem komplexen und bürokratischen Vorgang, den eine Bestattung heutzutage darstellt, sind es den Hinterbliebenen wert", kommentieren die deutschen Bischöfe vor allem positiv den Dienst von Bestattungsunternehmern (vgl. ebd. 16-17).

78 Vgl. Zulehner, P.M., Übergänge, 35-38. Nicht nur Kirchen, auch Bestattungsunternehmer nahmen diese Wandlung in Bestattungs- und Trauerkultur wahr. Vertreter des deutschen Bestattungsgewerbes luden deshalb 1992 zum Forum „Bestattung und Kirche" nach Braunschweig ein.

Allein in München stieg der Prozentsatz anonymer Bestattungen von 1996 auf 1997 um 20%. Der Trend spiegelt sich in Grabpflege und -schmuck: 1997 waren auf dem Waldfriedhof München 20% weniger Gräber zu Allerheiligen geschmückt als 1996 (vgl. SZ, Nr. 281 vom 6./7. Dezember 1997, 3).

K.Baumgartner nennt als Ursachen u.a. geringe Kosten, Wegfall der Grabpflege, Isolation und Vereinsamung, Bereitschaft zu aktiver Sterbehilfe und Selbsttötung, Heimatlosigkeit, Verbitterung, Privatisierung von Sterben, Tod und Trauer, Verneinung des Auferstehungsglaubens, Verfall von Friedhofs- und Bestattungskultur, säkularisierte Lebenseinstellung (vgl. ders., Sp. 325).

Die deutschen Bischöfe machen neben praktischen Erwägungen wie Kostenersparnis und Entlastung der Grabpflege tieferliegende Gründe dafür verantwortlich: Tabuisierung, Verdrängung und Privatisierung von Tod und Trauer, persönliche Enttäuschungen, Einsamkeit, Verbitterung Hinterbliebenen gegenüber und Rache an ihnen, geringes Selbstwertgefühl, Wunsch, niemandem zur Last zu fallen, Entsorgungs-Mentalität gegenüber den Toten, mögliche Absage an eine Hoffnung auf neues Leben, bei Aussiedlern: Verlust von Heimat (vgl. Unsere Sorge um die Toten und die Hinterbliebenen, 29-31).

79 K.Baumgartner sieht folgende Schwierigkeiten bei anonymer Bestattung: Verhinderung von ortsbezogener Trauer, Abbruch des Generationengedenkens und eigener Geschichte, Ausschluß der

Insofern Vergangenheit eine Gegenwart und Zukunft prägende Zeitdimension darstellt, lebt der Mensch wesentlich von Erinnerung. Spielt Erinnerung keine Rolle mehr, entwurzelt sich der Mensch mit der Folge, sich nur von seinem eigenen Erleben her zu definieren. Entgegen dieser aktualistischen Erlebnisorientierung ist die Kultivierung namentlichen Totengedenkens in Gebet und Ritualen[80] bedeutsam. Der gesellschaftliche Erlebnistrend bezieht sich jedoch auf nur angenehm positive Lebenserfahrungen, im Bereich Tod und Trauer festigt sich derzeit eine Haltung der „Erlebnisverweigerung", d.h., schmerzliche Erfahrungen im eigenen Leben werden möglichst ausgegrenzt.
Mit steigender Anonymisierung der Bestattungen geht eine Ausfaltung der Friedhofskultur auf profane Zweckrationalität einher: Auffällig sind die strikt normierte Ordnung und Effizienz der neueren, wegen Platzmangels[81] dicht gedrängten Gräberfelder. Grabsteine aus serieller Massenproduktion mit kaum kreativen Elementen, arm in Sprache und Symbolkraft sind keine Seltenheit. Es herrscht eine Art Din-Norm[82] für Raum, Verhalten und Zeit, die akribisch eingehalten werden muß: In Großstädten gehen die Toten im Zeittakt wie am „Fließband" aus der Leichenhalle.
Durch ständigen Wechsel der Lebenswelten - Arbeitswelt und Familie -, in denen schmerzliche Gefühle nicht geäußert bzw. geäußert werden dürfen, und durch internalisierte Erwartungen anderer - am Arbeitsplatz wird bereits nach kurzer Zeit dieselbe Leistung erwartet wie vor dem Verlust - kommt es zu Gefühlskontrolle und Beherrschung der Gefühle bei Trauernden. Da die Umwelt möglichst schnelles Abklingen des Trauerverhaltens wünscht, passen sich Trauernde diesem Wunsch an.[83] Ist dazu in der eigenen Familie kein Raum für Trauer gegeben, sind Hinterbliebene isoliert und bleiben auf sich selbst fixiert.

Öffentlichkeit von Trauerbegleitung, Widerspruch zur Pietät gegenüber den Toten und zum christlichen Menschenbild, Aufkündigung der Solidarität zwischen Lebenden und Toten, Abbruch der Grab- und Friedhofskultur (vgl. ders., Sp. 325).

80 Vgl. Garhammer, E., 99.

81 Die wachsende Zahl anonymer Bestattungen in Großstädten und die geringe Belegungsdauer von durchschnittlich 12 Jahren führt zur Wende: Nach kurzer Zeit wird „Sarg samt Inhalt ... entsorgt", weswegen es „wieder mehr als genug Gräber" gibt (SZ, Nr. 281 vom 6./7. Dezember 1997, 3).

82 Vgl. Theis, J., 268.

83 Der griechische Trauerforscher J.Canacakis konstatiert: „Zu keiner Zeit waren die Menschen wie heute gezwungen, durch gesellschaftliche Erwartungen sich ihrer Trauer auf dem schnellsten Weg zu entledigen" (ders., 130).

3.3 Trauer um ein Kind

Auf dem Hintergrund gesellschaftlicher Merkmale mit deren Einfluß auf den christlichen Trauerbereich wird die spezifisch gesellschaftliche Situation der „Trauer um ein Kind“ aufgezeigt.

Heute begegnen viele dem wirklichen Tod erst im Alter. Dementsprechend wird der Tod Jugendlicher als zu früh, der von Kindern als viel zu früh und unzeitig erlebt. Stirbt ein Kind, wird Ohnmacht erfahren. Eltern erfahren diese besonders als existentielle Erfahrung der eigenen Machtlosigkeit gegenüber Leben und Tod. Gesellschaftliche und persönliche Vorstellungen von Sinn und Fülle eines Lebens zerbrechen am Tod eines Kindes, denn gemessen an gängigen Maßstäben läßt sich eine positive Lebensbilanz schwer ziehen.
Durch steigende Anonymität in Verwandt-, Nachbarschaft und kirchlicher Gemeinde - besonders in Städten - bekommen verwaiste Eltern wenig sozialen Beistand. Der Wandel von der Groß- zur Intimfamilie bedeutet, daß Familien mit meist nur ein bis zwei Kindern beim Tod eines Kindes oft ihren Status als „Familie“ bedroht sehen, was für die hinterbliebenen Familienmitglieder einer Identitätskrise gleichkommt. Erschwerend kommen die durch Erziehung und gesellschaftliche Normierung gemachten Vorgaben hinsichtlich des Trauerverhaltens von Mann und Frau hinzu.
Durch die zunehmende Entkirchlichung der Gesellschaft mit dadurch einhergehender fehlender Erfahrung im Umgang mit Sterben und Tod sind Eltern, die die großen sinnstiftenden Gemeinschaften verlassen haben, in ihrer Sinnsuche und -deutung von Tod und Leben und in ihrer Trauer auf sich selbst gestellt. Ihnen stehen bei Tod und Beerdigung keine kirchlichen Rituale zur Verfügung.
Inwieweit sich Eltern von gesellschaftlichen Gegebenheiten, vermeintlichen Forderungen und Erwartungen abhängig machen und ihnen zu entsprechen suchen, ist individuell variabel. Lassen Eltern Trauer zu, erhält der Tod seinen Platz im Leben: Sie setzen ein Zeichen gegen allgemeine Todesverleugnung und erinnern ihre Mitmenschen an die Unsicherheit des Lebens. Dies kann tiefe Ängste im Umfeld auslösen, worin ein Grund für Abwehrverhalten der Umwelt gegenüber Trauer zu sehen ist, verbunden mit dem Wunsch an die Eltern, möglichst bald wieder normales Leben aufzunehmen. Wenig einfühlsame

Ratschläge, die aus eigener Hilflosigkeit und Angst entstammen, sollen eigene Unfähigkeit zu Trauer[84] und Betroffenheit verdecken.

4. Zielkontrolle und Überblick

Der gemeindetheologisch-gesellschaftliche Kontext, innerhalb dessen sich „Trauer der Eltern" vollzieht, ist abgeschlossen: Wesensmerkmale von Kirche und Gemeinde, ihre Grundvollzüge, in denen Gemeinde konkret erfahrbar wird, und die gesellschaftliche Verortung von Gemeinde im Blick auf Trauer sind dargestellt. Gesellschaftliche Individualisierung bewirkt, daß gemeinschaftliche Aspekte von Trauer nur noch im Blick auf das Individuum selbst berücksichtigt werden. Weitere Auflösung der noch sozial wirksamen Strukturen, die in einer Gemeinschaft wie Familie, Nachbarschaft und Kirchengemeinde wurzeln, ist die Folge. Damit wird Privatisierung von Trauer und deren Sinngebung vorangetrieben. Christliche Existenz hingegen gewichtet Gemeinschaft und Individuum gleich und inkludiert, insofern sie auf Transzendenz hin offen ist, zugleich eine tief geistige Dimension. Für christliche Gemeinde gilt, das gesellschaftliche Trauertabu zu lockern, damit Trauer wieder „sein" und gelebt werden darf.

Eingebettet in dieses Vorverständnis wird das spezifisch kirchengemeindliche Umfeld trauernder Eltern im Rahmen der praktisch-theologischen Untersuchung durch Befragung betroffener Eltern eruiert, um bislang fehlende Daten zu erhalten.

Zur Erhellung der Situation trauernder Eltern kommt neben dem gemeindlich-gesellschaftlichen Kontext für Trauer psychologischen Erkenntnissen eine wichtig klärende Rolle bei der Phänomenologie von Trauer zu, weswegen im weiteren eine diesbezüglich ausführliche Darstellung erfolgt.

---

[84] Bemerkenswert zum Thema Unfähigkeit zur Trauer ist das Werk von A. und M.Mitscherlich, Die Unfähigkeit zu trauern. Anhand des Nationalsozialismus' in Deutschland zeigen sie im deutschen kulturellen und gesellschaftlichen Kontext Trauer erschwerende Aspekte auf, wobei es vor allem um die psychoanalytische Sicht von Trauer geht: Trauer um das eigene Größenselbst, Abschiednehmen vom Idealbild. Trauer ist ermöglicht, werden eigene Schwäche, Verfehlung und Unrecht gesehen und zugelassen.

A.Heimler sieht die Ursache für die Unfähigkeit zu Trauer vor allem in den frühen Kindheitsphasen: Verleugnung von Gefühlen in der Ichbildungsphase, in denen Schwächegefühle nicht gelebt werden dürfen (vgl. Beitrag im Arbeitskreis 1: „Trauer". Integrationstag am 5. Mai 1995 an der Katholischen Stiftungsfachhochschule für Sozialwesen München - Abteilung Benediktbeuern).

III. Trauer verwaister Eltern - Psychologische Einsichten

Für den Umgang mit verwaisten Eltern in kirchlicher Gemeinde ist die Kenntnis fachlich-psychologischen Wissens über Trauer notwendig, um auf dieser Verstehensgrundlage einerseits eigene Hemmschwellen zu überwinden, andererseits um mit verwaisten Eltern und deren unterschiedlichen Trauerreaktionen angemessen umgehen zu können.

Diese Darstellung hat zum Ziel, das Phänomen Trauer, speziell verwaister Eltern, von seiten psychoanalytischer, psychologischer und psychiatrischer Erkenntnisse zu beleuchten. Dazu wird, ausgehend von psychoanalytischen Theorien zu Trauer, versucht, innerpsychische Mechanismen von Trauer verwaister Eltern zu verdeutlichen. Mit der innerpsychischen Verfassung des Trauernden korrespondieren Verhaltensweisen, körperliche und seelische Reaktionen in der Trauer, weswegen die Symptomatik der Trauer ausgeführt wird. In diesem Zusammenhang wird auf die Frage der Pathologisierung von Trauer eingegangen sowie auf das bei verwaisten Müttern und Vätern zu beobachtende unterschiedliche Trauerverhalten und dessen Einfluß auf die Partnerschaft. Zum Verlauf der Trauer werden für verwaiste Eltern geeignete Modelle diskutiert, wobei ein einschlägiges Modell zur Trauer verwaister Eltern eingehend vorgestellt wird. Aufgezeigte Hilfen für verwaiste Eltern haben ein Fortschreiten im Trauerprozeß zum Ziel.
Als Quellen liegen der Darstellung wissenschaftliche Studien über Trauer, theoretische Modelle zu Trauer, Fallbeispiele, biographische Erfahrungsberichte verwaister Eltern, Erfahrungen von Professionellen und eigene Erfahrungen im Umgang mit verwaisten Eltern zugrunde.
Vorliegende Darstellung ist nicht auf Vollständigkeit bedacht, die berücksichtigten Aspekte sind ausgewählt, wobei infolge der Fülle des Materials vieles lediglich angedeutet werden kann. In bezug auf das Alter des verstorbenen Kindes wird nicht versucht, künstlich eine Altersgrenze zu ziehen: Erfahrungsgemäß erleben Eltern den Tod ihrer Kinder immer als Ausnahmezustand, wobei das Alter des Kindes keine entscheidende Rolle spielt. In der Darstellung ist der Schwerpunkt auf die mit dem Tod des Kindes einsetzende Trauer der Eltern gelegt; antizipatorische Trauer wird nur am Rand behandelt. Die Phänomenologie von Trauer beschränkt sich ausschließlich auf

Elterntrauer, denn Trauer von Geschwistern verstorbener Kinder weist eine eigene Phänomenologie auf.

1. Überblick zur Grundlage der Trauertheorie

Grundlage für die Trauerforschung ist das psychoanalytische Erklärungsmodell: Die am weitesten entwickelten Theorien über Trauer sind in dessen Umfeld angesiedelt.

S.Freud rückt den Begriff Trauer ins Blickfeld der Psychoanalyse; Y.Spiegel mißt dessen Bemühen größte Bedeutung bei. In Anlehnung an Y.Spiegels zusammenfassende Darstellung der geistesgeschichtlichen Entfaltung der Trauertheorie[1] werden S.Freuds Erklärungsansatz sowie Einzelaspekte K.Abrahams und M.Kleins, des ersten deutschen Psychoanalytikers und dessen Schülerin, auf die Trauer verwaister Eltern hin expliziert.

1.1 S.Freuds Erklärungsansatz

S.Freuds[2] entscheidender Beitrag zu Trauer findet sich in seinem Aufsatz „Trauer und Melancholie“[3] aus dem Jahr 1916[4], worin er Trauer nur am Rand behandelt - in bezug auf ihr krankhaftes Gegenüber: die Melancholie.
Nach S.Freud ist die Behandlung von Trauer als „Normalaffekt“[5] im Zusammenhang mit dem pathologischen Affekt der Melancholie berechtigt, weil Melancholie und Trauer dieselben Züge aufweisen, mit Ausnahme eines einzigen: Trauer ist wie Melancholie gekennzeichnet durch fehlendes Interesse für die Außenwelt, soweit diese nicht an den Verstorbenen erinnert, Verlust an Liebesfähigkeit, da kein neues Liebesobjekt gewählt werden kann, keine Fähigkeit zur Leistung, außer der, die in Verbindung mit der Erinnerung an den Verstorbenen verknüpft ist. Trauer beschäftigt sich ständig mit dem Verstorbenen

---

1 Vgl. Spiegel, Y., 29-44.

2 S.Freud versucht, Trauer im Zusammenhang einer Gesamttheorie des psychischen Lebens zu erklären: Psychoanalyse versteht er als Theorie der menschlichen Seele, insbesondere unter dem Aspekt der Psychopathologie. Zum psychoanalytischen Fragehorizont S.Freuds: vgl. u.a. Illhardt, F.J., 221-227.

3 Vgl. Freud, S., Gesammelte Werke X, 427-446.

4 Dieser kurze Essay wurde 1915 verfaßt und ein Jahr später veröffentlicht.

5 Ebd. 428.

und versucht, über lange Zeit das Andenken an den Verstorbenen zu erhalten.[6] Im Unterschied zur Melancholie fehlt bei Trauer jedoch die Herabsetzung des Selbstwertgefühls: „Bei der Trauer ist die Welt arm und leer geworden, bei der Melancholie ist es das Ich selbst.“[7]
Trauer wird „in der Regel nur durch den Realverlust, den Tod des Objekts ausgelöst“[8]: sie „ist regelmäßig die Reaktion auf den Verlust einer geliebten Person oder an einer an ihre Stelle gerückten Abstraktion wie Vaterland, Freiheit, ein Ideal usw“[9], die zu schweren Abweichungen vom Normalverhalten führt. Trauer wird nach gewisser Zeit überwunden, wobei das Voranschreiten in der Trauer voraussetzt, daß der Betroffene „Trauerarbeit“ leistet, eine Formulierung, die die Betonung auf das aktive innerpsychische Handeln des Trauernden legt: Das Ich muß in einem langwierigen Prozeß vom anfänglich hilflosen Zustand allmählich fortschreiten[10], um wieder in einen ausgeglichenen, freien und ungehemmten Zustand zu kommen[11].
Trauerarbeit ist seelische Arbeit, die mit Hilfe der Libido einen Objektverlust[12] verarbeitet[13]: Im Trauerprozeß muß der Trauernde alle Libido aus ihren Verbindungen mit dem verlorenen geliebten „Objekt“ abziehen. Dagegen sträubt sich jedoch das Ich - lieber behält es seine Libidoposition bei, selbst wenn Ersatz vorhanden ist. Verschärft wird die Situation dadurch, daß eine Substituierung des Objekts aufgrund der menschlichen Trägheit nicht stattfindet, weil das verlorengegangene Objekt immer noch mit Libido besetzt ist. Es handelt sich also um eine Verlagerung der Libidoorganisation, eine langsame Verlagerung der Libidoenergien auf ein neues Objekt, wobei die Realitätsprüfung, die den Verlust des geliebten Objekts beständig vor Augen führt, diesen Verlagerungsprozeß

6 Vgl. ders., Gesammelte Werke IX, 73.

7 Ders., Gesammelte Werke X, 431. Melancholie hat demnach seine Wurzel in einer Ichverarmung.

8 Ebd. 444.

9 Ebd. 428-429.

10 Vgl. ebd. 443.

11 Vgl. ebd. 430.

12 S.Freud geht davon aus, daß die Personalität des Menschen in der Verwiesenheit auf das Du besteht. Tritt ein Verlust dieser Verwiesenheit ein (beispielsweise durch Tod), gerät diese menschlich-personale Konstitution in eine Krise. Seelische Kräfte der positiven Objektbeziehungen des Menschen müssen umorganisiert werden. Innerhalb seiner Theorie werden menschliche Beziehungen als innerpsychische Vorgänge beschrieben, weshalb er vom innerpsychischen Objekt, vom inneren Bild einer Person, eines Subjektes, das der Mensch von seinem Gegenüber in sich trägt, spricht. Beziehung erfolgt demnach nicht direkt mit dem objektiven Gegenüber, sondern indirekt über das subjektive Abbild, das in der eigenen Psyche über das Gegenüber erstellt wird.

13 Vgl. ebd..

leitet.[14] Trauerarbeit ist abgeschlossen, hat sich das Ich wieder an die Realität angepaßt. Der Trauernde ist nach normaler Trauerarbeit wieder in der Lage, libidinöse Objektbeziehungen einzugehen. Die Antwort auf die Frage, warum dieser Prozeß der Libidoneubesetzung im Realitätsangebot so außerordentlich schwer ist, bleibt S.Freud schuldig.[15]

Bei nicht gelungener Trauerarbeit tritt eine Fixierung auf Vergangenes ein: Wird Trauer beispielsweise zur Wiedergutmachung am Verstorbenen, ist der eigentliche Bereich „normaler" Trauer bereits verlassen. Pathologische Reaktionen wie Zwangsvorwürfe[16] der Unterlassung, des unsachlichen Argumentierens bezüglich der Todesursache, die die „Ambivalenz menschlicher Gefühlsregungen"[17] zum Ausdruck bringen, behandelt S.Freud in Verbindung mit Zwangsneurose und Melancholie. Folgen dieser ambivalenten Gefühle sind Projektionen, d.h. Übertragung von Vorstellungen und Gefühlen auf den Toten[18], und Identifikationen bei der Melancholie, d.h. Rückzug ins eigene Ich, wobei das Ich mit dem verlorenen Objekt identifiziert wird[19].

Der Konflikt zwischen dem geliebten Objekt und dem Ich stellt beim Melancholiker im Gegensatz zum Trauernden eine Ambivalenzproblematik dar[20]: Der Melancholiker wird durch den Verlust des geliebten Objekts gekränkt. Innerhalb des Ichs tritt eine Spaltung auf: ein Teil des Ichs empfindet sich als nichtswürdig und leistungsunfähig, der andere Teil kritisiert jenen Teil, nimmt ihn geradezu zum Objekt und klagt ihn an. Der angeklagte Teil hat seine Libidoenergie nicht an ein neues Objekt gebunden, vielmehr hat er sich mit dem verlorenen Objekt identifiziert - er verinnerlicht damit das verlorene Objekt -, wodurch nicht ein Objekt, sondern ein Teil des Ichs verlorengeht. Der Konflikt beim Trauernden stellt beim Melancholiker darum eine Ambivalenz zwischen dem kritisierenden Teil des Ichs und dem sich mit dem verlorenen geliebten Objekt identifizierenden Teil dar. Es finden keine Beziehungen mehr zwischen real existierenden Personen statt, der Beziehungskonflikt geschieht zwischen dem Ich und dem Ich, das bei der Identifikation entstanden ist. Eine Gemeinsamkeit

---

14 „Die Realitätsprüfung hat gezeigt, daß das geliebte Objekt nicht mehr besteht, und erläßt nun die Aufforderung, alle Libido aus ihren Verknüpfungen mit diesem Objekt abzuziehen" (ebd.).

15 Vgl. Stubbe, H., 285.

16 Vgl. Freud, S., Gesammelte Werke IX, 76-77.

17 Ebd. 76.

18 Vgl. ebd. 77-80.

19 Vgl. ders., Gesammelte Werke X, 434-435.

20 Vgl. ebd..

von Melancholie und Trauer sieht S.Freud in der Art und Weise der Libidoablösung: „Wie die Trauer das Ich dazu bewegt, auf das Objekt zu verzichten, indem es das Objekt für tot erklärt und dem Ich die Prämie des am Leben Bleibens bietet, so lockert auch jeder einzelne Ambivalenzkampf die Fixierung der Libido an das Objekt, indem er dieses entwertet, herabsetzt, gleichsam auch erschlägt."[21]

Trauer als seelische Arbeit zu begreifen, die in einem langwierigen Prozeß vom Betroffenen geleistet werden muß, ist S.Freuds Verdienst. Für ihn sind Trauer und Melancholie zwei zu unterscheidende Größen: Ausgehend von der Psychopathologie grenzt er in seiner Beschreibung der Melancholie Trauer durch fehlende Ambivalenz und Manie ab. K.Abrahams und M.Kleins Differenzierungen zeigen, daß dessen Unterscheidung nicht haltbar ist: Für K.Abraham lassen sich beide Größen nur durch die jeweils andere bestimmen; er führt über S.Freuds Bewertung der Trauer hinaus, wodurch er den Weg für nachfolgende Trauerforschung vorzeichnet. Dessen Schülerin M.Klein bringt die frühkindliche Trennungsangst und ihre Verarbeitung als für die Trauer charakteristisch in die Diskussion mit ein.

1.2 Weitere Entwicklung: Einzelaspekte K.Abrahams und M.Kleins

K.Abrahams Beitrag[22] liegt in „der Aufdeckung der Inkorporierung und der Manie in der 'normalen' Trauer"[23]: Er setzt Trauer nicht wie S.Freud von pathologischen Zuständen ab, denn mit dem Gelingen der Ablösung findet er auch bei normaler Trauer Anwandlungen von Hochstimmung, Allmachtsgefühlen und Überaktivität, die er als manisches Verhalten in abgeschwächter Form identifiziert.[24]

---

21 Ebd. 445.

22 Vgl. Abraham, K., 113-183.

23 Spiegel, Y., 39.

24 „Während Freud nun die psychologische Verwandtschaft der Melancholie mit der normalen Trauer hervorgehoben und begründet hat, vermißt er im normalen Seelenleben einen Vorgang, der dem Umschlag der Melancholie in Manie entspricht" (Abraham, K., 158).
Der Trauernde kann eine ungewöhnliche Steigerung des sexuellen Begehrens spüren, was auch „in sublimierter Form zum Ausdruck (kommt; d.V.) durch erhöhte Unternehmungslust, Erweiterung des geistigen Interessenkreises usw" (ebd.).

Er stellt fest, daß beim Trauernden wie beim Melancholiker eine Ambivalenzproblematik vorliegt, die der Trauernde angesichts des realen Objektverlustes durch Introjektion oder Inkorporation des verlorenen Objekts löst.[25] „Die Trauer enthält den Trost: 'Das Liebesobjekt ist nicht verloren, denn nun trage ich es in mir und kann es niemals verlieren!'"[26] Der Trauernde versucht, den Verstorbenen in seinem Ich in positiver Weise aufzubauen und ein Bild von ihm in sich zu tragen. Dieser Introjektionsvorgang in der Trauer des Gesunden „dient überwiegend der Tendenz, die Beziehung zu dem Verstorbenen zu konservieren oder ... den erlittenen Verlust zu kompensieren."[27] Das Bewußtsein des Trauernden wird aber nicht wie beim Melancholiker „überwältigt": Er kann zwischen dem eigenen Ich und dem Bild des Verstorbenen unterscheiden, da die auftretende Ambivalenz weniger stark ausgeprägt ist. Während der Trauernde die Ambivalenz positiv bewältigen kann - inkorporativ -, ist dies beim Melancholiker oder Depressiven durch die stark vorhandene Feindseligkeit gegenüber dem verlorenen Objekt kaum möglich.[28]

M.Kleins Beitrag „Die Trauer und ihre Beziehung zu manisch-depressiven Zuständen"[29] verdeutlicht, daß „eine nahe Beziehung zwischen der Realitätsprüfung in der normalen Trauer und den frühen seelischen Prozessen besteht."[30]
Aufgrund der Analyse der menschlichen Psychogenese[31] nimmt M.Klein an, daß der Säugling „gute" und „böse" Objekte introjiziert: sind ihm Objekte zugänglich und verschaffen ihm Befriedigung, werden diese als gut angesehen, werden sie ihm vorenthalten, gelten sie als böse; als Prototyp gilt die mütterliche Brust[32]. Beide, „gute" und „böse" Objekte, werden verinnerlicht: es „wird eine innere Welt in der unbewußten Seele des Kindes aufgebaut, die den wirklichen Erfahrungen und Eindrücken entspricht, die das Kind von Menschen und der äußeren Welt empfängt, aber die doch durch seine eigenen Phantasien und Triebe

[25] Im Gegensatz zur Freudschen Auffassung, wonach eine Ablösung vom Liebesobjekt während des Trauerprozesses erfolgt.

[26] Ebd. 129-130.

[27] Ebd. 131.

[28] Vgl. ebd..

[29] Vgl. Klein, M., 95-130.

[30] Ebd. 95.

[31] Vgl. ebd. 187-224.

[32] „Die Beziehung zur geliebten und zur gehaßten - guten und bösen - Brust ist des Kindes erste Objektbeziehung" (ebd. 199), wobei jedoch „die Beziehung ... (zur Mutter; d.V.) als einer Person vom frühesten Stadium an allmählich aufgebaut" wird (ebd. 189).

verändert sind."[33] Das Kind projiziert auch seine eigenen Aggressionen auf diese Objekte, die dann vom Kind als „böse" empfunden werden, insofern sie für sein Gefühl „wirklich gefährliche Verfolger"[34] sind. Damit werden negative Erfahrungen mit der Außenwelt und diese „Imagines", die mit allen Mitteln sadistischer Phantasien verzerrte Bilder der realen Objekte sind, „vom Kinde nicht nur in die Außenwelt, sondern durch den Prozeß der Einverleibung auch in das eigene Ich verlegt"[35] und als zum eigenen Ich dazugehörig betrachtet. Das Kind sieht seine innere Welt bedroht[36], da es meint, es verliere mit dem drohenden Verlust der „guten" Objekte auch sein Ich. In einer solchen Situation zieht es sich auf eine „depressive Position"[37] zurück.[38] Das Ich versucht - hat sich die „depressive Position" gebildet -, der „Depression" und „depressiven Angst" um die geliebten Objekte durch teilweise Regression zur „paranoid-schizoiden Position" oder durch manische Abwehr[39] zu entgehen. Da innere und äußere Welt wechselseitig aufeinander bezogen sind[40], ist dem Säugling im allmählichen Lernprozeß[41] eine Realitätsprüfung der inneren Realität durch die äußere ermöglicht: „Die Vertiefung der Liebe und des Zutrauens, und die Verminderung von Ängsten durch glückliche Erfahrungen helfen dem Säugling, Schritt für Schritt seine Depression und sein Gefühl von Verlust (Trauer) zu überwinden."[42]

---

33 Ebd. 97.

34 Ebd. 55.

35 Ebd..

36 Zu den Verfolgungsängsten des Kindes „gesellt sich die Furcht, geliebte Objekte zu verlieren" (ebd. 100).

37 Die „depressive Position" stellt nach M.Klein „eine Melancholie 'in statu nascendi'" dar (ebd. 96), sie charakterisiert sie folgendermaßen: „Kurz gesagt: - Verfolgung (durch 'böse' Objekte) und die charakteristischen Abwehrmaßnahmen dagegen auf der einen Seite und Sehnsucht nach dem geliebten ('guten') Objekt auf der anderen stellen die depressive Position dar", wobei M.Klein unter dem Wort Sehnsucht „Gefühle von Gram und Sorge um die 'geliebten' Objekte" und „die Ängste, sie zu verlieren, und den Wunsch, sie wiederzugewinnen" subsumiert (ebd. 101).

38 Ihren Höhepunkt erreichen die depressiven Gefühle des Säuglings vor, während und nach der Entwöhnung.

39 Wegen ihrer Beziehung zur manisch-depressiven Krankheit spricht M.Klein neben „manischer Abwehr" auch von „manischer Position" (vgl. ebd. 55-94).

40 Wird die sichtbare Mutter als ärgerlich und rachsüchtig erlebt, hat dies negative Auswirkungen, wird sie hilfreich und liebend erfahren, hat dies positive Auswirkungen (vgl. ebd. 98).

41 M.Klein konstatiert, daß „jeder Schritt in dem emotionalen, intellektuellen und physischen Wachstum vom Ich dazu benützt wird, die depressive Position zu überwinden" (ebd. 107).

42 Ebd. 98. „Unangenehme Erfahrungen und das Fehlen angenehmer, besonders aber das Fehlen eines glücklichen und engen Kontakts mit geliebten Menschen steigern im Kleinkind Ambivalenz und vermindern Vertrauen und Hoffnung. Sie bestätigen Ängste über innere Vernichtung und äußere

M.Klein sieht in der Trauer Erwachsener frühkindliche Verlustsituationen und mit ihnen frühere „depressive Positionen“ wiederbelebt[43]: „Der Schmerz über den tatsächlichen Verlust einer geliebten Person wird ... durch die unbewußten Phantasien des Trauernden, seine inneren ‘guten’ Objekte verloren zu haben, verschärft. Er fühlt dann, daß seine inneren ‘bösen’ Objekte überwiegen und daß seine innere Welt in Gefahr ist zu zerfallen.“[44] Analog zum Kleinkind, das eine Bedrohung in einer „depressiven Position“ erlebt, werden mit diesen frühkindlichen Erlebnissen Abwehrmechanismen aktiviert, die für die individuelle Bewältigung von „depressiven Positionen“ von Nutzen waren und dem trauernden Erwachsenen ermöglichen, „dem Leiden, das mit der depressiven Position verbunden ist, zu entfliehen.“[45] Aufgrund dieser im Trauerprozeß des Erwachsenen wiederauftauchenden frühkindlichen Bewältigungsmechanismen können Trauernde vorübergehend manisch-depressive Symptome zeigen. Verlust eines Menschen bedeutet darum neben dem Fehlen einer geliebten Person zugleich Bedrohung der gesamten Innenwelt des Trauernden durch Reaktivierungsprozesse. Bei der Trauerarbeit müssen im langsamen Prozeß der Realitätsprüfung „nicht nur die Bindungen zur äußeren Welt“, „sondern damit auch gleichzeitig die innere Welt“[46] neu aufgebaut werden: Als der tatsächliche Verlust stattfand, wurde in der Phantasie des Individuums seine innere Welt, die es von frühesten Lebenstagen an aufgebaut hatte, zerstört. Bei normaler Trauer baut darum das Individuum mit dem verlorenen geliebten Objekt, der verlorenen Person, auch seine geliebten inneren Objekte, die verloren schienen, in sich wieder auf. Gelingt dies, ist Trauerarbeit erfolgreich: Der Trauernde überwindet Gram und gewinnt wieder Sicherheit.[47] Sie kann mißlingen, ist es in früher Kindheit nicht gelungen, „depressive Positionen“ in positiver Weise zu überwinden, d.h., wurden in der Innenwelt des Kindes Stabilitätserfahrungen von „guten“ Objekten kaum gemacht und keine „guten“ Objekte zur Ausgleichung der Krisensituation erfahren, die der inneren Welt ein Gefühl der Sicherheit geben[48].

Verfolgung, und darüber hinaus verlangsamen sie die günstigen Prozesse, durch die am Ende innere Sicherheit erreicht wird, und bringen sie zum Stillstand“ (ebd. 99).

43 Vgl. ebd. 108.

44 Ebd. 107.

45 Ebd. 128.

46 Ebd. 108.
Die mit dem Verlust zusammengebrochene innere Welt bringt eine neue Teilantwort auf S.Freuds Frage, warum die Libidoneubesetzung auf ein anderes Objekt so schmerzhaft ist.

47 Vgl. ebd. 120-121.

48 Vgl. ebd. 97-98.

Aufgabe im Trauerprozeß ist demnach, Bewältigungsmechanismen von Verlusten zu erkennen und zu analysieren, wodurch frühere „depressive Positionen" durchgearbeitet, von neuem durchlebt und überwunden werden können. Selbsterkenntnis und psychische Reife werden so ermöglicht.
Da es keine klassischen psychoanalytischen Modelle über Trauer von Eltern, die ein Kind verlieren, gibt, wird Trauer verwaister Eltern zunächst spezifiziert anhand biographischer Daten S.Freuds, dann mit Überlegungen zu einem Fallbeispiel einer verwaisten Mutter von M.Klein, mit dem sie ihre Trauertheorie stützt.

2. S.Freuds Umgang mit dem Tod seiner Tochter - ein Spiegel seiner Trauerverarbeitung und Auffassung über Trauer

Sophie Halberstadt, geborene Freud, stirbt am 25. Januar 1920 an einer Grippe mit Lungenentzündung. Der Vater S.Freud bringt den Schmerz über den Tod seiner zweiten Tochter in einem Brief an seine Mutter zum Ausdruck: „Es ist das erste unserer Kinder, das wir so überleben müssen ... Ich hoffe, Du wirst es ruhig hinnehmen, man muß sich ja auch das Unglück gefallen lassen. Trauer um die prächtige, lebenstüchtige Kleine, die so glücklich mit Mann und Kindern war, ist aber erlaubt."[49] Seiner Mutter erlaubt er, was er sich selbst nicht gestattet: Trauer. Stattdessen flüchtet er sich kurz nach dem Tod der Tochter in Arbeit. In einem Brief an O.Pfister schildert S.Freud seinen Unglücksfall und beschreibt seine Reaktion darauf: „Ich arbeite, so viel ich kann, und bin dankbar für diese Ablenkung. Der Verlust eines Kindes scheint eine schwere, narzißtische Kränkung; was Trauer ist, wird wohl erst nachkommen."[50] Seine Müdigkeit und sein Schmerz klingen in einem Brief an S.Ferenczi an. Resignation ist gepaart mit der Hoffnung, daß Zeit und Gewohnheit alles wieder zum Alten werden und weitergehen lassen wie bisher: „Machen Sie sich um mich keine Sorgen. Ich bin bis auf etwas mehr Müdigkeit derselbe. Der Todesfall, so schmerzlich er ist, findet doch keine Lebenseinstellung umzuwerfen. Jahrelang war ich auf den Verlust der Söhne gefaßt, nun kommt der der Tochter; da ich im tiefsten ungläubig bin, habe ich niemand zu beschuldigen und weiß, daß es keinen Ort gibt, wo man Klage anbringen kann. 'Des Dienstes ewig gleichgestellte Uhr' und 'des Daseins süße Gewohnheit' werden das übrige tun, um alles im Gleichen

[49] Freud, S., Briefe: Auszug aus dem Brief an seine Mutter A.Freud vom 26. Januar 1920, 326.
[50] Ebd.: Auszug aus dem Brief an O.Pfister vom 27. Januar 1920, 327.

weitergehen zu lassen. Ganz tief unten wittere ich das Gefühl einer tiefen, nicht verwindbaren narzißtischen Kränkung."[51] Da S.Freud eine Transzendenz leugnet, stellt Trauer für ihn einen nur auf den Menschen bezogenen Vorgang dar. Er artikuliert jedoch das Bedürfnis nach Klage an ein den Menschen übersteigendes Wesen, dies scheint ihm vielleicht in einer solchen Situation hilfreich gewesen zu sein.[52] Neun Jahre nach dem Tod seiner Tochter klagt er über seine Untröstlichkeit in einem Brief an L.Binswanger: „Gerade heute wäre meine verstorbene Tochter sechsunddreißig Jahre alt geworden ... Man weiß, daß die akute Trauer nach einem solchen Verlust ablaufen wird, aber man wird ungetröstet bleiben, nie einen Ersatz finden. Alles, was an die Stelle rückt, und wenn es sie auch ganz ausfüllen sollte, bleibt doch etwas anderes. Und eigentlich ist es recht so. Es ist die einzige Art, die Liebe fortzusetzen, die man ja nicht aufgeben will."[53]

S.Freud empfindet den Tod seines Kindes als nicht verwindbare narzißtische Kränkung. Seine Überlegungen zu Trauer scheinen beim Tod seines Kindes nicht zu greifen: Nach seiner eigenen Definition von Trauerarbeit hat er sie nie ganz geleistet, denn seine Trauer ist nicht auf eine bestimmte Zeit begrenzt. Die Umbesetzung der Libidoenergien auf ein neues Objekt gelingt ihm nie, das Ziel der Trauerarbeit, das verlorene Objekt aufzugeben, so daß sich eine neue äquivalente Bindung in der Gegenwart bilden kann, erreicht er nicht: die innere Bindung zu seiner Tochter bleibt bestehen, Ersatz gibt es nicht - er bleibt auch nach neun Jahren untröstlich. Seine Hoffnung, die Zeit heile alle Wunden, die Gewohnheit schaffe es, alles weitergehen zu lassen wie bisher, erfüllt sich nicht - den Tod seiner Tochter verwindet er nie. Sein Leben bleibt nicht dasselbe: Flucht in die Arbeit, psychosomatische Beschwerden und Einbrüche in die Schwermut folgen. Der Eindruck entsteht, er scheue sich, sich seinem Trauerschmerz zu stellen, was seine Flucht in die Arbeit belegt. Auch beim Tod seiner Mutter ist diese Tendenz vorherrschend: Bei deren Begräbnis läßt er sich vertreten.[54] Er empfindet bei ihrem Tod weder Schmerz noch Trauer: „Es hat merkwürdig auf mich gewirkt, dies große Ereignis. Kein Schmerz, keine Trauer, was sich wahrscheinlich aus den Nebenumständen, dem hohen Alter, dem Mitleid mit

51 Ebd.: Auszug aus dem Brief an S.Ferenczi vom 4. Februar 1920, 327-328.

52 Vgl. ebd.: Auszug aus dem Brief an R. von Freund vom 17. Dezember 1926, 370. „Wo wollen wir Gerechtigkeit suchen? Nach unseren Wünschen wird nicht gefragt, auch nicht nach unseren Verdiensten oder Ansprüchen" (ebd.).

53 Ebd.: Auszug aus dem Brief an L.Binswanger vom 12. April 1929, 383.

54 Vgl. ebd.: Auszug aus dem Brief an S.Ferenczi vom 16. September 1930, 396.

ihrer Hilflosigkeit am Ende, erklärt, dabei ein Gefühl der Befreiung, der Losgesprochenheit, das ich auch zu verstehen glaube. Ich durfte ja nicht sterben, solange sie am Leben war, und jetzt darf ich."[55] Gefühle der Befreiung scheinen die der Trauer zu bedecken, akute Trauer findet so nicht statt.
Hinzu kommt, daß S.Freud keine Einmischung anderer in seine Trauergefühle duldet, womit er eine individualistische Auffassung von Trauerverarbeitung vertritt. Er schreibt an R. von Freund: „Ich habe absichtlich die erste Zeit Ihrer Trauer vorübergehen lassen, ehe ich einige Worte der Teilnahme an Sie richtete. Nach meiner Empfindung hat jemand, der einen schweren Verlust erlebt, ein Recht darauf, in Ruhe gelassen zu werden ... Ohnedies wird dem Trauernden alles, was man ihm sagen kann, ein leerer Schall sein. Seine 'Trauerarbeit' ist ein intimer Vorgang, der keine Einmengung verträgt."[56]

Bei der Trauer von Eltern handelt es sich um eine extreme Form von Trauer, was am Beispiel S.Freuds, der seine Tochter verlor, deutlich wird. Für ihn ist der Trauerprozeß ein individueller, innerpsychischer, der keine Einmischung verträgt, eine Sichtweise, die von M.Klein ausgeweitet wird.

3. M.Kleins theoretische Überlegungen zum Fallbeispiel einer verwaisten Mutter

Zur Veranschaulichung der Verbindung zwischen der infantilen „depressiven Position" und der Trauer Erwachsener führt M.Klein ein Fallbeispiel aus, das die Parallelität der Abwehrmechanismen aufzeigt. Sie illustriert ihre Theorie anhand einer Mutter, die ihr Kind verliert[57]:
Verliert eine Mutter ihr Kind, erlebt sie nicht nur Schmerz und Kummer um den Verlust, sondern die eigene infantile Angst, von der „bösen" Mutter beraubt zu werden, wird reaktiviert. Umgekehrt treten aggressive Vorstellungen auf, die eigene Mutter zu berauben; diese aber rufen wiederum Ängste, Bestrafungs- und Schuldgefühle hervor. Dieser Ambivalenzkonflikt kann zu Groll, Haß und Mißtrauen führen, was auf die „böse" Mutter oder das verstorbene Kind übertragen werden kann und sie zu Verfolgern und Rächern macht. Gewinnen

---

55 Ebd..
Daß er seiner Mutter einen weiteren Verlust eines Kindes ersparen wollte, ist möglich, denn im Alter von zwei Jahren verlor er seinen acht Monate alten Bruder und erlebte seine Mutter in Trauer.

56 Ebd.: Auszug aus dem Brief an Roszi von Freund vom 17. Dezember 1926, 370.

57 Vgl. Klein, M., 111-119.

diese negativen Gefühle Oberhand, wird die Erfahrung der eigenen „guten“ inneren Objekte zurückgedrängt und verschüttet, was die Trauerarbeit stark behindert: Notwendige Idealisierung von Erinnerungen und guten Eigenschaften des verlorenen Kindes, die anfangs der Trauernden Erleichterung bringen, kann nicht erfolgen. Erst wenn die Trauernde wieder Vertrauen in äußere Dinge erlangt, ist sie erneut imstande, das Vertrauen zum verlorenen Kind zurückzugewinnen. Sie kann Schwächen und Fehler des verlorenen Kindes wieder sehen und zulassen, ohne Gefahr zu laufen, es nicht mehr lieben zu können. Mit dem Schwinden feindseliger Gefühle können Empfindungen der Trauer wie Kummer, Sehnsucht nach dem verstorbenen Kind und Traurigkeit ungehinderter ausgedrückt werden.

Erste Reaktionen der Mutter auf den Tod des Kindes können als Wiedergewinnungsversuch des verstorbenen Kindes mitsamt der dazugehörigen eigenen inneren Welt gesehen werden. Als manische Abwehrmechanismen, den Verlustschmerz nicht erleiden und ertragen zu müssen, können Verleugnung, Triumph und Rachegefühle über das verstorbene Kind auftauchen, welche später Schuldgefühle hervorrufen können. Befindet sich die Mutter in einem solchen Stadium, bedeutet dies eine Fixierung und Verfestigung der inneren Gefühle und Beziehungen. Abwehrmechanismen haben das Ziel, die Kontrolle über die innere Welt zu behaupten. Eine Lockerung der Abwehrmechanismen, eine größere innere Freiheit, erfolgt dann durch Vertrauen in die persönliche Umwelt, in Menschen mit deren konkreter Hilfe und in sich selbst; erst in diesem Vertrauen ist es möglich, sich dem äußerst schmerzlichen Verlust zu stellen und sich Trauergefühlen hinzugeben. Zuvor blockierte und an die Abwehrmechanismen gebundene Energien werden frei, schöpferische Kräfte zeigen sich. Durch solches Leiden können jetzt verschiedene Arten von schöpferischen Sublimierungen wie Malen, Schreiben und Interesse an Dingen und Aktivitäten als Bereicherung erfahren werden. Dies ist Ergebnis eines Prozesses[58] - hier nach Schritten der Trauer -, der auf die Verarbeitung anderer schmerzlicher und unglücklicher Erfahrungen übertragbar ist. Jede Schmerz- und Entbehrungssituation hat etwas der Trauer Ähnliches: sie beleben die infantile „depressive Position“. Durch positive Überwindung kommt die Frucht dieser Reifung zum Vorschein: eine Vertiefung der Beziehungen zu den guten (inneren wie äußeren) Objekten, die,

[58] Nach M.Klein schreitet die Trauer wie die infantile Entwicklung, bei denen innere Sicherheit entsteht, nicht geradlinig, sondern in Wellen fort (vgl. ebd. 118).

obwohl verloren geglaubt, anders wiedergewonnen wurden, gesteigertes Vertrauen, Liebe zu und größere Unabhängigkeit von ihnen.

Anhand M.Kleins Überlegungen wird deutlich, daß Trauer eng an frühkindliche Erfahrungen geknüpft ist. Unverarbeitete Trennungs- und Verlusterlebnisse erschweren akute Trauer, da sie zusätzlich beim Verlusterlebnis reaktiviert werden. Dadurch betont sie für den Trauerprozeß vor allem die Relevanz der doppelten innerpsychischen Verfassung: die in der Kindheit und die beim akuten Verlust. Mit Betonung auf das Vertrauen in die äußere Welt, welches eine Lockerung der Abwehrmechanismen bewirkt, rückt sie von der rein innerpsychisch-theoretischen Sichtweise des Trauerprozesses ab und legt den Grundstein für die Erlaubtheit von Interventionen dritter und Therapieformen im weiteren Sinn, die Vertrauen fördern können.
Die Ausweitung des Erkenntnisstandes über die sich im Trauernden abspielenden Vorgänge in der Psychoanalyse ermöglicht eine zunehmend umfassendere Betrachtung des Phänomens Trauer und damit ein weiterreichendes Erklärungsspektrum. Die Beschreibung über die sich in Trauernden abspielenden Vorgänge mit dem Vokabular der Psychoanalyse vermag das Phänomen Trauer verwaister Eltern jedoch nur unvollständig zu erfassen. Vorgestellt wird darum das mannigfaltige Erscheinungsbild, worin Trauer sich manifestiert. Mit der innerpsychischen Verfassung des Trauernden korrespondieren Verhaltensweisen, somatische, psychische und soziale Reaktionen, die aufgrund ihrer teilweise engen Verbindung schwer unterscheidbar sind. Deswegen sind sie im Folgenden zusammen dargestellt, wobei angeführte allgemeine Symptome auf Trauer verwaister Eltern hin spezifiziert werden.

4. Symptomatik der Trauer

Schon S.Freud beschreibt körperliche Auswirkungen von Trauer: „Anhaltende Affektzustände von peinlicher oder, wie man sagt, 'depressiver' Natur wie Kummer, Sorge und Trauer, setzen die Ernährung des Körpers im ganzen herab, verursachen, daß die Haare bleichen, das Fett schwindet und die Wandungen der Blutgefäße krankhaft verändert werden.“[59]
Hinsichtlich ihres Erscheinungsbildes charakterisiert E.Lindemann Trauernde folgendermaßen[60]: körperliche Beeinträchtigungen, übermäßige Beschäftigung

[59] Freud, S., Gesammelte Werke V, 294.
[60] Vgl. Lindemann, E., 46.

mit dem Bild des Verstorbenen, Schuldgefühle, feindselige Reaktionen und Veränderung von Verhaltensmustern. Sein klassischer Aufsatz über Symptomatologie von Trauer[61] brachte erstmals Trauer mit somatischen Reaktionen in Verbindung: Er untersucht die akute Trauer Hinterbliebener eines Großbrandes und unterscheidet zwischen „normalen" und „krankhaften" Trauerreaktionen. Zu „normalen" Reaktionen rechnet er: Kraftlosigkeit der Muskeln, tiefe Niedergeschlagenheit, wellenartig auftretende Gefühle, Unwohlsein, Bedürfnis zu seufzen, Gefühl von zugeschnürter Kehle und Verrücktwerden, Gefühl der Leere im Bauch, Schuldgefühle und Appetitlosigkeit. Die Sinneswahrnehmung erfährt im allgemeinen eine Änderung, ein Gefühl von Unwirklichkeit herrscht vor, das Bild des Verstorbenen besetzt die Gedanken: Ein Vater, „der seine Tochter bei der Brandkatastrophe in Coconut Grove verloren hatte, sah seine Tochter in der Telephonzelle vor sich, wie sie ihn anrief, und die Lautstärke, mit der sie seinen Namen rief, verwirrte ihn sehr. Er war von dieser Szene so gefangengenommen, daß er seine Umgebung völlig vergaß."[62] Es scheint, daß Eltern heftiger auf den Verlust eines Kindes reagieren. Besonders „heftige Reaktionen treten anscheinend bei Müttern auf, die kleine Kinder verloren haben"[63], woraus E.Lindemann schließt, daß die Intensität der Beziehung zum Verstorbenen vor dessen Tod dafür ausschlaggebend ist. Auch Verhaltensweisen ändern sich: Trauernde wirken kühl und gereizt in Beziehung zu anderen Menschen, wollen in Ruhe gelassen werden, sind rastlos, gehen ziellos umher und suchen immer nach einer Beschäftigung. Obwohl sich Trauernde an Routinetätigkeiten klammern, müssen sie sich anstrengen, sie durchzuführen.

Eine empirische Untersuchung G.L.Engels[64] erklärt eine erste Reaktion von Trauernden: das eingeschränkte Wahrnehmungsvermögen. Er untersucht akut Trauernde auf biochemische Veränderungen im Zentralnervensystem. Durch Ausschüttung sogenannter Endorphine, körpereigener Morphine, wird die Wahrnehmung getrübt und der zunächst überwältigende Verlust in seiner ganzen Dimension nicht erkannt: Der Trauernde steht unter Schock. Sobald er sich wieder erholt und fähig ist, ein Mehr an Wirklichkeit zu akzeptieren, läßt die Wirkung dieses körperlichen Schutzes nach.

61 Vgl. ebd. 43-58.

62 Ebd. 45.

63 Ebd. 54.

64 Vgl. Engel, G.L., 18-22.

J.W.Worden[65] teilt das Erscheinungsbild „normaler" Trauer in vier Felder ein: Gefühle von Traurigkeit, Zorn, Schuld und Selbstbeschuldigung, Angst, Einsamkeit, Müdigkeit, Hilflosigkeit, Schock, Betäubung; körperliche Empfindungen wie Leeregefühl im Magen, Brustbeklemmung, Überempfindlichkeit gegen Lärm, Gefühl von Depersonalisation; Wahrnehmungen wie Gefühl für die Anwesenheit des Verstorbenen und Halluzinationen visueller und auditiver Art; Verhaltensweisen wie Schlaf- und Appetitstörungen, soziales Sich-Zurückziehen, Träume vom Verstorbenen, Überaktivität.

C.T.Wolffs und M.A.Hofers[66] Untersuchung zeigt, daß bei Müttern und Vätern, deren Kind tödlich an Leukämie erkrankt ist, in derselben Streßsituation unterschiedliche Mengen von Steroiden im Urin nachzuweisen sind. Die Hormonausschüttung ist davon abhängig, inwieweit sich die jeweiligen Personen auf antizipatorische Trauer einlassen, d.h., inwieweit sie sich der streßreichen Situation stellen oder sich von ihr abwenden. Väter weisen durchschnittlich höhere Werte auf: Möglicherweise vermögen sie es weniger - ihrer Rolle als Männer entsprechend -, Trauerschmerz auszudrücken. Da seelischer Ausdruck kaum erfolgt, findet die Trauer im Körper statt. Bei postmortaler Trauer allerdings weisen Mütter Streßhormone länger und stärker auf als Väter. Die Untersuchung zeigt einen Zusammenhang zwischen körperlicher Reaktion und Beschäftigung mit dem Verlustereignis, wobei unterschiedliches Trauerverhalten der Geschlechter auch körperlich relevant zu sein scheint: soziales Trauerverhalten scheint mit körperlicher Trauerreaktion in Wechselwirkung zu stehen.

Die psychosomatische Wechselwirkung spielt nach K.Strasser[67] eine entscheidende Rolle für den körperlichen Ausdruck der Trauer: der Körper drückt aus, was die Seele fühlt. Meistens verändern sich in der Trauer Appetit, Schlaf und Verdauung mit Durchfall oder Verstopfung. Kopfschmerzen, Kurzatmigkeit, Herzschmerzen, erhöhter Blutdruck und Verspannungen kommen hinzu. Trauer drückt sich auch äußerlich durch Haltung und Gestik aus. Dementsprechend berichtet A.-Ch.Schwerin[68] über psychosomatische Beschwerden wie

65 Vgl. Worden, J.W., 29-39.

66 Vgl. Hofer, M.A./Wolff, C.T., 592-609; dies./Friedman, S.B./Mason, J.W., 481-491.

67 Strasser, K., Vortrag am 21. Juni 1995 im Rahmen des Symposiums „Leitlinien zur Trauerbegleitung" vom 19.-23. Juni 1995 in Bad Segeberg.

68 Vgl. Schwerin, A.-Ch., 92-93.

Hypertonus, Kreislaufstörungen, Luftknappheit, Kopfschmerzen, Störungen des hormonellen Kreislaufes und Karzinophobie bei verwaisten Eltern.
In einer Vergleichsstudie von 1981 werden 15 Witwen, 9 Witwer, 12 verwaiste Mütter und 8 verwaiste Väter auf ihr Trauerverhalten hin untersucht[69]: Alle 44 Trauernden haben 18 Monate vor der Untersuchung bei einem Zugunglück in Sydney einen Ehepartner oder ein Kind verloren. Die Auswertung der Studie zeigt, daß Mütter, gefolgt von den Vätern, das stärkste Verlustgefühl erleben und den schlechtesten Gesundheitszustand aufweisen. Die Abschiednahme vom Verstorbenen hat dabei großen Einfluß auf den Trauerverlauf: nur 8 Trauernde können den Leichnam sehen, 22 bereuen später, dies versäumt zu haben; diesen fällt es besonders schwer, die Wirklichkeit des Todes anzuerkennen. Trauer von Eltern ruft extreme Formen von Verhaltensweisen und Trauergefühlen hervor, was aufgrund der Intensität der Eltern-Kind-Beziehung und der gesellschaftlichen Bewertung eines frühen Todes mit dadurch erfahrener Sinnleere plausibel erscheint.

Als Grundtendenzen der Symptomatik elterlicher Trauer läßt sich zusammenfassend sagen: Verlust eines Kindes hat aufgrund der erlebten Intensität langfristige Auswirkungen. Seelische wie körperliche Trauerreaktionen können besonders intensiv auftreten und über Jahre einen chronischen Verlauf nehmen.[70] Haben Eltern Verluste und Trennungen in früher Kindheit nicht positiv überwunden, ist ihre Verarbeitung des Verlusterlebnisses erschwert; neurotisierte Formen der Trauer sind wahrscheinlich. Für die Trauerverarbeitung der Eltern ist die Qualität der Beziehung zum Kind ausschlaggebend: Offene Kommunikation vor dem Tod zwischen Eltern und Kind hat positive Auswirkungen auf den Trauerverlauf; Alter und Geschlecht des Kindes spielen keine so große Rolle. Hinzu kommen die Unterstützung von außen sowie die Konstitution des Trauernden mit dessen Persönlichkeitsstruktur, Fähigkeit, schmerzliche Gefühle auszudrücken, und Lebensphilosophie.[71] Trauer von Eltern steht auch im Zusammenhang mit den Familienstrukturen, wobei gilt: je

---

69 Vgl. Singh, B./Raphael, B., 203-212.

70 Vgl. Merk, H..

71 Folgende Variablen begünstigen die Trauerverarbeitung von Eltern, die ihr Kind durch Krebs verloren haben: Lebensdeutung, die hilft, Krankheit und Tod anzunehmen; andauernde Unterstützung von einer für die Eltern bedeutenden dritten Person; Kommunikation mit dem Kind und emotionale Zuwendung (vgl. Spinetta, J.J./Swarner, J.A./Sheposh, J.P., 261).
Trauer nach einem Verkehrsunfall erweist sich bei ambivalenter Beziehung zum Kind schwieriger, da Eltern mehr psychiatrische Symptome zeigen (vgl. Shanfield, S.B./Swain, B.J., 533-538).

geschlossener das Familiensystem, desto stärker die Verleugnung des Verlustes.[72]

Steigt die Beeinträchtigung in der Trauer, wird in der Literatur meist zwischen „normalen“ und „pathologischen“ Trauerreaktionen unterschieden. Inwieweit diese Unterscheidung dienlich ist, wird dargelegt. Neben dieser Differenzierung sind innerhalb der Symptomatik von Trauer mit Blick auf verwaiste Eltern geschlechtsspezifische Unterschiede im Trauerverhalten zu berücksichtigen. Inwieweit der Tod des Kindes die Partnerschaft beeinflußt, wird thematisiert.

4.1 Pathologie von Trauer

Anschließende unterschiedliche Auffassungen zur Pathologie von Trauer belegen das weitreichende Spektrum dieser Klassifizierung:
M.Klein spricht nicht von Pathologie, sondern von „Abnormität“ und sieht den Unterschied zwischen normaler und abnormaler Trauer in einer unüberwundenen „depressiven Position“, einer Fixierung auf unbewältigte frühkindliche Verlusterfahrungen. „Der grundlegende Unterschied ... ist der: Der manisch-depressive Kranke und die Person, die in der Trauer versagt, haben, obgleich ihre Abwehrmechanismen stark voneinander abweichen mögen, gemeinsam, daß sie in früher Kindheit unfähig gewesen sind, ihre inneren ‘guten’ Objekte einzusetzen und sich in ihrer inneren Welt sicher zu fühlen. Sie haben niemals die infantile depressive Position wirklich überwunden.“[73] Abnormale Trauer sieht sie als innerpsychische Störung, die Störungen des Verhaltens mit sich bringt.
E.Lindemann[74] sieht pathologische Trauerreaktionen in Zerrbildern normaler Trauer: zeitlich verschobene und verzögerte oder verzerrte Reaktionen wie übermäßige Intensität der Reaktion oder Symptombildung mittels Identifikation[75] mit Eigenschaften oder Krankheitsbild des Verstorbenen.

---

72 Vgl. Steffen, H., 279.

73 Klein, M., 130.

74 Vgl. Lindemann, E., 49.

75 Vgl. ebd. 112-113. „Wenn eine Mutter ein kleines Kind verliert, kann der ‘Inkorporationsmechanismus’ bewirken, daß die Mutter hilflos wie ein Kind erscheint und extrem abhängig von anderen Personen. Man muß sich klarmachen, daß in den Fällen, in denen das Bild des Verstorbenen einverleibt wurde, der Betreffende selbst sich der Veränderung seines Verhaltens nicht bewußt ist“ (ebd. 113).

G.L.Engel[76] verzichtet auf die Unterscheidung zwischen krankhafter und normaler Trauer, indem er die gesamte Trauer als Krankheitszustand umschreibt: Eine psychische Verwundung ist genauso traumatisch wie eine körperliche Verletzung und bedarf einiger Zeit, die volle oder partielle Funktionsfähigkeit wieder herzustellen. Verlustbewältigung versteht er analog zum Heilvorgang einer Wunde und plädiert daher für die Unterscheidung zwischen komplizierter und unkomplizierter Trauer. Was dabei als kompliziert oder unkompliziert zu bezeichnen ist, hängt von gesellschaftlichen Normen ab. Y.Spiegel, der sich dessen Auffassung anschließt, plädiert dafür, Trauernden den Status körperlich Kranker zuzuerkennen.[77] Dies impliziert, bei jedem Trauerfall medizinische oder therapeutische Behandlung unter Kontrolle Professioneller in Anspruch zu nehmen. Diese Sichtweise läuft Gefahr, von der Gesellschaft als defizient geltende Verhaltensweisen als krankhaft zu deklarieren und eine Therapeutisierung der Gesellschaft nach sich zu ziehen, denn mit Trauer ist/wird jeder konfrontiert.

J.Bojanovsky[78] führt Merkmale pathologischer Trauer ein, wobei bereits ein zutreffendes Merkmal genügt: schwere Selbstschädigung droht (z.B. Suizid); Chronisierung des Trauerverhaltens macht eine psychische und/oder soziale Reintegration nicht möglich; zusätzliche Komplikationen treten auf: starke psychosomatische Störungen und/oder Psychosen bzw. Neurosen. Diese Einteilung stuft jegliche Abweichung von normalen Trauerreaktionen als pathologisch ein.

V.D.Volkan[79] siedelt pathologische Trauer zwischen Normalität und Neurose oder Psychose an, womit pathologische Trauer von anderen klinischen Diagnosen abgegrenzt ist. Bei pathologischer Trauer ist der bestimmende Ich-Zustand von der Hoffnung geprägt, der Verstorbene möge wiederkehren. Zu den Vorbedingtheiten für pathologische Trauer in der trauernden Person zählt er hochambivalente Beziehungen, orale Fixierungen mit großer Bereitschaft, das verlorene Objekt zu inkorporieren: Der Abzug der Besetzungsenergie vom verlorenen Objekt kann nicht erfolgen, da dies als Bedrohung der eigenen Existenz erlebt wird. Um diesen Zustand halten zu können, werden vom Trauernden ein Ambivalenzkonflikt, Bewältigungsmechanismen und

76 Vgl. Engel, G.L., 18-22.

77 Y.Spiegel führt dabei Vorteile des Krankheitsstatus' für Trauernde ins Feld (vgl. ders., 55-56).

78 Vgl. Bojanovsky, J., 331.

79 Vgl. Volkan, V.D., The Linking Objects of Pathological Mourners, 215-221.

„Brückenobjekte“ (linking objects)[80] erzeugt. Diese werden mit einer symbolischen Bedeutung bedacht, die kontrollierbar ist, um damit die Beziehung zum Verstorbenen aufrechtzuerhalten. Selbstanteile werden so auf die Gegenstände externalisiert und fixiert, was einen Stillstand des Trauerprozesses zur Folge hat.
J.Bowlby[81] erkennt in Formen der Chronifizierung von Trauerreaktionen, des dauerhaften Fehlens bewußten Kummers und in der selteneren Form der Euphorie pathologische Trauer. Er geht davon aus, daß sämtliche Abwehrmechanismen zur Verleugnung der Realität dienen; bei normalen Abwehrmechanismen allerdings folgt ein gesunder Ausgang. Ein Kriterium ist wahrscheinlich bei beiden Hauptformen pathologischer Trauer grundgelegt: der Verlust wird bewußt oder unbewußt immer noch für reversibel gehalten, d.h., Hoffnung auf Wiederkehr des Verstorbenen besteht.
J.W.Worden[82] erkennt nicht in einzelnen Reaktionsweisen eine Pathologie, vielmehr liegt die Krankhaftigkeit in der Intensität und Persistenz von Reaktionen. Er teilt daher pathologische Trauer in vier Rubriken ein: Chronische Trauerreaktionen sind übermäßig andauernde Reaktionen, welche nie zu einem zufriedenstellenden Abschluß kommen; verzögerte Trauerreaktionen sind gehemmte oder aufgeschobene Reaktionen: Trauerschmerz wird verschleppt und bleibt unbewältigt; übertriebene Trauerreaktionen sind exzessive und lähmende Reaktionen; bei larvierter oder verdrängter Trauer treten neue Symptome und Verhaltensweisen auf, welche aber nicht mit dem Verlust in Verbindung gebracht werden. Affektive Symptome bleiben aus.

Welche Trauerreaktionen als pathologisch zu gelten haben, ist, wie aufgezeigt, umstritten. Zu beobachten ist die Tendenz, daß von der Pathologisierung einzelner Reaktionen Abstand genommen wird und Intensität sowie Dauer[83] einzelner Reaktionen und Versagen in der Anpassung an die neue Situation als pathologisch gesehen werden.

---

80 Charakteristika der Brückenobjekte: Sie wurden vom Toten getragen (beispielsweise Kleidung, Schmuck); Körper-, Sinneserweiterungen (Kamera, Fotos) oder Gegenstände, die zum Zeitpunkt des Todes oder der Todesnachricht in Reichweite waren: in der Regel werden diese Gegenstände nicht ihrer Funktion gemäß genutzt (mit Kamera wird nicht fotographiert).

81 Vgl. Bowlby, J., Verlust, 179-223, besonders 179-182.

82 Vgl. Worden, J.W., 75-79.

83 Vielfach wird eine Zeitgrenze - beispielsweise ein halbes Jahr - festgesetzt, ab welcher Menschen, die ihre Trauer noch nicht überwunden haben, als pathologisch eingestuft werden. Dagegen wendet sich R.Tausch, der aufzeigt, daß die Trauerzeit des einzelnen individuell stark variiert (vgl. ders., Umgang mit schweren Verlusten, 125).

Über die Frage von Pathologisierung bestimmter Reaktionsweisen hinaus geht es um eine Einteilung trauernder Menschen, die als Leidende zu Patienten oder gar Klienten werden: Die Unterscheidung von „normal" und „krankhaft" erscheint umso wichtiger, je professioneller und therapeutischer sich der jeweilige Ansatz versteht. Diagnostischer Zweck dieser Unterscheidung ist Erkennen pathologisch Trauernder und deren dadurch ermöglichte Delegation an Fachleute.

4.2 Geschlechtsspezifische Unterschiede im Trauerverhalten und ihr Einfluß auf die Partnerschaft

Unterschiedliches Trauerverhalten kann Paare entzweien. Die herkömmliche Annahme, der gemeinsame Verlust eines Kindes läßt die Eltern mehr zusammenwachsen, trügt.

Obwohl beide Elternteile vom Verlust gemeinsam betroffen sind und gemeinsam die Krisensituation zu bestehen haben, ist Trauer nicht vorwiegend ein gemeinsamer Vorgang: keiner kann für den anderen fühlen und verarbeiten, jeder trauert auf eigene Weise. „Die Trauer von Müttern und Vätern verläuft sehr unterschiedlich. Der Umgang von Männern und Frauen mit Abschieden und Verlusten ganz allgemein ist stark von ihrer jeweiligen gesellschaftlichen Prägung gezeichnet."[84]

Mütter trauern eher gefühlsnah: sie schildern häufiger den Tod ihres Kindes als persönlichen Verlust, gleich einer Körperamputation - der Verlust bekommt dadurch eine körperlich-sinnliche Dimension. Frauen, die oft zuhause sind, werden durch Gegenstände in ihrer Umgebung beständig an das tote Kind erinnert, wodurch der Verlust im Bewußtsein bleibt und Trauer angeregt wird. Frauen lassen den Trauerschmerz mehr an sich heran[85], sie empfinden daher Festtage wie Geburtstag des verstorbenen Kindes oder Weihnachten als sehr schmerzlich. Frauen berichten öfter von Visionen oder Auditionen, in denen sie glauben, das verstorbene Kind wahrzunehmen.

Väter trauern mehr in Familienzusammenhängen: sie verlieren durch den Tod des Kindes Ziele und Lebensperspektiven, die an das Kind geknüpft waren, und klagen über Orientierungsverlust. In der Familie nehmen sie eine Kontrollfunktion ein, d.h., sie achten darauf, daß Trauergefühle nicht ausufern.

---

84 Goldmann-Posch, U., Wenn Mütter trauern, 20.

85 M.Mitscherlich spricht von Frauen als geborenen Verliererinnen, weil sie von ihrer gesellschaftlich-individuellen Situation häufiger mit Verlusten konfrontiert werden. Abschiednehmen - so M.Mitscherlich - ist eine weibliche Kunst (vgl. dies., Vorwort, 9-11).

Der Versuch, Kontrolle auszuüben, wird durch den Wert der Selbstbeherrschung in heutiger Gesellschaft verstärkt. Ihrer eigenen Trauer geben sie eher in Zurückgezogenheit Raum. Ein Grundsatz könnte lauten: Ich muß damit alleine zurechtkommen. Männer trauern eher rational: Lassen sie ihren Gefühlen freien Lauf und zeigen Schmerz, entsprechen sie nicht mehr dem Rollenverhalten, das ihnen eine erfolgsorientierte Gesellschaft zuschreibt. Sie scheinen sich wieder besser in ihre sozialen Rollen in Beruf und Freizeit einzufügen. Eine Untersuchung über SIDS (Sudden Infant Death Syndrome) von F.Mandell, E.McAnulty und R.M.Reece[86] bestätigt bei Vätern die Tendenz, in Arbeit zu flüchten und eine Hilflosigkeit, um Hilfe zu bitten. Mehr als die Hälfte von ihnen meiden ihre Trauer durch Aggression: Um nicht trauern zu müssen, versuchen sie, die Schuld bei anderen zu finden[87] und sich gedanklich mit Erklärungen und Ursachen zu beschäftigen.

Durch unterschiedliche Reaktionsweisen und Erwartungen wird es für Eltern schwierig, sich gegenseitig zu stützen: Während Männer sich eher schwer tun, über ihren Verlust zu sprechen, und damit ihren Schmerz in sich verschließen, erwarten Frauen mehr Austausch sowie gegenseitige Anteilnahme[88]. Der Versuch, miteinander zu sprechen, scheitert, worin das größte Hindernis zur Beseitigung gegenseitiger Spannungen liegt.

Die eigentliche Schwierigkeit besteht folglich nicht im unterschiedlichen Trauern, sondern im mangelnden Verständnis für die Art des Trauerns des Partners mit deren Bewertung: Ein betroffener Vater berichtet, er habe das Gefühl, daß seine Frau seine „Art von stiller Trauer nicht akzeptieren kann und will ... Ich spüre, daß sie meine Trauer für halbherzig, für minderwertig hält, und das tut mir weh."[89] Oft erst zwei Jahre nach dem Verlust beginnen Väter, den Tod ihres Kindes so zu betrauern, wie es ihre Ehefrauen bereits kurz nach dem Todesfall getan haben. Dieses verspätete Äußern von Schmerz ist möglicherweise darin begründet, daß viele Väter zunächst ihre „Kontrollfunktion" ausüben und sich für die Trauer ihrer Familienmitglieder mehr verantwortlich fühlen als für ihre eigene. Der Wunsch des Vaters, durch ein neues Kind das Geschehene

86 Vgl. Mandell, F./McAnulty, E./Reece, R.M., 221-225; 28 Elternpaare werden untersucht.

87 V.Kast erkennt in starken Schuldzuweisungen Abwehrmechanismen, den großen Schmerz von sich abzuschirmen (vgl. dies., Wenn Kinder sterben, 155-157).

88 Frauen finden anfangs eher Trost außerhalb der Paarbeziehung: „Viele Menschen waren mir in dieser ersten Zeit nach Stephans Tod näher als mein eigener Mann" (vgl. Goldmann-Posch, U., Wie managen Männer Trauer, 2).

89 Riebel, H., 38.

ungeschehen zu machen, führt häufig zu schweren Belastungen in der Partnerschaft, da viele Frauen Angst vor einer neuen Schwangerschaft haben.[90] U.Goldmann-Posch sieht Gründe für unterschiedliches Trauern vor allem in biologischen Faktoren und gesellschaftlich-kulturellen Rollenunterschieden mit den damit verbundenen Normen. Sie formuliert folgende Thesen: „1.) Mütter trauern eher nach innen, Väter eher nach außen 2.) Mütter machen eher Trauerarbeit, während Väter sich in Ersatzhandlungen flüchten, um sie zu vermeiden 3.) Frauen haben die besseren Voraussetzungen für Trauerarbeit, weil sie die Dinge des Lebens besser vom Gefühl her mitstrukturieren können als Männer“[91]. Die Gefahr einer rigiden Betrachtungsweise, einer sexistischen Typologisierung von Trauer bei Männern und Frauen, besteht, wobei übersehen wird, daß auch das andere Geschlecht je individuell verschieden männliche bzw. frauliche Anteile in sich trägt. Nach M.Klein liegen Gründe in der individuellen Geschichte des einzelnen: jeder ist mit sich selbst beschäftigt, denn eigene frühkindliche Krisen werden in der Trauer aktiviert. Unterschiede im Trauerverhalten haben daher ihre Wurzel eher in der Sozialisation der Geschlechterrollen.

Die partnerschaftliche Beziehung erfährt durch das existentielle Ereignis des Verlustes eines Kindes einen Wandel[92]: Der gesellschaftlichen Tendenz entsprechend, Tod, Sterben und Trauer zur Privatsache zu machen, introvertieren Eltern ihre Trauer und wollen sie alleine bewältigen, was in vielen Fällen zur Trennung statt zur Vereinigung der Eltern führt. Ein erneuter Zugang beider Partner ist dadurch erschwert, daß die Trauer des anderen ständig die eigene mobilisiert. Bei bereits bestehenden Beziehungsschwierigkeiten - wenn beispielsweise eine Ehe nur geschlossen wurde, weil ein Kind unterwegs war, nur einer der Partner ein Kind wünschte, die Beziehung durch Schwangerschaft gerettet werden sollte oder der Schwerpunkt der Paarbeziehung auf der Verantwortlichkeit für das Kind lag - bestimmen Feindseligkeiten und gegenseitige Vorwürfe die Paarbeziehung. Sexuelle Kontakte werden häufig aus Angst unterlassen, die Tragödie könne sich nochmals wiederholen[93], oder die umgekehrte Reaktion tritt ein: Sehnsucht nach einem neuen Kind.

---

90 Der unterschiedliche Wunsch nach Sexualität belastet oft die Partnerschaft: Väter wünschen eine Normalisierung des Ehelebens, der sexuelle Akt verkörpert für sie ein Stück Leben und Trost.

91 Goldmann-Posch, U., Wie managen Männer Trauer, 7.

92 Vgl. Kast, V., Wenn Geburt und Tod zusammenfallen, 72-73.

93 Zu sexuellem Verhalten in der Paarbeziehung: vgl. Johnson, S., 109-118. Manche Paare empfinden Schuldgefühle bei einer lustvollen Begegnung und üben deshalb Abstinenz; andere Formen der

Exkurs: Vom elterlichen Wunsch nach einem „Ersatzkind“

Jüngere Eltern hegen gewöhnlich den Wunsch nach neuem Leben, wobei in diesem Zusammenhang auch Adoption zu nennen ist. Ohne vorige Ablösung vom verstorbenen Kind besteht die Gefahr, daß das neue Kind das verlorene ersetzen soll oder als Wiederkehr des verstorbenen Kindes gesehen wird. J.Bowlby[94] empfiehlt daher, mindestens ein Jahr oder länger zu warten, um eine deutliche Unterscheidung zum folgenden Kind zu gewährleisten.

J.W.Worden[95] sieht die schwierigste Rolle für ein Geschwisterchen darin, die Rolle des verstorbenen Kindes einzunehmen: Eltern, die ihre Erwartungen und Wünsche auf ein anderes Kind übertragen, ermöglichen es ihm nur schwer, es selbst zu sein.[96] In Extremfällen erhält ein nachgeborenes Kind den Namen des verstorbenen. Das „Ersatzkind“[97] wird so zum geheimen Vermächtnisträger. Da Kinder stärker idealisiert werden, was gleichzeitig Ausschluß negativer Erinnerungen an das verstorbene Kind bedeutet, werden hinterbliebene Geschwister öfter von den Eltern mit dem verstorbenen verglichen. Wie ein Phantom schwebt das verstorbene Kind als Meßlatte über den anderen Geschwistern - sie sind ohnmächtig ihm gegenüber, denn eine lebendige Auseinandersetzung mit dem verstorbenen Kind kann nicht stattfinden.

Zärtlichkeit wie Umarmen werden wichtig. Im entgegengesetzen Fall kann Sexualität auch benutzt werden, eigene Schuldgefühle zu überwinden - mit dem Ziel, ein anderes Kind zu zeugen und neu Verantwortung zu übernehmen (vgl. ebd. 112-114).

W.Hinker und V.Metelmann berichten von der positiven Kraft der Sexualität in der Trauerzeit: Gelingt „während der Trauerarbeit gegenseitige Rücksichtnahme und Einverständnis im Sexualleben, so kann es regelrecht zu einem Anker werden, von dem das Schiff der Seele, auch wenn es stürmt, festgehalten wird“ (dies., 41).

94 Vgl. Bowlby, J., Verlust, 159-160.

95 Vgl. Worden, J.W., 127.

96 Von einem Extremfall berichtet L.A.Rickels: Verstorbene Kinder werden regelrecht „einverleibt“, d.h., Eltern tragen das Kind gleich einem festen und unflexiblen Bild in sich, was für Geschwister bedeutet, daß die Rolle des verstorbenen Kindes übernommen werden muß. Als Beispiel führt er R.M.Rilke an, der die Rolle der verstorbenen Schwester übernehmen mußte: er wurde zum Träger der Toten und mußte für die Mutter ein kleines Mädchen sein (vgl. ders., 31-33).

97 Bei elterlicher Trauer bedeutet Ersatz des verstorbenen Kindes durch ein neues, in dem an das tote Kind gebundene Hoffnungen und Erwartungen weiterleben sollen, Fixierung auf das verstorbene Kind. Diese Übertragungen auf das „Ersatzkind“ hemmen dessen individuelle Entwicklung; solche Kinder wachsen oft in einer überfürsorglichen Umgebung auf (vgl. Cain, A.C./Cain, B.S., 443-456; Legg, C./Sherick, I., 113-126; Poznanski, E.O., 1190-1193).

Eher selten wird das Verlusterlebnis als gemeinsam zu bewältigende Aufgabe gesehen: Finden die Partner Verständnis füreinander, sprechen sie miteinander, hören sie einander zu und akzeptieren sie unterschiedliche Trauerweisen ohne deren Bewertung, kann neue Nähe stattfinden und können Emotionen miteinander erlebt und geteilt werden. Vorher nicht erfahrene gegenseitige Begleitung durch die Trauer ist ermöglicht.
Durch die Verlusterfahrung vollzieht sich bei vielen Paaren ein Wandel hinsichtlich ihrer Beziehungen: sie werden wichtig und wertvoll, weil die Partner erkennen, wie zerbrechlich menschliches Leben ist. Eine positive Annahme dieses Faktums kann im Erfahren des Lebens als Geschenk liegen, in negativer Weise kann Angst dazu führen, sich an den Partner zu klammern und ihn zu vereinnahmen.

Das Geschehen der Trauer manifestiert sich, wie gezeigt, in einem konkreten Erscheinungsbild. Verschiedene Trauerreaktionen lassen sich einordnen in Modelle, die den Verlauf der Trauer zu beschreiben versuchen.

5. Verlauf der Trauer bei Eltern

Vor allem im wissenschaftlichen Bereich ist es hilfreich, Ergebnisse und Beobachtungen zum Verlauf der Trauer in Modellen zu bündeln, die beschreiben, welche „Phasen" der Trauernde durchlebt bzw. welche „Aufgaben" der Trauernde zu bewältigen hat.

5.1 Trauerphasen und -aufgaben

Bei Trauer handelt es sich um ein dynamisches Phänomen, das von inneren und äußeren Faktoren bestimmt wird. Trauer ist folglich eine Entwicklung, kein Zustand. An Sterbephasen[98] angelehnt, werden auch in der Trauer „Phasen" unterschieden und verschiedene Trauerzeiten festgelegt, wodurch Trauer eine zeitliche Abfolge und Normierung erhält.[99] Die anfängliche Beobachtung von

---

[98] E.Kübler-Ross hat mit ihrem Fünf-Phasenmodell für Sterbende Pionierarbeit geleistet (vgl. dies., Interviews); inzwischen liegen mehrere Modelle über den Sterbeprozeß vor. Zum Überblick über Sterbephasen-Modelle: vgl. Varga-Otterhall, B., 249-255.

[99] Phasen erinnern an früher allgemeiner beobachtete Rituale und Zeiten - in ländlichen Gegenden haben sich diese teilweise noch erhalten - und geben neue Orientierung dort, wo gesellschaftliche und religiöse Bestimmungen, die vorschreiben, in welcher Weise getrauert werden kann und muß, schwinden (vgl. Spiegel, Y., 59).

Trauer geht über zur Festlegung von Trauerphasen, schließlich wird ein idealtypischer Ablauf zum Maßstab erhoben. Der Phasenverlauf wird dadurch zu einer allgemeinen Norm: Fixierungen in den einzelnen Phasen oder grobe Abweichungen im Verhalten Trauernder vom Modellverlauf werden als pathologische oder komplizierte Trauer bezeichnet.[100]
Es zeigte sich, daß Trauernde nicht immer nach geradlinigem Muster trauern, weshalb zu spiralförmigen oder zyklischen Modellen übergegangen bzw. darauf hingewiesen wurde, daß „Pendeln" zwischen den Phasen möglich ist. Bei geradlinigen Modellen besteht die Gefahr eines „Schubladendenkens": In welcher Phase befindet sich der Trauernde im Prozeß, hat er die akute Trauer schon überwunden? Da das Ziel voransteht, die Trauer zu überwinden, kann mittels dieser Einteilung in Phasen eine Wertung und Bewertung des Trauernden in Anfänger bzw. Fortgeschrittener erfolgen. Dazu impliziert der Phasenbegriff auch eine Passivität des Betroffenen selbst: Trauer läuft ab und geschieht.
Die Phaseneinteilung schreibt den Trauernden implizit Passivität zu, persönliche Entscheidung und An-sich-Arbeiten können jedoch den Trauerprozeß beeinflussen: Will der Trauernde sich wieder entfalten und entwickeln, müssen von ihm „Aufgaben" erfüllt werden. Wird von „Aufgaben" gesprochen, ist der Schwerpunkt auf eigene Aktivität des Trauernden gelegt.

Mit Blick auf die Vielzahl von Phasenmodellen zu Trauer werden folgende ausgewählt: J.Bowlbys zu antizipatorischer Trauer von Eltern, Y.Spiegels, dessen Habilitationsschrift zur einschlägigen Trauerliteratur gerechnet wird, und V.Kasts, die im deutschsprachigen Raum durch zahlreiche Veröffentlichungen zu Trauer Stellung bezogen hat. Abhängig von der Schwerpunktsetzung - größere Passivität oder Aktivität der Rolle des Trauernden im Trauerprozeß - sprechen Autoren von „Phasen" oder „Aufgaben". Während Y.Spiegel Aufgaben[101] des Trauernden neben seinem lang ausgeführten Phasenmodell nur kurz erwähnt, spricht J.W.Worden, anerkannter Trauerforscher in den USA, ausschließlich von Aufgaben. Sein Aufgabenmodell wird exemplarisch vorgestellt.

---

100 Vgl. ebd. 59.83-84.

101 Vgl. ebd. 86-89.

5.1.1 Phasenmodelle

Die Eigenheiten der Phasen werden unterschiedlich definiert, weshalb kein Konsens in der Phaseneinteilung[102] besteht und Vergleiche kaum durchgeführt werden können.

J.Bowlby[103] versucht erstmals, Trauer in Phasen einzuteilen. Er findet zunächst drei Hauptphasen: Phase der Sehnsucht und Suche nach der inneren Figur, die Monate und manchmal Jahre andauert[104], Phase der Desorganisation und Verzweiflung und Phase einer Reorganisation, wobei der Schritt von der 2. zur 3. Phase durch zunehmendes Bewußtsein von der Realität des Verlustes geleitet ist. Diesen drei Hauptphasen stellt er später eine kurze Phase voran: Phase des Schocks und der Betäubung, die mehrere Stunden bis eine Woche andauert.
J.Bowlby revidiert sein Phasenmodell im Hinblick auf Elterntrauer[105], wobei er sich jedoch auf antizipatorische Trauer beschränkt, da sich seine Aussagen auf Studien[106] beziehen, die die psychologische Erfahrung der Eltern vorwiegend während der Zeit einer tödlichen Erkrankung des Kindes beleuchten. Da das Kind noch lebt, tritt an die Stelle der 2. Phase der Sehnsucht und Suche nach der inneren Figur die Phase des Unglaubens und Versuche, den Ausgang rückgängig zu machen: „An die Stelle des Unglaubens einer Witwe oder eines Witwers, daß der Ehegatte gestorben sei, tritt bei den Eltern der Unglaube, daß die Diagnose und vor allem die Prognose richtig seien.“[107] Es findet folglich keine Suche nach

---

[102] Zum kurzen Überblick über Phaseneinteilung: vgl. Jerneizig, R./Langenmayr, A./Schubert, U., Leitfaden, 25-29.

[103] Die anfänglich typische Phaseneinteilung belief sich auf drei Phasen (vgl. Bowlby, J., Processes, 317-340). Die folgenden Ausführungen beruhen auf seiner späteren Fassung: vgl. ders., Verlust, 114-136; speziell auf den Verlust eines Kindes bezogen: 152-160.

[104] Diese Phase kann folgende geschlechtsunabhängige Komponenten zeigen: 1. Ruheloses Umherirren und Abtasten der Umgebung; 2. Grübeln und Nachdenken über die verstorbene Person; 3. Sammlung von Wahrnehmungseindrücken für die verstorbene Person: man interpretiert alle Stimuli auf diese Person hin; andere, die sich nicht auf sie beziehen lassen, werden übergangen; 4. Lenken der Aufmerksamkeit auf alle Stellen der Umgebung, an denen sich die verstorbene Person aufhalten könnte; 5. Rufen nach der verlorenen Person (vgl. ders., Glück, 109-110).

[105] Vgl. ders., Verlust, 153-160.

[106] Die Studien beziehen sich auf tödlich - vor allem an Leukämie - erkrankte Kinder (vgl. ebd. 148-151).

A.Wunnerlich untersucht das Phänomen akuter Leukämie und dessen Auswirkungen auf das Umfeld, besonders auf das Kind und die Eltern. Zu Schwierigkeiten der Eltern, ein solches Kind zu begleiten: vgl. dies., 88-91.

[107] Bowlby, J., Verlust, 152.

dem Kind statt, sondern ein Festhalten der Eltern-Kind-Beziehung, indem versucht wird, den vermeintlichen Irrtum der Todesdiagnose und -prognose aufzuklären. Die 3. und 4. Phase faßt J.Bowlby in einer zusammen. Er unterscheidet demgemäß folgende Phasen:

1. *Betäubungsphase*: Die Eltern beschreiben ein Gefühl der Betäubung, wird ihnen die Mitteilung der tödlichen Diagnose gemacht. Sie sind nicht in der Lage, sie sofort aufzunehmen, Gefühle werden verdrängt, so daß manchmal der Anschein von Unberührtsein gegeben ist. J.Bowlby sieht als Folge der auftretenden Trennungsangst starke aggressive Gefühle, die sich schon in der 1. Phase äußern können. Sie richten sich auf den vermeintlich Schuldigen: Wut bricht die Gefühlsblockade und richtet sich auf den Überbringer der Diagnose, meist gegen den Arzt.

2. *Phase des Unglaubens und Versuche, den Ausgang umzukehren*: Die Diagnose wird von den Eltern aufgenommen, ihr wird jedoch kein Glaube geschenkt. Grundsätzlich wird die Möglichkeit des tödlichen Ausgangs akzeptiert, nicht jedoch beim eigenen Kind. Die anfängliche Wut gegen den Arzt geht bei den meisten Eltern in dem Maß zurück, wie die Erkenntnis wächst, daß die Diagnose zutrifft. Schuldgefühle, Selbstvorwürfe oder das Ereignis als Strafe Gottes zu deuten stellen sich ein. Gedanken in die Zukunft fallen schwer, Schlaflosigkeit und Appetitverlust belasten zusätzlich. Aktivitäten um und für das Kind werden verstärkt, wobei vieles andere[108] vernachlässigt wird. Konflikte unter den Partnern treten vor allem dann auf, akzeptiert der eine die Realität und äußert schmerzliche Gefühle, und blockt der andere ab und klagt an. Beim einzelnen können sich Trauerreaktionen und Unglaube abwechseln, was mitunter von der Befindlichkeit des Kindes geleitet wird. Überwiegen Trauerreaktionen und schwindet der Unglaube gegenüber der richtigen Diagnose, „folgt ein gewisses Maß von vorwegnehmender Trauer. Beim Verlust eines Ehegatten gibt es Grund zu der Annahme, daß die vorwegnehmende Trauer selten vollständig ist und das tatsächliche Sterben wohl noch immer als Schock empfunden wird. Bei den Eltern tödlich erkrankter Kinder kann die vorwegnehmende Trauer weiter gehen."[100] Eltern jedoch mit überwiegendem Unglauben gegenüber der Realität trauern nicht antizipatorisch. Der Unglaube, das Nicht-Akzeptieren der Realität, kann auch nach dem Tod anhalten und beeinflußt in großem Maß die eigene Trauer.[110]

---

108 Beispielsweise Hausarbeit, Erholung, Fürsorge für weitere Kinder.

109 Ebd. 156.

110 J.Bowlby bezieht sich hierbei auf eine Studie, bei der Elternteile etwa sechs Monate nach dem Tod ihres Kindes zu Interviews bereit waren. Die psychologischen Untersuchungen bewegen sich zwischen zwei Polen: Eltern mit viel Erinnerungen erlauben sich Gefühlsausdruck und erleben den

3. *Phase der Des- und Reorganisation*: Bei stetiger Verschlechterung des Zustandes des Kindes und bei Enttäuschung von Hoffnungen auf Überleben werden Eltern dahingeführt, die Tatsachen zu akzeptieren. Es beginnt eine langsame Veränderung des Selbst- und Weltverständnisses, die der neuen Situation mehr entsprechen. Die Beziehung der Eltern untereinander ist ein entscheidender Faktor für eine positive Überwindung der Krise: gegenseitiges Verständnis und gemeinsames Trauern sind Hilfen im Trauerprozeß, Konflikte und Unverständnis füreinander Hindernisse. Typische Reaktionen eines Elternteils auf die tödliche Erkrankung eines Kindes bilden sich rasch aus, stehen meist während der ersten Wochen fest und ändern sich nicht mehr wesentlich.

Y.Spiegel[111] orientiert sich am Phasenverlauf von D.M.Fulcomer[112] und teilt Trauer in vier Phasen ein:

1. *Phase des Schocks*: Sie hält nur wenige Stunden bis zwei Tage an. Meist löst die Überbringung der Todesnachricht einen Schock aus. Psychischer und physischer Zusammenbruch oder völlige Erstarrung sind möglich. Trauernde sind in dieser Phase schwer ansprechbar; ihre Wahrnehmung ist sehr eingeschränkt. Sie wirken daher manchmal wie benommen und betäubt und sind kaum fähig, klare Gedanken zu fassen.

2. *Kontrollierte Phase*: Sie ist abgeschlossen, wenn die Beerdigung vorüber und Freunde und Angehörige nachhause gefahren sind. Diese Phase wird von Kontrolle bestimmt: zum einen vom Trauernden selbst, zum anderen vom sozialen Umfeld. Äußere Handlungen und Rituale fungieren als Stütze der Selbstkontrolle und „laufen ab“, wobei Trauernde sich im Gegensatz zum aktiven Umfeld passiv fühlen und dementsprechend passiv verhalten. Y.Spiegel sieht in der Passivität den Ausdruck des Energieaufwandes für die Kontrolle von eigenen Gefühlen und eigenem Verhalten. Kontraindiziert können sich Trauernde auch in Überaktivität stürzen. In beiden Fällen aber kommen sich Trauernde als Beobachter vor - als nicht wirklich - wie in einem Schauspiel oder einem Traum.

3. *Regressive Phase*: Der Trauernde befindet sich zwischen Leben und Tod, denn er weiß nicht, ob er dem Wunsch, dem Toten nachzusterben, nachgeben soll oder sich

---

Verlust neu, Eltern mit Vermeidungstendenz der Realität gegenüber sind selbstbeherrscht mit keiner offensichtlichen Traurigkeit; nach ihren Aussagen haben sie in der vergangenen Zeit kaum getrauert. Dabei ergeben sich unterschiedliche Wirkungen auf den Befrager: bei ersterer Gruppe empfindet er sich in ihr Leben miteinbezogen, bei zweiterer ausgeschlossen (vgl. Hofer, M.A./Wolff, C.T./Friedman, S.B./Mason, J.W., 481-491).

111 Zu den Phasen: vgl. Spiegel, Y., 59-66.

112 Vgl. Fulcomer, D.M., 73-84.

zum Leben ohne den Verstorbenen durchringen kann. Die anfängliche Kontrolle über sich selbst wird vom Trauernden nicht mehr aufrechterhalten, auch das Umfeld kann weniger Kontrolle ausüben, da sich der Trauernde zurückzieht. Der Verlust bringt jetzt libidinöse und aggressive Energien hervor, die bisher an den Verstorbenen und die gemeinsam erlebte Umwelt gebunden waren. Eine Ablösung beginnt: schmerzliche und beängstigende Gefühle brechen auf. Gefühlsausbrüche sind nicht plan- oder vorhersagbar: Weinen, An- und Beklagen, Wut, Angst, Schuldgefühle und Minderung des Selbstwertgefühles stellen sich ein. Nicht nur die Person wird verloren, mit ihr verliert der Trauernde auch seine an den Verstorbenen gebundene Daseinssicht. Mit der Revidierung des eigenen Weltverständnisses brechen mitunter Interesse für religiöse Fragen durch. Durch die innerpsychische Desorganisation, die heftigen Gefühle und das Ringen, sie wenigstens teilweise zu kontrollieren, wird viel Kraft benötigt. Für den Trauernden bleibt daher kaum Energie, in der Umwelt zu agieren: er erscheint apathisch und hilflos. Kennzeichen dieser Phase ist die Vereinfachung von komplexen Zusammenhängen: beispielsweise werden komplexe Todesursachen simplifiziert und personalisiert, indem „ein" Schuldiger gesucht wird.

4. *Adaptive Phase*: Diese Phase ist erreicht, wenn der Verlust in vollem Maß akzeptiert wird. Damit gewinnt der Trauernde ein Gefühl für die Realität zurück. Das Bild des Verstorbenen hat sich gewandelt: mit ihm wird die mit dem Verstorbenen verlorengegangene innere Welt im Innern des Trauernden aufgebaut. Jedoch verläuft dies nicht geradlinig: es kommt zu „Rückschritten" in vorige Phasen - häufig an Tagen wie Geburts- oder Todestag, an denen sich der Trauernde mit dem Verstorbenen stark verbunden fühlt. Allmählich findet eine Loslösung statt: der Trauernde merkt, er braucht den Verstorbenen nicht unbedingt zum Leben; es besteht kein innerer Drang mehr, an ihn gebunden zu sein oder ihn an sich zu binden. Der Tote wird freigegeben.

V.Kast[113] nimmt den Begriff „Abschiedliche Existenz" von W.Weischedel auf: menschliches Dasein ist vom Abschied gegenüber sich selbst und der Welt geprägt. Die Konzentration der Trauer liegt auf dem eigenen wahren Selbst, d.h., der Trauerprozeß ist ein Lösen vom Beziehungsselbst in Richtung wahres Selbst. Sie plädiert darum für eine positive Sichtweise von Trauer in einer Gesellschaft, in der Trauer als Schwäche gesehen wird: „Trauern darf nicht länger als

113 Vgl. Kast, V., Wenn Kinder sterben, 148-159; dies., Trauern, 60-78; dies., Sich einlassen, 16-18.

'Schwäche' betrachtet werden, sondern es ist ein psychologischer Prozeß von höchster Wichtigkeit für die Gesundheit eines Menschen."[114]

Durch Beobachtungen an Trauernden, vor allem aber durch deren Träume, die nach V.Kast den Trauerprozeß leiten und an denen sie die Entwicklung im Trauerprozeß abliest, kommt sie zu folgender Beschreibung:

1. *Phase des Nicht-wahrhaben-Wollens*: Sie ist meist von kurzer Dauer, d.h. wenige Tage bis Wochen, bei plötzlichen Todesfällen hält sie länger an. Die trauernde Person leugnet den Verlust und lebt weiter, als habe es diesen Tod nicht gegeben. Sie erfährt sich als empfindungslos und starr, was seine Wurzel in einem Gefühlsschock hat. Das Nicht-wahrhaben-Wollen bedeutet neben Verdrängung auch Schutz vor überwältigenden Gefühlen. Die verschiedenen Gefühlsausbrüche, die sich später im Lauf des Trauerprozesses einstellen, sind für V.Kast Ausfaltung dieses einen, ersten überwältigenden Gefühls.

2. *Phase der aufbrechenden Emotionen*: In dieser Phase, die immer wieder im Trauerprozeß vorkommt, werden unterschiedlichste Gefühle wie Wut, Trauer, Freude, daß diese Beziehung überhaupt existiert hat, Schmerz, Schuldgefühle, Angst, Ruhelosigkeit, Zorn erlebt; ein Gefühlschaos, das öfter auch Schlafstörungen hervorruft. Diese im Trauernden aufbrechenden emotionalen Reaktionen hängen von persönlichen Eigenheiten ab - so reagieren Ängstliche mit Angst, Choleriker mit Zorn - und spornen zum Handeln an[115]. Starke Gefühlsausbrüche von Zorn, Wut und Schuldgefühlen[116] treten verstärkt bei unzeitigem Tod und plötzlichem Verlust auf. Da in unserer Gesellschaft Selbstbeherrschung ein hoher Stellenwert zukommt, ist es für Trauernde schwer, das Gefühlschaos anzunehmen. Zulassen der Gefühle aber ist Bedingung für das Fortschreiten im Trauerprozeß.

3. *Phase des Suchens und Sich-Trennens*: In dieser Phase wird die verstorbene Person bewußt oder unbewußt gesucht, eine innere Auseinandersetzung mit dem Verstorbenen findet daher statt. Dabei vollzieht sich eine Klärung und Wandlung der Beziehung: Delegationen von Projektionen und eigenen Wünschen, die der Verstorbene erfüllen sollte, die aber z.T. selbst eingelöst werden können, werden erkannt. „Hier stellt sich beim Betrauern des Verlustes eines Kindes ein sehr großes Problem: Wir können unmöglich diese ganze Hoffnung auf die Zukunft, die wir mit dem Leben eines Kindes verbinden, in unserem Leben selbst einlösen; denn das Kind

114 Dies., Trauern, 16-17.

115 Beispielsweise kann Zorn die Suche nach Schuldigen motivieren.

116 Dabei spielt die Qualität der Beziehung zum Verstorbenen eine entscheidende Rolle: Schuldgefühle sind mitunter als Ausdruck von realen Beziehungsproblemen zu sehen, die zu Lebzeiten der verstorbenen Person nicht gelöst werden konnten. Starke Schuldgefühle hemmen Trauer, da die Beschäftigung mit der Beziehung zum Verstorbenen kaum Raum findet.

ist ja das Versprechen für einen Neubeginn des Lebens, der für die Eltern in dem Maße nicht mehr möglich ist."[117] Dann kann es dazu kommen, daß elterliche Wünsche übertragen werden auf ein anderes Kind, das unbewußt einen Ersatz für das verstorbene darstellt. Wird zudem das verstorbene Kind idealisiert und mit noch lebenden Kindern verglichen, haben diese es schwer, sie selbst zu sein. Der Trauernde sucht Nähe zum Verstorbenen in Formen und Dingen, die diesem nahestanden[118], in Phantasien, Träumen oder inneren Zwiegesprächen. Hält sich der Trauernde daran nicht fest, wird schrittweises Abschiednehmen möglich. Trauerarbeit gelingt, wenn auf empfundene Nähe immer wieder der Aspekt des Verlassen-Müssens folgt und dieser Abschied angenommen wird.

4. *Phase des neuen Selbst- und Weltbezugs*: Die Beziehung zum Verstorbenen hat sich gewandelt. Der Verstorbene ist zur inneren Figur geworden und wird als innerer Begleiter erlebt. Der Trauernde hat Lebensmöglichkeiten integriert, die zuvor an die Beziehung zum Verstorbenen gebunden waren. Bezugsfähigkeit und Selbstvertrauen wachsen neu, so daß neue Beziehungen eingegangen werden können. Neue Lebensmuster treten auf, ohne den Verstorbenen zu vergessen. Obwohl auch in dieser Phase immer wieder Rückkehr zu vorherigen Phasen möglich ist, ist der Verlust akzeptiert und der Schmerz größtenteils überwunden.

Trauernde in ihrem Prozeß entsprechen nur selten idealtypisch-zeitlich geradlinigen Phasenmodellen. Daher versuchen andere Autoren, ihre Theorie durch kurven-, labyrinth-, wellenartige, spiralförmige oder zyklisch-wiederkehrende Phasenmodelle zu fassen.[119]

5.1.2 Aufgabenmodell nach J.W.Worden

Nach J.W.Worden[120] bietet der Aufgabenansatz Trauernden Handhabe und Hoffnung, selbst etwas tun zu können:

1. *Verlust akzeptieren*: Tod und Verlust werden in Abhängigkeit des Suchverhaltens nach der verstorbenen Person als Realität akzeptiert. Das Gegenteil von Akzeptanz ist Nicht-wahrhaben-Wollen: Die Leugnung betrifft meist die Tatsachen des Verlustes, dessen Bedeutung oder Irreversibilität. Leugnung zeigt sich durch

---

117 Dies., Wenn Kinder sterben, 151.

118 Beispielsweise Orte, Fotos, Gegenstände.

119 Vgl. Schibilsky, M., 232-236; W.M.Lamers Ausführungen am 21. Juni 1995 im Rahmen des Symposiums „Leitlinien zur Trauerbegleitung" vom 19.-23. Juni 1995 in Bad Segeberg. Vgl. Anlagenverzeichnis Teil III: Anlage 1.

120 Vgl. Worden, J.W., 19-25.

„'Mumifizierung'"[121] von Gegenständen des Verstorbenen, die bei dessen Rückkehr zur Verfügung stehen sollen[122], und durch Herunterspielen der Bedeutung des Verlustes, wodurch die Beziehung zum Verstorbenen bagatellisiert wird.

2. *Trauerschmerz erfahren*: „Dieser Schmerz muß anerkannt und durchgearbeitet werden, sonst wird er in einem Symptom oder einer anderen Form von abweichendem Verhalten zutage treten."[123] Die Annahme liegt zugrunde, daß der Trauervorgang gehemmt wird, wird Schmerz nicht zugelassen. Das gesellschaftliche Umfeld kann den Trauerprozeß hemmen, da Gefühle normiert sind und schmerzliche Gefühle in der Öffentlichkeit kaum geduldet werden. Folglich unterdrückt der Trauernde seinen Schmerz, um nicht aufzufallen, und flüchtet in Empfindungslosigkeit; schmerzliche Gedanken und Gefühle werden verdrängt. Bei Nicht-Zulassen des Schmerzes ist es dem Betroffenen später erschwert, verschütteten Schmerz kommen zu lassen und durchzuarbeiten. Erschwerend kommt hinzu, daß der Trauernde nicht mehr auf den Beistand des sozialen Umfeldes zählen kann, wie er ihn erfahren hätte, als der Verlust geschah.

3. *Sich anpassen an eine Umwelt, in der der Verstorbene fehlt*: Bedürfnisse, die vom Verstorbenen bisher erfüllt wurden, fallen weg, Rollen und Aufgaben, die er innehatte, müssen neu besetzt werden.[124] Die Aufgabe ist erfüllt, kommt der Trauernde aus seiner Hilflosigkeit heraus und lebt selbständig.

4. *Emotionale Energie abziehen und in eine andere Richtung investieren*: Der Trauernde soll sich vom Toten gefühlsmäßig lösen und die freiwerdende Energie in andere Beziehungen investieren. Befürchtet wird meist, daß mit der Ablösung der emotionalen Bindung weiterer Verlust der Person oder Entwürdigung der Erinnerung an sie einhergeht. Dabei spielt Angst vor erneutem Verlust bei Sich-einlassen in eine neue Beziehung eine wichtige Rolle. Die Aufgabe ist erfüllt, wird die frühere Bindung losgelassen und werden neue Bindungen eingegangen.

Sind die Traueraufgaben erfüllt, ist der Trauerprozeß beendet.

---

[121] Ebd. 20.

[122] Beispielsweise lassen „Eltern, die ein Kind verloren haben, ... dessen Zimmer oft unverändert, so, wie es zu seinen Lebzeiten war. Auf kurze Sicht ist das nichts Ungewöhnliches, aber es wird zur Leugnung, wenn es sich über Jahre hinzieht" (ebd.).

[123] Ebd. 21.

[124] Oft übernimmt im gemeinsamen Leben ein Partner Aufgaben für den anderen, die der Hinterbliebene nach dessen Tod selbst zu meistern hat.

5.2 Kritische Würdigung der Einteilung in Phasen und Aufgaben

Phasen- und Aufgabeneinteilung stößt vor allem dort auf Interesse, wo religiöse Trauerriten schwinden. Früher oblag es christlicher Religion, durch Riten Trauer „einzuteilen“: Vorschriften regelten normativ Trauer bis hin zur Kleidung, was den Betroffenen einengte, zugleich aber auch Stütze und Anleitung zum Verhalten bot. Durch die Pluralisierung der Gesellschaft, durch Schwinden des christlichen Milieus und dem damit einhergehenden Vergessen von Bedeutung und Sinn christlicher Riten entsteht ein Vakuum. Die sich mit dieser Leere auftuende Unsicherheit hinsichtlich möglichen und gebotenen Trauerverhaltens, die sowohl Trauernde als auch ihr Umfeld betrifft, bereitet den Boden für einen neuen „Ritus“, der versucht, Trauer im Ablauf zu fassen. Von seiten der Psychoanalyse ist der Schwerpunkt auf das Individuum und dessen innerpsychisches Geschehen gelegt, erst in zweiter Linie wird vom Verhalten des Umfeldes gesprochen, und zwar in der Weise der ihm möglichen Optimierung des individuellen Trauerprozesses.

Besonders R.Tausch wendet sich gegen den als gültig angesehenen Rahmen des Trauerverlaufs in Phasen und Aufgaben. Dieser hat neben dem Positivum, daß Trauerreaktionen eingeordnet werden können und Muster der Bewältigung erkennbar werden, auch ein Negativum: die Annahmen über den Trauerprozeß beeinflussen das Verhalten sowohl von Trauernden selbst als auch von Angehörigen und Helfern, indem Erwartungen von Angehörigen und vor allem von professionellen Helfern Trauernden gegenüber geschürt werden.[125] Vorurteile und Bewertungen des Trauernden können folgen, hält dieser sich nicht an das vorgegebene Verhalten in Phasen und Aufgaben.[126] Beispielsweise gilt, daß Ausdruck von Schmerz[127] notwendig sei: Wenn dieser fehle, könne sich

---

[125] R.Tausch (vgl. ders., Umgang mit schweren Verlusten, 124-126) beruft sich dabei auf C.B.Wortman und R.C.Silver, die gängige Auffassungen über Trauerreaktionen als ungeprüfte Mythen bezeichnen (vgl. dies., 349-357).

[126] R.Tausch verweist auf ein Fallbeispiel, in welchem vom Umfeld der Trauernden anderes Verhalten erwartet wird: Eine Frau findet Trost bei ihrem sterbenden Vater, sie erfährt, daß Sterben und Leben zusammengehören und spürt Kraft und Vertrauen. Die Umwelt verlangt aber nach diesem furchtbaren Ereignis „furchtbare“ Traurigkeit, was die Frau in Konflikt mit Erwartungen anderer bringt (vgl. ders., Umgang mit schweren Verlusten, 126-127).

[127] Nach R.Tausch sind dabei folgende Vorurteile relevant: „1. Wer keine Depression hat, verneint den Verlust. 2. Die/der Trauernde ist zu schwach, um sich mit dem Trauerprozeß auseinanderzusetzen. 3. Die/der Trauernde ist unfähig, mit anderen tieferen Kontakt zu haben. Die verlorene Beziehung hatte nur ‘narzißtischen’ Charakter. 4. Wenn keine Depression oder Schmerzen gezeigt werden, so liegen die Ursachen dafür in noch ‘tieferen’ Problemen, zu deren Lösung der Trauernde unfähig ist.

Trauer verschleppen und werde pathologisch. Eine andere Annahme besagt, daß Verluste „bearbeitet" werden müssen: Gefühle und Gedanken sollen ins Bewußtsein gelangen, andernfalls bestehe die Gefahr, diese zu verdrängen.[128] Bei Nicht-Erreichen des Zieles Verarbeitung des Verlustes droht die Möglichkeit problematischer, komplizierter oder pathologischer Trauer. Abweichung vom Phasenmodell, d.h., Herausfallen aus diesem „Ritus", wird bewertet. Keines der Phasenmodelle vermag jedoch der Komplexität des Trauerprozesses gerecht zu werden, der sich eben nicht in aufeinander folgenden, klar abzugrenzenden Phasen vollzieht. Zwar tragen Phasenmodelle dazu bei, Abgrenzungen von normaler zu pathologischer Trauer zu finden, doch erscheint die Unterscheidung bei fließenden Grenzen künstlich. Bei Trauernden, die als pathologisch eingestuft werden, kommt es zu Verunsicherung und Stigmatisierung von seiten der Wissenschaft. Der Therapeut befindet über das angemessene Trauerverhalten, was durch Festlegung von Phasen und Aufgaben implizit immer vorgegeben wird. Die im Durchleben von Phasen bzw. Bewältigen von Aufgaben zu leistende Trauerarbeit verleitet nach R.Tausch zur Auffassung, Trauer sei etwas Machbares.[129] Unterstellt wird damit Betroffenen, denen das im Begriff Arbeit implizit vorausgesetzte „Know how" fehlt, solche Arbeit nicht von sich aus leisten zu können. Der Versuch, Trauer in einem Phasenmodell zu umschreiben, hebt die relativ gleichförmigen Aspekte der Trauer hervor, vernachlässigt aber den tendenziös individuellen Aspekt der Trauer.
R.Tausch kritisiert eine Einteilung der Trauer, die jedem Individuum gerecht werden soll: er stellt Phasenmodelle mit Schwerpunkt auf dem Individuum in Frage, gerade weil sie behaupten, individuell zu sein. Schematisierte Obersätze, allgemeingültige Phasen, die auf individuellen Daten basieren, dürfen nicht deduktiv angewandt werden. Wenngleich das Schema des Spannungsbogens, Bearbeitung und Lösung als Konfliktlösungsvorgang, plausibel erscheint, so ist es doch zu begrenzt, um auf alle Trauerfälle übertragbar zu sein. Die Verarbeitung von Krisen und Überwindung von schweren Verlusten ist individuell sehr

---

5. Trauernde, die Depressionen haben, gehen erfolgreicher mit dem Verlust um als andere" (ebd. 124).

[128] Konsequenz ist, der Schmerz müsse Jahre danach wie kurz nach dem Verlust sein. R.Tausch hebt in diesem Zusammenhang jedoch hervor: je „intensiver Eltern z.B. kurz nach dem Tod ihres Babys den Verlust 'bearbeiteten', d.h. sich fragten, warum das Baby gestorben sei, ... und in Gedanken mit dem Tod des Kindes häufig beschäftigt waren, um so mehr Schmerzen spürten sie auch noch 18 Monate nach dem Verlust" (ebd. 125).

[129] „Ich sehe bei der Trauer in erster Linie das Loslassen, das Annehmen; dies ist keine 'Arbeit', ebensowenig wie Entspannung 'Arbeit' ist, sie wird eher dadurch behindert" (ebd. 134).

unterschiedlich: R.Tausch arbeitet daher mit Merkmalen, die eine günstige Bewältigung der Trauer beim Individuum wahrscheinlich machen. Bewältigung eines schweren Verlustes ist abhängig von Faktoren-Merkmalen der Person, die den Verlust erleidet, der Situation, des Ereignisses und der Person, die verloren wurde, wobei er zwischen Faktoren protektiver und beeinträchtigender Art unterscheidet.[130]

Zu protektiven Faktoren bei dem den Verlust Erleidenden rechnet er beispielsweise Selbstvertrauen, günstiges Selbstbild, gefühlsmäßige Stabilität, körperliche Fitneß, soziale Kompetenz, geringe Ängste und Depressivität, bisherige Auseinandersetzung mit Sterben und Tod, gesunder Lebensstil (Verzicht auf Genußgifte, Beruhigungsmittel, keine Medikamentenabhängigkeit, regelmäßige Arbeit, Einhaltung von Diät, Selbstdisziplin gegenüber Gesundheitsrisiken und Fähigkeit zu Entspannung), Vorhandensein seelischer Kraftquellen (Fähigkeit zu positiven Erfahrungen in der Natur, mit Musik oder Tieren) und Fehlen anderer Belastungen.

Zu protektiven Faktoren, die Umstände und Merkmale der Situation und der Person, die stirbt, betreffen, rechnet er beispielsweise hinreichende Zeit für Begleitung, gemeinsame Gespräche und das Abschiednehmen - auch vom toten Körper -, hilfreich empfundene Beziehungen zu Ärzten und Pflegepersonen, Aufrichtigkeit und Anteilnahme in Gesprächen mit ihnen, hilfreiches soziales Umfeld, unterstützende Angehörige, entspannte und befriedigende Beziehung zwischen Sterbendem und Angehörigen. Der Sterbende kann seinen eigenen Tod akzeptieren, die Zurückbleibenden trösten, ihnen Zuversicht geben und ihnen für ihr späteres Leben keine Auflagen machen.

Zu beeinträchtigenden Faktoren rechnet er beispielsweise ungeklärte, gespannte Beziehung, Versäumnisse und Schuldgefühle, bei plötzlichem Tod: das Versäumnis, den Toten nicht gesehen zu haben.

Aufgrund der individuell unterschiedlichen Bewältigungsformen erfolgt keine Einteilung der Trauerreaktionen in „richtig“ oder „falsch“.[131] Damit wird der Rahmen von Phasen und Aufgaben gesprengt und der Schwerpunkt auf das Individuum und dessen Situation gelegt: Die trauernde Person selbst ist Maßstab, sie entscheidet über für sie geeignetes Trauerverhalten; nicht der Therapeut.

---

[130] Vgl. ebd. 121-123.

[131] Denen, die eine Systematisierung der Trauerreaktionen vornehmen, wirft R.Tausch Unwissenschaftlichkeit vor: Mitunter werde von nicht geprüften Theorien ausgegangen, von verallgemeinerten Erfahrungen mit Patienten, oder die Trauerreaktionen würden von Therapeuten durch eigenes Verhalten ihrer Theorie gemäß provoziert (vgl. ebd. 123).

Kehrseite des stark auf das Individuum bezogenen Ansatzes von R.Tauschs ist: Ein gemeinschaftlicher Aspekt für gemeinsames Trauern kann in einer pluralen Gesellschaft nur noch schwer oder gar nicht mehr gefunden werden. Trauer steht in der Gefahr, gemäß der angebotsorientierten Dienstleistungsgesellschaft nur noch als individuelles Phänomen wahrgenommen zu werden.

5.3 Einfluß der Todesarten auf den Trauerverlauf

Im Anschluß an Modelle allgemeiner Trauer wird die verwaister Eltern behandelt: Daß es sich bei Elterntrauer um eine spezielle und extreme Form handelt, wird aus der Qualität der Eltern-Kind-Beziehung und den verschiedenen Einflüssen der Todesarten deutlich, welche die Trauer der Eltern mitbestimmen. Diese werden in ihrem Spezifikum betrachtet.

5.3.1 Unerwartet schneller Tod - Unfall oder Gewaltverbrechen

Trifft der Tod eines Kindes Eltern unvorbereitet, erfordert dies von ihnen große Anpassungsleistung: Trauer wird als improvisierter plötzlicher Notfall erlebt, ohne Möglichkeit zur Vorbereitung, wodurch der Tod noch unbegreiflicher wird. Der Abschied vom toten Kind muß schnell erfolgen - im Schnitt drei bis vier Tage bis zur Beerdigung. Bei plötzlichem Tod ist es daher bedeutend, den toten Körper des Kindes zu betrachten und zu berühren, um die Realität des Todes „erfassen“ zu können, da Eltern nur Erinnerungen an das lebende, gesunde Kind haben. Die Phase der Leugnung kann aus diesem Grund bei plötzlichem Tod lange anhalten. Die Todesnachricht kommt oft durchs Telephon oder wird durch einen Boten an der Haustür überbracht. Der Schock über den Tod versetzt die Eltern in einen passiven Zustand, der die Unfähigkeit mit sich bringen kann, initiativ zu werden, d.h., unmittelbare Fragen an den Überbringer zu stellen oder das tote Kind aufzusuchen, um es zu sehen und Abschied zu nehmen. E.Kübler-Ross ist der Ansicht, daß diejenigen, „die einem plötzlichen Todesfall gegenüberstehen und den Leichnam nicht sehen durften, ... durch einen viel längeren Prozeß des Trauerns hindurchgehen (müssen; d.V.). Oft verharren sie über Jahre oder Jahrzehnte auf der Stufe des Leugnens.“[132] Da kein Abschied vom lebenden Kind möglich ist und kein Gespräch stattfindet, in dem vielleicht

---

[132] Kübler-Ross, E., Kinder, 123.

Versäumnisse hinsichtlich der Beziehung zum verstorbenen Kind geklärt werden könnten, wird Trauer erschwert.
Ist der Unfall von Eltern mitverschuldet, tauchen Schuldgefühle und Selbstanklagen auf: Das Versäumnis wieder gut zu machen ist nicht möglich. Mitverantwortung der Eltern für einen Unfall wird in manchen psychoanalytischen Theorien schon in Überfürsorglichkeit oder Achtlosigkeit der Eltern gesehen, was aber der Komplexität von Einflüssen und dem Zustandekommen verschiedener Zufälle und Umstände nicht gerecht wird: T.Brocher sieht „hinter vielen Kinderunfällen ... entweder die Überfürsorglichkeit der Eltern, die das Kind in seinem natürlichen Instinkt verunsichert hat, oder gleichgültige Achtlosigkeit, für die das Kind sich dann mit Selbstbeschädigung unbewußt rächt, um Aufmerksamkeit und mehr liebende Zuwendung zu erzwingen."[133] Solche Theorien helfen Eltern nicht, das ohnehin schwere Geschehnis anzunehmen; im Gegenteil, sie schüren weitere Schuldgefühle.
Umstritten ist die Frage nach Verabreichung von Beruhigungsmitteln oder Psychopharmaka: Oftmals werden Beruhigungsmittel offeriert, die ein unmittelbares Erleben der Trauergefühle nicht mehr ermöglichen. E.Kübler-Ross wendet sich strikt gegen eine solche Verabreichung: Psychopharmaka für Trauernde bei plötzlich eintretendem Tod machen es unmöglich, alle aufbrechenden Gefühle zu erleben. „Wir haben gelernt, daß diejenigen, die eine plötzliche Todesnachricht erhielten, viel besser dran sind, wenn sie ihr Leid und ihren Schmerz in einer sicheren und möglichst schalldichten Umgebung so bald wie möglich nach dem plötzlichen Todesfall externalisieren können."[134] Aus diesem Grund plädiert sie für Räume in Krankenhäusern im Bereich der Intensivstation, in denen ungehindert Gefühle ausgedrückt werden können.[135] Manchmal entlasten Ärzte mit der Verabreichung von Beruhigungsmitteln eher sich selbst und ihr Gewissen als die trauernden Eltern.
Ein weiteres Problem tut sich für Eltern in einer Entscheidung für eine mögliche Organspende ihres Kindes auf: Für den Abschied der Eltern vom toten Kind bleibt dann wenig Zeit, da das Kind möglichst schnell operiert werden muß. Welche Auswirkungen Organspende auf den Trauerprozeß hat, ist wenig erforscht. Zweifel an der Realität des Todes können auftauchen, verbunden mit

---

[133] Brocher, T., 78.

[134] Kübler-Ross, E., Kinder, 64; vgl. dies., Verstehen, 142-143.

[135] INITIATIVE REGENBOGEN „Glücklose Schwangerschaft e.V." plädiert für die Einrichtung von Familienzimmern in Kliniken, in denen Eltern und Verwandte vom Kind Abschied nehmen können (vgl. ders., 5).

der Phantasie, daß das Kind zum Zeitpunkt der Organspende noch gar nicht wirklich tot war.[136] Akzeptanz des Todes kann erschwert sein, lebt ein „Körperteil“ des Kindes weiter.
Verlieren Eltern ihr Kind durch ein Gewaltverbrechen wie Mord[137], ist die Auseinandersetzung mit dem Schuldigen besonders dominant: Aufbrechende Wut und Aggressionen richten sich gegen den Täter, wobei diese mit dem Gefühl der Rache gepaart sein können. Verlagerung der Emotionen auf den Täter verzögert zunächst Trauer, in welcher die Beziehung zum verstorbenen Kind vorherrschend ist. Erst wenn Wut und Aggression nachlassen, steigt die innere Auseinandersetzung mit dem verlorenen, geliebten Kind. Der rechtliche Prozeß, in welchem Hergang, Motiv und Indizien geschildert werden, bedeutet für Eltern schmerzliches Leid, besonders wenn es sich um ein Sexualverbrechen handelt. Auf der Suche nach Verständnis für ihr Kind wollen Eltern nachfühlen, wie ihr Kind in der Todesstunde gefühlt hat und welche Schmerzen es zu ertragen hatte.

5.3.2 Erwarteter langsamer Tod

Leidet ein Kind an einer schweren Krankheit und wird diagnostiziert, daß es sterben wird, können sich Eltern schrittweise auf den Tod vorbereiten. Angesichts der medizinischen Möglichkeiten kann aber auch bei schweren Krankheiten lange kein sicherer Ausgang - Leben oder Tod - vorausgesagt werden. In dieser Zeit der Unsicherheit treten ambivalente Gefühle auf: die Eltern sind zeitweise von Hoffnung, dann von Verzweiflung durchdrungen. Besonders bei Krebserkrankungen (u.a. Leukämie) hat sich diese Zeit der Unsicherheit durch medizinischen Fortschritt auf Jahre ausgedehnt. Positiv ergibt sich daraus, daß Eltern mit Ärzten und Schwestern vertraut werden und seelische Nachbetreuung[138] bei eintretendem Tod des Kindes für Eltern durch diesen

---

136 Angehörige fühlen sich dann am Tod des Verstorbenen mitschuldig (vgl. Jerneizig, R./Langenmayr, A./Schubert, U., Leitfaden, 115).

137 In Ländern, in denen Schußwaffen an eine breite Bevölkerungsschicht abgegeben werden können, ist Tod durch Schußverletzung eine der häufigsten Todesursachen: „Schußverletzungen sind in den USA bei Kindern und Jugendlichen im Alter von zehn bis 19 Jahren mittlerweile die zweithäufigste Todesursache. Dies geht aus einer Studie hervor, die die Kinderschutzorganisation Children's Defense Fund veröffentlichte. Sie besagt, daß 1993 in den USA alle 92 Minuten ein Kind erschossen wurde. Meist handelte es sich um Mord. Häufigste Todesursache bei jungen Menschen in den USA bleiben Verkehrsunfälle“ (vgl. SZ, Nr. 83 vom 10. April 1996, 12; Nr. 48 vom 27. Februar 1997, 19).

138 Zur Nachbetreuung: vgl. Goldmann-Posch, U., Wenn Mütter trauern, 59-60.

emotionalen Kontakt möglich wird. Eltern, die ihr Kind im Krankenhaus plötzlich verlieren, fühlen sich oft alleingelassen, da ihnen solche Vertrautheit fehlt.
Ein Krankenhaus stellt für ein Kind ein fremdes Umfeld dar, wodurch zur körperlichen Krankheit Ängste und emotionale Unsicherheit hinzukommen. Diese psychische Belastung kann verringert werden, wird das Kind in einem Hospiz oder einer speziellen Kinderklinik mit Übernachtungsmöglichkeiten für Eltern betreut oder zuhause behandelt. M.E.Lauer, R.K.Mulhern, J.M.Wallskog und B.M.Camitta[139] weisen darauf hin, daß häusliche Pflege positiven Einfluß auf die spätere Trauer der Eltern nimmt: Bei Eltern, die ihr Kind zuhause pflegen, treten weniger Schuldgefühle auf. Das gemeinsame Pflegen und Abschiednehmen der Partner hat in der Hälfte der Fälle positive Auswirkungen auf ihre Beziehung. In der heimischen Atmosphäre wächst durch diese Erfahrung auch Vertrauen zu Gott. Vertrautheit der Umgebung, Sicherheit und Geborgenheit der Eltern stellen soziale und psychologische Vorteile für die Pflege eines sterbenden Kindes dar. „Dies ist deshalb so bedeutsam, weil ... nicht mehr die Heilung im Vordergrund steht, sondern die Auseinandersetzung mit den emotionalen Bedürfnissen" der Kinder.[140]

5.3.3 Tod des Kindes vor, während oder nach der Geburt[141]

Klassifiziert werden mit Fehlgeburt oder Abort[142] alle Kinder, die tot zur Welt gekommen sind[143], mit einem Geburtsgewicht unter 500g (§ 29 Abs. 3 PStV).

---

139 Vgl. Lauer, M.E./Mulhern, R.K./Wallskog, J.M./Camitta, B.M., 107-112.

140 Hofmann, H., 65.

141 Vgl. Lothrop, H.; Borg, S./Lasker, J.: Die Autorinnen setzen sich mit den verschiedenen Verlusten auseinander und geben durch Erfahrungsberichte betroffener Eltern und Darstellung von wissenschaftlichen Erkenntnissen und Rechtslagen hilfreiche Anregungen für Betroffene und Begleiter. Vgl. Verwaiste Eltern Hamburg e.V., Schwerpunkt: Tod am Anfang des Lebens; INITIATIVE REGENBOGEN „Glücklose Schwangerschaft e.V." versteht sich als Selbsthilfeinitiative und widmet sich in besonderer Weise Eltern, die ein Kind durch Fehl-/Totgeburt oder Neugeborenentod verloren haben.

142 Man unterscheidet drei Arten von Abgängen: Abortus imminens (drohender Abgang): Blutungen und Gebärmutterkrämpfe treten auf, der Muttermund aber bleibt geschlossen. Etwa bei der Hälfte der betroffenen Frauen tritt keine Fehlgeburt ein; Abortus incompletus (unvollständiger Abgang): Teile der Leibesfrucht oder Nachgeburt bleiben im Mutterleib zurück; Abortus completus (vollständiger Abgang): die ganze Leibesfrucht und Nachgeburt werden ausgestoßen, anschließend schließt sich der Muttermund wieder, weswegen eine Ausschabung nicht stattfinden muß.

Eine Totgeburt bezeichnet ein lebensfähiges Kind ab 500g, das im Mutterleib vor oder während der Geburt verstorben ist (§ 29 Abs. 2 PStV). Im Gegensatz zu Fehlgeborenen werden Totgeborene im Sterbebuch beurkundet (§ 24 Abs. 2 Satz 1 PStG), unter Nennung des Geschlechts ohne Vor- und Familiennamen (§ 24 Abs. 2 Satz 2 PStG; vgl. § 21 Abs. 1 Nr. 1 bis 3 und 5 PStG).[144]

Ist es ein Wunschkind und das erste Kind (erste Geburt), das Eltern verlieren, beginnen Eltern oft, sich selbst in Frage zu stellen und sich als Versager zu sehen: sie waren nicht imstande, ein gesundes Kind zur Welt zu bringen. „Ein Kind zu haben" spielt eine Rolle für das eigene Erwachsenwerden: ein Paar schlüpft selbst aus der Kindsein-Rolle und wird Familie, Vater und Mutter. Außerdem wird eine Gleichstellung mit den eigenen Eltern erreicht. Stirbt das Kind, kann das Gefühl aufkommen, selbst Kind zu bleiben, anstatt als Erwachsener in einer neuen Familie Verantwortung zu übernehmen.

Dieser frühe Tod wird gesellschaftlich kaum beachtet, weswegen die Eltern wenig Raum und Verständnis für ihre Trauer finden. Vom sozialen Umfeld wird meist die enge Beziehung der Eltern zum Kind während der Schwangerschaft und deren phantasierte Zukunft, an welche starke Emotionen gebunden sind, verkannt: es wird verkannt, daß Eltern um einen Menschen trauern. Daher müssen sich Eltern für ihre sich selbst gewährte Trauer zusätzlich rechtfertigen, was im Zustand der Trauer schwer möglich ist. Sie erfahren oft Vertröstungen[145], die dem Drang, Hoffnung aufzeigen zu müssen, Ausdruck geben. Wertungen des Ereignisses durch dritte oder gar Vorwürfe und Bemerkungen wie „das Kind hat ja noch gar nicht richtig gelebt" oder „es ist klar, daß das Kind nicht lebensfähig war, bei dem Untergewicht" verdeutlichen geringe Sensibilität. Für die Mutter aber ist dieses Erlebnis eine innige Begegnung mit dem Tod: sie erlebt einen Tod bei lebendigem Leib und erfährt unmittelbar das Sterben ihres Kindes, dem „die Zukunft gehörte". Schon die Schwangerschaft bedeutet eine körperliche wie seelische Umbruchsituation - eine Krise, die normalerweise durch die Geburt

---

143 Eine Lebendgeburt liegt vor, „wenn bei einem Kinde nach der Scheidung vom Mutterleib entweder das Herz geschlagen oder die Nabelschnur pulsiert oder die natürliche Lungenatmung eingesetzt hat" (§ 29 Abs. 1 PStV).

144 Viele Eltern, deren Kind tot zur Welt kam, setzen sich für eine neue Gesetzesregelung ein: Sie verlangen eine Änderung des § 24 Abs. 2 PStG aus dem Jahr 1875, der besagt, daß nur diejenigen Kinder mit Vornamen ins Sterbebuch eingetragen werden, die nach der Geburt Lungenatmung, pulsierende Nabelschnur oder Herzschlag zeigten und nach der Geburt starben.

145 Solche Äußerungen sind für Eltern eine zusätzliche Belastung, denn sie zeigen, „daß die Gefühle, die die Eltern bewegen, nicht wahr- und schon gar nicht ernst genommen, sondern beschwichtigend abgewiesen werden" (Hinker, W./Metelmann, V., 11).

eines gesunden Kindes beendet wird. Stirbt jedoch das Kind, wird diese Krise verstärkt.[146] Trotz der Kürze der Bindung zwischen Eltern und Kind sind die Trauerreaktionen kaum anders als bei Verwitweten[147]: Betäubung, somatisches Leiden, Sehnsucht, Wut, Reizbarkeit, Träume vom Baby und Depression können auftauchen. Den Unterschied zur Trauer um einen erwachsenen Partner sieht J.Bowlby in fehlender Einsamkeit.[148] Aus diesen Beobachtungen schließt er, daß die Gefühlsbande, so ähnlich sie auch sein mögen, nicht als identisch gelten.

Welche Personen unmittelbar beim oder nach dem Tod des Kindes anwesend sind, ist von Bedeutung: Wenn Ärzte und Hebammen den Tod annehmen können, empathisch sind und mitfühlen, fühlen sich Eltern aufgehoben und fassen Vertrauen.[149] Ärzte, Krankenhauspersonal und Seelsorger können dann Eltern auf ihren Trauerweg vorbereiten.[150] Kann hingegen das Personal den Tod des Kindes nicht akzeptieren, wird versucht, alle Zeichen des Todes zu beseitigen: das Kind verschwindet auf schnelle Art und Weise, die Eltern bekommen es nicht zu sehen, es wird über den Tod nicht gesprochen. Vordergründig ist es leichter, den Tod zu ignorieren, sich zu verhalten, als sei nichts passiert, und die Eltern mit wenigen oder gar ohne Erklärungen, Unterstützung oder Ermutigung möglichst schnell nachhause zu schicken. Weisungen für das Personal, ob und wie es sich emotional dem Tod stellen soll, gibt es nicht, es kann sich deshalb dem geschehenen Leid entziehen.[151] Findet keine Auseinandersetzung mit dem Tod des Kindes statt, wird den Eltern die Chance genommen, die Tatsache, daß ihr Kind tot ist, leichter als Realität zu akzeptieren. Später gibt es keine Erinnerungen, die tröstlich sein könnten, nur Vermutungen um das Kind.

Für Eltern bleibt die Unsicherheit, was mit dem toten Embryo, Fötus oder Baby passiert: Laut Bayerischem Bestattungsgesetz müssen Körper- und Leichenteile „durch den Verfügungsberechtigten ... unverzüglich in schicklicher und

[146] Die Brust der Mutter bildet Milch, körperliche Spuren der Geburt sind sichtbar und spürbar da. In diesem Zwiespalt von Verleugnung und Realitätsanspruch müssen sich Mütter zurechtfinden.

[147] Vgl. Bowlby, J., Verlust, 160.

[148] Vgl. ebd. 163.

[149] Die Qualität der Begegnung zwischen Arzt und Klinikpersonal mit den Eltern hängt ab von der Haltung und Einstellung des Arztes bzw. des Krankenhauspersonals zum Tod und von der Fähigkeit, dem Tod zu begegnen und ihn an sich heranzulassen (vgl. Wunnerlich, A., 93).

[150] Beispielsweise darauf, welche Trauerreaktionen kommen können und wie man auf banale Floskeln der Umwelt reagieren kann.

[151] Nicht immer jedoch sind die Mitarbeiter in der Lage, sich in hilfreicher Weise zu verhalten, denn der Tod eines Kindes aktiviert eigene Ängste: Das Klinikpersonal wird mit eigenen Gefühlen konfrontiert und muß diese, sind keine individuellen und gemeinschaftlichen Verarbeitungsweisen erlernt, verdrängen. Anzuraten ist daher Supervision und Weiterbildung des Personals.

gesundheitlich unbedenklicher Weise beseitigt werden, soweit und solange sie nicht medizinischen oder wissenschaftlichen Zwecken dienen oder als Beweismittel von Bedeutung sind" (Art. 6 Abs. 3 BayBestG). Totgeburten oder während der Geburt Verstorbene[152], wiegen sie mindestens 500g, und Kinder, die gelebt haben, müssen in jedem Fall bestattet werden, Totgeburten oder während der Geburt Verstorbene mit einem Gewicht unter 500g (Fehlgeburten) können bestattet werden (vgl. Art. 6 Abs. 1 BayBestG). Auf Eltern wirkt der juristische Jargon mit seinen sachlichen Einteilungen verletzend, denn sie haben jenseits jeder Klassifizierung einen Menschen verloren. Wenige Eltern wissen, daß sie für das tote Kind um einen eigenen Grabplatz bitten können oder dies einem anderen Grab beilegen können.[153] Der Gedanke an eine Bestattung wirkt auf viele Eltern abschreckend: Angst vor der Öffentlichkeit, vor Behördengängen und, sich der Endgültigkeit des Verlustes zu stellen, treten auf. Der Schmerz des Begräbnisses liegt darin, daß der Verlust sichtbar und öffentlich wird, andererseits aber ist es den Eltern ermöglicht, bewußt Abschied zu nehmen. Die Erinnerung an die Tatsache der Beerdigung hilft, der später folgenden gedanklichen wie emotionalen Suche nach dem verstorbenen Baby einen Rahmen zu geben. Eltern, die ihr Kind anonym bestatten lassen, tun sich im allgemeinen in ihrer Trauer schwerer, denn sie haben keinen konkreten Trauerort[154], und Schuldgefühle, dem Kind etwas schuldig geblieben zu sein, können entstehen[155]. Untersuchungen[156] der letzten Jahre zeigen, daß Art und Weise der psychischen und sozialen Verarbeitung eines Kindsverlustes Auswirkungen hat auf den körperlichen und psychischen Zustand der Mutter, Persönlichkeitsbild,

---

152 In der Regel sind Bestattungsgesetze Sache der Bundesländer: In Rheinland-Pfalz stimmte der Landtag einer Neuregelung des Bestattungswesens im Hinblick auf die rechtliche Gleichstellung verschiedener Bestattungsformen zu. Unter anderem wurde das Mindestgewicht von Totgeburten, die bestattet werden müssen, auf 500g gesenkt. Auf Wunsch eines Elternteils können auch Babys mit geringerem Gewicht bestattet werden (vgl. SZ, Nr. 15 vom 19. Januar 1996, 5).

153 In den meisten Bundesländern kann dies mit Hilfe einer formlosen Bescheinigung der Klinik beim zuständigen Friedhofsamt beantragt werden.
Kulturell-gesellschaftliche Vorgaben, die das Trauerverhalten bei solchen Vorfällen regeln und stützen, existieren nicht: Soll man beispielsweise Geburtsanzeigen verschicken oder diese durch Todesanzeigen ersetzen oder beides unterlassen?

154 Haben Eltern einen Ort für die Trauer, kann die „Suche" nach dem toten Kind eingegrenzt werden (vgl. INITIATIVE REGENBOGEN „Glücklose Schwangerschaft e.V.", 4-5).

155 Vgl. Lutz, G., 17.

156 Vgl. Beutel, M.; Birgel, J.; Zauner, R.; Wehkamp, K.-H., Tod am Lebensanfang, 44-52.

Familienplanung, weitere Schwangerschaftsabläufe, ihre soziale Lage[157], ihre Verhaltensweisen und die ihrer anderen Kinder. Der Tod eines Kindes kann Verlust von Daseinsberechtigung bedeuten, da die Vorstellung, ein gesundes Kind zur Welt zu bringen, nicht erfüllt wurde. Eltern, vor allem Mütter, sehen im Tod eigenes Versagen, das Scham- und Schuldgefühle hervorruft.
Für den Anblick des verstorbenen Kindes plädiert V.Kast[158] aus psychotherapeutischer Sicht: Dieser kann heftige, sehr zärtliche und starke Gefühle von Schmerz auslösen. Erwiesen ist, daß starke emotionale Ausbrüche besonders am Anfang des Trauerprozesses Erleichterung bringen und infolgedessen weniger depressives Verhalten auftritt. Wenn diese Gefühle durch Berührung und Anblick nicht konkret erfahren werden, kann die Realität nur schwer erfaßt werden. Gedanken reichen dann von einer möglichen Entführung des Kindes bis hin zur Vorstellung, ein Monstrum geboren zu haben.
Die Bundesländer Niedersachsen und Bremen widmen sich in wissenschaftlicher Weise erstmals in der BRD dem Bereich des Umgangs mit verwaisten Eltern. Eine Studie der Medizinischen Hochschule Hannover[159] von 1986 über Frauen mit Fehlgeburten erbringt unter anderem folgende Ergebnisse: 55% Betroffener fühlen sich nicht ausreichend über den Tod und die Todesursache ihres Babys informiert; knapp 22% geben an, keine ausreichende Möglichkeit gehabt zu haben, über dieses traumatische Erlebnis mit anderen Menschen zu reden; ca. 73% der Frauen mit Totgeburt haben schlechte Erfahrungen mit Ärzten und ihrer Umgebung gemacht und 30% haben langanhaltende depressive Verstimmungen, Schuld- und Versagensgefühle.

Ein Betreuungskonzept nach einer glücklosen Schwangerschaft an der Frauenklinik des Zentralkrankenhauses in Bremen zeigt die Wichtigkeit der Auseinandersetzung mit dem toten Kind und gibt Anregungen, den Beginn der elterlichen Trauer zu erleichtern.[160]

---

[157] Frauen, die sozial isoliert sind und in deren partnerschaftlichen Beziehungen Intimität schwindet, zeigen in größerer Häufigkeit psychiatrische Symptome (vgl. Forrest, G.C./Standish, E./Baum, J.D., 1475-1479).

[158] Vgl. Kast, V., Wenn Geburt und Tod zusammenfallen, 67-68.

[159] Vgl. Habel, R., 326-327.

[160] Bei intrauterinem Tod:

- Bis zur Geburt soll die Mutter nicht alleine sein, Arzt und Hebamme sollen anwesend sein; auch der Partner wird eingeladen, dabei zu sein.
- Wenn möglich, soll der Verlauf der Geburt mit der Mutter abgesprochen werden. Dabei wird versucht zu erklären, welchen Sinn es hat, nachher das tote Kind anzusehen oder es in den Arm zu nehmen.

Da der Umgang mit verwaisten Eltern, die ein Kind verlieren, eine Herausforderung für alle Beteiligten ist und viele unsicher und gehemmt sind, mit solchen Extremsituationen umzugehen, werden in einer Anlage[161] einige Leitlinien, angelehnt an das Bremer Betreuungskonzept, formuliert, die Eltern an die Hand gegeben werden und helfen können, die Realität des Todes mehr zu „be-greifen".
Sicher ist, daß es „die" Technik oder „die" Hilfe im Umgang mit dem Tod eines Babys nicht geben kann, da die Qualität zwischenmenschlicher Begegnung zwischen Trauernden und anderen Personen Basis für gelungene Trauer ist; lediglich ein „Management" dieser Situation zu strukturieren reicht nicht aus. Es hat wenig Sinn, wenn die Betreuung durch Ärzte oder Hebammen routinemäßig erfolgt, ohne dabei einfühlsam für Eltern zu sein. Die Persönlichkeit selbst mit ihren menschlichen Qualitäten ist in der Begleitung verwaister Eltern der entscheidende Faktor.
Der konfrontierende Umgang mit Eltern, vor allem der Mutter, den Tod „be-greiflich" zu machen und vor Augen zu führen, geht zurück auf J.Cullberg[162], der nachweist, daß die Trauerzeit von Frauen, die tote Kinder geboren haben, häufig kürzer ist, wenn sie die Möglichkeit haben, ihre emotionale Erregung auszudrücken. Durch die Begegnung mit dem toten Kind werden derartige

---

- Nach der Geburt wird das Kind gereinigt, in ein Tuch gewickelt und den Eltern übergeben. Lehnen Eltern dies ab, soll die Möglichkeit in Aussicht gestellt werden, das Kind innerhalb der nächsten 24 Stunden in Begleitung anzusehen. Es wird ein Foto vom toten Kind gemacht.
- Die Mutter wird täglich besucht, eventuell auch zweimal am Tag, wobei Zuhören im Vordergrund steht. Die Mutter soll auf mögliche Schuldgefühle angesprochen werden.
- Bei noch lebendem Kind werden die Eltern aufgefordert, zu dem Kind körperlichen Kontakt aufzunehmen, im Bewußtsein, daß das Kind sterben kann.
- Es wird empfohlen, dem Kind einen Namen zu geben und es nach Möglichkeit in einem Familiengrab beizulegen.
- Nach der Entlassung der Mutter soll weitere Begleitung für die Eltern möglich sein. Die Möglichkeit eines Gesprächskreises für betroffene Eltern kann aufgezeigt werden.
- Mütter sollen nicht auf die Wöchnerinnenstation, sondern auf eine gynäkologische Station gelegt werden, je nach Absprache mit der Mutter (vgl. Wehkamp, K.-H., Kindstod, 84-91).

161 Vgl. Anlagenverzeichnis Teil III: Anlage 2.

162 Vgl. Cullberg, J., 326-339.
Dieses Konzept entstand auf dem Hintergrund, Störungen in der Trauer der Eltern aufgrund des Todes eines Kindes vor, während und nach der Geburt zu verringern. Mögliche Störungen sind: schwere seelische Beeinträchtigungen bei der Mutter, Verhaltens- und Gesundheitsstörungen bei Geschwistern, ungünstige Beeinflußung der weiteren Familienplanung, psychosomatische Verursacher von Störungen bei erneuter Schwangerschaft (beispielsweise drohende Frühgeburt), belastetes Beziehungsverhältnis Mutter/Eltern - Arzt/Klinik.

Zustände und psychische Reaktionen hervorgerufen. Dieser Ansatz wird von der Bremer Arbeitsgruppe aufgegriffen: sie fordert einen offenen und konfrontativen Umgang mit dem Tod eines Kindes. Die „Bremer Thesen“[163] stellen Konzeption und Grundhaltung der psychosomatischen Arbeitsgruppe und des Arbeitskreises Kindstod der Frauenklinik in Bremen dar:

- Richtiger Umgang mit dem Tod eines Kindes ist nicht eine Frage der Technik, sondern der persönlichen Wahrhaftigkeit. Erste Frage des Klinikmitarbeiters ist daher: Wie gehe ich persönlich mit dem Ereignis um, nicht, wie gehe ich mit den Eltern um?
- Unser Verhalten der betroffenen Mutter gegenüber ist davon bestimmt, wie wir selbst den Tod des Kindes erleben. Weckt das Ereignis Schuldgefühle, Aggressionen oder Hilflosigkeit?
- Betrachten und Berühren eines toten Kindes ist oft schwerer als beim verstorbenen Erwachsenen, Verleugnungsmöglichkeiten[164] des Todes jedoch sind größer als beim Tod eines Erwachsenen: Gefahren, die Geburt als nicht echt zu bezeichnen, das Menschsein des Kindes in Zweifel zu ziehen, das Ereignis ungeschehen machen zu wollen und die Mutter vordergründig zu vertrösten, tun sich auf.
- Wen will man in erster Linie abschirmen, wenn der Anblick des toten Kindes den Eltern verwehrt wird? Ist es nicht auch das Klinikpersonal?
- Plädoyer für ein Zulassen des Schmerzes, da dieser berechtigt ist und seelische, körperliche und soziale Störungen vermeiden hilft.
- Die Aufnahme von Eindrücken des verstorbenen Kindes ist für die Mutter genauso wichtig wie das Äußern von Gefühlen. „Wenn Trauer (einschließlich der Verarbeitungsformen Schock, Verleugnung, offene Verzweiflung usw.) ein notwendiger psychischer und sozialer Verarbeitungsvorgang ist, so ist dieser Vorgang beim Kindstod zu fördern ... Die Frau, die ihr totes Kind nie gesehen hat, trauert um ein Phantom ... Sie wird eher seelische und soziale Störungen erleben als eine Frau, deren Trauer sich auf ein konkretes, 'leibliches Wesen' beziehen konnte und keiner Behinderung unterlag.“[165]
- Eine Frau, die ein totes Kind gebären muß, soll nicht allein sein; der Partner soll miteinbezogen werden. Bei Bedarf reichlich Schmerzmittel, aber keine Beruhigungsmittel verabreichen, denn angenommen wird: je mehr Eltern von der Realität des Todes wahrnehmen können, umso leichter werden sie dieses Ereignis

---

[163] Vgl. Wehkamp, K.-H., Kindstod, 92-95.

[164] Selbst in neueren Studien wird solcher Todesverleugnung Vorschub geleistet: „Sollten Eltern ihr Kind kurz nach dessen Tod sehen und versorgen wollen, meine ich, daß es weniger erschreckend ist, wenn die Hauttemperatur des Kindes so lange durch einen Inkubator oder eine Wärmelampe auf natürlichem Niveau gehalten wird“ (Birgel, J., 79).

[165] Ebd. 94.

verarbeiten können. Der Mann soll bei der Frau bleiben können, auch er sollte krank geschrieben werden.

- Der Tod eines Kindes ist nicht nur eine menschliche Tragödie, sondern auch eine Herausforderung für eine der Humanität verpflichtete Medizin. Seine Bewältigung ist zugleich ein Stück medizinischer Vorbeugung.

5.3.4 Plötzlicher Kindstod[166] - Sudden Infant Death Syndrome (SIDS)

Bei diesem Tod handelt es sich um einen plötzlich eintretenden ohne genaue Ursachenkenntnis[167]: Ursache für den plötzlichen Tod ist wahrscheinlich eine Verkettung unterschiedlicher Risikofaktoren[168] und -gruppen. Obwohl der medizinische Standard in den hochentwickelten Industrieländern ständig wächst, bleibt die Sterblichkeitsrate beim plötzlichen Kindstod seit Jahren auf hohem Niveau[169] und gilt als häufigste Todesursache für Babys in der Altersspanne von einem Monat bis zu einem Jahr.[170]

---

166 GEPS (Gesellschaft zur Erforschung des plötzlichen Säuglingstodes) wurde in Stuttgart 1981 gegründet, um betroffenen Eltern Hilfe (Gespräche, SHG, Fortbildungen) anbieten zu können, den rätselhaften Tod aufzuklären und Öffentlichkeitsarbeit zu leisten. Unter anderem setzt sie sich für eine Verbesserung der Obduktionstechniken und die Entwicklung spezieller Vorsorgeuntersuchungen ein, mit denen es möglich wird, Risikokinder frühzeitig genug zu erkennen. Ähnliche Ziele verfolgt die IPS (Initiative plötzlicher Säuglingstod e.V.) in Nordrhein - Westfalen.

167 Merkmale des SIDS, die Medizinern zur Abgrenzung von anderen Sterbeursachen dienen: Anzeichen für schwere Erkrankung oder ernsthafte Entwicklungsstörung fehlen, der Tod tritt meist ein, nachdem das Kind schlafen gelegt wird, eine Obduktion kann keine Todesursache feststellen (vgl. Hartmann, J., 12).

168 Vgl. ebd. 18-37; GEPS Bayern e.V., GEPS-Broschüre, Heft 6; GEPS Deutschland e.V., 18-23.
Um Risikofaktoren auszuschalten, gibt es verschiedene empfohlene Präventivmaßnahmen für das Baby: Beispielsweise es nicht passiv mitrauchen lassen, richtige Schlafposition (keine Bauchlage), keine Überhitzung durch zu warme Kleider, geregelter Tagesablauf, das Baby möglichst stillen, regelmäßiger Arztbesuch.

169 Statistische Zahlen sind in der BRD schwierig zu handhaben, da es keine zentrale Dokumentation über alle SIDS-Fälle gibt. Hinzu kommt, daß für SIDS keine Meldepflicht besteht und die Obduktion oftmals von einem Gerichtsmediziner durchgeführt wird, um gewaltsamen Tod auszuschließen.
Tabelle Plötzlicher Kindstod im Vergleich mit anderen Todesursachen bei Säuglingen im Alter von 28 Tagen bis zu einem Jahr in der BRD 1984; Fälle je 100000 Lebendgeborene: Hartmann, J., 10.
Vgl. Anlagenverzeichnis Teil III: Anlage 3.

170 Vgl. Wilske, J., 5.

Die Eltern werden völlig unerwartet und unvorbereitet getroffen. Als meist junge Eltern befinden sie sich in der aktiven Lebensphase mit Gründung einer Familie und Etablierung im Beruf und haben wenig Erfahrung mit dem Tod.[171] Die erste Trauerreaktion reicht von Fassungslosigkeit bis hin zu scheinbarer Unberührtheit. Rationale Erklärungen, die sonst helfen, den Tod zu verstehen, fallen weg, da das plötzliche Sterben bisher auf seine Ursachen hin nicht enträtselt werden kann. Gedankliche Beschäftigungen um Ursachen und das „Warum" sind für die Eltern geradezu Konsequenz. Der mysteriöse Tod ohne rationale Erklärungen bereitet den Boden für die Suche nach einem Schuldigen, wobei oftmals Eltern selbst von Schuldgefühlen geplagt werden. Dieser Tod stellt nicht nur ein medizinisches Problem dar, sondern auch ein menschliches: Viele Eltern, deren Kind an SIDS stirbt, sind traumatisiert und kommen nur schwer über den Verlust ihres Babys hinweg. Für ihre Trauer treten zusätzliche Erschwernisse auf: Da die Ursachen für SIDS nicht bekannt sind, können Gerüchte und Schuldzuweisungen an die Eltern aufkommen, denn Kindesmißhandlung und -vernachlässigung sind im gesellschaftlichen Bewußtsein verankert. Eigene Schuldgefühle der Eltern werden dadurch verstärkt. Die Eltern müssen eindringlichen Fragen anderer standhalten: Da jeder ungeklärte Todesfall von der Kriminalpolizei untersucht wird, müssen sich Eltern der Untersuchung von Kriminalbeamten stellen. Aus einer Studie der Medizinischen Hochschule Hannover geht hervor, 72,7% der befragten Mütter und Väter empfinden die Befragung nach dem Tod durch die Polizei als besonders verletzend.[172] Der Vorwurf, dem Kind vorsätzlich oder fahrlässig Schaden zugefügt zu haben, bleibt im sozialen Umfeld im- oder explizit bestehen. Unklarheit über die Todesursache und feindselige Gefühle können bewirken, daß Eltern kaum Unterstützung in ihrer Trauer erfahren.

Zurückgebliebene Geschwister oder später folgende Kinder bekommen die Angst der Eltern zu spüren, daß sich ein solcher Tod auch bei ihnen wiederholen könnte. Dies kann zu einer Überbesorgtheit (Overprotection) der Mutter für ihre verbliebenen Kinder führen oder ins Gegenteil einer Zuwendungsverweigerung kippen.[173]

---

171 Vgl. Sutter, M., 124.

172 Vgl. Habel, R., 326-327.
Inzwischen nehmen die meisten Kriminalbeamten, die im Rahmen von Fortbildungen vom Problem des Plötzlichen Kindstodes gehört haben, die Ermittlungen äußerst rücksichtsvoll durch (vgl. GEPS Deutschland e.V., 13). Da Polizeibeamten berufsbedingt ständig mit Tod und Trauer zu tun haben und oft als „Todesagenten" auftreten, die die Todesnachricht überbringen müssen, wurde speziell für diese Berufsgruppe ein Buch veröffentlicht: vgl. Schäfer, D./Knubben, W..

173 Vgl. GEPS Bayern e.V., Broschüre Geschwistertrauer, 9.

5.3.5 Tod des Kindes durch Schwangerschaftsabbruch

Auch Verlust durch Schwangerschaftsabbruch bedeutet persönlichen Verlust. Nach J.W.Worden muß Abort als Verlust anerkannt und betrauert werden, denn unverarbeiteter Verlust beeinträchtigt die Psyche und steckt oftmals hinter unbewältigtem Kummer: „Ein Abort ist einer jener unaussprechlichen Verluste, die Menschen am liebsten vergessen würden. Oberflächlich bringt die Erfahrung des Aborts allgemein ein Gefühl der Erleichterung mit sich, doch wenn eine Frau den Verlust nicht betrauert, kann sich die Trauer bei einem späteren Verlust einstellen."[174] Eine Motivation zu einem Schwangerschaftsabbruch, die eine Ambivalenz[175] aufweist, beeinflußt stark die Verarbeitung des Geschehens: Beispielsweise geschieht oftmals ein Abbruch unter Zwang oder Druck des sozialen Umfeldes, vor allem, wenn die Schwangere noch sehr jung und das Kind nicht erwünscht ist. Auch diese Form des Todes muß, ist er gewollt oder nicht, von den Eltern, besonders von der Mutter, betrauert werden. Diese Art von Trauer ist im gesellschaftlichen Umfeld schwer zu äußern, zum einen, da sie verdrängt wird, zum anderen stößt der Verlust auf wenig Verständnis, weil die Ambivalenz der Motivation und die Bindung der Mutter zum Kind unterschätzt werden. Da gemeinhin davon ausgegangen wird, daß der Abbruch immer selbst gewünscht ist, stellt sich die Frage, warum bei einer Entscheidung gegen das Kind getrauert werden soll. Betroffene Frauen können sich daher selbst die Trauer nicht eingestehen.

Mitunter können massive Schuldgefühle und Aggressionen nach einem Abbruch auftreten: P.Petersen[176] bringt dies in einer 28 Sammelkatamnesen umfassenden Gesamtschau von Frauen in Skandinavien, der Schweiz, Großbritannien, den USA und der BRD zum Ausdruck. Seine wichtigsten Beobachtungen sind: Eine Mehrheit der Frauen reagiert zunächst mit einem Gefühl von Entlastung oder Zufriedenheit, wozu vor allem depressive Frauen zu zählen sind, die einen Teil der Entscheidung an den Arzt weitergeben. 15-25% weisen leichte bis mäßige seelische Störungen auf, 4-9% reagieren mit chronischen und pathologischen Störungen und neigen zu archaischen Ängsten, Schuldgefühlen, Depressionen, Apathie, Gereiztheit, Haß auf den Partner, den Arzt oder auf Männer allgemein,

[174] Worden, J.W., 115.

[175] Vgl. Raphael, B., 238-239.

[176] Vgl. Petersen, P., Schwangerschaftsabbruch, 106-118; ders., Seelische Veränderungen, 1105-1108.

Frigidität und Alpträumen; soziale Isolation und starke religiöse Bindung[177] begünstigen psychosomatische Beschwerden, ebenso eine besonders mütterliche Persönlichkeitsstruktur oder Zwang durch den Partner, der ausschlaggebend für den Schwangerschaftsabbruch war; sensible und mütterliche Frauen verarbeiten diesen gewaltsamen Eingriff schwerer als seelisch unreife und infantile Frauen; in schwieriger Lebenssituation und bei ungewollter Schwangerschaft werden Frauen Störungen zeigen, tragen sie das Kind aus oder nicht.

5.3.6 Tod durch Selbsttötung des Kindes

Obwohl Theorien und Ursachenforschung[178] über Suizid eine anhaltend rationale Beschäftigung der Eltern in ihrer Trauer darstellen, wird im weiteren nicht darauf eingegangen, denn für Eltern ist letztlich entscheidend, eine eigene Version von Ursachenverknüpfungen[179] ausfindig zu machen, die sie annehmen können. Dabei ist es für sie entlastend zu erfahren, daß nicht die unmittelbar vorhergegangene Beziehung oder Handlung zum Suizid führt und die letzte Verantwortung für die Selbsttötung nicht bei ihnen liegt. Wie schwer Erwachsene den Suizid eines Kindes akzeptieren können, kommt in einer Entscheidung eines amerikanischen Richters zum Ausdruck, der bekanntgab, daß der Tod jeden Kindes unter 14 Jahren als Unfall anzusehen sei, selbst wenn ein Abschiedsbrief hinterlassen wird.[180] Tatsächlich besteht meist eine Schwierigkeit, die Todesursache zu klären, denn Selbsttötung bei Kindern dieser Altersgruppe ist nicht immer eindeutig feststellbar und kann leicht für einen Unfall gehalten werden; die Todesumstände haben vielfach etwas Zufälliges oder Verdecktes:

---

177 Religiöse Bindung impliziert Moralität, weswegen bei direktem Schwangerschaftsabbruch der Schuldfrage große Bedeutung zukommt:
Die katholische Kirche lehnt direkten Schwangerschaftsabbruch strikt ab, das II. Vatikanum sieht darin „verabscheuungswürdige Verbrechen" (GS 51) und fordert zurecht Schutz des menschlichen Lebens von der Empfängnis an. Nach Johannes Paul II. „weist die Vornahme der Abtreibung Merkmale auf, die sie besonders schwerwiegend und verwerflich machen" (EV 58).
Zur sittlichen Bewertung der Abtreibung, die im Zusammenhang mit der Frage nach dem Beginn menschlichen Lebens und damit nach dem anthropologischen Status von Ungeborenen steht: vgl. EV 58-63; Menschenwürde und Menschenrechte von allem Anfang an; Sagmeister, R., 13-18.

178 Vgl. Stober, B., 168-186; Orbach, I., Kinder; Hömmen, Ch., 38-40.

179 Es gibt nicht nur eine einzige Ursache, es handelt sich vielmehr um einen unüberschaubaren Komplex von Gründen.

180 Vgl. Rosenthal, P.A./Rosenthal, S., 520-525.

Stürze[181] aus großer Höhe, Verkehrsunfälle, tödliche Verletzungen durch den Umgang mit Schußwaffen oder Ertrinken.[182] Folglich ist eine Einschätzung schwierig und die Dunkelziffer hoch.

Die Suizidrate[183] ist vom Alter abhängig: Bei Kindern unter 10 Jahren kommt Selbsttötung selten vor, bei den 10-14jährigen sterben 1993 in den alten Bundesländern insgesamt 45 durch Suizid, davon 34 Jungen und 11 Mädchen. In der Altersspanne von 15-19 Jahren steigt die Rate enorm an: 181 Jungen und 56 Mädchen, womit Suizid zweithäufigste Todesursache nach Verkehrstodesfällen in dieser Altersgruppe ist.

Trauer der Eltern ist bei Suizid besonders schwierig: schon Tod ist in der Gesellschaft tabuisiert, noch mehr Selbsttötung. Soziale Auswirkungen wie Verständnislosigkeit, Ängste und Schweigen anderer isolieren Eltern in ihrem Schmerz. Hinzu kommen öffentliche Begleitumstände wie polizeilich-kriminaltechnische Untersuchung und traumatisierende Umstände, unter denen das verstorbene Kind gefunden wird. B.Lösch[184] sieht Schwierigkeiten in der Verarbeitung der Trauer vor allem in:

- der durch den tabuisierten Suizid gesteigerten Unfähigkeit anderer, den Eltern zu begegnen;
- der wachsenden Isolierung, wenn Selbsttötung von den Eltern als Schande empfunden und deshalb geheim gehalten wird;
- der Auslösung aggressiver Gefühle bei den Eltern;
- Selbstbezichtigungen der Eltern infolge der Verständnissuche für die Handlung ihres Kindes.

---

[181] Am 12. September 1995 stürzten sich zwei Mädchen im Alter von 12 und 14 Jahren vom 20. Stock eines Hauses in München in die Tiefe. Die Zwölfjährige handelte offenbar unter dem Einfluß der Älteren (vgl. SZ, Nr. 212 vom 14. September 1995, 41). In diesem Zusammenhang wurde der Werther-Effekt diskutiert: eine Vorbildrolle wirkt auf andere Kinder und Jugendliche wie eine Anleitung, sich selbst zu töten (vgl. SZ, Nr. 213 vom 15. September 1995, 37). Später sprangen wieder ein 12 Jahre alter Junge, wenige Tage später ein 15 Jahre altes Mädchen von der Großhesseloher Brücke in München in die Tiefe. Diesmal wurde wieder über den möglichen Nachahmungs- oder Anleitungs-Effekt zum Suizid geschrieben, doch wurde vor allem Kritik an der Berichterstattung über den Tod des Zwölfjährigen geübt. Nach diesen Aussagen macht es einen Unterschied, ob Medien reißerisch oder bloß sachlich und zurückhaltend solche Todesmeldungen öffentlich kundtun: Bei reißerischer Meldung und großer Aufmachung gewinnt die Nachahmungstat an Reiz (vgl. SZ, Nr. 105 vom 7. Mai 1996, 33).

[182] Vgl. Orbach, I., Kinder, 29.

[183] Vgl. Der Spiegel, Nr. 26 vom 26. Juni 1995, 171.

[184] Vgl. Lösch, B., 38.

Eltern erleben eine starke Ambivalenz der Gefühle dem Kind gegenüber, denn im Gegensatz zum Gewaltverbrechen kommt die Aggression vom geliebten Kind selbst. Aufgabe ist es, die ausgeblendeten negativen Gefühle und Impulse sowohl gegen sich selbst als auch gegen den Suizidanten zuzulassen. Aggression beinhaltet dazu positive Kraft, die die Trauernden zunächst stützen kann. Die Ambivalenz macht eine anfängliche Idealisierung des verstorbenen Kindes schwer, die aber für den Trauerprozeß zunächst wichtig ist, um eine neue positive Beziehung zum inneren „Objekt" - zum neuen Abbild des Kindes in ihnen - zu gewinnen.

Ein Tod durch Suizid bedeutet Kränkung des Selbstwertgefühls der Eltern, Absage an deren Liebe, die die Tat nicht verhindern konnte. Der Tod des Kindes bedeutet Ohnmacht gegenüber dem Leben und zerbricht das Lebensgefühl der Eltern: „Sie müssen erkennen, daß es nicht in ihrer Macht lag, den Kindern zu vermitteln, daß Leben sich lohnt. Das Leben ihrer Kinder hatte sich verselbständigt. Auch sind sie konfrontiert mit der Fehlbarkeit des Menschen."[185] Die Tat selbst beinhaltet Abweisung und kann sogar als Strafe empfunden werden. Bei Suizid ist die Frage nach dem „Warum" und nach der Vorbeugung zusätzlich belastet, da die eigene Beziehung zum Kind als Ursachenfaktor nicht ausgeschlossen ist. Die Thematik der eigenen Schuld bricht in starkem Maß auf. Dabei ist für den Trauerprozeß nicht ein objektives Urteil „schuldig oder nicht schuldig" von Wichtigkeit, sondern wie sich Eltern selbst erfahren. Mögliche reale Schuld und bloß phantasierte müssen beide in gleicher Weise ernstgenommen und dürfen von dritten nicht bagatellisiert werden. Eltern fühlen sich häufig als Täter und Opfer: zum einen meinen sie, der eigenen Verantwortung nicht nachgekommen zu sein, zum anderen fühlen sie sich als Opfer eines grausamen Schicksalsschlages.[186]

Nicht selten wird von der Umwelt die Schuld bei den Eltern vermutet, was folgende Vorstellungen[187] zum Ausdruck bringen:

- Selbsttötung kann verhindert werden und hat einen Auslöser, folglich hat jemand versagt, ein Schuldiger muß gefunden werden;
- neben dem akuten Auslöser müssen im Lebenslauf des Suizidanten belastende Momente eine Rolle gespielt haben. Mögliche frühkindliche Störungen können Ursachen sein, für die die Eltern, besonders die Mutter, verantwortlich zu machen

---

185 Bodner, E., 32.

186 Vgl. Hinker, W./Metelmann, V., 61-65.

187 Vgl. Lösch, B., 38.

sind. Mitunter werden den Eltern Versagen in der Erziehung und geringe Sensibilität für die Kinder vorgeworfen.[188]

Scham und Furcht vor Nachrede belasten Eltern, durch die aufgeworfene Schuldproblematik isolieren sie sich noch mehr von der Umwelt.
Ebenso bedeutsam ist für Eltern die Frage, inwieweit sich das Kind vor Gott schuldig gemacht hat und deshalb von Gott verworfen wird: Suizid wird von der katholischen Kirche als „eine schwer unsittliche Tat"[189] gesehen, eine Bewertung, die auf Hinterbliebene Druck ausüben kann[190]. Die Ungewißheit, mit der Möglichkeit leben zu müssen, daß das Kind von Gott getrennt ist, schmerzt gläubige Eltern zutiefst.

Exkurs: Zur ethischen Auseinandersetzung hinsichtlich Selbsttötung

Früher wurden Menschen, die sich selbst töteten, von der Kirche ohne Ausnahme nicht beerdigt. Durch die Humanwissenschaften wird es möglich, die Selbsttötungsproblematik interdisziplinär zu beleuchten. Dabei wird deutlich, daß in den meisten Fällen nicht die Freiheit, dem Leben als Bilanz ein Ende zu setzen, im Vordergrund steht, sondern ein Mangel an Freiheit, eine Einengung der eigenen Existenz. Für die ethische Bewertung ist von großem Belang, inwieweit wirkliche Freiheit Handlungen steuert: Ist diese eingeschränkt oder durch Krankheit verdunkelt, mindert sie die persönliche Schuldfähigkeit des Suizidenten. „Versteht man die Aktualfreiheit als Identitäts- und Konsistenzfähigkeit, die darin besteht, zu sich selbst Distanz gewinnen und Kräfte begreifen zu können, denen man unterworfen ist, insbesondere aktiven Anteil am Lebensgeschick zu gewinnen und eine Lebenskonsequenz auch unter veränderten Bedingungen durchhalten zu können, dann muß man von

---

188 Verschiedene psychoanalytische Ansätze (vgl. Orbach, I., Kinder, 170-174) lasten eine Hauptursache für den Suizid des Kindes den Eltern an, vor allem der Mutter. Die Betonung auf intrapsychische Prozesse, die in der Kindheit grundgelegt werden, vernachlässigt jedoch die Lebenswelt des Kindes: Über Situationen, die wahrscheinlich zum Suizid führen werden, kann keine Aussage getroffen werden.

Im oben genannten Fall der Selbsttötung der zwei Mädchen war am 15. September 1995 ein erklärendes Statement in der SZ zu lesen: „Ein Suizid bei jungen Menschen geschieht nicht wie ein Blitz aus heiterem Himmel", so F.J.Freisleder, Kinder- und Jugendpsychiater und Oberarzt an der Heckscher Klinik. „Meist stammten die gefährdeten Buben und Mädchen aus schwierigen sozialen und familiären Verhältnissen, in denen seit langem unbewältigte, chronische Konflikte - in der Regel mit den Eltern - schwelen" (SZ, Nr. 213 vom 15. September 1995, 37).

189 EV 66.

190 Vgl. Rutgers, E., 172.

der Tatsache ausgehen, daß die allerwenigsten Suizidenten diese Fähigkeit noch besitzen. Dieses Vermögen ist eine unerläßliche Möglichkeitsbedingung von Moralität, Verantwortung und Zurechnung. Je weniger dieses subjektive Moment vorausgesetzt werden kann, desto weniger fällt die Einzelhandlung unter moralische Kategorien."[191] Eine theologisch-ethische Auseinandersetzung, speziell hinsichtlich der Selbsttötung von Kindern, gibt es nicht. Dies tut Not, denn im Vergleich zu Erwachsenen haben Kinder nicht den Erfahrungsschatz von vielen Jahren, mit dem sie existentielle Konflikte und Krisen lösen können, was sich auf die subjektive Schuldfähigkeit auswirkt. Wählt ein Kind den Tod, bedeutet dies Überforderung, da die Wahl eine Sinnlosigkeit in die verbleibenden Jahre des Lebens hineinprojiziert. Zu klären ist, inwieweit Kinder die Irreversibilität des Todes begreifen und welche Todesvorstellungen und -ver-ständnisse[192] sie haben.

Nach der Selbsttötung eines Kindes sind Eltern zunächst nicht in der Lage, ihre positiven Verdienste im Leben ihres Kindes zu sehen. Eine SHG mit Eltern gleicher Erfahrung kann daher wichtiges Korrektiv für Selbstbezichtigungen sein. Die schwierigsten Bürden im Trauerprozeß der Eltern sind, die Entscheidung des Kindes gegen das Leben zu akzeptieren, ohne sich dabei selbst mit ihr zu identifizieren, und die Feindseligkeit bzw. Abweisung, die im Selbsttötungsakt auch gegen sie gerichtet ist, anzunehmen.
In ähnlichen Auseinandersetzungen mit dem Tod eines Kindes stehen Eltern, die ihr Kind durch eine Sucht wie Drogenkonsum verlieren, da in diesem Fall indirekt der eigene Tod gesucht wird.

---

[191] Holderegger, A., 673.

[192] I.Orbach vertritt - entgegen der gängigen Meinung - die These, daß suizidale Kinder ein genügendes Bewußtsein über die Bedeutung ihrer Handlungen haben, die Irreversibilität des Todes ihnen bewußt sei. Abweichungen gebe es lediglich in der Beurteilung des Todes als Instrument, ein gewisses Ziel zu erreichen, welche von der Annahme geleitet werde, der Tod sei eine mögliche Alternative zum gegenwärtigen Zustand (vgl. ders., Kinder, 132; ders., Suicidal, 850-856).
Über Todesauffassungen von Kindern wurde vielfach versucht, anhand ihres Alters bestimmte Aussagen zu machen. Sicherlich sind verbale Fähigkeiten und Ausdruckskraft an das Alter gebunden. Neuerdings wird von der Einteilung nach Alter abgerückt, die Erfahrungen des Kindes mit dem Tod treten in den Blickpunkt (vgl. Niethammer, D., 215).

5.3.7 Vermißtes Kind - die Frage um Leben und Tod bleibt offen

Verlieren Eltern ein Kind, ohne zu wissen, ob es tot ist, kann der eigentliche Trauerprozeß um das Kind nur schwer beginnen, da Hoffnung auf Wiederkehr des Kindes besteht[193]: Nur der Verlust durch Tod ist unwiederbringlich. Die Suche nach dem Kind geht für die Eltern fast endlos weiter - die Möglichkeit, daß es noch lebt, bleibt bestehen.[194] Die Ungewißheit, was mit dem Kind geschehen ist, die Sorge, ob es ihm gut geht, kann sehr lange anhalten. Die Eltern durchleiden jedes denkbare Schicksal des Kindes, „es ist ein Aufrechnen der Chancen ihres Kindes gegen 'das Schlimmste'."[195] Solange ihr Kind nicht tot aufgefunden wird, wollen Eltern glauben, es lebe.[196] Erst wenn die Hoffnung auf Wiederkehr aufgegeben wird, fängt die eigentliche Trauer an.

6. Modell für die Trauer verwaister Eltern nach D.Klass

Da es keine klassischen Modelle zum Trauerverlauf bei verwaisten Eltern im deutschsprachigen Raum gibt, wird auf theoretische Modelle bei Verlust eines Kindes aus dem angelsächsischen Raum zurückgegriffen. Dort gibt es seit einigen Jahren Modellversuche, die sich schwerpunktmäßig mit der Trauer der Eltern beschäftigen.[197]

Vorgestellt wird das Modell zur Elterntrauer von D.Klass[198], der seine Erkenntnisse vor allem aus der Zusammenarbeit mit den Compassionate

---

193 Vgl. SZ, Nr. 249 vom 29. Oktober 1997, 15.

194 Vgl. Schiff, H.S., 32.

195 Vgl. SZ, Nr. 275 vom 29./30. November 1997, 3.

196 Eltern versuchen mit allen ihnen zur Verfügung stehenden Mitteln, den Verbleib ihres Kindes zu erfahren. Mitunter suchen sie Wahrsager auf, die über das Schicksal ihres Kindes Bescheid wissen wollen: Die Eltern „haben Halsketten, Kleidungsstücke, Schriftproben an Menschen geschickt, die versprachen, sie könnten daraus (des Kindes, d.V.) Schicksal lesen. Von dem, was sie von diesen Menschen hören, wollen beide einen Satz glauben: 'Ihre Tochter lebt'" (SZ, Nr. 275 vom 29./30. November 1997, 3).

197 Vgl. u.a. Knapp, R.J.; Klass, D., Parental Grief.

198 Vgl. Klass, D./Marwit, S.J., Toward a Model, 31-50; Klass, D., Parental Grief.
D.Klass' Modell wird vom Verfasser herangezogen u.a. wegen seiner Nähe zu SHG verwaister Eltern, die der Verfasser in seiner praktisch-theologischen Studie als Untersuchungsfeld wählt, und wegen seiner qualitativen Ausrichtung in der Forschungsmethode.

Friends[199] gewinnt. Zur Erhebung seiner Daten arbeitet er mit der qualitativen Methode[200], die im Unterschied zur nur beobachtenden quantitativen in lebendigem Austausch mit Betroffenen steht.

Nach D.Klass gibt es zwei Grundmodelle von Trauer: ersteres basiert auf Beobachtungen des Bindungsverhaltens von Primaten oder jungen Menschen, wenn sie von ihrer Mutter getrennt werden[201], zweiteres beruht auf psychoanalytischen Überlegungen, die Trauer als Internalisation vom verlorenen „Objekt" sehen. Da verwaiste Eltern eine besondere Beziehung zu ihren eigenen Kindern haben, trifft keines dieser Modelle direkt auf die Trauer der Eltern zu, sie entwickelt eine eigene Dynamik aufgrund der Eltern-Kind-Beziehung.

D.Klass' Ausgangspunkt ist die Beziehung der Eltern zum Kind aus deren Sicht. Verlust eines Kindes bedeutet darum auch Verlust einer Bindung: Das verlorene Kind stützte das Familiensystem und nahm seinen Raum in der Interaktion zu den Eltern ein, weswegen mit dem Verlust des Kindes innere und äußere Stabilität verlorengehen. Er definiert den Kern seines Modells in einem zweifachen Ungleichgewicht der Eltern, deren Aufgabe es ist, wieder zu neuem Gleichgewicht zu kommen: 1. Ungleichgewicht im sozialen Umfeld; 2. Ungleichgewicht mit der weitergehenden Beziehung zum verstorbenen Kind - mit der inneren Repräsentation des Kindes/Ungleichgewicht in der psychischen Struktur. Eltern versuchen, diese Ungleichgewichte zu beheben, was den eigentlichen Trauerprozeß ausmacht. Viele Phänomene elterlicher Trauer können als Versuch gesehen werden, ihre elterliche Zuständigkeit für ihr Kind aufrecht zu erhalten: Es gibt beispielsweise viele Eltern, die ein Kind verloren haben und darüber ein Buch schreiben, wodurch sie dem Kind ein Denkmal setzen, das am „Leben" bleibt. Oder sie engagieren sich mit Tätigkeiten in der Prävention von Kindertod. Neben dem Ohnmachtsgefühl, dem Verlust der Zuständigkeit für das Kind, tritt ein anderer narzißtischer Verlust ein: ein Stück des eigenen Selbst geht

---

199 Die Compassionate Friends sind eine SHG für verwaiste Eltern in den USA. Da in Amerika ein anderes Versicherungswesen als in Deutschland herrscht, sind Eltern mit nur geringem Einkommen und geringer Versicherung auf sich selbst gestellt. Sie helfen sich selbst, indem sie sich in SHG organisieren, wobei sie sich gleichwertige Hilfe voneinander erwarten. Im Vergleich zu Deutschland differiert vor allem die Erwartungshaltung der Eltern in bezug auf SHG: In Deutschland wird meist erwartet, daß ein Leiter für Ziele und Programm verantwortlich ist.

200 Die qualitative Methode verfährt nach drei Schritten: Der Untersucher involviert sich in das Umfeld, lernt Situation, Leute und ihre Sprache verstehen; er entscheidet, was er untersuchen will, und stellt sich einen Beobachtungskatalog zusammen; durch Interviews und Rücksprachen mit den Betroffenen erstellt er eine Probe seiner Beobachtungen.

201 J.Bowlbys Bindungstheorie geht von solchen ethologischen Beobachtungen aus, die er mit Erkenntnissen der Psychoanalyse verbindet (vgl. ders., Verlust).

verloren. Daher vergleichen Eltern den Verlust oft mit der Amputation eines Körperteils; der psychische Verlust wird bildlich im körperlichen ausgedrückt. Eltern versuchen, ihre Bindung zum Kind auf eine andere soziale Gruppe zu übertragen: beispielsweise auf eine SHG der Compassionate Friends. Sie fühlen sich dort gleichsam wie in einer Familie, wobei der Verlust des Kindes und ihre Liebe zu ihm das einende Band darstellen.[202] Die soziale Unterstützung der Gruppe hilft den Eltern, ihr inneres Gleichgewicht wieder zu finden: Ähnlich wie Eltern ihre Freude am Elternsein mit anderen teilen und dies wichtig für die Qualität der Bindung zwischen Elternteil und Kind ist, so ist es für die Trauer der Eltern wichtig, sie mit anderen zu teilen, da sich dies auf die Qualität des Lösungsprozesses der Trauer auswirkt. Die Beziehung der Eltern zum Kind hört mit dem Tod nicht auf, sondern das Kind „lebt" im Innern der Eltern weiter. Innere Repräsentationen können den weiterlebenden Eltern, ihrer inneren und sozialen Welt Trost geben und zur Herstellung des inneren wie äußeren Gleichgewichts beitragen.[203]

---

[202] Dies kommt im „Credo" der Compassionate Friends zum Ausdruck: Unsere Kinder starben in unterschiedlichem Alter und aufgrund verschiedener Ursachen, aber die Liebe zu unseren Kindern vereint uns. Unser Schmerz wird zu meinem Schmerz, gleich wie unsere Hoffnung zu meiner Hoffnung wird. Was für einen Schmerz wir auch zu dieser Zusammenkunft der Compassionate Friends bringen, es ist ein Schmerz, den wir teilen werden, genauso wie wir mit jedem unsere Liebe zu unseren Kindern teilen (vgl. Klass, D./Marwit, S.J., Toward a Model, 42).

[203] Verschiedene Arten von Repräsentationen können Trost spenden:

Erinnerungs-/Verbindungsgegenstände (linking objects), die mit dem Leben und Tod des Kindes eng verbunden sind, Verbindung zum Verstorbenen schaffen und dessen Gegenwart implizieren: Die verschiedenen Sinne (beispielsweise der Geruch vom Kind getragener Kleider, der Duft geliebter Blumen, bestimmte Orte, Naturerscheinungen wie Sonnenuntergang, die früher gemeinsam aufgesucht wurden) schaffen Verbindung. Darunter fällt auch das Erbitten eines Lebenszeichens von Gott: Eltern berichten, wenn sie an das Kind denken, tauchen bestimmte Vögel auf (dies ist interessant, da ein Vogel allgemein als Symbol des Todes gilt, der die Seele eines Verstorbenen trägt; in der christlichen Kunst gelten Vögel, insbesondere Tauben, als Verkörperung der Seele);

Religiöse Vorstellungen und Frömmigkeit: Viele Eltern berichten, daß sie die Gegenwart des toten Kindes im Gebet, in ihrer religiösen Erfahrung oder in religiösen Ritualen spüren. Eine Mutter berichtet beispielsweise, daß sie ihr Kind in der Hl. Messe spürt, wenn sie die Kommunion empfängt. Positive und negative Gedanken beeinflussen Gefühle: so spielt beispielsweise der Gedanke, daß das Kind im Himmel ist, eine große Rolle für die Offenheit und Qualität der Beziehung. Sehnsucht und Wunsch nach Vereinigung sind ebenso vorhanden: Manche Eltern glauben, daß das Kind bei einer anderen für sie bedeutenden, schon verstorbenen Person ist (beispielsweise beim Großvater);

Erinnerung: Konfliktfreie und friedvolle Erinnerung ist oft Ergebnis eines langen Prozesses, in dem es darum geht, Selbstbild und innere Repräsentationen des Kindes auseinanderzuhalten. Zu Beginn sind Erinnerungen äußerst schmerzvoll, bis sie schließlich den Verlust mildern. Manche haben Angst, das Kind zu vergessen, wenn sie Schmerzliches in der Erinnerung nicht mehr fühlen.

Exkurs: Innere Repräsentationen vom verstorbenen Kind

Anhand einer Studie wird gezeigt, daß 4-7 Jahre nach einem Unfalltod der Prozentsatz verwaister Eltern mit inneren Repräsentationen (Erinnerungen, Gedanken oder bildliche Vorstellungen vom verstorbenen Kind), bezogen auf den letzten Monat vom Zeitpunkt der Befragung, 96% beträgt.[204] Eltern machen die Erfahrung, daß die Interaktion mit dem Kind weitergeht, wobei sie dies nicht als Phantasie erleben, vielmehr gewinnt die Interaktion Realitätscharakter.[205] D.Klass führt diese innere Bindung auf intensive Interaktionen mit inneren Repräsentationen zurück. Diese Erfahrungen lassen sich weder generalisieren noch rational auf einen Nenner bringen: Das tote Kind bleibt häufig ein Teil der Verbindung der zurückbleibenden Familie. D.Klass differenziert zwischen dreierlei Repräsentationen[206] :

1. Identifikation: das Kind wird zu einem Teil des eigenen Selbst, innere Repräsentationen werden in das eigene Selbst integriert;

2. Introjektion: das Kind wird wie eine gefrorene Einheit in einer psychologischen Welt bewahrt, die Realität des Todes wird nicht anerkannt;

3. Externalisation: Repräsentationen werden vom Selbst abgespalten. Bei Interpretationen über das Kind oder dessen Tod werden wesentliche Aspekte ausgeschlossen. Ein Beispiel verdeutlicht dies: Ein Vater bleibt starr bei der Meinung, daß die Selbsttötung eines Jugendlichen ausschließlich auf einer chemischen Instabilität basiert, für die es keine Rettung gibt.

In jedem dieser Wege erscheint das Kind unsterblich, in dem Sinn, daß die innere Repräsentation des Kindes in der inneren und sozialen Welt der Eltern real bleibt. J.Bowlby, B.Raphael, C.M.Parkes und R.S.Weiss[207] erwarten, daß nach einer gewissen Zeit der emotionalen Suche nach dem Verstorbenen der Überlebende die inneren

---

Erinnerung bindet Familie und Gemeinschaften zusammen. Bei den Compassionate Friends ist eine Verbindung diese Erinnerung an das tote Kind; dies kommt in verschiedenen Ritualen zum Ausdruck: Fotos der verstorbenen Kinder werden an eine Pinwand geheftet. Es gibt ein Fest, an dem für jedes Kind eine Kerze angezündet wird, Verwandte wie Großeltern und Freunde, die das Kind kannten, werden dazu eingeladen, und ein Erinnerungsgebet wird vorgelesen (vgl. Klass, D., Solace and Immortality, 352-360).

204 Vgl. Lehman, D.R./Wortman, C.B./Williams, A.F., 218-231.

205 Vgl. Klass, D., Solace and Immortality, 343-368.

206 Vgl. ders./Marwit, S.J., Toward a Model, 44-45.

207 Vgl. Parkes, C.M./Weiss, R.S., Recovery; Raphael, B..

Repräsentationen (inneres Objekt) loslassen und zum normalen Leben mit veränderter Rolle wieder zurückkehren soll. V.D.Volkan und E.Furman[208] erwarten, daß die Trauer das Ich von der affektiven Verbindung zum Verstorbenen löst, die inneren Repräsentationen sich aber umwandeln in eine Identifikation, welche das Ich und das Selbstbild bereichert. Bei ersteren wird eine Trennung der Bindung vom Verstorbenen erwartet, bei zweiteren eine affektive Loslösung und Integration einer „inneren Figur". D.Klass schließt sich zweiteren an und sieht es als Aufgabe der Eltern, ihre Bindung zum Kind mittels innerer Repräsentationen aufrecht zu erhalten.[209] Eltern finden dadurch eine neue Identität, die das verstorbene Kind miteinbezieht.

Wenn Eltern ein Kind verlieren, vermissen sie einen Teil ihres Selbst, weswegen der Tod eines Kindes schwierig zu betrauern ist; der Sinn des Selbstseins scheint an den des Elternseins gekoppelt zu sein. Die Elternbindung mit dem Kind symbolisiert die Bindungen der Eltern zu ihrer eigenen biologischen, personalen und kulturellen Geschichte. Die „unsterbliche" innere Repräsentation des verstorbenen Kindes erhält diese Bindungen zu Geschichte, Zukunft, Körperlichkeit und Kultur aufrecht.
Die Trauer der Eltern birgt aber trotz ihres immensen Schmerzes Chancen in sich: Das Leben kann tiefer erlebt, ein neuer Zugang zu Natur, sich selbst, Tod und Leben kann gefunden werden. Die Lösung elterlicher Trauer besteht so in Anpassung, Wachstum und Veränderung, nicht in der Herstellung des Zustandes vor dem Tod. Manche Eltern jedoch berichten, daß der Verlust nie ausheilt und der Schmerz an bestimmten Tagen wie Geburtstagen oder in den Ferien wieder aufbricht. Pathologisches Trauern sieht D.Klass schon vor dem Tod des Kindes in der Eltern-Kindbindung grundgelegt: Neurotische Elternschaft führt wahrscheinlich zu neurotischer Trauer und neurotischen Lösungen.[210]

Aufgezeigten Phasen- und Aufgabenmodellen gegenüber ist D.Klass' Modell offener: Er versucht nicht, Elterntrauer in Verlaufsschemata einzuteilen, sondern zeigt das Spannungsfeld (die Ungleichgewichte) auf, innerhalb dessen sich Elterntrauer bewegt. Eltern sind daher in ihren individuell unterschiedlichen Formen, Ausdrücken und Verläufen ihrer Trauer nicht festgelegt.

---

208 Vgl. Volkan, V.D., Linking Objects and Linking Phenomena; ders., Psychotherapy of Complicated Mourning, 271-295; Furman, E..

209 Vgl. Klass, D., Parental Grief, 17.

210 Vgl. ebd. 73.

Die Darstellung des Verlaufs von Trauer in Trauermodellen hilft dem Begleiter oder auch dem Trauernden, verschiedene Reaktionen einordnen zu können und damit das Geschehen der Trauer besser zu verstehen. Für die konkrete Begleitung Trauernder sind derartig theoretische Modelle jedoch wenig geeignet, weswegen konkrete Hilfen für verwaiste Eltern aufgezeigt werden.

7. Hilfen für verwaiste Eltern

Im angelsächsischen Raum liegen Untersuchungen hinsichtlich der Wirksamkeit verschiedener Hilfen für Trauernde[211] vor, die sich aber vorzüglich auf die Trauer Verwitweter beziehen. Schwierig ist die Übertragung solcher Ergebnisse auf deutsche Verhältnisse, da kulturelle Unterschiede das Sozialsystem, welches für die Trauer ein wichtiger Faktor ist, prägen.
Empirische Überprüfung von Hilfen in Therapie und SHG Trauernder steht bis heute vor schwierigen Problemen: Das Phänomen Trauer ist ein zu komplexes Geschehen, das, abhängig von Persönlichkeits-, Situations- und anderen Faktoren, in jeweils stark unterschiedlichen Formen auftreten kann. Hinzu kommt die Schwierigkeit, Trauer mit empirischen Methoden zu untersuchen, da selbsterlebter Schmerz und persönliche Trauer immer subjektiv empfunden

[211] Hinsichtlich der Wirksamkeit verschiedener Interventionen für Trauernde werden kontroverse Auffassungen vertreten: L.Videka-Sherman und M.Lieberman können bei einer Langzeitstudie über trauernde Eltern weder spezifische Therapieerfolge noch einen besonderen Nutzen einer SHG in bezug auf ihre untersuchten Variablen (mental health, marital role functioning, parental role functioning, social functioning) feststellen (vgl. dies., 70-82).

Andere sehen in der Hilfe durch Selbsthilfe oder einer Therapie eine wirksame Unterstützung:

Zu Hilfe durch Selbsthilfe: vgl. Silvermanns, P.R., 333-337. Der Autor stellt in Zusammenarbeit mit der Harvard Medical School ein „widow-to-widow-program“ vor, das besagt, daß die beste Unterstützung für eine Witwe eine Witwe leisten kann. Engagierte und weitergebildete Witwen (nur in geringer Zahl auch Witwer) gehen von sich aus auf Trauernde zu. Hilfe wird vor allem durch Gruppensitzungen, Gespräche und alltagspraktische Dienste geleistet. Eine solche Initiative wird als erfolgreiche Hilfe für Trauernde beschrieben (vgl. Rogers, J./Vachon, M.S./Lyall, W.A./Sheldon, A./Freeman, J.J., 844-846);

zu Hilfe durch therapeutische Interventionen: vgl. Horowitz, M.J./Marmar, C./Weiss, D.S./DeWitt, K.N./Rosenbaum, R., 438-448. Die Autoren fassen verschiedene kurztherapeutische Ansätze mit dem Resümee zusammen, daß für unterschiedliche Therapieansätze keine signifikant verschiedenen Therapieerfolge bei der Arbeit mit Trauernden nachzuweisen sind. Ein unspezifischer Therapieeffekt scheint zu dominieren, der spezielle Therapieeffekte überdeckt. R.Jerneizig, A.Langenmayr und U.Schubert führen diesen Therapieeffekt auf die Situation Trauernder zurück: Werden dem sich in Isolation befindlichen Trauernden Verständnis und Offenheit entgegengebracht, bringt dies eine katharische Wirkung mit sich (vgl. dies., Leitfaden, 45).

werden und schwer vergleichbar und damit kaum generalisierbar sind. Zu bezweifeln ist daher, ob Untersuchungen über Trauer, deren Interventionsmöglichkeiten und Verarbeitung durch Auflistung statistischer Zahlen dem jeweiligen Subjekt gerecht werden.
Neben praktischen Hilfen wie Behördengänge und Haushaltserledigungen, Nachbarschaftshilfe oder anderen Hilfen des sozialen Umfeldes der Eltern kann mit C.M.Parkes[212] eine Einteilung in dreierlei Hilfen vorgenommen werden: professionelle Dienste von Ärzten, Krankenhauspersonal, Seelsorgern, Therapeuten, Sozialarbeitern und anderen helfenden Berufen; ehrenamtliche Helfer in der Begleitung Trauernder unter Anleitung von Fachkräften und SHG Trauernder mit oder ohne fachliche Begleitung.

Kombinierte Modelle, d.h. eine Mischung von professioneller Begleitung und Ehrenamt, wobei der Schwerpunkt auf die freiwilligen Helfer gesetzt wird, erscheinen realistisch und zukunftsweisend.

7.1 Begleitung nach den Grundprinzipien von C.R.Rogers[213]

Im Folgenden werden Modellerfahrungen bezüglich der Trauertherapie der Essener Beratungsstelle vorgestellt.
In den Jahren 1987 bis 1991 wurde an der Universität Essen die klientenzentrierte Trauertherapie[214] entwickelt. Die Essener Beratungsstelle stellt ihre Therapie anhand von Beispielen aus der Witwen- oder Witwertrauer vor, wobei die auftretenden Probleme und Interventionsmöglichkeiten auch auf andere Trauerverläufe als übertragbar angesehen werden.[215] Diese Therapie basiert auf Erfahrungen der Trauerberatungsstelle, die feststellt, daß die klientenzentrierte Therapie nach C.R.Rogers den Bedürfnissen Trauernder am nächsten kommt. Schwerpunkt der Therapie[216] liegt auf Begleitung und Unterstützung, die

---

212 Vgl. Parkes, C.M., Bereavement Counceling, 3-6.

213 Zur Rezeption von C.R.Rogers für den deutschsprachigen Raum: vgl. Tausch, R. und A.-M.; in religiös-christlicher Hinsicht: vgl. Baumgartner, I., 427-482.

214 Vgl. Jerneizig, R./Langenmayr, A./Schubert, U., Klientenzentrierte Psychotherapie, 65-69.

215 Vgl. dies., Leitfaden, 73.

216 Als Rahmenbedingungen werden genannt: Sie ist vorrangig auf problematische Anteile von Trauer zentriert; sie erhebt nicht den Anspruch einer umfassenden Psychotherapie, sondern sieht ihre Aufgabe in einer zeitweiligen Begleitung Trauernder, insbesondere in problematischen Phasen oder bei Blockierungen sogenannter normaler Trauerverläufe; sie sieht ihren Abschluß nicht im Ende jeglicher Trauer, sondern in der (wiedererlangten) Fähigkeit der Klienten, individuelle Trauerarbeit selbständig fortzuführen (vgl. ebd. 63).

Trauernde besonders einfordern. Wertschätzung, Respekt und Zutrauen eigener Kompetenz werden der trauernden Person entgegengebracht. Mit der empathischen Unterstützung des Therapeuten kann die trauernde Person den Trauerprozeß selbständig angehen. Die eigene Verantwortung für sich selbst wird ihr nicht abgenommen. Im Vordergrund stehen die drei Grundprinzipien C.R.Rogers': Wertschätzung, Kongruenz und Empathie.

Exkurs: Kritische Würdigung von Wertschätzung, Kongruenz und Empathie nach C.R.Rogers

Empathie[217]: Nach C.R.Rogers meint Empathie, die „private Welt des Klienten verspüren, als wäre sie die eigene, ohne jedoch je diese 'Als-Ob'-Qualität außer acht zu lassen“[218]. Es kommt zu einer Überlagerung der Lebensräume von Therapeut und Klient, wobei sich der Professionelle seines Getrenntseins vom Klienten bewußt ist, gleichzeitig jedoch im Erleben versucht, mit diesem vorübergehend eins zu sein. Von den Gefühlen, die beim anderen wahrgenommen werden - beispielsweise Verzweiflung, Trauer oder Ärger, Scham oder Peinlichkeit, Freude -, läßt sich der Professionelle anstecken, im Bewußtsein, daß es sich nicht um seine ursprünglichen Gefühle handelt. Die Disidentifizierung von dieser „Realphantasie“ ist notwendige Voraussetzung, um dem Klienten aus der empathischen Haltung heraus, die auf emotional und kognitiv gewonnenen Einsichten basiert[219], Antwort auf dessen Existenz geben zu können: Empathie ist somit Voraussetzung für existentielle Bestätigung[220], sie erfordert rezeptive Fähigkeiten zur Aufnahme von Information, fokussierte Art von Aufmerksamkeit sowie Sich-Lösen.

Die Möglichkeit des Sich-Ausdrückens seitens des Klienten setzt eine Grenze hinsichtlich der Verwirklichung von Empathie: „Die Idee, wir könnten unsere Begriffe mit der realen Welt in Übereinstimmung bringen, ist eine Fiktion“[221]; reales Erleben und Erfahrung[222] adäquat

217 Der Empathiebegriff stammt aus der Ästhetik und gelangte durch S.Freud in die Psychotherapie: Die Selbstrepräsentanz des Therapeuten und die Repräsentanz des Patienten werden zusammen im gleichen Raum vorgestellt (vgl. Rothenberg, A., 89).

218 Rogers, C.R., 277.

219 Empathie umfaßt zwei Aspekte: affektiv - das Erleben, kognitiv - eine Rollen- und Perspektivenübernahme (vgl. Fuhr, R./Gremmler-Fuhr, M., 88-89).

220 „... das Erkannt-Werden in seiner Existenz erfüllt die meisten Klienten mit Kraft und Mut, sich mit ihrer Situation, mit ihren Anliegen und Problemen vorbehaltloser auseinanderzusetzen, und sie kann sie dazu anregen, sich selbst existentiell zu bestätigen“ (ebd. 177).

221 Kropf, D., 58.

zu fassen und im Wort Wirklichkeit auszudrücken[223] sind nicht möglich. Das Sich-selbst-niemals-ganz-bekannt-Sein setzt dem Verstehen eine weitere Grenze, „zur psychischen Wirklichkeit des Menschen (müssen; d.V.) auch solche Ereignisse und Phänomene gerechnet werden ..., die der bewußten Wahrnehmung des Individuums entgehen, als Einflüsse aber dennoch wirksam"[224] sind. Um wieviel bleibt der Sich-selbst-im-Wesentlichen-Verborgene dem anderen verborgen?

Der Verstehenskapazität des Professionellen sind Grenzen gesetzt durch die Komplexität des Ausgedrückten[225], die eigene Affinität zum Ausgedrückten[226] und die eigene Subjektivität hinsichtlich des Verstehens dessen, was ausgedrückt wird. „Einfühlung und Miterleben sind immer subjektiv erlebte Prozesse und entsprechend verzerrbar ... deren Zuverlässigkeit prinzipiell immer anfechtbar"[227]: „... die subjektive Bedingtheit unserer Wahrnehmung (ist; d.V.) nicht zu übersehen und unsere Wahrnehmung nicht ... identisch mit dem Wahrgenommenen"[228]; unter Menschen gibt es kein objektives Verstehen. Wohl kann der Professionelle - durch trainierendes Lernen unterstützt - versuchen, „so genau und so intensiv wie möglich zuzuhören, um das Gesagte, das Gefühlte, Gedachte, das Hintergründige, Ungewußte, aber schon Ausgedrückte, das Noch-Nicht-Gesagte, aber schon Angedeutete und Geahnte in der Rede des Klienten wahrzunehmen, zu hören, innerlich aufzunehmen"[229], aber schon dieses Hören entfremdet[230], wie auch die eigene benutzte, Sinn und Ordnung in das vom Klienten Ausgedrückte bringende kognitive Struktur - das eigene Bezugssystem, aus dessen Bezugsrahmen heraus

---

222 „Die Welt der Erfahrung eines Menschen bleibt in den letzten Tiefen seine ureigenste" (Wild, A., 66), die „Seele des anderen ist nicht öffentlich" (Kropf, D., 122).

223 Im Sprechen liegt ein Moment des Abstrahierens, wodurch Wirklichkeit in ihrer Komplexität reduziert und dadurch verändert wird. „Sobald wir aussagen, haben wir unsere 'Naivität' verloren" (ebd. 58).

224 Scobel, W.A., 73.

225 „Das ganze Knäuel von Triebgefühlen, Affekten, Orientierungsgefühlen, feineren Emotionen, Charakter- und Persönlichkeitsgefühlen, Stimmungen und Leidenschaften, das in einer einzigen Äußerung des Klienten meist mehr schlecht als recht synthetisiert ist, ist so leicht nicht - und möglicherweise prinzipiell nicht - ganz durchschaubar" (Zurhorst, G., 31).

226 Verstehen ist nur dort möglich, wo wenigstens ansatzweise Eigenkenntnis vorhanden ist. Die Gefahr ist groß, in den anderen Menschen eigene Gefühle „hineinzufühlen", unangemessene Assoziationen auf ihn anzuwenden und sich falsch mit ihm zu identifizieren.

227 Guhr, E., 87.

228 Scobel, W.A., 71.

229 Ebd. 144.

230 Hörstörungen, Nichthören, Überhören, Andershören als Quelle für Irrtumsmöglichkeiten.

es kein interpretationsfreies „reflecting of feelings“ gibt.[231] Im Nacherleben wird eigenes Erleben aktualisiert, die Paradoxie des Als-Ob-Charakters einfühlenden Verstehens bricht auf[232]: „Die Unvollkommenheit des Sich-Hineinphantasierens in die Wirklichkeit des Klienten ... hindert den Berater (positiv; d.V.) daran, sich in der Welt des Klienten zu verlieren.“[233] Den Selbsttäuschungen des anderen ist der (unvollkommen) Nacherlebende nicht genauso ausgeliefert, wodurch - als Chance - Fortschritt in der Beratung eher ermöglicht wird.

Kongruenz: „... der Therapeut (ist; d.V.) in der Beziehung durch ein beachtliches Maß an Kongruenz gekennzeichnet ... Er ist frei, tief und akzeptierungsbereit er selbst; die tatsächliche Erfahrung seiner Gefühle und Reaktionen entspricht einer genauen Bewußtheit dieser Gefühle und Reaktionen“[234]. C.R.Rogers' Forderung entspricht einem Ideal, das von keinem absolut erreicht werden kann: Keiner ist sich jemals ganz durchsichtig - trotz Selbsterfahrung und Konzentration auf das eigene Innere -, um wieviel weniger für einen anderen transparent. Die aktuelle Lebenslage wie Beratungssituation evozieren Gefühle und Stimmungen, die - geht der Professionelle intensiv darauf ein (im Sinn einer Berater-, nicht Klientenzentriertheit) - die Wahrnehmungsfähigkeit für den Klienten beeinträchtigen, ohne Nutzen für den Klienten. Echtheit/Kongruenz muß begrenzt von Nutzen sein für den Klienten, weswegen sie in der professionellen Tätigkeit immer nur selektiv sein kann: „Nicht alles, was echt ist, will ich sagen, doch was ich sage, soll echt sein“[235], schreibt R.Cohn.

„Optimale Authentizität hat immer selektiven Charakter; maximale, das heißt absolute Aufrichtigkeit, kann zerstören“[236], vor allem dort, wo seitens des Professionellen negative Gefühle dem Klienten gegenüber vorherrschen: „Im Falle von negativen Gefühlen ist Konfrontation notwendig mit Echtheit verbunden“[237], Konfrontation, die ermöglicht,

---

231 „Jeder Mensch hat subjektive Vorerfahrungen in seiner sozialen Umwelt, nach denen er seine Wahrnehmungen ausrichtet. Auch ein Berater hat Konflikte erfahren ... (und; d.V.) verschiedene Konfliktregelungen ausprobiert. Deshalb wird er Probleme, die Klienten an ihn herantragen, entsprechend einordnen und deuten“ (Peick, P.A./Klawe, W., 100).

232 Sich in den anderen hineinfühlen als Postulat, gleichzeitig jedoch eigenständiges Individuum mit vom Klienten verschiedenen Erlebnisweisen bleiben.

233 Fuhr, R./Gremmler-Fuhr, M., 177.

234 Rogers, C.R., 277.

235 Cohn, R., 27.

236 Ebd..

237 Stich, H., 161.

Konflikte anzugehen, als „notwendige Weiterentwicklung der Echtheit“[238].

Wertschätzung: „Akzeptieren heißt ... ein warmherziges Anerkennen dieses Individuums als Person von bedingungslosem Selbstwert - wertvoll, was auch immer seine Lage, sein Verhalten oder seine Gefühle sind. Das bedeutet Respekt und Zuneigung, eine Bereitschaft, ihn seine Gefühle auf seine Art haben zu lassen. Es bedeutet ein Annehmen seiner Gefühle, Rücksicht auf seine momentanen Einstellungen, gleichgültig wie negativ oder positiv sie sind, wie sehr sie Einstellungen, die er in der Vergangenheit gehabt hat, widersprechen.“[239]

Derartige Akzeptanz läßt für den Klienten „die Beziehung ... zu einer Beziehung der Wärme und Sicherheit werden“[240], wobei eine stets gleichbleibend akzeptierend-verstehende Haltung - im Sinn eines alles umfassenden, bedingungslosen Gutheißens - als einseitige Bezugnahme auf das Erleben des Klienten die professionell tätige Person ausgeblendet läßt, die damit vom Klienten in ihrem Sosein nicht erkannt wird und sich als Interaktionspartner ausschließt. Der Professionelle reduziert sich auf ein „Instrument“ für den anderen[241] und - paradoxerweise - entwertet sich und den Klienten durch Verweigerung zwischenmenschlicher Begegnung[242]: Es ist kein wechselseitiges Gespräch, vielmehr „eine zutiefst unmenschliche Weise, sich mit einem anderen Menschen zu unterhalten“[243], wenn der Professionelle zum „Modell der Selbstoffenbarungs-Vermeidung“[244] wird. „Wenn davon ausgegangen wird, daß der Berater jeden Menschen lieben kann und von der Sympathie oder Antipathie seines Gegenübers nicht beeinflußt wird, sondern affektfrei arbeitet, wird er zu einer idealisierten Helferfigur, die

---

238 Ebd..

239 Rogers, C.R., 47.

240 Ebd..

241 Wird der Professionelle in seinem eigenen Norm- und Wertgefüge nicht transparent, „erweckt (er; d.V.) den Eindruck einer unpersönlichen Fassadenhaftigkeit“ (Peick, P.A./Klawe, W., 76), wodurch er „gesichtslos und unerkennbar als eigenständige, empfindende und fühlende Person“ bleibt (ebd.).

242 Die Auffassung, „dem Klienten könne am besten geholfen werden, wenn der Therapeut mit seinen Gefühlen und seinen Wertvorzugssystemen vollkommen zurücktrete, muß im Lichte der neueren Forschung modifiziert werden. Der Klient wird ein ‘heiler’ Mensch, wenn der Therapeut ihm in der Beziehung zum Klienten vorlebt, was es bedeutet, ein ‘heiler’ Mensch zu sein ... Deshalb kann sich die Beschränkung des Therapeuten ... lediglich zum Schaden des Klienten auswirken. Der Therapeut gibt nicht alles, was er hat; der Klient empfängt nicht alles, was er braucht“ (Stich, H., 69).

243 Ebd. 67.

244 Peick, P.A./Klawe, W., 76.

ihre eigene psychische Realität verleugnet"[245], wobei diese Verleugnung auch der Echtheit widerspricht.

In der Interaktion heißt Akzeptanz glauben, was der Klient sagt, miteingeschlossen eine kritische Einstellung: „Der Ratsuchende bringt eine eigene psychische Dynamik und Konflikte in die beratende Beziehung ein, deren Destruktivität - wenn sie wahrgenommen wird - nicht nur einfach akzeptiert werden kann"[246]; Entwicklungsmöglichkeiten blieben dem Klienten dadurch versagt.

Empathie, Kongruenz und Wertschätzung werden in der Essener Beratungsstelle auf Trauernde zugeschnitten. Unbedingte Wertschätzung bedeutet: Alle Gefühle - auch negative, die gesellschaftlich normiert und unterdrückt werden - dürfen gelebt werden; sie werden nicht bewertet. Da der Trauernde abhängig von sozialen Kontakten ist, paßt er sich meist seiner sozialen Umgebung an. Die Folge ist Verdrängung oder Verleugnung von Gefühlen und Empfindungen, die oftmals ihren Niederschlag in psychosomatischen Krankheiten finden. Als Ziel wird deshalb die Wahrnehmung solcher negativer Gefühle anvisiert, so daß diese vom Trauernden in sein Selbstkonzept integriert werden können.
Kongruenz bedeutet: Der Therapeut ist er selbst und dient so dem Trauernden als Modell für enttabuisierten und offenen Umgang mit Trauer. Empathie bedeutet: Der Therapeut versetzt sich in das internale Bezugssystem des Trauernden mit dessen Gefühlen. Ziel ist Verstehen von Gefühlen und Verhaltensweisen des Trauernden, der sich angenommen fühlen soll. Oft weiß ein Trauernder, was ihm gut tut, das soziale Umfeld jedoch hemmt ihn, dem nachzugehen. Aufgabe ist, gemeinsam mit dem Trauernden Alternativen zum bisherigen Verhalten zu erarbeiten.
Abweichend zur klientenzentrierten Psychotherapie von C.R.Rogers (1987) werden Wissensvermittlung über Trauer und Trauerprozeß und Vermittlung von alltagspraktischer Handlungskompetenz als Grundannahmen in die Konzeption der Trauertherapie aufgenommen: Der Verunsicherung, aufgrund auftretender Trauersymptome verrückt zu werden, wird entgegengewirkt, indem sie für „normal" erklärt werden. „Allein die Erkenntnis, nicht der einzige zu sein, der solche Erfahrungen und Erlebnisse hat, führt dazu, daß diese reine Wissensvermittlung ... hilft, angstfreier mit seiner Trauer umzugehen und eine

---

245 Guhr, E., 207.

246 Ebd. 206.

Zukunftsperspektive entwickeln zu können."[247] Mitunter stellt Wissensvermittlung die Voraussetzung für das Sich-Einlassen der trauernden Person dar; gemeinsam mit dem Trauernden werden Schritte erarbeitet, die Sicherheit im alltäglichen Handeln mit sich bringen. Ziel ist, in der äußeren Umwelt soviel Sicherheit wie möglich zu finden, denn es wird davon ausgegangen, daß zwischen äußerer und innerer Stabilität eine Wechselwirkung besteht.
Grundproblem in der Begleitung Trauernder ist die Enttäuschung deren innigsten Wunsches, der Verstorbene möge zurückkehren. Diese Frustration löst oft aggressive und ablehnende Gefühle aus, die auf andere - Verwandte, Freunde oder Begleiter - übertragen werden.

7.2 Selbsthilfegruppen verwaister Eltern[248]

Neben der Begleitung von Trauernden, sei sie professionell oder ehrenamtlich, etablieren sich in Deutschland vor allem SHG als eine Hilfe für verwaiste Eltern.

Unter SHG wird eine organisierte Form von Selbsthilfe verstanden. Es handelt sich um Zusammenschlüsse von gleichartig Betroffenen, die sich die Bewältigung ihrer Trauer durch gegenseitige, unentgeltliche Hilfe zum Ziel setzen.
Eltern mit ähnlicher Erfahrung können nach Meinung vieler unmittelbar Betroffener verwaiste Eltern besser begleiten als nicht unmittelbar Betroffene oder Professionelle.[249] Es scheint, daß verwaiste Eltern zu Selbstbetroffenen mehr Vertrauen haben, vielleicht, weil deren Wissen nicht aus Ausbildung und Büchern geschöpft ist, sondern aus eigener, ähnlicher Lebenserfahrung stammt.

7.2.1 Entstehung

Die Idee der SHG für verwaiste Eltern stammt aus dem angelsächsischen Raum: In England seit 1969 und den USA seit 1972 gibt es die Compassionate Friends, eine SHG für verwaiste Eltern. Unter dem Namen „INITIATIVE REGENBOGEN" und „Verwaiste Eltern" verbreiten sich diese Gruppen auch in

[247] Jerneizig, R./Langenmayr, A./Schubert, U., Leitfaden, 64.

[248] Da die praktisch-theologische Untersuchung (Teil V) über SHG durchgeführt wird, wird die SHG-Arbeit näher vorgestellt.

[249] Vgl. u.a. Schiff, H.S., 12-13; Nachwort von J.-Ch.Student, 196.

der Schweiz und in Deutschland seit Ende der siebziger und Anfang der achtziger Jahre.
M.Voss-Eiser[250] treibt die Bewegung seit 1984 gezielt voran und beginnt, bundesweit unter dem Namen „Verwaiste Eltern“ ein Netz von SHG aufzubauen. 1991 wird der Verein „Verwaiste Eltern Hamburg e.V.“[251] gegründet, für den Raum Süddeutschland gibt es den Verein „Verwaiste Eltern München e.V.“. Die Selbsthilfebewegung umfaßt in der BRD mit dem Stand von Juli 1996 ca. 280 Gruppen, wobei sie in Ostdeutschland erst im Aufbau begriffen ist.

7.2.2 Merkmale

SHG treffen sich einmal oder mehrmals im Monat in „offenen“ oder „geschlossenen“ Gruppen: offen bedeutet, daß die Teilnahme unverbindlich ist, neue Eltern problemlos dazukommen können und hinsichtlich der Todesart nicht unterschieden wird; geschlossen, daß es sich um feste Gruppen mit eventuell thematischem Schwerpunkt handelt. Die Einteilung der Gruppen hinsichtlich der Todesursachen ist relevant im Blick auf die verschiedenen Konsequenzen, die eine Todesursache wie Suizid für Eltern mit sich bringt: solche Eltern, denen positiver Abschied von ihrem Kind nicht möglich war, schmerzt es noch mehr, hören sie positive Beschreibungen des Abschiednehmens anderer Eltern. Diese sind manchmal auch Wertungen anderer SHG-Mitglieder ausgesetzt, denn ihre Kinder sind keinen „sauberen Tod“ gestorben.
Erfahrungsgemäß kommen überwiegend Frauen zu den Zusammenkünften, seltener Ehepaare, ganz selten Männer.[252] Inzwischen werden neben den nach

---

250 Vgl. Voss Eiser, M., Was heißt hier „Selbsthilfe“?, 32-39.

251 Verwaiste Eltern Hamburg e.V. bemüht sich, „trauernde Eltern, Mütter und Väter sowie hinterbliebene Geschwister in ihrer Trauer über den Tod ihres Kindes zu unterstützen und zu begleiten. Die Verwaisten Eltern suchen das Gespräch zu jenen Berufsgruppen, die beim Tod eines Kindes in besonderer Weise gefordert sind. Der Verein will durch Öffentlichkeitsarbeit erreichen, daß Trauer in dieser Gesellschaft ermöglicht und durchlebt werden kann. Die Verwaisten Eltern unterstützen mit ihrer Arbeit auch Betroffene, die nicht Mitglieder des Vereins sind. Der Verein weiß sich dem diakonischen Auftrag der Kirche verpflichtet“ (§2 der Satzung des Vereins).
Zur Durchführung ihrer Arbeit bieten Verwaiste Eltern Hamburg e.V. an: Einzelgespräche, Trauerseminare, Vermittlung von SHG und Kontakten sowie im Rahmen der Evangelischen Akademie Nordelbien eine Ausbildung zum/r „Trauerbegleiter/in“.

252 Ein Mann, der von seiner Frau zu einer SHG mitgenommen wurde, berichtet: „Der Großteil sind Frauen, es sind nur ganz wenige Männer mit dabei, die sich genauso zurückhalten wie ich. Nur einer ist sehr aktiv und redet da mit, der hat frauliche Gefühle, möchte ich mal sagen. Das mag ich gar nicht. Ich hocke mich da lieber hin und bin völlig passiv. Mir geht es dort so, daß ich einfach

Todesursachen unterschiedenen Gruppen auch Männer- und Geschwistergruppen gebildet. Diese weitere Spezialisierung[253] wird mit den unterschiedlichen Trauerverläufen bei Männern, Frauen und Geschwistern begründet.
Umstritten ist die Frage der Gruppenführung, d.h., ob eine solche Gruppe von einem professionellen Leiter wie Seelsorger, Psychologen oder Arzt begleitet werden soll.[254] Manche Fachleute aus Medizin, Psychologie und Theologie betrachten solche Gruppen durchaus mit Mißtrauen im Blick auf ihre Wirksamkeit.[255] Kreist eine solche Gruppe nicht um die eigene Trauer, was eine

---

nicht ankomme gegen diese Vielfalt von Frauengefühlen. Das überschwemmt mich richtig" (Goldmann-Posch, U., Wenn Mütter trauern, 364).

253 Vgl. Voss-Eiser, M., Hilfe und Selbsthilfe, 172-174.

254 Zum Verhältnis von Professionellen und SHG: vgl. dies., Was heißt hier „Selbsthilfe"?, 38-39.
In Deutschland existieren im Gegensatz zu amerikanischen Verhältnissen vor allem SHG mit professioneller Begleitung. Die Erfahrung betroffener Eltern zeigt, weder Dominanz von Fachleuten noch gemeinsames Kreisen um die Trauer sind sinnvoll. Ein Begleiter mit psychologischen und theologischen Kenntnissen, der mit-leidend die Gruppe „führt" und über Einfühlsamkeit in bezug auf das Gruppengeschehen verfügt, kann hilfreich sein. M.Voss-Eiser spricht in diesem Zusammenhang von „komplementärer Sachkompetenz", die ein Begleiter einbringen muß, und plädiert für ein partnerschaftliches Miteinander von Fachleuten und SHG.
Das Verhältnis zwischen Professionellen und SHG, speziell für verwaiste Eltern, soll sich auf folgende Punkte beziehen: Verantwortung von Professionellen soll sich auf beratende Funktion beschränken; Professionelle sollen keine zentrale Rolle spielen; Professionelle sollen sich den Prinzipien der SHG verpflichtet fühlen; dem Professionellen kommt eine untergeordnete Rolle zu: er soll selbst nicht initiativ werden, vielmehr auf die Gruppe reagieren (vgl. Arbeitsgruppe „Zu Hause sterben", 12). Diese Empfehlungen sind angelehnt an die amerikanische SHG Compassionate Friends. Insgesamt könnte die Rolle des Professionellen als untergeordnet und nicht direktiv bezeichnet werden.
D.Klass sieht die Aufgabe eines Professionellen in einer SHG in der Unterstützung der Gruppe in folgenden Bereichen: Vermittlung zwischen der Gruppe und den helfenden Berufen; Reflexionsvermögen im Formulieren der gruppeninternen Ideologie; Möglichkeit zur Miteinbeziehung in die Programmplanung; Erleichterung des Gruppenprozesses und der Organisation; Forschung (vgl. ders./Shinners, B., Professional Roles, 374).

255 SHG Trauernder werden hinsichtlich ihrer Wirksamkeit kritisch gesehen: vgl. Voss-Eiser, M., Hilfe und Selbsthilfe, 165.
Die einzige professionelle Beratungsstelle für Trauernde in Essen sieht bei SHG die Gefahr, zusätzliche Probleme zu schaffen: Eine positive Veränderung von Teilnehmern sei nur in leitender Stellung wahrscheinlich, da dies ein aktives individuelles Agieren der betreffenden Person voraussetzt. Individuelle Unterschiede in Trauerreaktionen und -verläufen seien zu groß und könnten den Rahmen einer SHG sprengen. Hinzu komme eine gruppenspezifische Trauerreaktion, die einen Wettbewerb darüber veranstalte, wem es schlechter gehe, wen das Schicksal schwerer getroffen habe. Dadurch werde ein für alle Beteiligten positiver Gruppenprozeß unmöglich gemacht. Daher plädieren die Autoren für folgende Thesen:
„1. Gruppen von Trauernden sollten nicht als reine Selbsthilfegruppen, sondern - wenn überhaupt - als professionell geleitete oder begleitete Gruppen gebildet werden.

Chronifizierung der Trauer mit sich bringt? Oder das entgegengesetzte Extrem: Führt diese Gruppe dazu, individuelle Trauer zu vermeiden? Können starke Gefühle angemessen aufgefangen und kanalisiert werden? Ist die Vielfalt der Trauerverarbeitung für die Gruppenmitglieder nicht zu groß, so daß der einzelne zu kurz kommt? Zudem sind oft Laien für eine Gesprächsleitung nicht geschult: Wortgewandte reißen das Gespräch und damit das Geschehen in der Gruppe an sich oder Eltern rechnen sich gegenseitig auf - Vergleiche werden angestellt -, wem größeres Anrecht auf Trauer zukommt. In manchen Gruppen hat sich für die Kontinuität der Gruppenarbeit bewährt, daß aus den schon länger bestehenden Gruppen wenigstens zwei Gruppenmitglieder bereit sind, eine neue Gruppe eine Zeitlang zu begleiten, wobei dies Eltern sein sollten, die Erfahrungen mit ihrer eigenen Trauer gemacht haben.
Inzwischen gibt es verschiedene Vereinigungen[256], die SHG initiieren helfen, Kontakte zu betroffenen Eltern[257] vermitteln, Literaturhinweise und Informationen zu Trauer bieten sowie mitunter Tagungen und Seminare für verwaiste Eltern und Geschwister veranstalten. Das begleitende Team ist aus verschiedenen Berufsgruppen wie Theologen, Psychologen, Meditations- und Tanzpädagogen zusammengestellt. Eltern können wählen, zu welcher Gruppe sie sich hingezogen fühlen.[258]

7.2.3 Funktion

Durch den Tod des Kindes ist eine lebenswichtige Beziehung abgebrochen, die Beziehungen zum Ehepartner und den Menschen des sozialen Umfeldes sind gestört. Eine SHG hilft, die dadurch entstandene Isolation aufzubrechen, indem ein Netz von Beziehungen entsteht: hilfreiche Kontakte, persönliche Beziehungen und Gespräche werden möglich.

---

2. Gruppen sollten insbesondere für Trauernde, bei denen ein problematischer Trauerverlauf vorliegt oder vermutet werden muß, nicht die einzige Form der Unterstützung sein, sondern immer durch die Möglichkeit eines individuellen Therapie- und Beratungsangebotes ergänzt werden" (Jerneizig, R./Langenmayr, A./Schubert, U., Leitfaden, 60).

256 Zur Auflistung: vgl. Voss-Eiser, M., Was heißt hier „Selbsthilfe"?, 33.

257 Ist die Entfernung zu einem Gruppentreffen zu groß, können Kontakte auch telephonisch oder brieflich erfolgen.

258 Bei solchen Seminaren tauchen religiöse Fragen nach dem Sinn des Lebens, nach Gott und dem Leiden auf, die einen wichtigen Bestandteil der Trauer ausmachen. Eltern müssen häufig ihr Weltbild nach dem Tod ihres Kindes revidieren und suchen deshalb nach einem Halt.

Gemeinsamer Leidensdruck durch erfahrenes Leid und das soziale Umfeld, das große Unsicherheit[259] oder mitunter Abweisung gegenüber Trauernden zeigt[260], führt zur Solidarität der Eltern untereinander: sie erfahren in einer SHG gegenseitige Anerkennung, Annahme, Einfühlung und Toleranz. Ihre existentielle Übereinstimmung bewirkt Identifizierung, die Gruppe wird zum haltgebenden Bezugssystem.
Geborgenheit in der Gruppe und Verständnis unter Gleichbetroffenen ermöglichen den einzelnen, sich in ihren Trauergeschichten immer wieder mitzuteilen - besonders emotional. Gefühle sind erlaubt und dürfen im Schutzraum einer SHG gelebt werden: Weinen, Angst- und Schuldgefühle, Schmerzen, Scham, Selbstvorwürfe und Depression, Haß, Aggression oder Neid auf Eltern mit gesundem Kind können ausgedrückt werden. Werden sie in einer annehmenden Atmosphäre ausgesprochen und ausgedrückt, können sie katharische Wirkung haben. Ein Klärungsprozeß wird in Gang gesetzt. Beginnt sich das Gespräch von konkreten Ereignissen zu lösen, werden gemeinsame Linien jeweiliger Erfahrungen erkennbar: gemeinsamer Verlust, Liebe zum verstorbenen Kind, Sorge, aufgrund des emotionalen Chaos' „verrückt" zu werden oder von anderen dafür gehalten zu werden, auftretende Probleme in Partnerschaft, sozialem Umfeld und Beruf, schmerzliche Erfahrungen über die Unsicherheit des sozialen Umfeldes, Ängste mit dem Loslassen von Trauer und Schmerz und damit, Erinnerungen an das Kind zu verlieren und es zu vergessen, Fragen nach dem Sinn von Leben und Tod.
Von Bedeutung ist das zweifache Lernen am Modell: einer wird zum Beispiel für andere, wodurch die eigene Einstellung gefestigt wird, bzw. dient das Beispiel anderer für den eigenen Trauerweg. Für erst seit kurzem verwaiste Eltern haben Eltern, die durch ihre Trauer gegangen sind, Orientierungs- und Vorbildfunktion; sie erkennen, daß Durchleben der Trauer und Leben ohne Kind möglich sind. Es

---

259 Um dieser Unsicherheit entgegenzutreten, wurde in Anlehnung an das Children's Hospice International, Alexandria/USA, eine Liste mit Ratschlägen zusammengestellt: Arbeitsgruppe „Zu Hause sterben", 18-19.
Vgl. Anlagenverzeichnis Teil III: Anlage 4.

260 Außenstehende sind im Umgang mit verwaisten Eltern eher unsicher, da sie nicht wissen, wie sie ihnen helfen können: zum einen ist Trauer gesellschaftlich tabuisiert, zum anderen können Außenstehende nur schwer solches Leid nachvollziehen und ermessen. Manche Autoren raten den Eltern daher, selbst initiativ zu werden: So „unfair es auch scheinen mag - es (ist; d.V.) Sache der leidtragenden Eltern selbst ..., ihre persönlichen Beziehungen aufrechtzuerhalten. Das heißt, gerade in einer Zeit, in der ihnen das besonders schwerfällt, ist es ihre Aufgabe, die Initiative zu ergreifen und jenen ersten Telefonanruf zu machen und jene erste Einladung auszusprechen ... Der andere will ... ja im Grunde gern helfen ... (Man muß; d.V.) ihm nur zeigen, wie" (Schiff, H.S., 138).

kommt zu Einstellungsänderungen mit daraus resultierenden Verhaltensänderungen, die den Zugang zum sozialen Bezugssystem neu ermöglichen. Neues Selbst- und Weltverständnis können wieder aufgebaut werden.
Eine SHG ist jedoch weder Ersatz noch Alternative zu individuell schmerzlicher und mühsamer Trauer. Zwar können SHG Impulse geben, den inneren Wandlungsprozeß muß die trauernde Person jedoch selbst tragen.[261] Werden zu hohe Erwartungen an die Gruppe gestellt oder wird genaue Anleitung zum Trauern erhofft, ist Enttäuschung vorprogrammiert.

8. Zielkontrolle und Überblick

Auf der Grundlage der Psychoanalyse ist eine Verstehensbasis für Trauer der Eltern um ein Kind geschaffen. Trauer erfährt über die ausschließlich innerpsychische Betrachtung hinaus durch M.Klein eine Erweiterung: Durch Stärkung des Vertrauens in das Umfeld der Trauernden können sich frühkindliche Abwehrhaltungen lockern, so daß eine „Lösung" von Trauer ermöglicht ist und Hilfen von dritten, die Vertrauen fördern, legitimiert sind. Die Beschreibung der Symptomatik macht deutlich, daß sich die intensive Trauer um ein Kind langfristig seelisch wie körperlich auswirkt, eigene unverarbeitete Belastungen der Eltern Trauer erschweren, die Qualität der Beziehung zum Kind starken Einfluß nimmt sowie Persönlichkeitsstruktur und jeweilige Konstitution der Eltern ausschlaggebend sind. Zusätzlich problematisch erweist sich die geschlechtliche Unterschiedlichkeit im Umgang mit Trauer, mit der Konsequenz enormer Belastung für die Partnerschaft. Die Kategorie Pathologie von Trauer sowie Einteilung des Trauerverlaufs in Phasen und Aufgaben sind für wissenschaftliche Klassifizierung dienlich, für den unmittelbaren Umgang mit Trauernden erscheinen sie wenig geeignet. Erkennbar ist der Einfluß der Todesursache des Kindes auf den Trauerverlauf bei Eltern, wobei der Plötzlichkeit des Todes und der Möglichkeit der Abschiednahme vom Kind eine gewichtige Rolle zukommt. D.Klass' Modell weitet die Einteilung in Phasen und Aufgaben aus: er postuliert kein Verlaufsschema, sondern zeigt das Spannungsfeld auf, innerhalb dessen sich Elterntrauer bewegt. SHG und Begleitung Trauernder nach den Grundprinzipien von C.R.Rogers stellen

[261] Vgl. Kast, V., Trauern, 78.

wichtige Hilfen für verwaiste Eltern dar. Das Ziel, das Phänomen Trauer bei verwaisten Eltern zu erhellen, gilt als erreicht.
Auf dieser Verstehensgrundlage werden im Rahmen der praktisch-theologischen Untersuchung tatsächlich vorhandene Hilfen für verwaiste Eltern in kirchlicher Gemeinde sowie die Bedeutung der diese Hilfen vermittelnden Personen eruiert.

Elterliche Trauer bewegt sich in einem Spannungsfeld, das den ganzen Menschen - auch mit seiner transzendentalen Begabung - angeht; sie kann daher nicht auf rein psychologische Vorgänge reduziert werden. Da kirchliche Gemeinde dem Offenbarungsgehalt der Hl. Schrift als Glaubensquelle verpflichtet ist, erscheint eine ausführliche Darstellung des biblischen Verständnisses von Trauer - speziell bei Verlust eines Kindes - notwendig.

IV. Bibeltheologische Überlegungen zu Elterntrauer

Eltern begegnen mit dem Verlust ihres Kindes dem Tod, eigene Lebenssinngebung verändert sich radikal; Hoffnung für ihr Kind und sie selbst auf geglücktes sinnstabiles Leben ist in Frage gestellt. Ihre Trauer als Antwort auf diesen Verlust ist Ausdruck einer Lebenskrise. Als anthropologische Grunderfahrung gehört Trauer zum Menschsein, es kommt darauf an, sie in die Lebenswirklichkeit einzuordnen.
Trauer unterliegt im biblischen Denken einem Wandel: Von radikaler Abwehr reicht sie bis zur Seligpreisung Trauernder. Sie wird in den Zusammenhang realer Lebensvollzüge als Ausdruck von Lebenssituationen voller Not und Mangel gestellt, aus denen heraus Menschen der Bibel ihr Leben in den Sinn- und Deutungshorizont ihrer Geschichte mit Gott einzuordnen versuchen. Die Bedeutung von Trauer im biblischen Horizont zeigt, welche Bedeutungsebenen Trauer haben kann. Die Frage nach der biblischen Bedeutung von Trauer ist demnach „die" Basis für Christen, auf der Erfahrungen von gebrochener Existenz eingeordnet werden können: Erfahrungen zwischen Vertrauen und Hoffnung auf ausstehendes Heil einerseits, Zweifel und Niedergeschlagenheit wegen tatsächlich anwesenden Unheils andererseits.

Wie für Eltern in ihrem Verhältnis zu Gott seine menschenfreundlich-tröstende Nähe nach einer Erschütterung oder gar einem Zusammenbruch sinnvollen Lebens angesichts des Todes der Kinder erfahrbar werden kann, wird aufgezeigt.

1. Altes Testament

Auf der Grundlage des alttestamentlichen Hintergrundes tritt das Zentral-Bedeutsame des NT hervor, das im alttestamentlichen Denkhorizont verankert ist. Der Horizont, innerhalb dessen der Mensch in seiner Begegnung mit Gott sein durch Trauererfahrungen gebrochenes Stehen in der Welt theologisch beurteilt und in seinem praktischen religiös-ethischen Verhalten darauf zu reagieren versucht, wird dargestellt. Um die im AT erkennbaren Verhaltensweisen der von der Trauer um die geliebten Kinder betroffenen israelitischen Eltern verstehen zu können, bedarf es der Bestimmung der Bedeutung des Kindertodes für die Eltern. Eine Darstellung der Trauerriten mit deren unterschiedlichen Deutungsversuchen macht klar, wie alttestamentliche Menschen der Wirklichkeit von Trauer und Tod zu begegnen versuchen.[1]

1.1 Horizont der Trauer[2]

Das AT, das den Menschen in seiner Begegnung mit Gott sieht, unterscheidet hinsichtlich der Trauer im Wesentlichen folgende Interpretationen: Trauer im Gegensatz zum gesunden Sinn, Trauer als Zeichen der Sünde und Trauer in heilsgeschichtlicher Perspektive.[3]

Trauer steht im Gegensatz zum gesunden Sinn in der Weisheitsliteratur: Die Bedeutung der Weisheit liegt besonders darin, „deutlich zu machen, daß der Schöpfer dem Menschen das Vermögen gab, sich selbst in seiner Welt zurechtzufinden, sich selbst in seiner Welt zu verstehen, und der ihm gestellten alltäglichen Aufgaben Herr zu werden“[4], auf daß das Leben in der Schöpfung glücken kann[5]. Insofern kommt in der Weisheitsliteratur, die die durch Gott

---

1 Trotz der Notwendigkeit der Auseinandersetzung mit dem größeren Horizont der Todes- und Jenseitsvorstellungen, innerhalb derer Trauer eingebettet ist, wird mit Blick auf den Umfang der Arbeit darauf nur insofern eingegangen, als eine mit obigem Ziel im Zusammenhang stehende Klärung unausweichlich scheint.
Zu Todes- und Jenseitsvorstellungen: vgl. Podella, T., 70-89; Barth, Ch., 197-225; Wenning, R./Zenger, E., 285-303; Zenger, E., 132-152; Welten, P., 734-738.

2 Die einzelnen Bücher im AT weisen hinsichtlich einer Theologie des Schmerzes eine große Mannigfaltigkeit auf, die sich kaum in ein einheitliches System einordnen läßt, weswegen im einzelnen darauf nicht eingegangen wird.

3 Vgl. Prat, M./Léon-Dufour, X., 668-669.

4 Westermann, C., Theologie des Alten Testaments, 86.

5 Vgl. Deissler, A., 133.

gesetzte und aufrechterhaltene Welt- und Lebensordnung zum Ausdruck bringt[6], den Aussagen über Trauer, die die Gebrochenheit der kreatürlichen Welt anzeigt, ein entsprechend negativer Stellenwert zu: Die Weisheitsliteratur thematisiert die Realität, daß der Mensch traurig ist[7]. Diese Trauer darf jedoch nicht übermächtig werden, weil sie sonst die Lebensfreude des Menschen zerstört[8], das Herz bedrückt und der Gesundheit schadet[9]. Die sich in ihr findenden Anleitungen zur Überwindung der Trauer[10] verdeutlichen die negative Sichtweise. Dem Sog der Verfallsgeschichte der Schöpfung - und hierzu zählt die Erfahrung von Trauer - vermag die Weisheit jedoch nicht zu entkommen.[11]

Trauer ist Zeichen der Sünde: Die Welt steht seit dem Fall Adams unter Gottes Gericht, „und deshalb ist dieser Aeon voll Traurigkeit und Mühsal"[12]. Das Strafurteil Gottes, das in zwei Fluchworten ergeht (Gen 3,14-16.17-19), offenbart den in der Schöpfung eingetretenen Unheilszustand, der fortan als Folge des Sündenfalls das menschliche Leben erfüllt - das des einzelnen und der ganzen Menschheitsgeschichte. Nach Gen 3 hängt letztlich „aller leiblicher und seelischer Schmerz mit der ersten Sünde zusammen und ist somit ... immer das Ergebnis des Gerichtes über die Sünde."[13] J.Scharbert stellt darum heraus, daß „der Schmerz den Menschen beständig 'an das gestörte Verhältnis zu Gott'"[14] erinnert. Bildlich kommt dies in der Vertreibung des Menschen aus dem Paradies zum Ausdruck, was die Trennung des Menschen von Gott bewirkt. Mit dem

---

6 Vgl. Fohrer, G., 338. Der theologische Ort der Weisheit ist von der Schöpfung, verstanden als Ort und Ausdruck der Zuwendung und Lebensgewährung Gottes (vgl. Spr 8,22-31), und vom Urgeschehen her zu bestimmen (vgl. Zimmerli, W., 302), wenngleich sich die ältere Weisheit eher stillschweigend darauf bezieht (vgl. Hermisson, H.-J., 172).

7 Vgl. Koh 3,4.

8 Vgl. Spr 15,13.

9 Vgl. Spr 12,25; 17,22; 18,14.

10 Vgl. Sir 30,21-22.

11 Die Krise der Weisheit kommt besonders bei Hiob und Kohelet zum Vorschein, „da nämlich, wo die Aporien der Weisheit - unschuldiges Leiden, Glück der Gottlosen, vor allem der Tod - nicht mehr die weiten Grenzen weisheitlichen Fragens markieren, sondern im Mittelpunkt stehen" (Hermisson, H.-J., 186).

12 Bultmann, R., Art. λύπη, λυπέω, 320.

13 Scharbert, J., 194. In diesem Zusammenhang verweist er jedoch darauf, „daß sich das AT später nie mehr auf die erste Strafsentenz beruft, sondern den Schmerz in den jeweiligen Situationen anders erklärt" (ebd.): als Erklärungen führt er das Walten der Vorsehung und die Unbegreiflichkeit der Weltordnung (vgl. ebd. 194-196), die Forderung Gottes und das Widerstreben des Menschen (vgl. ebd. 196-197), das Mitleid mit dem Gottesvolk (vgl. ebd. 197-198) und das Heimweh nach Sion (vgl. ebd. 198) an.

14 Ebd. 137.

Schöpfungsglauben, worin Gott als Spender und Erhalter des Lebens ausgesprochen wird, wird gleichzeitig die durch den Tod verunsicherte geschöpfliche Wirklichkeit dem alttestamentlichen Menschen in Erinnerung gerufen: aus der Verflochtenheit des Menschen in den Unheilszusammenhang kann er sich selbst nicht befreien.

Trauer ist in eine heilsgeschichtliche Perspektive eingebunden: Einzig die Hoffnung auf Erlösung, die der Mensch als Gabe von Gott erwartet, vermag aus diesem Zusammenhang zu befreien. Als Folge der zerfallenen Schöpfung erfährt Trauer darum nur in heilsgeschichtlicher Perspektive, deren Hoffnung Neuschöpfung verheißt, Verwandlung. Zu den Heilsgütern der endzeitlich verwirklichten Gottesherrschaft gehört, daß Kummer und Traurigkeit verschwinden werden.[15] Für den seinem Wesen nach auf Zukunft ausgerichteten Menschen heißt dies, „im Trauen auf das Verheißungswort radikal Hoffender in der Relativität der kleinen Schritte bleiben“[16] zu können.

Im Folgenden werden zur Darstellung des Verhaltens trauernder Eltern relevante Stellen angeführt.

1.2 Trauer der Eltern angesichts des Todes ihrer Kinder

Sehr schmerzlich ist für Eltern naturgemäß der Tod ihrer Kinder: Eindrucksvoll wird in Gen 21,15-16 geschildert, wie sich Hagar angesichts des befürchteten Todes ihres Sohnes, dem sie hilflos gegenübersteht, in einiger Entfernung von ihm hinsetzt, „denn sie sagte <sich>: Ich kann das Sterben des Kindes nicht ansehen. So setzte sie sich gegenüber hin, erhob ihre Stimme und weinte“ (V.16). In Gen 37,31-35, als Jakob angesichts des blutgetränkten Kleides seines Sohnes Joseph von dessen vermeintlichem Tod erfährt, „zerriß (er; d.V.) seine Kleider und legte Sacktuch um seine Hüften, und er trauerte um seinen Sohn viele Tage“ (V.34). Er ließ sich nicht trösten „und sagte: <Nein>, sondern in Trauer werde ich zu meinem Sohn in den Scheol hinabfahren. So beweinte ihn sein Vater“ (V.35).[17]
Um antizipatorische Trauer handelt es sich in 2 Sam 12,15b-24a: David benimmt sich vor dem Tod des Kindes, wie man sich danach zu benehmen pflegt (VV.16-17.21). Davids Sohn aus dessen ehebrecherischem Verhältnis mit Batseba, der

---

[15] Vgl. Jes 35,10; 51,11; 61,3; 66,10.
[16] Wolff, H.W., 230.
[17] Vgl. auch Gen 42,38.

Frau des Uria, ist totkrank - Gottes Strafe für Davids Ehebruch und dessen Schuld an Urias Tod: „Und David suchte Gott um des Jungen willen. Und David fastete lange. Und wenn einer hineinkam, lag er die Nacht über auf der Erde" (V.16). Daß David sich nicht salbt und wäscht, geht aus V.20 hervor. Mit dem Eintreten des Todes seines Sohnes am 7. Tag (V.18) wechselt er seine Gewänder - als Zeichen für die Beendigung der mit Riten angezeigten Haltung[18] -, geht in JHWHs Haus und fällt nieder; daraufhin geht er in sein eigenes und ißt (V.20). Auf die Frage seiner Diener nach dem Grund für sein unverständliches Verhalten antwortet David: „Als das Kind noch lebte, habe ich gefastet und geweint, weil ich <mir> sagte: Wer weiß, <vielleicht> wird der HERR mir gnädig sein, und das Kind bleibt am Leben" (V.22).[19]

Amnon, der Geburt nach Kronprinz, verführt seine Halbschwester Tamar, die Vollschwester seines Bruders Absalom: Dieser läßt darum von seinen Knechten den verhaßten Halbbruder erschlagen. Als deren Vater David davon erfährt, „stand der König auf und zerriß seine Kleider und legte sich auf die Erde, und alle seine Knechte standen mit zerrissenen Kleidern <um ihn herum>" (V.31) und seine zurückgekehrten Söhne, seine Knechte und er selbst weinten (2 Sam 13,31.36).

Über Davids Trauer um den Tod seines undankbaren Sohnes Absalom wird berichtet: „Da schrak der König zusammen, und er stieg hinauf ins Obergemach des Tor<gebäudes> und weinte. Und so rief er im Gehen: Mein Sohn Absalom! Mein Sohn, mein Sohn Absalom! Wäre ich doch an deiner Stelle gestorben! Absalom, mein Sohn, mein Sohn!" (V.1). Er verhüllt sich das Haupt und weint (2 Sam 19,1-5).

Rizpa bringt den großen Schmerz einer unglücklichen Mutter um ihre schändlich hingerichteten Söhne, deren Leichen im Freien liegen und nicht bestattet werden dürfen, zum Ausdruck: „Da nahm Rizpa, die Tochter des Ajja, das Sackgewand

---

[18] Vgl. Gen 41,14: Diesselbe Ausdrucksweise für die Beendigung der Trauer findet sich bei Joseph. Als er aus dem Kerker geholt ist, läßt er sich scheren und wechselt seine Kleider.

[19] Davids unverständliches Verhalten wird verschieden gedeutet: Für K.Budde beweist es gesunden Menschenverstand und männliche Haltung (vgl. ders., 257), A.Schulz spricht von „Willensstärke in der Überwindung unnötigen Schmerzes" (ders., 135), nach W.Caspari verzichtet David auf die Trauerbräuche „mit Rücksicht auf den augenblicklichen Kriegszustand" (ders., 534), L.Rost sieht in Davids Verhalten „die Anerkennung der unbeugsamen Gerechtigkeit Gottes" (ders., 98). J.Pedersen nimmt in Davids Benehmen eine veränderte Einstellung zu Tod und altisraelitischen Trauerbräuchen wahr: David zeigt durch sein Verhalten, daß er die Konsequenzen der aus dem Tod resultierenden Unreinheit nicht kennt (vgl. ders., 456-458), eine Deutung, die von E.Würthwein aufgenommen und derart modifiziert wird, daß er die Rolle des Verfassers des Textes mehr hervorhebt, der mit dieser Charakterisierung Davids implizit Kritik übt (vgl. ders., 26).

und breitete es für sich auf dem Felsen aus vom Anfang der Ernte an, bis das Wasser sich vom Himmel über die Toten ergoß. Und sie ließ nicht zu, daß bei Tag die Vögel des Himmels sich auf ihnen niederließen und bei Nacht die Tiere des Feldes“ (2 Sam 21,10).
Von Mutterschmerz wird auch in Tob 10,1-8 berichtet, als Tobits Mutter wegen dessen langen Ausbleibens den Tod ihres Sohnes annimmt. In Jer 31,15 wird von Rahels untröstlicher Trauer und Weinen um ihre Kinder berichtet.
Als in der Erzählung vom Salomonischen Urteil (1 Kön 3,16-28) das Kind, das von zwei Frauen als ihr eigenes beansprucht wird, mit dem Schwert geteilt werden soll, wird das Innerste der wahren Mutter „wegen ihres Sohnes“ erregt, so daß sie sogar bereit ist, ihr eigenes Kind um dessen Leben willen selbst loszulassen: „sie sagte also: Bitte, mein Herr! Gebt ihr das lebende Kind, aber tötet es ja nicht!“ (V.26).
Auf die Nachricht vom Tod seiner Kinder und Knechte (Hi 1,19-21) reagiert Hiob, indem er aufsteht, sein Obergewand zerreißt, sich die Haare schert, auf die Erde fällt und anbetet.[20]
Heftig klagt Jeftah (Ri 11,35), weil er begreift, daß seine einzige Tochter durch seine eigene Hand sterben muß.

Um das Verhalten trauernder Eltern verstehen zu können, bedarf es einer Klärung des Stellenwerts des Todes eines Kindes im israelitischen Denken.

1.2.1 Bedeutung des Kindertodes

Israels Verhältnis zu Leben und Tod ist begründet in seinem spezifischen Weltverständnis[21]: Für israelitisches Denken ist das entscheidende Geschenk JHWHs das Leben selbst, wobei JHWH als „Quell des Lebens“[22] die Beziehung des Menschen zum Leben ermöglicht und bestimmt.[23]

---

20 Vgl. auch 1 Kön 14,1-18; 17,17-24; 2 Kön 4,18-37.

21 Vgl. Steck, O.H..

22 Ps 36,10; vgl. Jer 2,13; 17,13.

23 Grundlage für das Verständnis des Todes ist die alttestamentliche Einstellung zum Leben: vgl. Wächter, L., 57-80; Barth, Ch., 20-51.
Zu JHWH als einem lebendigen und lebensspendenden Gott: vgl. Jos 3,10; 2 Kön 19,4; Hos 2,1; Jer 2,13; 17,13; Pss 36,10; 103,4; 133,3.

Der Tod als Negation des Lebens[24] bezeichnet das Ende des Lebens und der Gemeinschaft des Menschen mit JHWH[25], wobei der Tod „keine eigenständige Größe, keine Todesmacht (ist; d.V.), die sich des Menschen bemächtigt und die man durch Kult und Ritus zu beeinflussen versucht, vielmehr wie das Leben so liegt auch der Tod ganz in der Hand JHWHs; er gewährt Leben und Tod"[26]. Die Unausweichlichkeit des Todes[27] ist für den Menschen des AT „eine Möglichkeit, der der Mensch sich nicht verschließt"[28], erfüllt sich der Wunsch, „alt und lebenssatt"[29], „in schönem Alter"[30] und „in Frieden"[31] zu sterben und „zu seinen

---

24 Vgl. Barth, Ch., 21. Anm. 4: Er betont gegen R.Bultmann, daß sich der alttestamentliche Lebensbegriff nicht „am Gegenbegriff des Todes orientiert" (Bultmann, R., Art. ζάω, ζωή, 851). „Der hebräische Mensch kennt den Tod als Anfechtung des Lebens" (Jüngel, E., 78).

25 JHWH gedenkt der Toten nicht (vgl. Ps 88,6; Koh 9,5-6); darin besteht die Bitterkeit (vgl. Rad, G. von, 290). JHWH ist ursprünglich nicht Herr des Totenreiches, die Toten können ihn nicht loben (vgl. Pss 6,6; 88,11-13; 115,17; Jes 14,4-21; 38,18; Sir 17,27-28). So gibt es Hoffnung nur für die Lebenden, nicht die Toten, was das Urteil Kohelets verständlich macht: „ein lebendiger Hund ist besser <daran> als ein toter Löwe!" (Koh 9,4b). Zur positiven Verarbeitung kommt es erst, als der Tod der JHWHferne entrissen wird.

Zu Israels Haltungen dem Tod gegenüber im entwicklungsgeschichtlichen Überblick: vgl. Plieth, M., 17-29; Perlitt, L., 206-221; Krieg, M..

26 Fuhs, H.F., 216.

Israel umschreibt die Sorge, daß die Toten rite bestattet, betrauert und eine zeit lang rite betreut werden, vor allem in jener Phase seiner Geschichte stark, in der das Fortleben der Toten in ihrer gegenüber dem Leben geschwächten Existenz noch nicht mit JHWH zusammengedacht wird. Die vollzogenen Riten sollen dem Toten die Totenexistenz ermöglichen und erleichtern. Verleitet wird Israel durch seine Umwelt, „dem Tode oder den Toten eine besondere Macht zuzuschreiben" (Wolff, H.W., 157). Daher werden Ansätze zum Totenkult unterbunden und Leiche, Grab und alle, die sie berühren, als unrein betrachtet (vgl. Lev 21,1-4; 22,4; Num 19,11-16): von seiten der offiziellen Theologie werden „alle Vorstellungen, Riten und Praktiken, die auch nur irgendwie zum Ausdruck bringen konnten, der Tod sei eine eigenständige göttliche Macht neben JHWH oder gar gegen ihn" (Zenger, E., 143), verboten (vgl. Einschränkungen für Priester: Lev 21,1-4.10-11; Verbot von Totengeistbefragung und Totenbeschwörung: Lev 19,31; 20,6-8.27; Verbot von Totenspeisung und Totenopfer: Dtn 26,14; Verbot von Selbstverletzungen und bestimmten Haarschnittformen: Lev 19,28-29; Dtn 14,1). Diese Tabuisierung des Todes und aller Totenrituale entspringt dem Bekenntnis zur Einzigkeit JHWHs als Bundespartner Israels, dem Israel allein sein Leben verdankt.

27 Schwermütige Bilder der Vergänglichkeit akzentuieren die Unausweichlichkeit und Unwiderruflichkeit des Todes (vgl. Hi 14,1-2.11-12; Pss 103,14-16; 144,4). Diese Bestimmung des Menschen zum Tod hindert jedoch JHWH in seinem Erbarmen dem Menschen gegenüber nicht (vgl. Ps 103,13-14).

28 Jüngel, E., 85.

29 Vgl. Gen 25,8b; 35,29; Hi 42,17. Nach Jes 65,20 „gehörte das lange, das zu Ende gelebte Leben für alle zur Heilszeit" (Westermann, C., Das Buch Jesaja, 325).

30 Vgl. Gen 15,15; Ri 8,32; 1 Chr 29,28.

31 Vgl. Gen 15,15; 1 Kön 2,6; 2 Kön 22,20.

Stammesgenossen[32], seinen Vätern[33] versammelt" zu werden. Der Tod wird nach einem langen und erfüllten Leben[34] als natürliches Ende des abgelaufenen Lebens gesehen.[35] Stirbt einer kinderlos[36], ohne Nachkommen[37], vorzeitig[38] bzw. in der Fremde[39], oder wird er in ein Massengrab[40] geworfen bzw. nicht begraben[41], so erleidet er den „bösen" Tod. „Die 'Qualität' des Todes steht also in fester Beziehung zur 'Qualität' des Lebens."[42]

Der frühe Tod der Kinder versagt den Eltern Lebenserfüllung, insofern der häufig genannte Segen der Nachkommenschaft das Leben erfüllt.[43] In der negativen Fassung dieses Lebensideals gilt die Klage um die einzigen Kinder als bitterste Form der Klage.[44] Neben vermehrter Traurigkeit zeigt sich der Stachel des unzeitigen bösen Todes „darin, daß der Geber des Lebens selbst das Nein zum Leben sprach. Dieses Nein wirkte Erschütterungen bis hin zum schrecklichen

---

32 Vgl. Gen 25,8; 35,29; 49,29.

33 Vgl. Gen 47,30 („sich zu seinen Vätern legen"); 1 Kön 22,40; 2 Kön 22,20.

34 Vgl. Barth, Ch., 54-55. Anders bei Kohelet (vgl. Lohfink, N., 198-243).

35 „sterben müssen wir" (2 Sam 14,14) - eine banale Selbstverständlichkeit, die als natürliche Folge der Geschöpflichkeit gesehen wird (vgl. Gen 3,19; Hi 10,9; 34,15; Koh 3,20; 12,7). Erst in Weish 2,23-24 wird aus der Gottesebenbildlichkeit die ursprüngliche Unsterblichkeit des Menschen abgeleitet und der Tod auf den Neid des Teufels (vgl. Sir 25,24) zurückgeführt.

36 In Schilderungen anderen großen Leids wird oft der Vergleich mit dem Schmerz bei Kinderlosigkeit angestellt bzw. dem Schmerz, wenn einer ohne Nachkommen stirbt: vgl. Jes 47,8-9; Jer 15,7; 22,30; Hos 9,11b-16. In Lev 20,20 wird in diesem Zusammenhang von menschlicher Strafe gesprochen. Besonders für die Frau ist Kinderlosigkeit mit Sinnentleerung des Lebens und Verzweiflung verbunden (vgl. Gen 15,2; 30,1; 1 Sam 1,9-11).

37 Vgl. Dtn 32,25; Ez 5,17; Ps 109,13; Jer 31,15; 36,30.
Großfamilie, Sippenverband und Stamm stellen für den Menschen im frühen AT die wichtigsten sozialen Gebilde dar: Der einzelne ist in die familiäre Lebensgemeinschaft so eingebunden, „daß man sagen mußte, primär lebte die Gruppe" (Gese, H., 33). Lebensqualität wird in besonderer Weise gewährleistet durch diese sinnstiftende Koexistenz, deren Fortbestehen durch die Nachkommenschaft gesichert ist, die zugleich die Verlängerung des eigenen Wirkens (vgl. 2 Sam 18,18) und die Bewahrung des eigenen Namens im Tod (vgl. Ps 109,13) in Aussicht stellt.

38 Vgl. Pss 55,16; 102,24-25; Jer 17,11; Jes 38,10-14.

39 Vgl. 2 Sam 19,38; Jes 22,15-18; Jer 20,6; 22,11-12.26; 29,31-32; 42,16-17; Ez 12,13; 17,16; Am 7,17.

40 Vgl. 2 Sam 18,17; 2 Kön 23,6; Jer 26,23.

41 Vgl. Jer 22,18-19; 36,30.

42 Perlitt, L., 208.

43 Vgl. Hi 5,25.

44 Trauer um den Erstgeborenen bzw. einzigen Sohn: vgl. Jer 6,26; Am 8,10; Sach 12,10; Ri 11,35 (einzige Tochter).

Gedanken des Widerrufs aller Lebensgewährung"[45], denn Leben wird von der Gottverbundenheit her gedeutet und ihr geradezu gleichgesetzt.
Die Generationenfolge ermöglicht, was ein Israelit im Zusammenhang mit seinem eigenen Tod wünscht: „die Gewährung einer reichen Nachkommenschaft, das Umsorgtsein vom Kreis der Familie, das Weilen in der Heimat, die Aussicht auf ein Begräbnis im Familiengrab, die Bestattung durch die Söhne"[46]. Darum sind für die Eltern Verlust der Kinder bzw. Kinderlosigkeit beklagenswert „einmal rein menschlich gesehen ... dann von der Familie aus gesehen, in die der einzelne eingebettet ist, und deren Aussterben, das dann mit seinem Tode droht ... Und als letztes und vielleicht schlimmstes: es droht dem der Kinder Beraubten eine ungenügende oder gar völlig fehlende Pflege nach seinem Tode."[47] Fortbestand von Familien- und Volksgeschichte im biologischen Sinn, würdige Bestattung im Familiengrab in der Heimat und Totenpflege sind in Gefahr.[48]

1.2.2 Trauerriten - Formen und Deutung

Der Überblick zur Elterntrauer zeigt, daß innerhalb der Traueräußerungen bestimmte Handlungselemente, verbal und nonverbal, einzeln oder verschieden kombiniert, allein oder in Gemeinschaft vollzogen werden. Hierin handelt es sich um übliche Äußerungen bei Trauer, die gewöhnlich durch Brauch und Ritual geordnet sind, aber auch willkürlich erfolgen können.[49]

---

45 Perlitt, L., 211.

46 Wächter, L., 66.

47 Ebd. 193.

48 Redewendungen wie „sich zu seinen Vätern legen" (vgl. 1 Kön 22,40; Gen 47,30) weisen den Gedanken einer Beziehung zwischen Toten und Überlebenden aus. Als Sitz der Ahnenfamilie gilt das Familiengrab; von daher erlangen Grab - als Existenzort der Jenseitsfamilie - und Begräbnis, durch das der Tote in den jenseitigen Familienverband aufgenommen wird, ihre soziale Bedeutung (vgl. Welten, P., 735-736; Gese, H., 33; Wächter, L., 72-73; Zenger, E., 133-139).
Innerhalb des im Dekalog aufgenommenen Elterngebots zählt neben der Altersversorgung der Eltern das würdige Begräbnis von Vater und Mutter im Familiengrab zu den ausdrücklichen Sohnespflichten und bedeutet Verehrung der Eltern durch ihre Kinder (vgl. Lang, B., 149-156; Albertz, R., Hintergund und Bedeutung des Elterngebots, 348-374). Zur würdigen Totenbestattung soll neben der Familie im Notfall jeder Israelit beitragen (vgl. Deselaers, P.).
Nach der Bestattung ist von seiten der Familie die Totenpflege zu vollziehen. Zur mesopotamischen Überlieferung, die im kulturgeschichtlichen Vergleich durchaus aussagekräftig für das alttestamentliche Israel ist: vgl. Tsukimoto, A..

49 Vgl. Scharbert, J., 61-62; zu „Trauer" in der Sprache des AT: vgl. ebd. 47-62.

Die Mehrzahl der Riten im Umgang mit den Toten teilt Israel mit seiner Umwelt.[50] Der Ritenkomplex gehört in den Bereich des familiären Brauchtums, mit JHWH wird er nicht in Verbindung gebracht.[51] Den Riten kommt der Charakter einer unbedingten Verpflichtung zu.[52]
Während Bestattungsriten am Toten ausgeführt werden[53], vollziehen die Hinterbliebenen Trauerriten an sich selbst, „wobei der Tod eines Menschen oder auch ein besonderes Unglück die Trauer veranlaßt haben kann.“[54]

1.2.2.1 Formen

Differenziert wird zwischen verbalen und körpersymbolischen Traueräußerungen, wobei die Grenzen fließend sind.

1.2.2.1.1 Totenklage[55] mit Trauerweinen

Trauerweinen[56] war in Israel „‘feststehende Sitte’“[57] und mit der Totenklage verbunden, die im AT wiederholt neben anderen Trauerzeremonien genannt ist[58]: Aus unartikuliertem Weinen und Schreien entwickelte sich der Klageruf: „Wehe, mein Bruder!“, „Wehe, meine Schwester!“, „Wehe, wehe!“[59] - der Vater rief seinen Sohn beim Namen[60] -, aus dem sich wiederum das Klagelied herausbildete.[61] Darin wird der Tote gelobt und beklagt, ohne religiöse

---

50 Vgl. Kutsch, E., 26-27; Schmid, H., Art. Trauerbräuche, Sp. 1000; Stubbe, H..

51 Vgl. Welten, P., 737; Albertz, R., Persönliche Frömmigkeit und offizielle Religion; Zenger, E., 141; Stähli, H.-P., 174.

52 Die Unterlassung muß großes Aufsehen erregen, vgl. Jer 16,5-8: die Nichtbeteiligung des Propheten an der Befolgung der Trauerriten wird zur besonderen Enthaltung des Propheten gerechnet; Ez 24,16-17: JHWH gibt die Weisung, beim Tod der Frau des Propheten nicht die üblichen Zeichen der Trauer sehen zu lassen; Jer 22,18: der Prophet droht dem gottlosen König Jojakim mit einem Eselsbegräbnis; Hi 27,15: er sieht es als Strafe, daß seine Kinder, wenn sie gestorben sind, der Totenklage entbehren müssen.

53 Vgl. Gen 46,4; 50,1; 1 Sam 28,14; Ez 32,27; die Hinweise aus dem AT sind spärlich.
Zu Bestattungsriten: vgl. Welten, P., 735-737; Schmid, H., Art. Begräbnis, Sp. 962; Vaux, R. de, 99-100.

54 Kutsch, E., 26; vgl. Heinisch, P., Trauergebräuche, 2. Sie sind nicht auf Todesfälle beschränkt.

55 Vgl. Jahnow, H., 2-90.

56 Vgl. Gen 23,2; 37,35; 50,1.3.

57 Heinisch, P., Trauergebräuche, 89.

58 Vgl. Jahnow, H., 4-11.

59 1 Kön 13,30; Jer 22,18; Am 5,16.

60 Vgl. 2 Sam 19,1.5.

61 Vgl. Heinisch, P., Trauergebräuche, 91.

Gedanken.[62] Verpflichtet zum Anstimmen der Totenklage waren nahe Angehörige des Verstorbenen[63] und Eheleute[64]; anstimmen konnten auch Freunde[65] und das ganze Volk[66]. Daneben besorgte speziell institutionalisiertes Klagepersonal[67] - im alten Israel vor allem Frauen[68] - die Klagelieder und das Beweinen und Geschrei geschäftsmäßig.[69]
Im Trauerhaus in Anwesenheit des Verschiedenen[70], auf der Gasse[71], auf dem Weg zum und am Grab[72] fand die Totenklage statt, die man einen Tag[73], in der Regel sieben[74] und dreißig Tage[75] hielt; Witwen trauerten unter Umständen lebenslänglich[76].

1.2.2.1.2 Körpersymbolische Trauerriten

P.Heinisch unterscheidet zwischen Kleiderriten (Trauertracht), Staub- bzw. Erdriten, Riten, die die Behandlung des Haupthaares und des Bartes betreffen, Selbstverstümmelungs- und Speiseriten[77]:
Zerreißen der Kleider[78], Sich-Kleiden mit dem Sackgewand[79], Ablegen vom Kopfbund[80], Abstreifen der Sandalen[81] und Verhüllen des Hauptes[82] erscheinen bei den Israeliten als Trauertracht.[83]

---

62 Vgl. 2 Sam 1,18-27; 3,33-34.
63 Vgl. Gen 50,10.
64 Vgl. Gen 23,2; 2 Sam 11,26.
65 Vgl. 2 Sam 1,12.
66 Vgl. 1 Sam 25,1; 28,3.
67 Zu Klagemännern: vgl. Am 5,16; 2 Chr 35,25.
68 Vgl. Jer 9,16-19; vgl. auch Heinisch, P., Totenklage, 19-20.
69 Während nach P.Heinisch bei nahestehenden Leidtragenden „'in der Wehklage nur der Schmerz' um den Verlust des Heimgegangenen Ausdruck fand", sollte der Verstorbene durch das Geschrei des bezahlten Klagepersonals geehrt werden (ders., Trauergebräuche, 98).
70 Vgl. Gen 23,2.
71 Vgl. Koh 12,5b.
72 Vgl. 2 Sam 3,31-34: Davids Begleiter klagen um den ermordeten Abner in Gegenwart des Toten, auf dem Weg zum Grab und am Grab selbst.
73 Vgl. 2 Sam 3,35.
74 Vgl. Sir 22,12; 1 Sam 31,13; Gen 50,10.
75 Vor allem um hervorragende Personen: vgl. Num 20,29; Dtn 34,8.
76 Vgl. Jdt 8,5-6.
77 Vgl. Heinisch, P., Trauergebräuche, 15-33; 33-39; 39-57; 57-66; 70-89.
78 Vgl. Gen 37,34; 2 Sam 1,11; 3,31; 13,31; Hi 1,20.
79 Vgl. Gen 37,34; 2 Sam 3,31; 21,10; 2 Sam 14,2 (Trauerkleidung). Stirbt der Sohn, so trauert man im Sackgewand (vgl. Am 8,10). Aufgrund der wiederholt nebeneinander genannten Trauerriten

Häufig erwähnt wird im AT als Zeichen der Trauer Streuen von Staub und Erde auf das Haupt[84], Sitzen oder Liegen auf der Erde[85], Sitzen[86] oder Sich-Wälzen[87] im Staub und Verzicht auf Salben und Waschen[88].

Herunterhängenlassen des Haupthaares[89], Scheren[90] oder Raufen[91] der Haare und Schneiden einer Rand-[92] oder Stirnglatze[93] zählen zum Trauerritus. Mit Blick auf die Bedeutung des Bartes bei den Juden gilt das freiwillige Stutzen des Kinnbartes[94] und Verhüllen des Lippenbartes[95] als besondere Trauerform.

Auch die Sitte der Selbstverwundung wird geübt in Form von Sich-Beibringen von Einschnitten in die Haut[96], Sich-Schlagen auf Brust[97] und Lenden[98].

Auch Trauerfasten[99] und Trauermahl[100] werden als Trauerbräuche geübt: die Hinterbliebenen enthalten sich einen[101] bzw. mehrere[102] Tage der Speise bis zum

---

(vgl. Gen 37,34; 2 Sam 3,31) nimmt P.Heinisch an, daß das Anlegen des Sackgewandes das Kleiderzerreißen zur Voraussetzung hat (vgl. ders., Trauergebräuche, 17).

80 Vgl. Ez 24,17.23.

81 Vgl. 2 Sam 15,30; Ez 24,17.23.

82 Vgl. 2 Sam 15,30; 19,5.

83 Eine Konsequenz aus dem Anlegen der Trauertracht sieht P.Heinisch auch im Verzicht auf Schmuck, wobei dies ebenfalls „als Selbstverdemütigung aufgefaßt werden“ kann (ders., Trauergebräuche, 31).

84 Vgl. Jos 7,6; 1 Sam 4,12; 2 Sam 1,2. E.Kutsch sieht nur die Form des Ritus, nicht den Inhalt abgewandelt, wird Staub über den Kopf gen Himmel geworfen (vgl. ders., 39. Anm. 19).

85 Vgl. 2 Sam 13,31; Ez 8,14; Gen 23,3. Nicht auf Todesfälle beschränkt: vgl. Jes 3,26; 47,1.5; Jer 13,18; Hi 2,13.

86 Nicht auf Todesfälle beschränkt: vgl. Jes 47,1; Jon 3,6; Hi 2,8.

87 Nicht auf Todesfälle beschränkt: vgl. Jer 6,26; 25,34; Ez 27,30.

88 Vgl. 2 Sam 12,20; 14,2; Jdt 10,3.

89 Vgl. Lev 10,6; 21,10. Nicht auf Todesfälle beschränkt: vgl. Lev 13,45; Num 5,18; Ez 44,20.

90 Vgl. Lev 21,5; Jer 16,6; Hi 1,20. Nicht auf Todesfälle beschränkt: vgl. Jes 3,24; 7,20; 15,2.

91 Nicht auf Todesfälle beschränkt: vgl. Esr 9,3. Während P.Heinisch hierin eine Abschwächung des Scherens sieht (vgl. ders., Trauergebräuche, 44.52), geht H.Stubbe davon aus, daß es sich „beim Haareraufen um einen ... ursprünglichen Ausdruck der Verzweiflung handelt“ (ders., 91-92).

92 Vgl. Lev 19,27.

93 Vgl. Dtn 14,1.

94 Vgl. Lev 19,27; 21,5. Nicht auf Todesfälle beschränkt: vgl. 2 Sam 10,4; Jes 7,20; 15,2.

95 Vgl. Ez 24,17.22.

96 Vgl. Lev 19,28; 21,5; Dtn 14,1; Jer 16,6. Nicht auf Todesfälle beschränkt: vgl. Jer 41,5; 47,5; Mi 4,14.

97 Nicht auf Todesfälle beschränkt: vgl. Nah 2,8.

98 Nicht auf Todesfälle beschränkt: vgl. Ez 21,17; Jer 31,19.

99 Vgl. 1 Sam 31,13; 2 Sam 1,12; 3,35; 1 Chr 10,12. Nicht auf Todesfälle beschränkt: vgl. 1 Sam 14,24; 1 Kön 21,9.12; Jer 36,6.9.

100 Vgl. Jer 16,7; Ez 24,17.22: die Verbannten werden kein Trauerbrot essen (V.22).

Abend, dann kommen Nachbarn und Freunde ins Trauerhaus mit Speise und Wein, und sie halten zusammen das Trauermahl[103].

1.2.2.2 Deutung

Da im AT Hinweise zum Verständnis der Trauerriten fehlen[104], besteht hinsichtlich des Sinnes der Trauerbräuche bis heute Unsicherheit, was die zahlreichen Deutungsversuche belegen[105].

Die Riten zur Bewältigung der Trauer gelten zum Teil den Hinterbliebenen und zum Teil den Toten. Ausgangspunkt der Mehrzahl der Deutungen ist der Tote selbst, sein Befinden und das Verhältnis zu ihm: Das Erklärungsspektrum, in dem von einem einzigen Ursprung ausgegangen wird, reicht von Ahnenverehrung und Totenkult[106] über Ausdruck der Liebe zum Verstorbenen[107] und Ausdruck eines Gleichförmig-Werdens mit dem Toten[108] bis zu Abwehr der Totengeister[109].

Aufgrund der Schwierigkeiten bei der Ableitung von nur einem Grundmotiv werden mehrere Grundmotive angenommen: Die Mehrzahl der Riten weist nach H.Jahnow Spuren von Totenkult auf, einige dienen der Abwehr der Totengeister.[110] H.J.Elhorst erklärt Totenklage und Trauermahl aus dem Gedanken der Fürsorge für die Verschiedenen, die anderen Riten „aus dem Gedanken, daß das Haus eingenommen ist von einer Macht, die man zu Nutz und Frommen sowohl der Lebenden als des Toten zu begütigen hat und deshalb verehrt."[111] A.Bertholet unterscheidet, ausgehend von der durch Furcht und Liebe gekennzeichneten ambivalenten Einstellung der Hinterbliebenen gegenüber

---

101 Vgl. 2 Sam 1,12; 3,35.

102 Vgl. 1 Sam 31,13: die Bewohner von Jabesch fasten sieben Tage. Judith dehnt das Fasten auf ihre ganze Witwenzeit aus, mit Ausnahme der Festtage (vgl. Jdt 8,5-6).

103 Das Trauerhaus gilt wegen seiner Verbindung mit dem Tod als unrein, so daß dort keine Nahrung zubereitet werden darf; dies gilt auch für das Trauerbrot und den Trostbecher. Da sich die levitische Unreinheit überträgt, muß bei der Abgabe des Zehnten der Abliefernde erklären, daß er davon nichts am Abend des Begräbnistages bzw. während der sieben Tage andauernden Unreinheit (vgl. Num 19,11) zum Trauermahl verwendet hat (vgl. Dtn 26,14); sonst wäre alles unrein.

104 Vgl. Heinisch, P., Trauergebräuche, 5; Welten, P., 736.

105 Vgl. Welten, P., 736-737; Heinisch, P., Trauergebräuche, 3-5; Kutsch, E., 32-33.

106 Vgl. Bertholet, A., Zustand nach dem Tode, 8-31; Schwally, Fr., 10.

107 Vgl. Torge, P., 170-204.

108 Vgl. Gese, H., 39.

109 Vgl. Grüneisen, C., 61-118; Jirku, A., 19.

110 Vgl. Jahnow, H., 11-57.

111 Elhorst, H.J., 127.

dem Toten, in Riten, „a) mit denen sich die Hinterbliebenen gegen die von der Leiche ausgehenden Infektionskräfte ... schützen wollen ... b) mit denen sie dem Toten Lebenskraft zuzuführen suchen ... c) mittels derer sie ihm Schutz gegen böse Dämonen schaffen wollen ... d) durch die sie sich dem Toten unkenntlich machen wollen ... e) durch die sie eine Vereinigung mit den Toten bezwecken und sich schließlich in kultische Abhängigkeit von ihnen begeben“.[112]
Ausgangspunkt der Minderzahl der Deutungen ist der vorrangige Bezug zu denjenigen, die Riten ausführen: Nach J.Frey bringen die Riten eine Selbstdemütigung des Leidtragenden als Unterwerfung vor JHWH, dem Ursächer des Unheils, zum Ausdruck.[113] Der Deutung von E.Kutsch als Minderungsriten liegt die Beobachtung zugrunde, daß derartige Riten auch im Zusammenhang mit anderen daseinsmindernden Ereignissen vollzogen werden, wobei offen bleibt, „ob die Riten eine Selbstminderung ausdrücken wollen oder die durch andere Personen oder ein Ereignis herbeigeführte Minderung.“[114]
B.Gladigow verweist demgegenüber auf die soziale „Konstruktion des Todes“[115]: Der Tod des einzelnen ruft eine „‘Systemkrise’ hervor, die Neustrukturierung und Solidarisierung verlangt.“[116] In Anlehnung an L.Levy-Bruhl, B.Malinowski und D.G.Mandelbaum zielen die auf Bestattung und Grab bezogenen Riten darauf, „Kohäsion und Solidarität der Familie, Gruppe oder Gesellschaft auch über die Bruchstelle Tod hinaus aufrechtzuerhalten.“[117] Er sieht erst „‘in zweiter Linie’ ... einen Rahmen konzipiert, innerhalb dessen die traditionellen sozialen Verbindungsmodi zum Toten aufrechterhalten werden können ... Auch hier dominiert das Interesse der Hinterbliebenen, die Unterbrechung der Sozialkontakte durch den Tod des Toten nach den eigenen Maßstäben zu überwinden.“[118] Trauer bleibt damit neben der Neuordnung der Familienstruktur auch auf den Toten selbst gerichtet, wobei jedoch in dieser soziologischen Perspektive die Hinterbliebenen und die Frage nach der Funktion der Trauerriten für sie im Zentrum stehen.[119]

---

[112] Bertholet, A., Art. Trauergebräuche, Sp. 1257.

[113] Vgl. Frey, J., 44-45.

[114] Kutsch, E., 37. P.Welten dagegen verweist auf eine vom bedrohenden Aspekt des Todes her angeregte Interpretation (vgl. ders., 736).

[115] Vgl. Gladigow, B., 119-122.

[116] Ebd. 119-120.

[117] Ebd. 119.

[118] Ebd. 120.

[119] Die Charakterisierung des Trauerrituals als dreigegliedertes Übergangsritual mit Trennungs-, Umwandlungs- und Angliederungsriten beschreibt den im Tod für die Hinterbliebenen wie die

Die alttestamentlich heilsgeschichtliche Perspektive, zu deren Heilsgütern das Verschwinden von Kummer und Traurigkeit gerechnet werden, findet ihre anfanghafte Verwirklichung: Das Urchristentum begreift Jesu Botschaft von der Ankunft der Basileia Gottes und sein Handeln als eschatologische Erfüllung der alttestamentlichen Verheißung.

2. Neues Testament

Jesu Basileia-Botschaft, vermittelt in seiner Person und seinem Schicksal, trifft den Kern christlicher Offenbarung. Dargelegt wird darum der Kontext, innerhalb dessen Elterntrauer im NT steht, die Basileia-Botschaft im Rahmen der eschatologischen Sendung Jesu zu allen Heilsbedürftigen: Die in Jesu Person geschichtliche Wirklichkeit gewordene Güte und Menschenfreundlichkeit Gottes wird konkretisiert in der Seligpreisung der Trauernden, die getröstet werden (Mt 5,4).

Anhand zweier Totenerweckungserzählungen (Lk 7,11-17/Mk 5,21-43; Mt 9,18-26; Lk 8,40-56) wird Jesu Umgang mit trauernden Eltern gezeigt: Er sieht und wendet Trauer und Not der Eltern angesichts des Todes ihrer Kinder, wodurch er Zeichen der Hoffnung aus der nahegekommenen Gottesherrschaft setzt. Die endgültige Überwindung der Trauer bleibt jedoch Gottes endzeitlicher Offenbarung vorenthalten. Dieser Einsatz für die Trauernden wird im Zusammenhang mit der letzten Erfüllung von Jesu Sendung in seinem Schicksal gesehen und behandelt.

Die Auferstehungshoffnung ist eröffnet in Jesu Selbsthingabe und Liebe am Kreuz: anhand der Emmausperikope (Lk 24,13-35) und 1 Thess 4,13 wird exemplarisch aufgezeigt, daß für die an Christus Glaubenden eine Haltung der Trauer in der Hoffnung angezeigt ist, denn durch den Glauben an das Hineingenommensein in die Erlösung durch Jesu Tod und Auferstehung bleibt

---

Toten zu vollziehenden Übergang (vgl. Gennep, A. van, 142-159). Wie die Toten durchleben die Hinterbliebenen in ihrer Trauer Existenzzerstörung, d.h., sie unterbrechen rituell ihr eigenes Leben: sie gehören „weder der Welt der Lebenden, noch der der Toten (an; d.V.), sondern gewissermaßen einer Zwischensphäre“ (ebd. 143-144). Durch die Bestattung mit den dazu gehörenden Riten überwinden sie diese Übergangszeit, deren Schluß rituell markiert ist im Trauermahl (vgl. Jer 16,7; Ez 24,17), das bereits als Angliederungsritus zu verstehen ist. Dadurch „soll die Verbindung zwischen den überlebenden Mitgliedern der Gruppe“ (ebd. 158), die durch den Tod des einzelnen in ihren Beziehungen und Ordnungen gestört ist, erneuert und neugeordnet werden.

die Gemeinde Christi auf die über den Tod hinausreichende bewahrende Nähe Gottes ausgerichtet.
Für die Nachfolge Christi ergibt sich aus all dem sowohl Jesu Hinwendung zu den Trauernden als Appell und Maßstab für christliches Handeln als auch die Verkündigung seiner Selbsthingabe und Liebe, durch die er in stellvertretendem Leiden den Weg zum Leben erschlossen hat.[120]

2.1 Seligpreisung der Trauernden im Kontext der Basileia-Botschaft Jesu

Mit der Ausrufung der Basileia Gottes beginnt Jesus seine Verkündigung (vgl. Mk 1,15), die als entscheidendes Thema[121] für ihn charakteristisch und für sein Handeln grundlegend ist.

2.1.1 Jesu Botschaft und Handeln

Die Herrschaft Gottes tut sich in Jesu Wort kund und zeigt sich in seinem Wirken als heilswirksames Geschehen bereits an. Dieser Vollmachtsanspruch Jesu läßt sich paradigmatisch aufzeigen in dem Logion Lk 11,20 (par Mt 12,28)[122], in dem Jesus die Dämonenaustreibungen verteidigt: „Wenn ich aber durch den Geist Gottes die Dämonen austreibe, so ist also das Reich Gottes zu euch gekommen." Er versteht „sein Wirken als Beginn der endgültigen Intervention Gottes ..., durch die dieser seinen Heilswillen und seine Souveränität effektiv ausübt".[123] Durch die Bindung der Gegenwart der Basileia Gottes an sein Reden und Tun gehören Gottesherrschaft und Person Jesu untrennbar zusammen, ohne daß er jedoch den Anspruch erhebt, über die Basileia Gottes verfügen zu können[124]: er ist als

---

120 Abgesehen wird von eingehenden Überlegungen zu Text-, Literar-, Stil- und Formkritik sowie zur Unterscheidung zwischen Redaktion und Tradition und von Betrachtung und Diskussion speziell einzelexegetischer Details.

121 Vgl. Merklein, H., Jesu Botschaft, 25.
Zu Basileia Gottes: vgl. ders., Gottesherrschaft; Schürmann, H., Gottes Reich - Jesu Geschick, 21-64.

122 Dieses Logion wird ziemlich übereinstimmend auf Jesus zurückgeführt (vgl. Merklein, H., Jesu Botschaft, 63-66).
Zur Rekonstruktion und zum Kontext in Q: vgl. Schulz, S., 203-206; zur Diskussion dieses Logions: vgl. Schlosser, J., 127-153.

123 Vögtle, A., „Theo-logie" und „Eschato-logie", 386-387.

124 Vgl. Demke, Ch., 89.

Repräsentant der Gottesherrschaft[125] Heilsmittler[126], der die neue Ordnung Gottes öffentlich proklamiert und durch sein Handeln einen Erfahrungsraum schafft, in welchem Menschen diesen Gott erleben.

Das entscheidende Heilsereignis in Jesu Verkündigung gipfelt in „der allem menschlichen Tun zuvorkommenden, absoluten Liebe des Vaters“[127], der sich seit der Proklamation seines eschatologischen Heilsentschlusses durch Jesus bedingungslos heilvoll dem Menschen in der Geschichte zuwendet[128]. In universaler Ausweitung ist sie allen geschenkt, vor allem den in Not Geratenen. Diese Menschenfreundlichkeit Gottes im Basileia-Geschehen tritt in ihrer Bindung an Jesus konkret in Erscheinung und erfährt durch ihn eine spezifische Auslegung: er sucht Kontakt zu Kranken und am Rand der Gesellschaft stehenden Bedürftigen (vgl. Mk 2,17), was ihm den Vorwurf einbringt, „ein Fresser und Weinsäufer, ein Freund von Zöllnern und Sündern“ (Lk 7,34) zu sein[129]. In Mt 25,31-46 identifiziert sich der Menschensohn beim Endgericht mit den Geringsten, er stellt sich den Hungernden, Durstigen, Fremden, Kranken, Nackten und Gefangenen gleich und lehrt so, „den Armen als ein Sakrament seiner eigenen Gegenwart ... zu betrachten.“[130]

Da trotz der Gegenwart der Basileia Gottes die baldige Vollendung in Fülle aussteht, ist „Jesu Verkündigung ... in allen Phasen und Stadien eine eschatologische im strengen Sinn des Wortes, das heißt, sie hat ihr Charakteristikum in der Erwartung des ‘nahen’ Endes.“[131] Auf diesem Hintergrund ist auch „‘die Ethik Jesu eschatologisch zu qualifizieren’“[132], ihre eschatologische Begründung macht die Radikalität seiner Forderungen - im Ruf zur Nachfolge[133] und in seinen sittlichen Weisungen[134] - verstehbar.

Die Ausrichtung auf die Basileia ist auf seiten der Hörer der Botschaft abhängig von der Öffnung zum Glauben hin und dessen Bejahung durch persönliche Entscheidung für den sich heilvoll in der Geschichte zuwendenden Gott in Jesus.

---

125 Vgl. Merklein, H., Jesu Botschaft, 149-152.

126 Vgl. Vögtle, A., Heilsmittler, 8-9.

127 Ebd. 8.

128 Vgl. Merklein, H., Gottesherrschaft, 142-172.

129 Seine Tischgemeinschaft erschöpft sich nicht in mitmenschlicher Solidarität, sondern ist zugleich Sinnbild der Annahme durch Gott, an dessen Stelle Jesus Vergebung zuspricht (vgl. Mk 2,5).

130 Gelin, A., 116.

131 Gräßer, E., 123.

132 Merklein, H., Gottesherrschaft, 295.

133 Vgl. Hengel, M., 41-93.

134 Vgl. Merklein, H., Gottesherrschaft, 217-293.

Sie drängt zu neuem Handeln: „der Mensch (kann; d.V.) seinerseits seine Zuwendung zum Menschen nicht mehr von Bedingungen und Voraussetzungen abhängig machen.“[135]

2.1.2 Konkretisierung der Basileia-Botschaft in der Seligpreisung der Trauernden, die getröstet werden (Mt 5,4)

Jesu Seligpreisung der Trauernden verweist exemplarisch auf Gottes tröstende Zuwendung zu den heilsbedürftigen Trauernden, die uns der uns bedingungslos liebende Gott in Jesus schenkt.

Auf der Grundlage der Eruierung des ältesten, möglicherweise auf Jesus zurückgehenden Textbestandes wird geklärt, wer mit den Trauernden gemeint ist und welche Bedeutung ihnen im Rahmen der Basileia-Botschaft Jesu zukommt.

2.1.2.1 Anmerkungen zu Kontext und Text[136]

Die Bergpredigt des Mt stellt das Zentrum des Evangeliums und die „Zusammenfassung der Lehre Jesu“[137] dar, worin der Evangelist angesichts der anbrechenden Basileia Gottes die Hörer als „Reich-Gottes-Anwärter“[138] zu Entscheidung und neuem Handeln auffordert. Die ganze Rede ist eschatologisch ausgerichtet.[139]
Lk 6,20-23 wie Mt 5,3-12 kennen gemeinsam die Seligpreisungen der Armen, Trauernden, Hungernden und Verfolgten: Beide zeigen Spuren der Bearbeitung in Redaktion und Tradition in ihrer Fassung der Seligpreisungen, wobei bei beiden die Form ihrer gemeinsamen Vorlage in Q erkennbar ist.[140] Bei Mt 5,3-10

---

[135] Ebd. 295.

[136] Kommentare zu Mt: vgl. Anm. 158.
Vgl. Dupont, J., Les Béatitudes I, 205-345; Betz, H.D.; Wrege, H.T.; Schweizer, E., Bergpredigt; Strecker, G., Bergpredigt; Kähler, Ch..

[137] Hoffmann, P., Stellung der Bergpredigt, 59.

[138] Schnackenburg, R., Christliche Existenz, 121.

[139] Vgl. Bornkamm, G., 14.

[140] Diese vier haben sie „schon in der Logienquelle vorgefunden“ (Hoffmann, P., „Selig sind die Armen ...“, 112). Im weiteren wird von der Existenz der Quelle Q und deren Echtheit ausgegangen.
Durch Zusätze hat Mt, der den Akzent auf die „geforderte sittliche Haltung“ (Schnackenburg, R., Matthäusevangelium, 46) legt, die Seligpreisungen ethisiert - das Wort von den Armen „im Geiste“ ist ohne Parallele im AT und NT - und durch vier weitere Seligpreisungen erweitert. Lk hat zu den vier Seligpreisungen vier Weherufe gestellt, ihm geht es um die „wirklich Armen, Hungernden und Weinenden“ (ebd.), deren gegenwärtige Lage - im zweiten und dritten Spruch fügt er zur

lassen sich „'nur drei' Seligpreisungen (die als Adressaten die Armen, Trauernden und Hungernden ansprechen; d.V.) mit völliger Sicherheit auf die gemeinsame Vorstufe beider Evangelisten zurückführen"[141], möglicherweise gehen sie auf Jesus zurück[142].
Im Unterschied zum matthäischen πενθοῦντες, den Trauernden, spricht Lk 6,21b von κλαίοντες, den Weinenden, denen verheißen wird, daß sie lachen werden.[143]

2.1.2.2 Adressaten

Worauf sich der Ausdruck πενθοῦντες bezieht, ist unsicher: weder Trauer noch Trost werden in der zweiten Seligpreisung näher bestimmt.[144]
Die Bestimmung der Bedeutung des Trauermotivs bei Mt erweist sich als schwierig, da das Wort πενθοῦντες nur noch in 9,15 genannt wird, worin Jesus im Rahmen des Streitgesprächs mit den Johannesjüngern im Blick auf die Fastenfrage antwortet: „Können etwa die Hochzeitsgäste trauern, solange der Bräutigam bei ihnen ist?" In dem aus Mk übernommenen Streitgespräch (Mk 2,18-22) setzt Mt „trauern" anstelle von „fasten"[145], der Grund ihrer Trauer bzw. ihres Fastens kommt darin nicht zum Ausdruck.[146]
In Zusammenschau mit Jes 61,2, worauf Mt 5,4 Bezug nimmt, kommt dem Trauermotiv allgemein zusammenfassender Charakter zu: es bezieht sich auf eine äußere Notlage mit der daraus resultierenden inneren Niedergeschlagenheit.[147]

Kennzeichnung der Angeredeten ein νῦν (VV.21ab.25ab) ein - einer künftig-jenseitsorientierten gegenübergestellt wird.

141 Koch, K., 47. Die Gruppe der Verfolgten weist auf die jungen Christengemeinden als Adressaten hin und unterscheidet sich in formaler Hinsicht (vgl. Hoffmann, P., „Selig sind die Armen ...", 112-113).

142 K.Koch begründet seine Auffassung damit, daß sie der Grundtendenz der paradoxen Eschatologie Jesu entsprechen (vgl. ders., 48).

143 Die meisten Ausleger (vgl. Schulz, S., 77; Giesen, H., 86) halten das lukanische Weinen für das ältere Motiv.

144 Vgl. Broer, I., 76; Strecker, G., Bergpredigt, 36.

145 In der Mk-Fassung erkennt K.Berger das „Fasten als Zeichen der Trauer" (ders., 61).

146 J.Gnilka sieht Trauer in 9,15 wie 5,4 „mit einer bei den Propheten vorgeprägten Haltung" (ders., Matthäusevangelium, 336) berührt: in 9,15 ist sie begründet „in dem Unbekannt- und Ungeachtetsein Gottes ..., das die ... Zeit zwischen dem Tod und der Parusie Christi" (ebd.) kennzeichnet, in 5,4 besteht sie „um des mißachteten Gottesnamens willen" (ebd. 122). G.Strecker deutet Trauer in 9,15 ähnlich wie in 5,4 als „Haltung, die durch den Abstand von diesem Äon und durch das Warten auf die zukünftige Basileia geprägt ist" (ders., Weg der Gerechtigkeit, 189).

147 Vgl. Kessler, W., 63.

Mit Blick auf den Kontext sieht R.Schnackenburg in den Trauernden, die an zweiter Stelle (Mt 5,4) hinter den „Armen im Geist“ (Mt 5,3) erscheinen, „keine andere Gruppe als die ‘Armen’ ... Es sind die Niedergebeugten und Demütigen ... alle, die unter der Last von Leid und Schuld seufzen und den ‘Trost’ allein von Gott erwarten“[148]. Daß ein enger Zusammenhang zwischen diesen Adressaten besteht, wird gestützt durch deren Bezugnahme auf Jes 61,1-2 und dessen Kontext[149], die für das jesuanische Verständnis aller drei Makarismen entscheidend ist[150].

2.1.2.3 Theologische Aussagen

Die Basileia Gottes gehört den Armen von Mt 5,3, darum werden sie seliggepriesen. Aufgrund der Parallelität von Armut und Trauer gilt für die Trauernden, was für die Armen gilt: sie stehen am Rand weltlicher Hoffnungen und erwarten Heil und damit Trost ausschließlich von Gott. Dieses von Gott erwartete künftige Heil ist bereits gegenwärtig[151]: Die bedrückende Situation der Trauer wird aufgebrochen durch die jetzt schon sich auswirkende Gegenwart des Kommenden. Das Passiv des eschatologischen Futurs παρακληθήσονται „spricht vom Handeln Gottes, das sich am Ende der Welt offenbaren wird, aber schon in der Gegenwart sich ereignet.“[152] Der in Mt 5,4 verheißene Trost ist

---

[148] Schnackenburg, R., Matthäusevangelium, 47. Vgl. Dupont, J., Les Béatitudes III, 545; H.D.Betz meint, der „erste Makarismus wird ... in den weiteren Makarismen (Mt 5,4-12) variierend entfaltet“ (ders., 32).

[149] Die Bezugnahme wird schon auf der Jesusstufe bejaht (vgl. Schürmann, H., Lukasevangelium, 326.328.336; Merklein, H., Jesu Botschaft, 46-48).
Die Verheißungen im Zusammenhang mit dem endzeitlichen Heilsbringer stellen Verkündigung der frohen Botschaft an die Armen, Heilung derer mit gebrochenen Herzen, Befreiung für Gefangene und Tröstung der Trauernden in Aussicht (vgl. Jes 61,1-2). Jesus knüpft daran an in der Synagoge von Nazareth und gegenüber der Gesandtschaft des Johannes: Daß Jesus zu den Armen gesandt ist, die frohe Botschaft zu verkünden, ist für den Täufer Erkennungsmerkmal des kommenden Messias (vgl. Lk 7,22; Mt 11,5). In der Synagoge zu Nazareth verkündet er, es ist „die“ Aufgabe des Messias, Armen die gute Botschaft zu bringen (vgl. Lk 4,18); heute hat sich dieses Schriftwort erfüllt (vgl. Lk 4,21). Die Bezugnahme auf Jes 61,1-2 erfolgt bei Jesus nicht nur sprachlich, sondern mit dem Anspruch der Verwirklichung des dort Angekündigten: Er tritt damit als der auf, in dem die ersehnte endzeitliche Heilszeit angebrochen ist, die den Menschen in jeder Form von Not Heil bringt.

[150] Vgl. u.a. Dupont, J., Les Béatitudes II, 91-142.

[151] Vgl. Schnackenburg, R., Matthäusevangelium, 47; Strecker, G., Bergpredigt, 36.

[152] Ebd..

Zeichen der Basileia[153] und „bereits wirksames Heil, nicht nur ein leeres Versprechen für die Zukunft."[154]
Dieses präsentisch-eschatologische Verständnis der Seligpreisung wird gestützt durch den Hinweis auf die gegenwärtige endzeitliche Freudenzeit in Mt 9,15 (par Mk 2,19a): in Anwesenheit von Jesus, dem Bräutigam, ist Trauer unpassend, denn sie paßt nicht zur Hochstimmung der Hochzeit, die die Heilszeit verdeutlicht.[155] Jesus begreift seine Gegenwart als Anbruch der Basileia Gottes, die Bußübungen überflüssig macht.
Gottes Gegenwart, die sich in Jesus an der Welt abzeichnet, führt das Heil herauf, das aber „'Angebot'"[156] bleibt und darum von seiten der Angesprochenen Offenheit für die Heilsgegenwart der Basileia Gottes als Grundbedingung fordert. Die Disposition der Trauernden, die in ihrer Ohnmacht der eigenen Heilsmachbarkeit abgesagt haben, macht sie zu seligzupreisenden Heilsanwärtern.

2.2 Jesu Umgang mit trauernden Eltern

Jesu radikale Zuwendung zu Menschen als Grundhaltung seines Handelns ist verwurzelt in seiner Basileia-Botschaft. Sein Umgang mit den trauernden Eltern zeigt sein Mitgehen in ihrem Leid, sein Einsatz für das zeitlich begrenzte menschliche Leben der Kinder symbolisiert die künftige Auferstehung im Sieg des Lebens über den Tod und verweist so auf die transzendente göttliche Dimension des Lebens. Von seiten der Eltern ist die Annahme des Weges aus dem Leid und die damit eröffnete unendliche Zukunft abhängig von der Glaubensentscheidung für den sich heilvoll in der Geschichte zuwendenden Gott in Jesus.

Zwei Perikopen, in denen Eltern mit dem Tod bzw. Sterben ihres Kindes konfrontiert werden, begegnen in den synoptischen Evangelien: die Erzählung von der Tochter des Jaïrus (Mk 5,21-43[157]; Mt 9,18-26[158]; Lk 8,40-56[159]) und die Erzählung vom Jüngling von Naïn (Lk 7,11-17).

153 Vgl. Trilling, W., 149.

154 Schnackenburg, R., Christliche Existenz, 119.

155 „Der Bräutigam steht für die Freudenzeit, das Fasten (Mt setzt anstelle von „fasten" bei Mk „trauern"; d.V.) für die Trauerzeit" (Berger, K., 59); vgl. Kuhn, H.-W., 198-199.

156 Schnackenburg, R., Christliche Existenz, 120.

157 Vgl. Kommentare zu Mk: Ernst, J., Evangelium nach Markus; Gnilka, J., Evangelium nach Markus; Grundmann, W., Evangelium nach Markus; Lohmeyer, E., Evangelium des Markus;

2.2.1 Jüngling von Naïn (Lk 7,11-17)[160]

Die Totenerweckungserzählung, die zum lukanischen Sondergut gehört, folgt auf die Heilung eines Todkranken (Lk 7,1-10) als deren Steigerung[161] und leitet zum Thema: Jesus als Prophet[162] über.[163]
Die ältere Version der Erzählung ist inhaltlich angeregt von alttestamentlichen Totenerweckungserzählungen[164], formal liegt ein hellenistisches Erzählschema einer Totenerweckung zugrunde[165].
Der Text[166] weist beim Lesen einige Ungereimtheiten auf.[167]

2.2.1.1 Begegnung der Trauernden mit Jesus

Eine eindrucksvolle Begegnungsszene wird in den VV.11-12 geschildert: Jesus trifft mit seiner Begleitung am Stadttor auf eine Trauergesellschaft (V.12b); der Zug des Lebens begegnet dem Zug des Todes.[168] Der einzige[169] Sohn einer Witwe (V.12d) ist verstorben, viele Mittrauernde nehmen auf dem Weg zum

---

Lührmann, D.; Pesch, R., Markusevangelium; Schmithals, W.; Schweizer, E., Evangelium nach Markus.

158 Vgl. Kommentare zu Mt: Gnilka, J., Matthäusevangelium; Klostermann, E.; Lohmeyer, E., Evangelium des Matthäus; Luz, U.; Sand, A.; Schnackenburg, R., Matthäusevangelium; Grundmann, W., Evangelium nach Matthäus; Frankemölle, H..

159 Vgl. Kommentare zu Lk: Bovon, F.; Ernst, J., Evangelium nach Lukas; Grundmann, W., Evangelium nach Lukas; Schneider, G.; Schürmann, H., Lukasevangelium.

160 Kommentare zu Lk: vgl. Anm. 159.
Vgl. Rochais, G., 18-38; Busse, U., 161-175; Klein, H., 33-38; Harbarth, A..

161 Nach dem Sklaven des Hauptmanns von Kapernaum wird der einzige Sohn einer Mutter und Witwe gerettet (vgl. Grundmann, W., Evangelium nach Lukas, 158-159). Im Gegensatz zur vorhergehenden Fernheilung wird Jesus selbst initiativ, indem er die Mutter tröstet und den Sohn vom Tod erweckt.

162 Mit dem Stichwort προφήτης (V.16d) deutet Lk die neue Erzähleinheit an.

163 Zur Stellung von Lk 7,11-17 im Lukasevangelium: vgl. Rochais, G., 18-19.

164 Vgl. Harbarth, A., 109.
Berührungspunkte sind hinsichtlich der Personen festzustellen: in 1 Kön 17,20 wird die im Erzählreferat sonst stets nur als Frau Bezeichnete (VV.17.19.23) als Witwe gekennzeichnet, in 2 Kön 4,18-37 handelt es sich um ihren einzigen Sohn.

165 Vgl. Grundmann, W., Evangelium nach Lukas, 159; Bultmann, R., Geschichte der synoptischen Tradition, 230; Dibelius, M., 71.

166 Zur Gliederung des Textes: vgl. Rochais, G., 21; Klein, H., 33.

167 Zur literarkritischen Analyse: vgl. Rochais, G., 21-30, Harbarth, A., 10-79.

168 Vgl. Grundmann, W., Evangelium nach Lukas, 159.

169 Der Begriff dient der Verschärfung der Situation (vgl. Lk 8,42; 9,38).

Grab Anteil (V.12e). Auf die Mutter und Witwe wird in V.13 dreimal Bezug genommen[170], der Akzent liegt auf der Schilderung ihrer Notlage[171]: Jesus, der κύριος, sieht sie (V.13a), wird innerlich bewegt (V.13b)[172] und spricht zur Mutter (V.13c) „Weine nicht!“ (V.13d)[173]. Jesu wunderwirkendes Wort[174] genügt, um den Jüngling vom Tod zu erwecken (VV.14-15). Das gesprochene Wort und die Übergabe des Sohnes an die Mutter (V.15c)[175] zeigen Jesu Erbarmen der Mutter gegenüber.[176]
Die anwesende Menge interpretiert dies als Heimsuchung Gottes (V.16e).[177]

2.2.1.2 Theologische Aussagen

Als „Schlüssel zum Verständnis“[178] dient der Lobpreis des Volkes: „Gott hat sein Volk besucht“ (V.16e), die zweite Akklamation, die das Interesse auf Gott lenkt als den, der eigentlich in Jesus wirkt. Lk entfaltet mit dieser Aussage „den eschatologischen Aspekt des Handelns Jesu.“[179] In Jesu Wort zur Mutter wird ihre Trauer abrupt unterbrochen, wodurch die im Eschaton in Jesus angekommene Basileia Gottes Priorität erhält. Die Engführung auf eine Sicht von Jesus lediglich als Prophet (V.16d)[180] wird dadurch abgewehrt.[181] Dasselbe beabsichtigt in V.13 die Übertragung des in der LXX für JHWH gängigen Titels κύριος auf Jesus, wodurch ihm Eigenschaften und die Macht JHWHs

---

170 ἰδὼν αὐτὴν (V.13a), ἐσπλαγχνίσθη ἐπ’ αὐτῇ (V.13b), εἶπεν αὐτῇ (V.13c).

171 Die Witwe und „verwaiste“ Mutter hat niemanden mehr, der für ihren Unterhalt sorgt und sie rechtlich vertritt (vgl. Ernst, J., Evangelium nach Lukas, 243).

172 Vgl. Bovon, F., 362. Anm. 44. Wie nach dem Zeugnis des AT JHWH sich der Armen erbarmend annimmt, so tut es Jesus in gleicher Weise (vgl. Walter, N., 634).

173 Vgl. Lk 8,52.

174 Dreiteilung des wunderwirkenden Wortes: Anrede, Machtwort, Aufstehbefehl (V.14e.f.g).

175 „und er gab ihn seiner Mutter“: wörtliches Zitat aus 1 Kön 17,23 LXX, das an Elias Taten erinnern will.
Zu Einflüssen aus der Elia-Tradition: vgl. Hahn, F., Christologische Hoheitstitel, 392.

176 Vgl. Busse, U., 172.

177 M.Dibelius stellt fest, daß „diese Art des Erzählschlusses im Neuen Testament verhältnismäßig selten vorkommt“ (ders., 72). In der Erzählung von der Tochter des Jaïrus kündigt sich ein anderer Schluß an (vgl. Mk 5,42).

178 „Denn nicht die Fähigkeit Jesu zu einer Totenerweckung soll bestaunt, vielmehr soll Gottes helfende Gnadennähe im Wirken Jesu dankbar gepriesen werden“ (Schürmann, H., Lukasevangelium, 398).

179 Busse, U., 174.

180 Frühchristliche Prophetenchristologie spiegelt Lk 7,11-17 wider (vgl. Schneider, G., 97; Rochais, G., 27).

181 Vgl. Fiedler, P., 133.

zugesprochen werden: Die Handlung verbildlicht sein Erbarmen den Leidenden gegenüber und zeigt seine Macht über den Tod, kraft derer er zeichenhaft die Auferstehung der Toten bringt. Darin zeigt sich der Gemeinde, wer er ist: der große Prophet, in dem das eschatologische Heil Gottes gegenwärtig ist.[182]
Aus dem kompositionellen Kontext der sogenannten Täuferanfrage (vgl. Lk 7,18-23) ergibt sich, daß Voraussetzung zum Erkennen des Ereignisses als καιρὸς des Heils eine Glaubensentscheidung ist (vgl. Lk 7,23), nicht die Wundertat, die die Zweifel an der Person Jesu nicht ausräumen kann (vgl. Lk 7,21).

2.2.2 Tochter des Jaïrus (Mk 5,21-43[183]; Mt 9,18-26[184]; Lk 8,40-56[185])

Der Totenerweckungserzählung bei Mk gehen der Sturm auf dem See (Mk 4,35-41 par Lk 8,22-25) und die Heilung eines besessenen Geraseners (Mk 5,1-20 par Lk 8,26-39) voraus, die Lk in der Reihenfolge des Mk beibehält. Ihr folgt die Perikope von der Ablehnung Jesu in seiner Heimat (Mk 6,1-6a)[186]. Lk verknüpft mit der Totenerweckungserzählung die Aussendung der zwölf Apostel (Lk 9,1-6). Bei Mt sind zwischen den bei Mk genannten Wundererzählungen drei weitere Perikopen in markinischer Reihenfolge vor der Totenerweckungserzählung eingefügt[187], so daß die matthäische Version der Erzählung von der Auferweckung an das Apophthegma über die Fastenfrage anknüpft und von der Heilung zweier Blinder gefolgt wird (Mt 9,27-31).[188]
Im Vergleich zu Mk 5,21-43[189] ist bei Mt 9,18-26[190] die Perikope auf 9 VV. zusammengestrichen[191], den 13 VV. der Erweckungsgeschichte bei Mk stehen

---

182 Vgl. Rochais, G., 37.

183 Kommentare zu Mk: vgl. Anm. 157.
Vgl. Hahn, F., Erzähler des Evangeliums; Schwarz, W.; Marxsen, W.; Fischbach, S.M., 156-197; Kertelge, K.; Rochais, G., 54-73.

184 Kommentare zu Mt: vgl. Anm. 158.
Vgl. Lange, J.; Rochais, G., 88-99; Fischbach, S.M., 198-211; Held, H.J..

185 Kommentare zu Lk: vgl. Anm. 159.
Vgl. Rochais, G., 74-87; Busse, U., 219-231; Fischbach, S.M., 212-219.

186 Sie kommt bei Lk schon in seiner Nazareth-Perikope zum Ausdruck (Lk 4,16-30).

187 Die Heilung eines Gelähmten (Mt 9,1-8 par Mk 2,1-12), die Berufung des Matthäus - bei Mk Levi - und das Mahl mit den Zöllnern (Mt 9,9-13 par Mk 2,13-17) sowie die Frage nach dem Fasten (Mt 9,14-17 par Mk 2,18-22).

188 Zu den divergierenden Positionen hinsichtlich der Kompositionsgesetzlichkeit von Mt 8 und 9: vgl. Gnilka, J., Matthäusevangelium, 348-351; Burger, C., 272-275.

189 Zur Gliederung des Textes: vgl. Rochais, G., 54-55.

lediglich 6 VV. bei Mt gegenüber[192]. Bei Lk 8,40-56 dagegen geht an der Substanz der Mk-Fassung nichts verloren: er verändert inhaltlich nichts, was im Widerspruch zu Mk stehen würde.[193]

Der Zusammenhang zwischen der Erzählung von der blutflüssigen Frau (Mk 5,25-34; Mt 9,20-22; Lk 8,43-48) und von der Tochter des Jaïrus[194], die beide ineinander verschachtelt sind[195], geht in der gekürzten Mt-Fassung verloren: Während nach der Mk- und Lk-Fassung das Mädchen sterbenskrank ist (Mk 5,23; Lk 8,42), als sich der Vater auf den Weg zu Jesus macht, und stirbt (Mk 5,35; Lk

---

190 Zur Gliederung des Textes: vgl. ebd. 89.

191 Ob bei Mt eine Kürzung der Mk-Fassung bzw. eine eigene Überlieferung vorliegt, ist fraglich: H.J.Held verteidigt die Kürzung, weil zum einen die Stellung der Wundergeschichte von der Heilung der Frau, die der Verzögerung auf dem Weg zum Haus des Jaïrus dient, nur verständlich sei aus der Mk-Fassung, zum anderen das Verhalten der Frau, die sich an Jesus heranschleicht, nur in der von Mk geschilderten Situation verständlich sei, wonach Jesus von der Menge umdrängt wird (vgl. ders., 204). Nach F.Bovon ist die „Priorität von Markus im Verhältnis der Synoptiker untereinander ... in dieser Perikope trotz kleinerer Übereinstimmungen zwischen Matthäus und Lukas ... so eindeutig, daß keine Nebenüberlieferung anzunehmen ist“ (ders., 442). Anders Grundmann, W., Evangelium nach Matthäus, 274 und Lohmeyer, E., Evangelium des Matthäus, 178: Für die Selbständigkeit spricht der den Zusammenhang der Mt-Erzählfolge unterbrechende Schluß (Mt 9,26).

192 Bei Mt tritt gegenüber Mk häufig ein einfacherer kompositioneller Aufbau hervor. „Die kompositionelle Grundstruktur der Gattung 'Wundergeschichte' dient gewissermaßen als Sieb. Die zu ihrer Realisierung überflüssigen Elemente und Motive werden weggelassen“ (Theißen, G., 176). Der Grundbestand an Motiven kennzeichnet die Erzählung „näherhin als Totenerweckung“ (Fischbach, S.M., 198).

Zu den matthäischen Besonderheiten: vgl. u.a. Luz, U., 52. Anm. 8.

193 Zu den wenigen Übereinstimmungen zwischen Mt und Lk gegen Mk: vgl. u.a. ebd. 51. Anm. 7.

Zu den Modifikationen, Streichungen, Umstellungen, stilistischen Verbesserungen und sachlichen Erklärungen der Lk- gegenüber der Mk-Fassung: vgl. Fischbach, S.M., 213-218.

Nach G.Schneider verbessert die „Konzentration, die Lukas ... vornahm, ... die Darstellungsweise in verschiedenen Punkten“ (ders., 197). Das Auferweckungswunder wird so stärker hervorgehoben (vgl. Held, H.J., 170).

In Anlehnung an die Erzählung vom Jüngling von Naïn (Lk 7,11-17) macht Lk die Tochter zur einzigen Tochter des Synagogenvorstehers (Lk 7,12; 8,49: θυγάτηρ; 8,42: μονογενὴς), wodurch eine Steigerung der persönlichen Notsituation zum Ausdruck kommt.

194 Zur Nennung des Namens Jaïrus, der nur in Mk 5,22 sowie Lk 8,41 vorkommt: vgl. Pesch, R., Jaïrus, 252-256; Mt streicht die Namensangabe.

195 Ob es sich bei den Erzähleinheiten von der Wiederbelebung der Tochter des Synagogenvorstehers Jaïrus und der Heilung der blutflüssigen Frau um redaktionelle Verarbeitung selbständiger Traditionsstücke handelt oder um „eine“ Erzählung, ist kontrovers diskutiert. Zu den diversen Lösungsvorschlägen: vgl. Kertelge, K., 110-120; Pesch, R., Markusevangelium, 312-314; Gnilka, J., Evangelium nach Markus, 209-213.

8,49[196]), als Jesus auf dem Weg dorthin von der blutflüssigen Frau aufgehalten wird, ist bei Mt das Mädchen bereits tot (Mt 9,18a), als der Vater Hilfe holt; es handelt sich bei Mt von Anfang an um eine Totenerweckung.
Als motivische Anregungen zur Ausgestaltung von Mk 5 dienen alttestamentliche Totenerweckungserzählungen.[197]

2.2.2.1 Begegnung der Trauernden mit Jesus

Der Vater kommt zu Jesus (Mk 5,22a), fällt zu seinen Füßen nieder (Mk 5,22b) und spricht die doppelte Bitte um Rettung und Leben seiner Tochter aus (Mk 5,23c.d). Mt kürzt die Bitte und schließt die Vertrauensäußerung an (Mt 9,18g): „so wird sie leben."[198] Jesus, der sich mit dem Vater auf den Weg zur Tochter macht (Mk 5,24a; Mt 9,19; Lk 8,42c), spricht dem Vater angesichts der Nachricht vom Tod der Tochter (Mk 5,35c; Lk 8,49c) einen Ausweg zu, wie das Schicksal mit Hilfe des Glaubens rückgängig gemacht werden kann (Mk 5,36b; Lk 8,50c.d).
Vor dem Hineingehen in das Haus ist nach Mk 5,38b „Getümmel" zu vernehmen, sowie „Weinende" und „laut Heulende", Mt 9,23b berichtet von „Pfeifern" und einer „lärmenden Volksmenge", Lk 8,52a fügt ein generalisierendes „alle" ein: wer sie sind, ist nicht zu erfahren. Möglicherweise handelt es sich um das für eine Begräbnisfeier bestellte Klagepersonal, durch die der eingetretene Tod des Mädchens bestätigt wird. Jesu Reaktion auf die Konfrontation mit den Trauernden bei Mk 5,39b in der Frage: „Was lärmt und weint ihr?" unterbricht - angesichts des eingetretenen Todes provokativ - die Totenklage der anwesenden Mittrauernden. Aus der Frage bei Mk wird bei Lk 8,52e die schlichte

---

196 Aus dem Prädikat ἀπέθανεν bei Mk wird τέθνηκεν bei Lk: nicht das „Verstorbensein", sondern das „Totsein" wird betont (vgl. Schürmann, H., Lukasevangelium, 493. Anm. 156).

197 Vgl. Kertelge, K., 117-118; Gnilka, J., Evangelium nach Markus, 212.219; Pesch, R., Markusevangelium, 298.313.
Der Glaube an Totenerweckung findet sich damals sowohl im Hellenismus: Erweckung wird vom θεῖος ἀνήρ erwartet (vgl. Weinreich, O., 46), wie im Judentum: Der Glaube des Vaters kann sich auf die von Elia (1 Kön 17,17-24) und Elisa (2 Kön 4,32-37) überlieferten Taten stützen.
Wesentlichen Einfluß auf die Verkündigung von Jesus als Totenerwecker scheinen die aus dem AT bekannten Totenerweckungen gehabt zu haben (vgl. Jeremias, J., 936-943). Das sogenannte Überbietungsmotiv kommt zum Tragen: Jesus überbietet mit seiner Macht die beiden alttestamentlichen Propheten Elia und Elisa, die neben manipulativen Belebungsmaßnahmen (1 Kön 17,21a.b; 2 Kön 4,34) auf das Gebet zu JHWH angewiesen sind (1 Kön 17,21c; 2 Kön 4,33c).

198 Lk wandelt die direkte Bitte teils in indirekte Rede, teils in einen Bericht zur Bestätigung der objektiven Berechtigung der Bitte um (vgl. Busse, U., 223).

Aufforderung bzw. Mahnung: „Weint nicht“[199], Mt 9,24b setzt mit dem Befehl: „Geht fort“ der Totenklage ein Ende. Jesu Verhalten wird verständlich, wird dessen Aussage, das Kind schlafe nur, berücksichtigt (Mk 5,39c; Lk 8,52e[200]; Mt 9,24b[201]): Totsein bedeutet lediglich Schlaf[202], der der Erweckung harrt, worauf die Mittrauernden mit Gelächter reagieren (Mk 5,40a; Lk 8,53a; Mt 9,24c).

2.2.2.2 Theologische Aussagen

Gemäß dem theologischen Konzept des Markusevangeliums[203] dient die Bedeutung von Tod und Auferstehung Jesu als Schlüssel zum Verständnis der Totenerweckungserzählung und als Symbol für die allgemeine Auferweckung: Die Macht des Todes ist mit Jesu Tod und Auferstehung gebrochen, die darum Garant für die Totenerweckung des Mädchens ist.[204] Jesu Bild vom Todesschlaf in Mk 5,39c: „Das Kind ist nicht gestorben, sondern es schläft“ ist demzufolge nicht „euphemistisch[205], sondern ‘eschatologisch’“[206] zu verstehen und leitet metaphorisch zur Ansage der Auferweckung um[207]. Globaler Horizont zum Verständnis der Auferweckung ist die Anerkennung von Gottes Macht als Herr über Lebende und Tote. In Jesu Rede äußert sich Gottes Anspruch als Gott der Lebenden, nicht der Toten (vgl. Mk 12,27). „Jesus sieht also das Kind so, wie

---

199 Vgl. Lk 7,13d.

200 Lk 8,52e läßt die Erklärung über den Schlaf stehen, streicht jedoch im Unterschied zu Mk τὸ παιδίον.

201 Mt 9,24b stellt im Gegensatz zur Vorrangstellung des Subjekts bei Mk das Subjekt τὸ κοράσιον um.

202 Zum Bildwort vom Todesschlaf: vgl. Hoffmann, P., Die Toten in Christus, 186-206; Fischbach, S.M., 186-190. Ohne daß der Gedanke an die Auferstehung bei der Verwendung der Begriffe καθεύδω und κοιμάω mit vorausgesetzt ist, „erfolgt die Verwendung ... doch bevorzugt im Zusammenhang mit eschatologischen Themen“ (dies., 189).

203 Mk verknüpft die Wundergeschichten mit der Passionsgeschichte Jesu: Der Schlüssel zum Verständnis Jesu als Sohn Gottes (vgl. Gnilka, J., Evangelium nach Markus, 60-64) und Messias (vgl. ebd. 167-170) liegt in dessen Tod und Auferstehung (vgl. Kertelge, K., 118-126; Pesch, R., Markusevangelium, 48.61).

204 Vgl. Rochais, G., 72-73.

205 Vgl. Dan 12,2 für die euphemistische, im biblischen Sprachgebrauch begründete Umschreibung für den Tod. Die Vorstellung vom Schlaf als Euphemismus für Tod entstammt wahrscheinlich der „Erfahrung des leblos auf dem Totenbett oder in der Grabkammer daliegenden Leichnams“ (Hoffmann, P., Die Toten in Christus, 190).

206 Kertelge, K., 116. Vgl. Pesch, R., Markusevangelium, 308.

207 Vgl. Schnackenburg, R., Matthäusevangelium, 87-88.

Gott es schon sieht"[208] und „deutet mit dem Bild auf die endzeitliche Totenerweckung hin, die jetzt schon zeichenhaft vorweggenommen wird."[209]
In Jesu Totenerweckung zeigt sich der Anbruch des eschatologischen Wirkens Gottes[210]: „Jesus wird ... prädiziert ... als der, in dem das ἔσχατον nahegekommen ist."[211] Durch Jesu Unterbrechung der Trauer und Totenklage erhält wiederum die im Eschaton in Jesus angekommene Basileia Gottes Priorität. Diejenigen, die diesen Horizont nicht teilen, quittieren Jesu Aussage mit Gelächter (Mk 5,40a; Lk 8,53a; Mt 9,24c). Anders verhält sich der Vater, den Jesus angesichts des Todes seiner Tochter zum Glauben (Mk 5,36b; Lk 8,50c.d) als Voraussetzung für die Hoffnung auf Auferweckung aufgefordert hat.[212] Der Glaube vermag zu retten und heilen. Nach F.Bovon sollte - im Anschluß an W.Marxen - die markinische und lukanische Version der Perikope sachgemäß mit „Vom grenzenlosen Glauben" überschrieben werden[213], wobei aber in dieser Charakterisierung die Hoffnung auf Auferweckung zurücktritt.
H.J.Held hingegen charakterisiert die Mt-Fassung der Wundererzählung als „Lehrerzählung über den Glauben"[214]: Mt gestaltet die Perikope als „Erfüllung

---

208 Schweizer, E., Evangelium nach Markus, 62.

209 Ernst, J., Evangelium nach Markus, 165.
Nach P.Hoffmann steht im Hintergrund von Mk 5,39 möglicherweise bereits das Verständnis der nachösterlichen Gemeinde, die angesichts des Glaubens an die Auferstehung Jesu der Endgültigkeit des Todes eine veränderte Einstellung entgegenhält: „der Tod ist nur ein Schlaf, dem die Auferstehung folgt" (ders., Die Toten in Christus, 203).

210 Totenerweckung ist in der eschatologischen Erwartung begründet: „Tote werden auferweckt" (Mt 11,5 par Lk 7,22), die den eschatologischen Gesandten rechtfertigt. Nach G.Rochais erscheint Jesus als „prophète eschatologique" in den VV.22-24a (Mitteilung von der Krankheit der Tochter) und VV.40b-42 (Erweckung der Tochter) (ders., 72). Vgl. Lohmeyer, E., Evangelium des Markus, 108-109.

211 Kertelge, K., 118. „'Vor' der Auferstehung Jesu blieb ... die Erweckung der Tochter des Jairus unverstanden. Nach Markus konnte sie nicht verstanden werden, da sie ja eine Ausnahme von der Regel ist, daß die Auferstehung von den Toten erst in der Auferstehung Jesu realisiert ist. In der Weise der Vorwegnahme trägt die Erweckung der Tochter des Jairus die eschatologischen Züge schon in das Wirken des irdischen Jesus ein" (ebd. 120).

212 Diese Sicht wird unterstützt durch den Einschub der Erzählung von der Heilung der blutflüssigen Frau, deren eigentliches Ziel „die Hinführung zum Heil (ist; d.V.), das man im Glauben an Jesus als den Gottgesandten erlangt" (Ernst, J., Mk, 163).

213 Vgl. Bovon, F., 450. Der anfänglich begrenzte „Glaube an Jesus (als den Wundertäter) wird überhöht zu einem unbegrenzten, zu einem grenzenlosen Glauben als Glauben an den, der vom Tode errettet" (Marxsen, W., 176). In der Geschichte Mk 5,21-43 geht es um den Glauben an den, der sogar die Toten erweckt (vgl. ebd. 175-177).

214 Held, H.J., 170. Vgl. auch: H.Frankemölle überschreibt die Auslegung der Erzählung mit „Von der Kraft des Glaubens" (ders., 320); Gnilka, J., Matthäusevangelium, 340; Grundmann, W., Evangelium nach Matthäus, 273; Sand, A., 202. Anders: Luz, U., 50. Anm. 3; Bovon, F., 450.

und Bestätigung des anfangs vom bittenden Vater ausgesprochenen Glaubens“[215]. Der Glaube des Vorstehers, der die Errettung seiner Tochter vom Tod (Mt 9,18) erbittet, hält „sich auch angesichts des schon eingetretenen Todes fest und zuversichtlich zu Jesus“[216]. Jesu Handeln (Mt 9,23-25) korrespondiert mit der gläubigen und vertrauensvollen Bitte des Vaters „und muß insofern als die Antwort auf diese Bitte verstanden werden.“[217] Sowohl der Vater als auch die Frau, die Jesus auf dem Weg zum Haus des Vorstehers heilt[218], werden als Glaubende dargestellt: Glaube, der Voraussetzung ist - nicht Folge -, für die Heilung der Frau und Erweckung der Tochter vom Tod.[219] Die angesprochenen Gemeindemitglieder des Mt sollen zum grenzenlos vertrauenden Glauben motiviert werden[220]: Glaube, durch den jedem einzelnen an der Todesgrenze neues Leben verheißen ist[221].
Auch aus der Einbindung der Totenerweckungserzählung in den Kontext der Erzählung von der Heilung zweier Blinder (Mt 9,27-31), in deren Zentrum der Glaube steht, wird deutlich, daß den Bittenden entsprechend ihrem Glauben Hilfe zuteil wird.

2.3 Auferstehungshoffnung

In Jesu Tod und Auferstehung hat Gott gezeigt, daß selbst der Tod nicht von seiner absoluten Liebe zu scheiden vermag. Der Glaube an die Auferstehung ist weder beweis- noch widerlegbar, basiert allerdings auf dem entscheidenden Willen, sich vertrauensvoll einzulassen. Neben den biblischen[222] Grundlagen zur Auferstehung der Toten werden im Folgenden zwei ausgewählte Zeugnisse zur

215 Held, H.J., 170.

216 Ebd. 169-170.

217 Ebd. 223. Die Wundergeschichte bringt zum Ausdruck, „daß dem Glauben geschieht, wie er will“ (ebd. 227).

218 Der Zwischenfall auf dem Weg mit der blutflüssigen Frau erhält bei Mt die Funktion, den Zusammenhang von Glaube und Wunder transparent zu machen (vgl. ebd. 168-169.205-207): Bei Mt geht als auslösendes Wort der rettenden Heilung das Gespräch mit Jesus voran, das in dem Satz gipfelt: „Sei guten Mutes, Tochter, dein Glaube hat dich geheilt“ (Mt 9,22).

219 Vgl. ebd. 168-171.

220 Vgl. Rochais, G., 93.

221 Vgl. Burger, C., 287.

222 Um die enge Zusammengehörigkeit von AT und NT in der Auferstehungshoffnung als Einheit aufzeigen zu können, gehen folgenden Ausführungen zum NT alttestamentliche Vorstellungen im Überblick voraus. Diese kommen aus dem Grund in den bibeltheologischen Überlegungen zum AT nicht zur Sprache.

Auferstehungshoffnung in der Trauer vorgestellt: die Emmaus-Erzählung (Lk 24,13-35) und 1 Thess 4,13.

2.3.1 Überblick zum Zeugnis der Hl. Schrift

Im AT entwickelt sich erst allmählich die Glaubensüberzeugung von einer Zukunft über den Tod hinaus.

Bei Ausklammerung einzelexegetischer Details ergibt sich Folgendes: Der Auferstehungsglaube taucht in nur wenigen späteren Zeugnissen auf[223], die älteren Schichten des AT kennen lediglich die Scheol, das Totenreich, und die Totengeister. Eine Vorahnung auf Errettung aus dem Totenreich[224] war nicht Allgemeingut des jüdischen Volkes.[225] Erst in nachexilischer Zeit[226] finden sich geistesgeschichtlich unter persischem und hellenistischem Einfluß, innerisraelitisch-religiös unter dem Einfluß des Theodizeeproblems sichere Zeugnisse für die Auferstehungshoffnung: in Dan 12,1-3 und in 2 Makk 7,9. Die Hoffnung richtet sich auf Auferstehung. Dan 12 in Zusammenschau mit Jes 24-27 spricht von der Auferstehung vieler Auserwählter, wobei als letzter der Tod vernichtet sein wird. Ob nur die Gerechten auferstehen (2 Makk 7) oder auch die Ungerechten, bleibt umstritten.

In der Verkündigung Jesu kommt der Auferstehungshoffnung keine zentrale Bedeutung zu, er setzt die anthropologischen und eschatologischen Anschauungen des Spätjudentums voraus[227]: Im Streitgespräch mit den Sadduzäern (Mk 12,18-27 par) lehrt Jesus die Tatsächlichkeit der Totenauferstehung.[228] Aus verschiedenen Gerichtstexten[229] und vor allem aus der Schilderung des Jüngsten Gerichtes (Mt 25,31-46) wird eine allgemeine Auferstehung der Toten deutlich.

---

223 Vgl. Wächter, L., 193; Gnilka, J., Jenseitserwartung, 104.

224 In nachexilischer Zeit stellen vor allem die Psalmen die Frage, warum die Gemeinschaft, die JHWH dem Menschen schenkt, durch den Tod zerstört werden soll: JHWH ist doch auch Herr der Scheol. Die Zuversicht richtet sich auf die unzerstörbare Lebensgemeinschaft mit JHWH. Besonders in den Pss 16; 49; 73 wird diese Hoffnung ausgedrückt (vgl. Dubarle, A.-M., 686-687).

225 „Die Masse des Volkes blieb dem Grauen des Todes versklavt, nur ganz wenige konnten sich über die pessimistische Schau des Sterbens erheben“ (Gnilka, J., Jenseitserwartung, 106).

226 Vgl. ebd. 106-107; Hoffmann, P., Die Toten in Christus, 74.

227 Vgl. Hoffmann, P., Auferstehung, 451.

228 Die Auferstehung der Toten wird von den Pharisäern bejaht, von den Sadduzäern hingegen abgelehnt. Der Glaube daran ist Konsequenz aus dem Glauben an die Treue und Macht Gottes.

229 Vgl. Mt 11,22; 12,36.41.

Die johanneische Theologie betont den gegenwärtigen Besitz des Heils (Joh 3,36): Auferstehung zu neuem „Leben ist nicht die endzeitliche Totenerweckung an einem fernen Tag, sondern sie geschieht jetzt als Erwachen des Menschen aus geistigem Tod zum Hören und bei der Annahme des Evangeliums.“[230] Neben dieser präsentischen Eschatologie wird die künftige Vollendung jedoch nicht übergangen.[231]
Die eschatologischen Verheißungen des AT werden von der Ostererfahrung, von Jesu eigener Auferweckung von den Toten her gesehen[232]: JHWH wird zu einem Gott, der Jesus von den Toten auferweckt hat.[233] Paulus thematisiert den Zusammenhang zwischen der schon geschehenen Auferstehung Jesu mit der künftigen, allgemeinen Totenauferstehung, die bei seiner Parusie erfolgt.[234] Auch eine präsentische Eschatologie findet sich bei Paulus: In Gefangenschaft und innerer Ungewißheit über den Ausgang seines Prozesses spricht er - individuell - von der Gewißheit, im Sterben und Tod - zeitlich vor der Parusie und allgemeinen Auferstehung - mit Christus zu sein.[235]
In den übrigen Schriften der nachapostolischen Zeit ist die Erwartung von der allgemeinen Totenauferstehung bereits christliches Gemeingut[236]: Auferstehung und Gericht werden verbunden[237].

Als eschatologisches Erbe steht die Auferstehung der Toten fest, im NT verstanden als Teilhabe an der Auferstehung Christi. Für die daran Glaubenden ist das bleibende Leben schon gegenwärtig, ohne daß jedoch der Schmerz über den Verlust von geliebten Menschen aufgehoben ist.
Die Emmaus-Erzählung (Lk 24,13-35) stellt den Trauer-Weg der Jünger als von Jesus begleiteten Weg dar, auf dem sie erkennen, daß in Jesu Schicksal der rettende Weg zum Leben in Tod und Auferstehung vorgezeichnet ist.

---

230 Schelkle, K.H., 763.

231 Nicht nur „anhangweise, sondern aus der inneren Konsequenz“ (Schnackenburg, R., Eschatologie, Sp. 1091) der an der Heilsgeschichte orientierten Theologie des Johannes.
Vom Jüngsten Tag wird als künftigem Ereignis gesprochen: vgl. Joh 5,28-29; 6,39-40; 12,48; 1 Joh 2,28.

232 Vgl. Schweizer, E., Leiblichkeit, 50.

233 Vgl. Röm 4,24; Gal 1,1; Apg 13,34.

234 Vgl. 1 Thess 4,16-17.

235 Vgl. Phil 1,23.

236 Vgl. 2 Tim 2,18.

237 Vgl. 2 Tim 4,1; 1 Petr 4,5; Apg 10,42; 24,25; Hebr 6,2.

2.3.2 Emmaus-Erzählung (Lk 24,13-35[238])

Die Emmausgeschichte steht zwischen der Erzählung vom leeren Grab (Lk 24,1-12) und der Erscheinung des Auferstandenen vor den Jüngern (Lk 24,36-52). Sie ist in ihrer Einheit leicht aus diesem Zusammenhang lösbar, denn ein Erzählzusammenhang von V.12 zu V.36 erscheint vom inneren Duktus des Evangeliums plausibel. Neben Lk berichtet nur Mk 16,12-13 von zwei Jüngern, denen sich Christus offenbarte. In der vorwiegend lukanisch geprägten Emmausgeschichte fließen mehrere Traditionen zusammen.[239]
Der Text gliedert sich in drei Teile, die möglicherweise vom Evangelisten zusammengefügt worden sind: Wegszene mit Gespräch (VV.13-27), Mahl (VV.28-32) und Schlußteil (VV.33-35).

2.3.2.1 Trauer-Weg der Jünger

Die Kreuzigung Jesu stürzt die Jünger in die „äußerste Krise"[240], mit seinem Tod steht für sie Glaube und Hoffnung in Frage: das Gottesverständnis, der Glaube an den Beginn des ihnen in Jesu Verkündigung und Tat erschlossenen eschatologischen Heilshandelns Gottes aus seinem unbedingten Heilswillen heraus sowie ihre Hoffnung auf Jesus als Repräsentant dieses Heilswillens bricht zusammen.[241] Ihre Gedanken und Gefühle sind besetzt vom schmerzlichen Erlebnis auf Golgatha, das ihnen mit einem Schlag ihr Selbstverständnis als Jesu Jünger nimmt. „Ein missionarisches Wirken aus der Autorität eines Gekreuzigten, noch dazu mit dem Anspruch, daß in dessen Botschaft und Wirken Gottes Heilswille sich anfanghaft und doch schon eschatologisch bedeutsam offenbart hat, war für die Jünger unter den gegebenen Bedingungen des Todes Jesu undenkbar."[242] Am Anfang ihrer Trauer steht große Enttäuschung, nach Karfreitag ist ein neuer, offenbarender Impuls nötig.[243]

---

238 Vgl. Fiedler, P..

239 Bekenntnis der Jünger über Jesu Wort und Tat (V.19) und Jesu Identifikation als der Nazarener lassen andere schriftliche oder mündliche christologische Überlieferungen vermuten. Ebenso gehen wohl die Auffindung des leeren Grabes durch die Frauen (VV.22-24) und die Erscheinung Jesu vor Simon (V.34) auf andere schon vorliegende Quellen zurück. Bei der Nennung des Ortes 'Εμμαοῦς und der Erwähnung des Namens Κλεοπᾶς ist gleichfalls eine Sonderüberlieferung anzunehmen.

240 Kessler, H., 106.

241 Vgl. ebd. 107.

242 Oberlinner, L., 83. Er fährt fort: „Dies gilt auch für den Fall, daß man eine weitgehende Integration des von Jesus vorausgewußten Todes in seine Verkündigung von der Gottesherrschaft oder gar eine heilsvermittelnde Deutung dieses Todes anzunehmen bereit ist" (ebd.).

Zwei vom Tod Jesu betroffene Jünger sind von Jerusalem aufgebrochen nach Emmaus: ihr Weggang aus Jerusalem ist ihre Wegkehr von Jesus und der Jüngergemeinschaft. Trauer (V.17) beherrscht sie.[244]
Es gesellt sich ein „unbekannter" (V.16) Weggefährte zu ihnen: er hört ihnen aufmerksam zu bei der Schilderung des Hergangs des Todes Jesu (VV.19-20), ihrem Bericht über die Enttäuschung ihrer Sehnsucht nach Erlösung (V.21), die durch das Zeugnis seines Lebendigseins einiger Frauen aus ihrem Kreis wieder entzündet wurde (VV.22-24). Jesus reagiert, indem er ihnen vorhält: „O ihr Unverständigen und trägen Herzens, zu glauben an alles, was die Propheten geredet haben" (V.25) und dann anfängt, ihnen die Schrift in ihre Situation hineinzudeuten (VV.26-27).
In Emmaus angekommen kommuniziert Jesus mit den Jüngern auf einer gegenüber dem Gespräch auf dem Weg qualitativ anderen Ebene: er hält Mahl mit ihnen (V.30), sie begreifen (V.31), nachdem sie Jesus beim Brotbrechen erkannten. Das Mahl wird zum Signal des Glaubens, auf das Weg-Gespräch fällt von hier aus ein erhellendes Licht (V.32).
Die Trauer der Jünger wendet sich entscheidend: Ihre Umkehr zu Jesus wird zur Umkehr nach Jerusalem und Rückkehr in die Gemeinschaft der an Jesus Glaubenden.[245] Am Ausgangspunkt ihres Weges berichten sie in der versammelten Jüngergemeinde von ihrer Begegnung mit Jesus während des Mahles (V.35). Beide Jünger kommen von der Jerusalemer Gemeinde und binden sich und ihre Erfahrung mit dem Auferstandenen an deren Bekenntnis zurück.

2.3.2.2 Theologische Aussagen

In V.34 geht es um ein grundlegendes Osterbekenntnis[246], wodurch „der Bekenntnischarakter für den Evangelisten und seine Gemeinde klar ist."[247] Der

Vgl. dazu: Schürmann, H., Gottes Reich - Jesu Geschick, 51, der den „eschatologischen Ausblick" beim letzten Abendmahl (Mk 14,25 par) in der Weise deutet, daß „Jesus die kommende Basileia mit seinem Todes-Geschick zusammen(dachte; d.V.)" bzw. angesichts seines bevorstehenden Todes diesen damit als „'Heilstod'" (ebd. 213) qualifizierte.

243 Vgl. Vögtle, A., Jesus „Christus", 72-73.

244 „Solange sie die Geschichte Jesu als eine Geschichte vergangener Hoffnung erzählen ..., bleiben sie im Nicht-Verstehen ... Die 'Dissonanz', die ihr Verstehen hindert, ist ... die ... des Zweifels, des Kleinglaubens" (Pesch, R., Karfreitag, 80).

245 Vgl. ebd. 80-84.

246 Vgl. die Nähe zum zweiten Teil der in 1 Kor 15,3b-5a erhaltenen traditionellen Formel; die Aussage von der Heilsbedeutsamkeit des Todes „für unsere Sünden" fehlt.

247 Fiedler, P., 141.

Evangelist, dessen Darstellung der Erzählung den Gottesdienst seiner Zeit durchscheinen läßt[248], bekräftigt damit „den Glauben an die Christusbegegnung im Gemeindegottesdienst“[249].
Die Erschließung des christologischen Sinnes der Schrift durch den Auferstandenen, der sein Leiden um des Heiles für die Menschen willen aufgehoben und in seiner Verherrlichung bewahrt sieht, ist durch ihn selbst autorisiert. Das Kreuz Christi als Symbol für menschliches Leiden wird von der Auferstehung her interpretiert und ist darum nicht nur Zeichen des Leides, sondern auch des Sieges Gottes über das Leid. Von daher sieht der Glaube der Urchristenheit darin eine gottgewollte Notwendigkeit, die der Erfüllung des göttlichen Heilsplanes entspricht, worin Gott selbst als der eigentliche und endzeitlich Handelnde geglaubt wird.
Mit dem vom Auferstandenen vollzogenen „Brotbrechen“ „bekräftigt der Evangelist den Glauben der Gemeinde, daß der auferstandene Christus als Gastgeber ihre Mahlfeier ‘be-herrscht’, daß somit im christlichen Gottesdienst die Selbsterschließung des verherrlichten Christus ... immer wieder vollzogen wird.“[250]

Im Glauben an Jesu Auferstehung und Gegenwart bekommen die Jünger ein neues Verhältnis zu ihrer Trauer: sie ist getröstet. Jesus ist damit der alte und neue Grund ihres Glaubens und ihrer Hoffnung.
Für den Glaubenden ist nach 1 Thess 4,13 der eigentliche Tod schon überwunden, die durch Jesus vermittelte Lebensgemeinschaft des Menschen mit Gott wird mit dem Tod nicht „unterbrochen“.

2.3.3 1 Thess 4,13[251]

Paulus stellt in die allgemeinparänetischen Schlußbemerkungen seines Briefes an die Thessalonicher (4,1-12; 5,12-22) zwei Abschnitte über eschatologische Probleme (4,13-18; 5,1-11).
Die Belehrung in 4,13-18[252] ist ein in sich geschlossener Text, der sich in zwei Teile gliedert: Ausgehend vom Glaubenssatz über Tod und Auferstehung Jesu

---

248 Vgl. ebd. 139 mit Anm. 37.
249 Ebd. 143.
250 Ebd..
251 Zu 1 Thess: vgl. Harnisch, W.; Hoffmann, P., Die Toten in Christus, 207-212; Dobschütz, E. von; Rigaux, B.; Holtz, T..

Christi wird für die Toten das künftige Mit-Christus-Sein in Aussicht gestellt (V.14). Das Verhältnis der Lebenden zu den Toten bei der Parusie behandeln die VV.15-17.
Der Rahmenvers 13a gibt den Gegenstand der Belehrung an: „über die Entschlafenen"[253] mit dem Ziel, das im durch ἵνα angeschlossenen Finalsatz negativ formuliert ist: „damit ihr nicht betrübt seid" - μὴ λυπῆσθε - „wie die übrigen[254], die keine Hoffnung[255] haben" (V.13b). Der Rahmenvers 18 ist die positiv formulierte Aufforderung an die Gemeinde: „So ermuntert nun einander mit diesen Worten", nämlich auch den Toten die Gewißheit um das Heil zuzusprechen.

Theologische Aussagen

Angesichts des künftigen Schicksals der Toten soll die Gemeinde in der Gegenwart nicht in hoffnungslose Trauer verfallen, wodurch der Apostel Trauer nicht verbieten, sondern einer von Hoffnungslosigkeit beherrschten Haltung wehren will.[256] Wesentlich für Paulus ist die gelebte Christusgemeinschaft[257], worin sich für die Glaubenden die reale Teilhabe am Christus-Schicksal in Leid und Tod[258] wie die Gewißheit der Überwindung von Leid in der Anteilnahme am Leben Jesu ausdrückt[259]. Durch den Glauben an das Hineingenommensein in die Erlösung durch Tod und Auferstehung Jesu gibt es auch für die Toten Hoffnung:

252 Zu den Deutungsversuchen hinsichtlich des konkreten Hintergrundes von 1 Thess 4,13-18: vgl. Harnisch, W., 19-24.

253 Hier handelt es sich um einen Euphemismus für die Toten (vgl. Hoffmann, P., Die Toten in Christus, 186-202). In Zusammenschau mit V.14 und V.16b („die Toten in Christus") handelt es sich um verstorbene Gemeindemitglieder.

254 Mit οἱ λοιποὶ (V.13b), wodurch οἱ ἔξω (V.12) aufgenommen wird (so die meisten Kommentare: vgl. ebd. 209), werden Heiden und Juden bezeichnet (vgl. Holtz, T., 189). Anders: Dobschütz, E. von, 188.

255 Zur heidnischen Hoffnungslosigkeit: vgl. Bultmann, R., Art. ἐλπίς, 528-529.
ἐλπίς meint in ihrem Begriffsinhalt die Teilnahme an der Parusie und die Vereinigung mit Christus in der Auferstehung (vgl. Rigaux, B., 533).

256 Vgl. Holtz, T., 188-189.

257 Vgl. 1 Thess 4,14-17; 2 Kor 5,6.8.

258 Paulus geht von der Korrelation zwischen dem Leiden Jesu und dem der Christen aus: wie Adam das Geschick der Menschheit bestimmt, stellt Jesus durch sein eschatologisches Leiden die in Zugehörigkeit zu ihm Stehenden in seine Leidensgemeinschaft (vgl. 2 Kor 1,5; 4,10; Phil 3,10).

259 Da in Christus Gottes Kraft siegreich durchgebrochen ist, haben die in Zugehörigkeit zu ihm Stehenden Anteil an der Fülle seines Trostes (vgl. 2 Kor 1,5; 4,10; 6,9; 12,9).

sie sind in Christus - „die" Grundbestimmung des glaubenden Menschen, ob er nun lebt oder gestorben ist (vgl. Röm 14,7-8).
Die eschatologische Zukunft begründet Hoffnung für die christliche Gemeinde und hat „tröstende Funktion für die heillose Gegenwart"[260]: So sehr nämlich Tod und Trauer die christliche Existenz bestimmen, so sehr gilt Entsprechendes für die Auferweckung. Die schon geschehene Auferstehung Jesu als „Beginn der Bewegung auf die Vollendung hin"[261], die in der Auferstehung der Toten in ihrer vollständigen Bedeutung und Wirkung vollendet sein wird[262], ist Anlaß zur Hoffnung und Trost in der Trauer.

2.4 Konsequenzen für die Nachfolge Jesu

Im ersten Johannesbrief heißt es: „Wer sagt, daß er in ihm bleibe, ist schuldig, selbst auch so zu wandeln, wie er gewandelt ist" (1 Joh 2,6): Die jungen christlichen Gemeinden verstehen sich als Leib Christi, der durch Solidarität geprägt ist[263], und praktizieren Solidarität gegenüber denen in Trauer und Not.[264]

Das ausschlaggebende Prinzip für christliches Handeln stellt die von Jesus verkündete Basileia Gottes dar, die bestimmt ist von der Option für jeden Menschen, vor allem die seliggepriesenen Bedürftigen. Die bedingungslose Vorausgabe der radikalen Sorge und Güte Gottes verlangt von den Jesus Nachfolgenden, in ihrem Sein und Verhalten der Güte Gottes zu entsprechen. Wo sich darum die Jesus Nachfolgenden in der Weise Gottes dem Menschen zuwenden, wird die Basileia Gottes real: Aufgabe der christlichen Gemeinde ist eine diesem Gottesverständnis entsprechende Verkündigung im Weitersagen der Botschaft und dementsprechendes Handeln im Weiterführen des Wirkens Jesu.[265]

---

260 Holtz, T., 208.

261 Schelkle, K.H., 756. Vgl. 1 Kor 15,20.

262 Vgl. Röm 8,29; Kol 1,18.

263 Vgl. Röm 12,4-5; 1 Kor 12,12-31a.

264 Vgl. 1 Kor 12,26; Röm 12,15.

265 „Wenn Nachfolge es primär damit zu tun hatte, daß sich Menschen auf die Basileia-Erfahrung Jesu einließen und sich mit ihm handelnd solidarisierten, dann wäre auch heute noch Christsein zu umschreiben als ein Sicheinlassen auf diesen Glauben und die Hoffnung Jesu im ständigen Nach- und Weiterdenken und Tun jenes durch ihn realisierten befreienden Anfangs" (Hoffmann, P., Studien zur Frühgeschichte der Jesus-Bewegung, 71-72). Dieser Übersetzungsvorgang bleibt immer änderungsbedürftig und überholbar; dem Grad seiner Qualität entsprechend wird dadurch pastoralem Handeln Zeugniskraft verliehen.

Jesu - und damit der Christen - Antwort auf die Trauer der Eltern ist Begegnen, Anteilnehmen, Mittragen und Überwinden. Jesus hat trauernden Eltern im Einsatz für das zeitlich begrenzte menschliche Leben Hilfe gebracht und ist dadurch Trauer und Leid dieser unerlösten Welt angegangen: Aufgabe der christlichen Gemeinde in der Nachfolge ist demnach, wider alle Leidensverherrlichung zu helfen, daß Trauer und Leid gewendet werden. Kriterium solchen Handelns ist dabei das Liebesgebot als entscheidendes Stimulans aus der Basileia-Botschaft.
Jesus geht mit den trauernden Eltern und Jüngern und bereitet dadurch auf der Beziehungsebene als Grundbedingung die Möglichkeit zum Anfang neuer Hoffnung in der Neuorientierung: Aufgabe der christlichen Gemeinde in der Nachfolge ist demnach, trauernden Eltern im Medium persönlicher Zuwendung das im Glauben von Gott erfahrene helfende Mitsein und seine Nähe weiterzugeben, denn nur im Medium heilender Begegnung und Beziehung kann die Botschaft vom Heil glaubwürdig bezeugt werden.
Seit Ostern wird der Sinn von Jesu Leid durch die Auferstehung offenbar, seit Ostern kann sein Leiden mit dem der Christen zusammengedacht werden. Im Hinschauen auf den leidenden Christus mit der für alle in seiner Selbsthingabe begründeten Hoffnung auf Leben gibt es ein Sinnangebot Gottes, das die Grenze aller Trauer sichtbar macht und eigentlicher Trost ist: Aufgabe der christlichen Gemeinde ist demnach, sich in der Verkündigung des Heilshandelns Gottes in Jesus und der Feier der Heilsgeheimnisse für den Glauben an das in Jesu Tod und Auferstehung für alle erschlossene Leben zu engagieren, denn nur der innere Dialog mit dieser Botschaft, der aus der persönlichen Beziehung zu Jesus Christus lebt, vermag eine unendliche Zukunft über den Tod hinaus zu eröffnen und zu entfalten.

3. Zielkontrolle und Überblick

Ausgehend vom Alten Testament ist die Bedeutung der Trauer der Eltern um ein Kind sowie deren Traueräußerungen als Grundlage, auf welcher das Neue Testament aufbaut, aufgezeigt. Elterntrauer erfährt in der Basileia-Botschaft Jesu eine radikale Wende, die in der Seligpreisung Trauernder ihren Höhepunkt findet. Tiefe Trauer bricht die Existenz, zerbricht sie aber nicht, wenn der Trauernde darauf vertraut, daß er in Gemeinschaft mit Christus steht und ihn nichts von der in Jesus offenbar gewordenen Liebe zu scheiden vermag. Trauer - so erfahren -

birgt die Chance in sich, neues Leben zu entdecken: Die sich in der Trauer auftuende Leere der Eltern kann neue Offenheit für die eschatologischen Heilsgeheimnisse bringen. Trauernde Eltern werden so gemäß Jesu Seligpreisung der Trauernden zu Heilsanwärtern für die schon angekommene und sich im Eschaton vollendende Basileia Gottes. Vertrauensvolles Angewiesensein auf Christus und Begegnung mit ihm trösten Trauer. Jesu Umgang mit trauernden Eltern zeigt den Vorrang der Basileia Gottes vor Elterntrauer: Er unterbricht die Trauer der Eltern und holt die verstorbenen Kinder zum Zeichen der angekommenen Basileia Gottes in das Leben mit den Eltern zurück. Die Trauer der Jünger um den Tod ihres Herrn ist durch die Begegnung mit Jesus Christus als Auferstandenem gewendet. Trauer der Jesus Nachfolgenden ist seither von der Auferstehungshoffnung durchdrungen, daß auch sie dort sein werden, wo Christus ist (Joh 17,24). Trauer ist so umfangen von personal in Jesus Christus vermittelter Hoffnung auf Gottes Nähe über den Tod hinaus, so daß das als Geschenk vom Schöpfergott erhaltene Leben, das eigene und das des geliebten Kindes, wieder in die bergende Hand Gottes zurückgegeben werden kann. Dieser Trost ist Geschenk der sich vor uns bereits vollziehenden Erlösung und Wirklichkeit des Eschatons.
Inwiefern christlicher Glaube trauernden Eltern in kirchlichen Gemeinden tatsächlichen Halt und Hoffnung bietet und die Verkündigung des Evangeliums in ihrer Situation hilfreich ist, wird durch die praktisch-theologische Untersuchung ermittelt.

Auf dem Hintergrund des in den vorangegangenen Kapiteln vermittelten aktuellen theoretischen Wissenstands zur Situation und Problematik von Elterntrauer wird mittels praktisch-theologischer Felduntersuchung bei verwaisten Eltern ihre tatsächliche Situation in ihren kirchlichen Gemeinden erkundet, wodurch konkrete Daten gewonnen werden.

V. Praktisch-theologische Untersuchung zur Situation verwaister Eltern in ihrer Gemeinde

Praktische Theologie als Handlungswissenschaft macht den Selbstvollzug der Kirche vorrangig zu ihrem Untersuchungsgegenstand, um christliches Handeln im Geist des Evangeliums zu reflektieren und neues Handeln in christlicher Verantwortung aufzuzeigen. Ohne sich in praktische Felder zu begeben und damit ohne empirisch praktisch-theologische Untersuchung, ist Praktische Theologie kaum mehr zu betreiben. Theoretisch wurde dies mehrfach zu begründen versucht[1], nicht immer jedoch wenden Theologen empirische Methodologie für ihre theologische Forschung an.[2]

Im Rahmen dieser Untersuchung wird Trauer der Eltern um ein Kind im Kontext kirchlicher Gemeinde geortet: Das Interesse der Untersuchung liegt auf der Art des Verhältnisses verwaister Eltern zu Gemeinde und deren Erfahrungen mit ihr. Die Vorgehensweise der Untersuchung richtet sich nach der in der empirischen Sozialforschung gängigen Abfolge mit Planungs-, Durchführungs- und Auswertungsphase.[3] Folgende Beschreibung hält sich chronologisch an den Untersuchungsablauf.

1. Planungsphase

Die vermittelten theoretischen Inhalte der Arbeit - praktisch-theologische, psychologische und bibeltheologische Überlegungen - fließen in die gemeindliche Situation betroffener Eltern ein. Diese läßt Vermutungen über das Problemfeld zu, welche in Form von Hypothesen konkretisiert werden. Zunächst wird das Problemfeld mit Zielformulierung umschrieben, bevor darauf basierende Hypothesen erstellt werden, auf deren Grundlage die Datenerhebung erfolgt.

---

1 Vgl. Bäumler, Ch.; Bucher, A.A..
Seit dem II. Vatikanum erfolgt Offenheit gegenüber anderen wissenschaftlichen Diziplinen; Impulse des Konzils fordern die theologische Auseinandersetzung mit Human- und Sozialwissenschaften. Möglich ist dies erst, als auch der profanen Welt Offenbarungscharakter zugesprochen wurde.

2 Als Beispiel für die Anwendung empirischer Methodologie im Rahmen theologischer Forschung ist die Gruppe der niederländischen Theologen um J.A. van der Ven zu nennen.

3 Im weiteren wird sinngemäß die Untersuchungsstruktur von J.Friedrichs übernommen, die den Erfordernissen vorliegender Untersuchung angepaßt wird.

1.1 Problem- und Zielformulierung

Mit der Charakterisierung des Problemfeldes wird das Ziel der Untersuchung unter Berücksichtigung der Rahmenbedingungen und der Art der zu erwartenden Ergebnisse vorgestellt.

1.1.1 Problemfeld

Das Verhältnis verwaister Eltern zu ihrer kirchlichen Gemeinde wird sichtbar in den Grundvollzügen von Gemeinde: Koinonia, Verkündigung, Liturgie und Diakonie. Sie lassen Vermutungen über relevante Inhalte des Problemfeldes zu:

Koinonia: Art des Verhältnisses der Eltern zu Gemeindevertretern und -mitgliedern (u.a. gemeindlicher Integrationsgrad, persönliche Kontakte, eigenes Engagement, Teilnahme am Gemeindeleben);

Verkündigung: Christlicher Glaube als Halt und Hoffnung in der Trauer, Veränderung der Gottesbeziehung, konkret gelebter Glaube, Proprium christlicher Trauer, Glaubenszeugnis anderer Gemeindemitglieder, Deutung von Leben und Tod (u.a. Predigt, Thematisierung von Trauer in der Gemeinde in Vortragsreihen und gemeindlichem Austausch);

Liturgie: Gebet, Requiem, Beerdigung, Gottesdienste, Totengedenken (u.a. Gedächtnisfeiern, Feier von Allerseelen, Allerheiligen, Toten- bzw. Ewigkeitssonntag), Mitgestaltungsmöglichkeiten;

Diakonie: Anteilnahme, Gespräch, Beratung, Begleitung, Angebote und Hilfen für verwaiste Eltern (u.a. Gesprächsgruppen, Besuchsdienste), fachliche und persönliche Kompetenz und Relevanz der Person/Persönlichkeit der Gemeindevertreter.

Unberücksichtigt bleiben strukturelle Bedingungen von Kirche: die Untersuchung ist im speziell gemeindlichen Fall auf verwaiste Eltern bezogen. Sie ist auf beide Großkirchen in der Bundesrepublik Deutschland ausgerichtet und hat daher ökumenischen Charakter. Da beide Konfessionen im Blick auf den Umgang mit Trauernden ähnliche Anliegen verfolgen, können unterschiedliche Rahmenbedingungen und Ausfaltung kirchlicher Aufgaben in den jeweiligen konfessionellen Gemeinden unberücksichtigt bleiben.

1.1.2 Ziel der Untersuchung

Empirisch praktisch-theologische Erkenntnisse über das oben beschriebene Problemfeld zu erhalten ist materiales Ziel vorliegender Untersuchung.
Das formale Ziel, das Beschaffenheit und Art der Ergebnisse festlegt, wird bestimmt durch eine Entscheidung zwischen quantitativ belegten, allgemeingültigen Aussagen oder qualitativ orientierter Sammlung von Aussagen über das Untersuchungsfeld, die nicht allgemeingültig übertragbar sind, sondern das Vorhandensein bestimmter Phänomene im Untersuchungsfeld ausdrücken. Eine qualitative Untersuchung will Verhältnisse, Verbindungen, Relationen und Beziehungen entdecken[4], was bei vorliegender Untersuchung im Vordergrund steht; es geht nicht um Gewinnung statistischer Zahlen. Doch wird auf eine Hypothesenaufstellung, wie es bei quantitativen Untersuchungen üblich ist, nicht verzichtet, da die vermittelten theoretischen Inhalte dieser Arbeit Vermutungen über das Untersuchungsfeld zulassen und damit eine bei qualitativen Untersuchungen geforderte Unvoreingenommenheit eingeschränkt ist. Ebenso ist die Wahl des Untersuchungsinstrumentes Befragung durch Fragebogen typische Erhebungsform für eine quantitative Untersuchung. In der Methodik erlaubt sich der Verfasser damit eine Kombination quantitativer und qualitativer Elemente: Durch formulierte Hypothesen werden Vermutungen über das Untersuchungsfeld aufgestellt, die zur Überprüfung anstehen; gleichzeitig ist grundsätzliche Offenheit gegenüber dem Gegenstand gefordert[5]. Einfühlung des Verfassers in die „Szene", Erlernen von deren Sprache und Teilnahme am Leben verwaister Eltern sind qualitative Grundbedingungen für die Untersuchung. Im Unterschied zu quantitativen Untersuchungen, welche ausschließlich Beobachtungen durchführen, stehen qualitative in Austausch mit Betroffenen. „Praktische Mitgliedschaft" an der Lebenswelt verwaister Eltern ist unabdingbar für spätere Auswertung inhaltlicher Aussagen.

Diese Zielformulierung dient als Prüfstein für die weitere Konzeption sowie für die Bewertung der Untersuchung insgesamt.

---

4 Zu Zielsetzung und Methodologie qualitativer Sozialforschung: vgl. Kleining, G., 224-253; Bohnsack, R.; Lamnek, S..

5 Dies kommt vor allem durch offene Fragen und eine freigestellte Frage am Ende des Fragebogens zum Ausdruck.

1.1.3 Beschreibung und Begründung der Rahmenbedingungen

Beschriebenem Problemfeld mit genannter Zielsetzung müssen Form der Untersuchung mit der Entscheidung für geeignete Untersuchungsinstrumente und die Wahl der Untersuchungsgruppe entsprechen.

1.1.3.1 Form der Untersuchung

Mit Hilfe der gewählten Form: Befragung durch schriftlichen Fragebogen mit vorwiegend offenen Fragestellungen, soll aufgeführte Zielsetzung erreicht werden.

Folgende Erwägungen liegen diesen Entscheidungen zugrunde:
Im Gegensatz zu Beobachtungen sind Befragungen besonders zielgerichtet: Dies gilt umso mehr für die Thematik der Trauer bei Eltern, die sich vorwiegend im emotionalen Bereich abspielt, weswegen Beobachtungen nur schwer durchzuführen sind. Selbstäußerungen Befragter sind daher sinnvoller als Schlußfolgerungen aus Beobachtungen. Anhand einer Befragung können Informationen in relativ kurzer Zeit ermittelt werden.
Um persönliche Intimität zu schützen, wird die Befragung schriftlich durchgeführt. Eine schriftliche Befragung ist kostengünstig und über große Entfernung leicht durchführbar. Durch die Distanz von Befrager und Befragten erhofft sich der Verfasser Authentizität von erlebten Erfahrungen, denn unmittelbares Ausgesetztsein dem Befrager gegenüber ist in schriftlicher Beantwortung ausgeschlossen. Ein Vorteil schriftlicher Befragung gegenüber einem Interview liegt im Wegfall der Künstlichkeit der Befragungssituation: Eltern haben Zeit, ihre Antworten zu konkreten Fragen zu überdenken, umzuformulieren, sich zu korrigieren und weitere Aspekte hinzuzufügen, was in einer Interviewsituation in Anbetracht der kurzen Zeit und Spontaneität nur bruchstückhaft möglich ist. Die Mitgestaltung der Interviewsituation durch den Befrager fällt weg: Suggestivwirkungen von seiten des Befragers sind ausgeschaltet, weswegen Befragungen in schriftlicher Form zuverlässig sind.[6]

---

6 Befragungen bei der Untersuchungsgruppe verwaister Eltern wurden mehrfach in verschiedenen Formen mit psychologischem und medizinischem Interesse durchgeführt: Interview oder Fragebogen. Dabei scheint die Art der Untersuchungsmethode und der Kontaktaufnahme (durch persönlichen Kontakt, Telephongespräch oder Brief) keinen entscheidenden Einfluß auf die Beteiligung der Eltern an der Untersuchung zu haben.
Tabelle zu Befragungen: vgl. Schwerin, A.-Ch., 74.

Direkte Einflußnahme - wie im Interview - ist dem Befrager jedoch nicht möglich: Verständnisfragen können nicht gestellt und Fragen nicht präzisiert werden, auch auf Antworten kann nicht flexibel eingegangen werden. Die Dynamik eines Gesprächs oder einer Begegnung fällt weg. Direkte Befragung in Form von Interviews mit Eltern setzt einen Vertrauensvorsprung für den Befrager voraus, denn es geht um intime und persönliche Stellungnahmen der Eltern[7], was eine wissenschaftliche Untersuchung erschwert. Da dieser Vertrauensvorsprung nur in wenigen Fällen möglich ist, unter anderem weil er viel Zeit erfordert, jedoch eine große Zahl verwaister Eltern angesprochen werden soll, ist schriftliche Befragung sinnvoller. Eine große Zahl von Befragungen wahrt die Anonymität der Befragten, Rückschlüsse von Antworten auf Personen werden erschwert. Thematisierung des Fragebogens in den SHG kann Hemmnisse bei Eltern angehen und zu Mitarbeit motivieren, eine für die Erhebung entscheidende Situation, die nicht kontrolliert werden kann. Diese Unkenntnis zur Erhebungssituation tritt bei jeder schriftlichen Befragung auf: Es besteht keine Kontrolle, ob der Befragte mit anderen über die Fragen spricht, den Bogen selbst oder gemeinsam mit anderen ausfüllt oder gar ein anderer, der vielleicht nicht zur Zielgruppe gehört, die Fragen stellvertretend beantwortet. Bei schriftlicher Befragung hat der Initiator wenig Einfluß darauf, wieviel ausgefüllte Fragebögen oder bearbeitete Fragen zurückkommen: Rücklaufquote und damit verbundene Unkenntnis der Gründe für verschiedene Arten von Ausfällen (beispielsweise Fehler bei der Zustellung oder Nicht-Zurücksendung) beeinflussen die Ergebnisse. Schriftliche Befragung über Gruppen mit der Aufgabe, den Fragebogen zu kopieren und zur Teilnahme zu motivieren, stellt eine große Hürde für die Beteiligung an der Untersuchung dar, was sich wahrscheinlich negativ auf die Rücklaufquote auswirkt. Bei dieser Untersuchung werden keine Briefmarken und -umschläge für die Rücksendung der Fragebögen verschickt: aus Kostengründen und Unklarheit über die Mitgliederzahl der jeweiligen SHG. Da bei dieser Untersuchung nicht quantitativ, sondern vorrangig mit inhaltlichen Ergebnissen gearbeitet wird, kann dies in Kauf genommen werden. Positiv auf die Rücklaufquote wirkt die große Homogenität (verwaiste Eltern - SHG) befragter Gruppe und der Stellenwert des Themas für Betroffene: Die Befragung berührt ein zentrales Thema mit hoher Bedeutung für Betroffene - ihre Trauer mit

---

7 Mitschnitt eines Interviews auf Tonband mit wissenschaftlichem Interesse ist aus diesem Grund nur schwer durchführbar, was eine Auswertung des Gesprächs erschwert. Da der Inhalt der Befragung mit emotionaler Betroffenheit der Eltern verbunden ist, werden mitunter solche Aufnahmen abgelehnt (vgl. ebd. 66-67).

dem Tod ihres Kindes. Von den Aussagen wird daher hohe Gültigkeit und Genauigkeit erwartet.
Offene Fragen sind der Zielsetzung dienlicher als geschlossene mit vorgegebenen Antworten: Da es vorwiegend um persönliches Erleben und persönliche Einstellungen geht, soll den Befragten Freiraum gewährt werden, sich zu äußern und selbst zu strukturieren. Mitunter können Aspekte hervortreten, die bei der Konzeption der Untersuchung nicht bekannt waren und über das eigene Bezugssystem hinausreichen. Dies erweitert den Rahmen von geschlossenen Fragen mit vorgegebenen ja - nein Entscheidungen und Skalen.

Entscheidend für die Untersuchung sind die Formulierung des Fragebogens und das erläuternde Schreiben an die SHG.
Der Fragebogen wird per Post an SHG mit Absender verschickt, in beiliegendem Schreiben wird über Absicht, Zielsetzung und Durchführung der Befragung aufgeklärt sowie anonymer Umgang mit den zu erwartenden Daten zugesichert.
Den Fragebogen mit beiliegendem Schreiben zu kopieren und ihren Mitgliedern auszuhändigen ist Aufgabe der SHG. Empfohlen wird Thematisierung des Anliegens der Untersuchung in der SHG, wobei der Fragebogen auch als Grundlage für Austausch oder Diskussion dienen kann, damit sich niemand mit dem Fragebogen alleingelassen fühlt; die Gruppe kann sich so selbst Hilfestellung geben. Jede Person in der SHG, die zur Beantwortung der Fragen bereit ist, soll anhand des Fragebogens eigene Antworten finden und diese selbst schriftlich fixieren. Strukturierung der Antworten nach den numerierten Fragen erleichtert die Auswertung, Antwort in Briefform oder in Form eines Erlebnisberichtes ist möglich, doch sollten alle Fragen berücksichtigt werden. Die Antwort kann zum Schutz persönlicher Daten und Intimität anonym erfolgen, auch persönliche Antworten mit Namensnennung werden in der wissenschaftlichen Arbeit anonym gehandhabt.
Eine Frist von drei Monaten Bearbeitung wird gesetzt, die Dauer der Erhebung beträgt drei Monate[8]: Diese Zeitspanne zwischen Verschicken des Fragebogens und Beginn der Auswertung wird bewußt lang gewählt, da sich SHG normalerweise in zweiwöchigen bis monatlichen Zeitabständen treffen.

---

8 Zur Verlängerung der Erhebungsdauer: vgl. Teil V: Punkt 2..

1.1.3.2 Untersuchungsfeld - Wahl der Stichprobe

Ungewöhnlich ist die Art der Untersuchung über SHG[9]: Verwaiste Eltern werden nicht persönlich durch Briefkontakt, Telephongespräch oder persönlichen Kontakt angesprochen, sondern über deren SHG. Die Untersuchung beschränkt sich auf SHG verwaister Eltern in der Bundesrepublik Deutschland, die bei Verwaiste Eltern Hamburg e.V. registriert sind. Die für die Untersuchung zugrundeliegende Adressenliste der SHG wurde von Verwaiste Eltern Hamburg e.V. veröffentlicht[10] und ergänzt[11]. Da SHG ständiger Dynamik unterliegen und Veränderungen wie Neugründungen oder Auflösungen häufig auftreten, bedarf es einer Überprüfung derselben Listen für vorgesehene Untersuchung. Über direkten Kontakt mit Verwaiste Eltern München e.V. war es möglich, die Listen auf den Stand von Juli 1996 zu aktualisieren. Die Gruppen Verwaister Eltern bilden den Großteil der SHG ca. n=287. Diese werden von SHG mit Schwerpunkt Frühtod - Totgeburt - Plötzlicher Säuglingstod, welche die Organisationen (GEPS) - Gesellschaft zur Erforschung des Plötzlichen Säuglingstodes Deutschland e.V. - und INITIATIVE REGENBOGEN „Glücklose Schwangerschaft e.V." ins Leben riefen, ergänzt, die dem Verfasser mit der Liste der SHG von Verwaiste Eltern München e.V. zugeschickt wurden. Die Anzahl der SHG beträgt insgesamt n=377 Gruppen; die Mitgliederanzahl einer SHG ist schwer auszumachen, die Anzahl über SHG tatsächlich erreichter Eltern bleibt daher unbekannt.

Die Befragung unter SHG liegt nahe, da in dieser Form viele verwaiste Eltern „organisiert" sind. Angenommen wird, daß ein Großteil in christlichen Gemeinden der beiden Großkirchen zuhause sind[12] - dieser bildet den Schwerpunkt der Zielgruppe, da eine innerkirchliche Thematik vor allem Mitglieder der Kirchen angeht. Eingeladen sind alle Mitglieder der SHG, unabhängig von Religion und Bekenntnis, an der Umfrage teilzunehmen, haben sie Bezug zu einer christlichen Gemeinde. Da diese ihren Auftrag auch für

---

9 Da Verwaiste Eltern Hamburg e.V. zwar Adressen verwaister Eltern vorliegen, diese aber datenrechtlich geschützt sind, kann eine Befragung größeren Ausmaßes nur über SHG durchgeführt werden.

10 Vgl. Verwaiste Eltern Hamburg e.V., Schwerpunkt: Hilfe zur Selbsthilfe, 117-138.

11 Vgl. ders., Schwerpunkt: Trauer und Behinderung, 172-176.

12 Dies wird zumindest für die alten Bundesländer angenommen, in denen sich die meisten SHG befinden. In den neuen Bundesländern sind SHG derzeit im Aufbau, bis zur Wiedervereinigung existierten keine SHG in der DDR (vgl. Schwerin, A.-Ch., 131).
Zur Übersichtskarte für SHG verwaister Eltern: vgl. Verwaiste Eltern Hamburg e.V., Schwerpunkt: Trauer und Behinderung, 171.

Außenstehende sieht, ist es legitim, Wahrnehmungen und Empfehlungen dritter von „außen" zu berücksichtigen.
Angenommen wird, daß bei dieser in SHG beheimateten Zielgruppe, die sich ihrer Trauer aktiv annimmt, eine große Zahl von Antworten zu erwarten ist: Sie sind sozial sichtbar (durch Mitgliedschaft in SHG) auf der Suche nach einer „Lösung" ihrer Trauer. Weiter wird angenommen, daß Personen in SHG bereit sind und es verstehen, sich zu äußern, und so die Mühen schriftlicher Befragung auf sich nehmen.
Die homogene Gruppe verwaister Eltern mit gemeinsamer Zugehörigkeit zu SHG gibt der Basis der Untersuchung noch größere Homogenität, die Vergleiche bei Aussagen erleichtert. Gemeindemitglieder, die nicht mit solchen Gruppen in Verbindung stehen, bleiben bei dieser Untersuchung unberücksichtigt, weswegen Ergebnisse der Stichprobe nur auf Gemeindemitglieder von SHG zutreffend sind; Rückschlüsse auf die Gesamtheit der Gemeinde sind dabei nur mit Vorsicht zu ziehen.

1.1.4 Art der zu erwartenden Ergebnisse

Da die Zahl der Befragten begrenzt und das Untersuchungsfeld auf verwaiste Eltern in SHG beschränkt ist, hat die Untersuchung vorrangig keine quantitative Aussagekraft. Formulierte Hypothesen werden nur im Zusammenhang mit befragter Gruppe verifiziert oder falsifiziert und erheben keinen Anspruch auf Allgemeingültigkeit der Aussagen bezüglich der Gesamtheit verwaister Eltern in kirchlichen Gemeinden. Den Aussagen kommt lediglich Wahrscheinlichkeitscharakter zu.
Als Grenzen der Nutzbarkeit der Ergebnisse für gemeindliche Arbeit erweisen sich, daß nicht alle betroffenen Eltern einer Gemeinde einer SHG angehören und die Anzahl betroffener Eltern einer Gemeinde in den SHG nicht bekannt ist. Es kommen nur bestimmte Eltern zu SHG - meist solche, die bereit sind, über ihre Trauer zu sprechen, und sozialen Umgang und Hilfe suchen, was bestimmte Aktivität und Initiative voraussetzt. Hinzu kommt, daß vorwiegend Frauen Mitglieder von SHG sind.

Nach diesen grundsätzlichen Überlegungen zur Untersuchungskonzeption werden, ausgehend von den Vermutungen über das Problemfeld, Hypothesen formuliert.

1.2 Hypothesenformulierung

Hypothesen sind Sätze, die einen bestimmten Sachverhalt behaupten, der später durch empirische Beweisführung bestätigt oder widerlegt wird. Inhaltliche Zielsetzungen der Untersuchung müssen in klare Sätze gefaßt werden, die durch die Befragung falsifiziert oder verifiziert werden können.

HYPOTHESE 1: Das Eingebundensein der Eltern in ihre kirchliche Gemeinde vor dem Tod des Kindes hat positive Auswirkungen auf ihren Trauerweg.

HYPOTHESE 2: Haben Eltern positive Erfahrungen in der eigenen Lebensgeschichte mit kirchlicher Gemeinde gemacht, wünschen sie bei Verlust ihres Kindes Kontakt zu kirchlicher Gemeinde, sind aber zur Kontaktaufnahme von ihrer Situation her häufig dazu nicht in der Lage.

HYPOTHESE 3: Gemeindlicher Beistand auf dem Trauerweg verwaister Eltern in Verkündigung, Liturgie und Diakonie wird als nicht ausreichend empfunden.

HYPOTHESE 4: Die Person des gemeindlichen Vertreters (Pfarrer/in, Kaplan, Pastor/in, Vikar/in, Diakon/in, Pastoralreferent/in, Gemeindereferent/in, Seelsorger/in) mit ihren Haltungen ist im Umgang mit verwaisten Eltern grundlegend.

HYPOTHESE 5: Christlicher Glaube hilft verwaisten Eltern, Trauer zuzulassen und sich neu dem Leben zuzuwenden.

HYPOTHESE 6: Verwaiste Eltern wünschen Veränderungen im gemeindlichen Leben und sind bereit, diese mitzutragen.

Die Hypothesenprüfung auf ihre Beziehung zur Gemeinderealität hin erfolgt durch empirisch praktisch-theologische Untersuchung mit qualitativer Zielrichtung mittels Umfrage. Den theoretischen Überlegungen werden dadurch konkrete Daten gegenübergestellt.
Auf der Grundlage der Hypothesenformulierung werden die Untersuchungsinstrumente konkretisiert.

1.3 Datenerhebung

Die Untersuchungsinstrumente: Fragebogen und erklärendes Schreiben, müssen geeignet sein, gewünschte inhaltliche Verifizierung oder Falsifizierung der Hypothesen zu garantieren. Um dies zu gewährleisten, wird im Vorfeld der Untersuchung ein Pretest durchgeführt, der mögliche notwendige Korrektur der Untersuchungsinstrumente zuläßt.

1.3.1 Erstellung eines Fragebogens

Der Fragebogen hat kurz, klar, einfach verständlich und übersichtlich zu sein sowie über gute graphische Qualität zu verfügen, da die Befragung ohne zusätzliche Erklärungen erfolgen muß. Für offene Fragen hat genügend Freiraum vorhanden zu sein, um Anreiz für ausführliche Beantwortung zu geben. Formulierung und Anordnung der Fragen haben Einfluß auf die Fähigkeit, den Bogen auszufüllen, und damit auf die Beantwortung. Über- oder Unterforderungen des Befragten, mehrdeutige und schwer verständliche Formulierungen, Suggestivfragen, unvollständige Antwortvorgaben und die Stellung banaler Fragen bewirken Verzerrungen des Inhalts der Antworten - Einflüsse, die weitestgehend ausgeschaltet werden sollen. Inhaltlich aussagekräftige Antworten ergibt die Methode des „umgekehrten Trichterns": Dabei wird zunächst eine Alternativfrage (ja - nein) gestellt, die mit einer weiteren Frage inhaltlich begründet werden soll. Es gibt geschlossene Fragen zur Bejahung bzw. Verneinung, wobei Zutreffendes unterstrichen werden soll (z.B. ja - nein oder ja - nein), und offene Fragen, auf die frei geantwortet werden soll. An den Anfang des Fragebogens gehören Fragen allgemeiner Art, die leicht zu beantworten sind, wodurch der Befragte Sicherheit gewinnt und mit dem Fragebogen vertraut wird. Daher eignen sich an dieser Stelle einfache Fragen zu Person und Situation: Die Fragen betreffen zunächst den Befragten selbst, das verstorbene Kind und seine Situation in der SHG, um die Zugehörigkeit zur Zielgruppe zu belegen. Es folgen Fragen, die die aufgestellten Hypothesen der Reihe nach überprüfen.[13] Die Themenkreise werden dabei meist zuerst in allgemeiner Form angesprochen und später konkret auf die Hypothesen

---

[13] Für Hypothese 1 steht Frageblock 4 des Fragebogens, für Hypothese 2 Frageblock 5, für Hypothese 3 Frageblock 6, für Hypothese 4 Frageblock 7, für Hypothese 5 Frageblock 8 und für Hypothese 6 Frageblock 9.

fokussiert. Am Schluß des Bogens ist eine Frage angeführt, die dem Befragten die Möglichkeit gibt, sich frei über eigene Aspekte bezüglich des Themas zu äußern, wodurch ein Blick über den Rahmen der Befragung hinaus gewährt wird. Die Länge des Bogens soll zwei doppelseitig bedruckte DIN A 4 Blätter nicht überschreiten: zum einen aus Rückportogründen[14], zum anderen wirkt sich die Kürze des Bogens erfahrungsgemäß positiv auf die Rücklaufquote aus. Der Fragebogen wird jeweils oberhalb des gedruckten Absenders per Hand mit „Bitte um Ausfüllung und Rücksendung bis 1.12.96" beschrieben, wodurch der Eindruck einer Massensendung vermieden werden soll.

Unter Einbeziehung dieser Überlegungen wird ein Fragebogen erstellt. Bei der Darstellung[15] von Fragebogen und erklärendem Schreiben handelt es sich jeweils um die Endfassung, d.h., durch den Pretest bedingte Veränderungen sind bereits vorgenommen und eingearbeitet.

---

[14] 20 g ist Grenze für doppelte Portogebühr.

[15] Layout von Fragebogen und erklärendem Schreiben (s.u.) ist den Anforderungen dieser Arbeit angepaßt.

Fragebogen

Handschriftliche Bitte um Ausfüllung und Rücksendung
Absender des Verfassers

Fragebogen
(Zutreffendes bitte unterstreichen)

1. Angaben zu Ihrer Person:
Wie alt sind Sie?______ Geschlecht: *m - w* Religionszugehörigkeit:_

2. Angaben zu Ihrem verstorbenen Kind:
Alter:__Geschlecht: *m - w* Welches Kind? *einziges - eins von zwei - eins von mehreren*
Todesursache:____________ Todestag:__________________

3. Angaben zur Selbsthilfegruppe (=SHG):
Welcher SHG gehören Sie an (Ort, Name)?_____________________________
Anzahl der Mitglieder der SHG insgesamt:___________
Gibt es einen Schwerpunkt der SHG? *ja - nein*
Wenn ja: Welchen?_______________________

4. a) Was verstehen Sie unter einer kirchlichen Gemeinde?
____
____

b) Wo befindet sich „Ihre" kirchliche Gemeinde? *am Wohnort - anderswo*
c) Beschreiben Sie Ihr Verhältnis zu Ihrer kirchlichen Gemeinde vor dem Tod Ihres Kindes:
____
____
____

d) Hat sich dieses Verhältnis mit dem Tod Ihres Kindes verändert? *ja - nein*
Wenn ja: Auf welche Weise?
____
____
____

e) Welches Verhalten Ihnen gegenüber haben Sie von seiten der Gemeindemitglieder nach dem Tod Ihres Kindes erfahren?
____
____
____

f) Fühlen Sie sich zu Ihrer Gemeinde zugehörig?
ja - im großen und ganzen - kann ich mich nicht festlegen - eher nicht - nein
g) Fühlen Sie sich in Ihrer Gemeinde wohl?
ja - im großen und ganzen - kann ich mich nicht festlegen - eher nicht - nein
h) Wirkt sich Ihre Zugehörigkeit zur und Ihr Wohlbefinden in der Gemeinde auf Ihre Trauer aus? *ja - nein* Wenn ja: Inwiefern?
____
____
____
____

5. a) Woll(t)en Sie, daß Vertreter/innen Ihrer kirchlichen Gemeinde auf Sie zugehen? *ja - nein*
Aus welchen Gründen?

b) Sind Sie selbst in Ihrer Trauer auf Personen in der Gemeinde zugegangen? *ja - nein*
Warum?

6. a) Welche Erfahrungen machten Sie mit Ihrer kirchlichen Gemeinde beim Tod Ihres Kindes?

b) Gibt / gab es Hilfen in der Gemeinde, die Sie in Ihrer Trauer stütz(t)en? *ja - nein*
Wenn ja: Welche (z.B. Besuche, Beerdigung, Gespräche, Gottesdienste, Predigt, Gruppentreffen, Gedächtnisfeier)?

c) Welche Bedingungen sind für Sie entscheidend, damit Sie Hilfen aus der Gemeinde in Anspruch nehmen?

7. a) Wie bewerten Sie Ihre Erfahrungen mit Vertretern/innen Ihrer Gemeinde (Pfarrer/in, Pastor/in, Pastoralreferent/in, Gemeindereferent/in, Seelsorger/in) im Hinblick auf Ihren Trauerweg?
hilfreich - etwas hilfreich - ohne Einfluß - eher störend - erschwerend

b) Beschreiben Sie solche Situationen, bei denen dies deutlich wird:

c) Haben diese Erfahrungen Auswirkungen auf Ihr Verhältnis zur Gemeinde? *ja - nein*
Wenn ja: Inwiefern?

____
____
____
____
____
____

d) Gibt / gab es jemanden aus der Gemeinde, der Sie nach dem Tod Ihres Kindes besucht(e) und sich um Sie kümmert(e)? *ja - nein*
Wenn ja: Wen?

____
____

e) Nehmen / nahmen Sie seelsorgliche Begleitung in Anspruch? *ja - nein*
Warum?

____
____

Wenn ja: Wie sieht / sah diese Begleitung konkret aus?

____
____
____
____

f) Welche persönlichen und fachlichen Merkmale sollte Ihrer Meinung nach ein(e) Seelsorger/in im Umgang mit verwaisten Eltern mitbringen?

Persönliche Merkmale:______________________________
____
____
____

Fachliche Merkmale:______________________________
____
____
____

8. a) Gibt Ihnen christlicher Glaube Halt und Hoffnung in Ihrer Trauer? *ja - nein*
Wenn ja: Inwiefern?

____
____
____
____

b) Erwarten Sie Aussagen gemeindlicher Vertreter/innen über Deutung von Leben und Tod? *ja - nein* Warum?

____
____
____
____

c) Hat sich Ihre Beziehung zu Gott durch den Tod Ihres Kindes verändert? *ja - nein*
Wenn ja: Auf welche Weise?

d) Können Sie mit Personen in Ihrer Gemeinde Ihren Glauben teilen? *ja - nein*
Wenn ja: Auf welche Weise?

e) Trauern nach Ihrer Erfahrung „christliche" Eltern anders? *ja - nein*
Wenn ja: Inwiefern?

9. a) Welche Wünsche und Erwartungen haben Sie als Trauernde an Ihre kirchliche Gemeinde und deren Vertreter/innen?

Kirchliche Gemeinde:

Vertreter/innen:

b) Welche konkreten Veränderungen erachten Sie als notwendig?

c) Wollen Sie sich als verwaiste Eltern in Ihrer Gemeinde engagieren? *ja - nein*
Wenn ja: Wie könnte dies aussehen?

10. Sehen Sie zu den befragten Themenkreisen zusätzliche Aspekte, die Sie ausführen wollen?

1.3.2 Erstellung eines erklärenden Schreibens

Mögliche Thematisierung des Fragebogens in den SHG und eigene Hilfestellung der Gruppe beeinflussen die Ergebnisse mit. Um diesen Einfluß zu steuern, wird mit dem Fragebogen ein Schreiben verschickt, das über Absicht und Durchführung der Untersuchung Vorgaben macht. Trotz der Möglichkeit erheblicher Abweichungen der Vorgehensweise einzelner SHG, die durch Gruppendynamik und Schlüsselpersonen in den SHG bestimmt wird, scheint eine Motivationsphase zur Untersuchung wichtig, da sie Hemmnisse und Unsicherheiten beseitigen hilft. Dieses Schreiben, welches dem Fragebogen beigelegt wird, ist wichtiges Element der Befragung: es prägt den Eindruck des Befragten vom Absender, was wiederum Einfluß auf Beantwortung und Rücklaufquote hat. Genannt werden müssen Informationen zur Absicht und Durchführung der Befragung, Name und Adresse des Absenders, Themenbereich der Dissertation, Thema der Befragung und letztmöglicher Rücksendetermin. Über die Verwendung der Ergebnisse muß Klarheit herrschen: diese finden ausschließlich Eingang in die Dissertation. Dabei wird Anonymität zugesichert: Namen werden, falls notwendig, durch Nummern ersetzt. Der Zusammenhang zwischen Thema der Untersuchung, Verwertungsziel und Interessen der Befragten wird erläutert, die Wahl des Untersuchungsfeldes (SHG) begründet. Ein uneigennütziger Appell im Interesse der Absicht vorliegender Arbeit mit der Heraushebung genereller Ziele soll motivieren, die Fragen zu beantworten. Eine Thematisierung des Fragebogens in der Gruppe ist möglich und erwünscht. Wünschenswert ist die Beantwortung aller Fragen, jedoch besteht die Möglichkeit, Fragen nicht zu beantworten. Das äußere Bild des Schreibens hat wesentlichen Einfluß auf die Beteiligung: wichtig ist, den Eindruck einer Massensendung zu vermeiden. Daher empfiehlt es sich, das Schreiben und den Fragebogen nicht kopiert zu versenden, besondere Briefmarken - Sonder- oder Wohlfahrtsmarken - zu verwenden und auf die graphische Qualität des Schreibens zu achten. Die maximale Länge des Schreibens soll eine DIN A 4 Seite mit ausreichendem Rand nicht überschreiten. Am Schluß des Schreibens steht ein handschriftlich persönlicher Dank für die Bereitschaft zur Mitarbeit und die Unterschrift des Absenders im Original.

Da der Verfasser bei der Erhebungssituation selbst nicht physisch anwesend ist, repräsentieren ihn angeführte Indizien.

Erklärendes Schreiben

Absender mit Telephonnummer des Verfassers

September 1996

Liebe verwaiste Eltern,

ich bin kath. Theologe und promoviere seit zwei Jahren an der Phil.-Theol. Hochschule in Benediktbeuern. Mein Thema betrifft das Verhältnis verwaister Eltern zu ihrer kirchlichen Gemeinde. Da ich die tiefe Betroffenheit verwaister Eltern, deren Infragestellung von Sinn und Lebensauffassung und deren Randposition nicht nur gesellschaftlich, sondern auch kirchlich wahrnehme, erachte ich es als notwendig, das Verhältnis von Kirche zu Trauernden in den Blick zu nehmen und positive Handlungsimpulse zu geben. Ich sehe es derzeit als eine der dringlichsten Aufgaben der Kirchen, sich Trauernden zuzuwenden.

Da es keine Studien bezüglich des Verhältnisses verwaister Eltern zu deren kirchlicher Gemeinde gibt, bin ich auf Ihre Mitarbeit angewiesen. Es ist mir bewußt, daß der Umgang mit verwaisten Eltern Sensibilität erfordert. Als Nichtbetroffener ist es nicht leicht, das Vertrauen Betroffener zu gewinnen, zumal wenn auch wissenschaftliches Interesse bekundet wird.

Ich will anhand einer schriftlichen Umfrage in den SHG (= Selbsthilfegruppen) verwaister Eltern das Verhältnis der Eltern zu ihrer kirchlichen Gemeinde, deren Erfahrungen und Wünsche erfragen. Da viele verwaiste Eltern, die einer kirchlichen Gemeinde angehören, SHG besuchen, scheint mir diese Wahl der SHG als Untersuchungsfeld sinnvoll: Sie haben die Fähigkeit, aktiv nach „Lösung" Ihrer Trauer zu suchen, sowie den Mut, über Ihre Trauer zu sprechen; bedingt durch diese Offenheit erhoffe ich mir, daß Sie an der Befragung teilnehmen. Zur Befragung habe ich beiliegenden Fragebogen erstellt. Diesen bitte ich zu beantworten. Vielleicht gelingt es mittels dieser Studie, die Situation verwaister Eltern in den Gemeinden zu verbessern; aber schon mehr Verständnis ist hilfreich.

<u>Zur Durchführung der Befragung</u>: Aufgabe der SHG ist, den Fragebogen mit diesem Schreiben zu kopieren und allen Mitgliedern auszuhändigen. Teilnehmen können alle, die in irgendeiner Weise in einem Verhältnis zu einer kirchlichen Gemeinde stehen. Empfohlen wird eine Thematisierung des Anliegens der Untersuchung in der SHG. Jede Person aber, die bereit ist, die Fragen zu beantworten, soll anhand des Fragebogens eigene Antworten finden. Eine Antwort in Briefform oder in Form eines Erlebnisberichtes ist möglich, doch sollten alle Fragen berücksichtigt werden. Die Antwort kann anonym erfolgen, aber auch persönliche Antworten mit Namensnennung werden anonym gehandhabt. Die inhaltlichen Ergebnisse der Befragung finden ausschließlich Eingang in meine Arbeit.

Ich bitte um Rücksendung an meine Adresse bis spätestens 1. Dezember 1996.

Handschriftlicher Dank und Unterschrift des Verfassers

1.3.3 Durchführung eines Pretests

Ein Pretest ist bei schriftlicher Befragung notwendige Voraussetzung für die Vorbereitung der Hauptuntersuchung. Er bezieht sich auf die technische Eignung des Untersuchungsinstrumentes und dessen Umsetzbarkeit in der Erhebungssituation. Der Fragebogen mit erklärendem Schreiben wird in bezug auf seine grundsätzliche Anwendbarkeit, technische Durchführbarkeit, inhaltliche Verständlichkeit, Layout, Anordnung und Eindeutigkeit der Fragen überprüft. Außerdem gibt ein Pretest Auskunft über den materialen Aspekt der Untersuchung, d.h., ob der Fragebogen das zu erwartende Ergebnis erbringt und aufgestellte Hypothesen mit den inhaltlichen Ergebnissen übereinstimmen. Ziel des Pretests ist die inhaltliche und technische Verbesserung des Untersuchungsinstrumentes, die durch Pretestanalyse erreicht wird.
Zehn Fragebögen mit erklärendem Schreiben und jeweils einem an den Absender des Verfassers adressierten und frankierten Briefumschlag für die Rückantwort[16] wurden Ende August 1996 an Verwaiste Eltern München e.V. verschickt. Diese süddeutsche Zentralstelle ließ zehn zur Zielgruppe der SHG gehörenden Personen die Erhebungsmaterialien mit eigenem Schreiben[17] zukommen, wodurch die Anonymität der zehn Personen gewahrt blieb und der Zeitrahmen des Pretests auf zwei Wochen beschränkt werden konnte. Jeder einzelne Fragebogen wurde handschriftlich oben mit „Bitte um Ausfüllung und Rücksendung bis Sa., dem 14.09.96", am Ende des erklärenden Schreibens mit persönlichem Dank und Unterschrift des Verfassers versehen. Die Zeitspanne zwischen Pretest und eigentlicher Erhebung soll möglichst klein gehalten werden, damit mögliche Veränderungen des Untersuchungsfeldes und der Erhebungssituation gering bleiben: Je länger ein Pretest bei Beginn der Untersuchung zurückliegt, desto mehr verliert er an gültiger Aussagekraft, weshalb die Zeit zwischen Beginn des Pretests und Anfang der Hauptstudie weniger als einen Monat beträgt.
Die Durchsprache des Fragebogens mit erklärendem Schreiben und der korrelierenden Hypothesen mit Fachleuten aus Soziologie, Sozialpädagogik und Theologie bildet einen weiteren Bestandteil des Vortests. Da einerseits wissenschaftlich ausgearbeitete und verbindliche Grundlagen einer Pretestanalyse

---

16 Da der Verfasser bei der geringen Anzahl von zehn auf eine hohe Rücklaufquote angewiesen ist, um eventuelle Korrekturen am Untersuchungsinstrument vornehmen zu können, wird - abweichend zur Hauptuntersuchung - Rückporto mit Briefumschlag beigelegt.

17 Vgl. Anlagenverzeichnis Teil V: Anlage 1.

nicht vorliegen und andererseits das subjektive Moment in der endgültigen Erstellung des Fragebogens möglichst klein gehalten werden soll, ist der Befrager auf Erfahrungen und Sachverstand anderer, mit Durchführungen von Befragungen mit Pretest vertrauter Wissenschaftler angewiesen.

Konsequenzen

Alle zehn verschickten Fragebögen kamen ausgefüllt an den Befrager zurück, zwei davon wegen Urlaubs mit ein paar Tagen Verspätung über die Zweiwochenfrist hinaus. Die Zeit vom 14. September 1996 bis zu Beginn der Hauptstudie am 23. September 1996 diente zur Auswertung des Pretests sowie zur Vornahme verschiedener Veränderungen an den Untersuchungsinstrumenten. Soweit dies durch die geringe Anzahl der Fragebögen beurteilbar ist, gehen die inhaltlichen Antworten in Richtung aufgestellter Hypothesen. Keiner der Teilnehmer äußert sich bei der letzten Frage des Fragebogens, worin zusätzliche Aspekte zum Themenkreis genannt und mögliche Veränderungen vorgeschlagen werden können, zu Inhalt und Form der Umfrage. Mit Ausnahme weniger semantischer Veränderungen, die durch offensichtliche Unklarheiten bedingt waren[18], nimmt der Befrager aufgrund dieses Teiles des Pretests keine weiteren Änderungen der Untersuchungsinstrumente vor.
Im Blick auf die Gespräche mit Fachleuten aus Soziologie, Sozialpädagogik und Theologie werden Konkretisierungen zweier Fragen sowie Kürzung und semantische Modifikationen des erklärenden Schreibens vorgenommen.

Fragebogen:
In Frage 4. e) wird der Begriff Einstellung durch Verhalten, in Frage 7. b) der Begriff Erfahrungen durch Situationen ersetzt, wodurch reflektiert theoretische Begriffe konkretisiert werden. Der Befrager erhofft sich dadurch konkret an Erlebnisse gebundene Antworten.

Erklärendes Schreiben[19]:
Die Erfahrung anderer Wissenschaftler, daß lange Vorinformationen nicht gelesen werden und eher abschreckende Wirkung auf die Ausfüllung eines

---

[18] Beispielsweise ist bei Frage 5. a) nicht klar, in welchem Zeitabschnitt Zugehen kirchlicher Vertreter gewünscht ist/war, weswegen der Befrager fortan beide Zeitformen anbietet.

[19] Erklärendes Schreiben zum Pretest: vgl. Anlagenverzeichnis Teil V: Anlage 2.

Fragebogens haben, ist ausschlaggebend für die Kürzung des erklärenden Schreibens, die vor allem die Erläuterung des Fragebogenaufbaus betrifft. Das Anschreiben wird außerdem persönlicher gestaltet.[20]
Obwohl der Pretest in der Methodik von der Hauptstudie abweicht: im Mitverschicken eines eigenen Schreibens von Verwaiste Eltern München e.V., von Briefmarken und -umschlag für die Rücksendung und in der Setzung einer kürzeren Frist für die Umfragedauer, ist inhaltliche und formale Aussagekraft des Pretests positiv auf die Hauptuntersuchung zu werten. Da qualitative Ergebnisse gewonnen werden sollen, kann auf zusätzliche Motivation von seiten des Vereins Verwaiste Eltern München und auf Rückporto mit Briefumschlag in der Hauptuntersuchung verzichtet werden. Für den Pretest war diese zusätzliche Motivation wegen der geringen Anzahl von zehn unabdingbar.
Da keine großen Veränderungen am Fragebogen vorgenommen werden, erlaubt sich der Befrager, die inhaltlichen Ergebnisse des Vortests in die Hauptstudie miteinzubeziehen.

Die Planung der Untersuchungskonzeption ist abgeschlossen, die Durchführung der Befragung kann erfolgen.

[20] Beispielsweise wird für „das Thema“ der Befragung „mein Thema“ gesetzt.

2. Durchführungsphase

Die Fragebögen werden auf der ersten Seite oben vom Verfasser handschriftlich mit „Bitte um Ausfüllung und Rücksendung bis 1.12.96“, die erklärenden Schreiben auf der letzten Seite unten mit handschriftlichem Dank und Unterschrift des Befragers versehen. Am 23. September 1996 wurden n=377 Fragebögen anhand der von Verwaiste Eltern München e.V. vorgelegten Liste mit dem Stand von Juli 1996 verschickt und bei Rücksendung gesammelt. Vereinzelt wurden Fragebögen von SHG und anderen zur Zielgruppe gehörenden Einzelpersonen angefordert, so daß sich die Gesamtzahl auf ca. n=400 belief. Der Befrager rechnet bei der Hauptstudie mit 100-150 Rückantworten.
Aufgrund des allgemeinen Aufrufs zur Teilnahme an der Studie im Jahresheft 1996 von Verwaiste Eltern Hamburg e.V. verlängerte der Befrager die Untersuchungszeitspanne bis Anfang April 1997.[21] Anfang Dezember 1996 war der Großteil der ausgefüllten Fragebögen beim Untersucher eingetroffen, vereinzelt später ankommende wurden bis Anfang April 1997 gesammelt. Die Summe der beantworteten Fragebögen beträgt 246 und übersteigt damit die erwartete Rücklaufquote stark.

Die schriftlichen Rückantworten liefern konkrete Daten für die sich anschließendc Auswertung.

---

21 In leicht revidierter Form veröffentlichte Verwaiste Eltern Hamburg e.V. das erklärende Schreiben (vgl. ders., Schwerpunkt: Tod am Anfang des Lebens, X-XI). Die Veröffentlichung hatte die Form der Pretestversion, ließ Ausführungen zur Handhabung des Fragebogens weg und forderte stattdessen auf, beim Befrager den Fragebogen einzuholen. Da das Heft Ende Oktober/Anfang November 1996 erschien, wurden Fragebögen bis März 1997 angefordert. Der Verein tat dies unvorhersehbar und ohne Wissen des Befragers, der lediglich informiert wurde. Obwohl der Aufruf auch an Eltern gerichtet war, die keiner SHG angehören und so von der Zielgruppe der Untersuchung abweichen, entschloß sich der Befrager, die wenigen später eingehenden Fragebögen in der Auswertung zu berücksichtigen.
Vgl. Anlagenverzeichnis Teil V: Anlage 3.

3. Auswertungsphase

Die Phase der Auswertung findet von April bis September 1997 statt. Infolge der hohen Rücklaufquote entschließt sich der Befrager mit Blick auf die Übersichtlichkeit der Ergebnisse zur Arbeit mit einer Datenbank.

3.1 Verfahren mit den Daten

Die in schriftlicher Form vorliegenden Ergebnisse werden in folgenden Schritten bearbeitet:

- Die Fragebögen[22] bekommen eine Nummer von 1 bis 246.
- Die Antworten der 246 Fragebögen werden in ein Tabellenraster einer Datenbank eingegeben, wobei für jede Teilfrage eigens eine Tabellenspalte angelegt wird.
- Die Antwortskalen des Fragebogens werden für die Auswertung durch Zahlen verschlüsselt und verschiedenen Kategorien zugeordnet. Die Antworten werden graphisch durch Diagramme dargestellt, um dadurch grundsätzliche Tendenzen sichtbar zu machen.
- Bei der Datenerfassung werden sämtliche Namen, die eine Identifizierung Befragter ermöglichen würden, gestrichen.
- Insbesondere bei langen Ausführungen in der Beantwortung werden inhaltliche Aspekte herausgesucht, zusammengefaßt und Wiederholungen weggelassen, so daß eine Sammlung von Einzelaussagen entsteht.
- Tabellarische Berichte inhaltlicher Aussagen werden erstellt, die in Reihenfolge und Zusammenschau der für die Hypothesenprüfung notwendigen Spalten zur Auswertung vorliegen.
- Die Aussagen zu den einzelnen Hypothesen werden in weiter unten dargestellter Form zusammengefaßt.[23]

Dieses schrittweise Vorgehen ermöglicht eine übersichtliche Darstellung der inhaltlichen Ergebnisse, Gefahren von Verzerrungen werden dadurch klein gehalten. Mit Hilfe der Datenbank vereinfacht sich Ordnen und Zusammenfassen

---

[22] Briefe, die den Fragebogen ersetzen oder ergänzen, bekommen entweder eine eigene Nummer oder die des Fragebogens. Bei Briefen, die sich nicht an die Abfolge der Fragen halten, werden inhaltliche Aussagen sortiert und den jeweiligen Fragen zugeordnet.

[23] Vgl. Teil V: Punkt 3.2.

der schriftlichen Ergebnisse.[24] Die Anonymität Befragter ist durch Fragebogen-Numerierung und gleichzeitiges Weglassen aller Namen sowie Auflösung aller Daten in inhaltliche Einzelaussagen gewährleistet.

3.2 Darstellung der Ergebnisse - Hypothesenüberprüfung

Die Ergebnisse werden nach Hypothesen sortiert dargestellt. Die inhaltlichen Aussagen werden aus den einzelnen Tabellenspalten herausgesucht, Inhalte zusammengefaßt[25] und nach Schwerpunkten geordnet aufgeführt, d.h., wesentliche Aspekte werden durch qualitative Inhaltsanalyse der Aussagen herausgearbeitet: Aussagen werden strukturiert, d.h., Gesetzmäßigkeiten in den Antworten, Gemeinsamkeiten und Strukturen auftretender Probleme werden verglichen und in einen Gesamtzusammenhang gebracht, bevor sie den verschiedenen Hypothesen zugeordnet werden.

Die Darstellung umfaßt eine formal und inhaltlich bearbeitete Fassung der Ergebnisse: Der inhaltlichen Ausrichtung der Untersuchung folgend, werden die Ergebnisse offener Fragen vorwiegend ohne quantitative Angabe dargestellt. Bei geschlossenen Fragen, beispielsweise bei Skalierungsentscheidungen, wird die Anzahl der Antworten angegeben, um grundsätzliche Tendenzen sichtbar zu machen. Im Anschluß an die Darstellung erfolgt Zusammenfassung und Interpretation wesentlicher Aspekte sowie die Überprüfung der jeweiligen Hypothese mit deren Bestätigung oder Widerlegung mit Begründung.

3.2.1 Darstellung der Antworten zu befragter Person, verstorbenem Kind und SHG-Situation

Die ersten drei Fragenblöcke, Frage 1 bis 3 des Fragebogens, werden vorangestellt, um die Zugehörigkeit befragter Person zur Zielgruppe sicher zu stellen. Da es sich hierbei um keine offenen Fragen handelt, werden Diagramme

---

24 Gerade bei offenen Fragen verschafft geordnete Darstellung in Gegenüberstellungen und Auflistungen gute Übersicht zu allen Antworten und macht gründliche Hypothesenprüfung erst möglich.

25 Um bedeutsame Inhalte besser überschauen und leichter mitteilen zu können, sind Zusammenfassungen, die die Aussagen auf ihre wesentlichen Inhalte reduzieren, unabdingbar. Größere Übersichtlichkeit ist gewährleistet, jedoch werden Ergebnisse mit Blick auf die zu treffende Auswahl auch verzerrt.
Tabellarische Berichte, die alle Aussagen fassen, finden sich - unter Berücksichtigung des Umfangs - nicht in dieser Arbeit.

erstellt.[26] Die Gesamtzahl der für die Untersuchung bestimmenden Personen beträgt stets 246; bleibt eine Frage unbeantwortet, wird dies als „keine Angabe" gewertet.

3.2.1.1 Angaben zur Person (Frage 1)

Der Altersschwerpunkt liegt zwischen 50-59 Jahre, insgesamt 84 Fragebögen werden von dieser Altersgruppe ausgefüllt. Mit 53 Fragebögen in den Jahren 40-49 und 64 in den Jahren 30-39 sind die mittleren Altersgruppen gut vertreten, die Spitzen in der Alterspyramide, 60 Jahre und älter oder unter 30 Jahre, fallen kaum ins Gewicht.[27]

Wie erwartet, nehmen fast ausschließlich Frauen an der Umfrage teil: Mit insgesamt 210 von 246 bilden sie bei weitem die Mehrheit in der Untersuchung. Nur 27 Männer, 2 Fragebögen ohne Angabe und 7 Ehepaare, die entgegen den Vorstellungen des Verfassers den Fragebogen gemeinsam ausfüllten, machen den anderen Teil aus.[28]

Die beiden großen Konfessionen römisch-katholisch (103) und evangelisch (104) halten sich die Waage und bilden erwartungsgemäß die Majorität, weitere 24 gehören der evangelisch-lutheranischen Kirche, 3 der Freikirche und eine der methodistischen an, 2 sind ohne Konfession und 7 aus einer Kirche ausgetreten. 2 Fragebögen bleiben ohne Angabe.[29]

3.2.1.2 Angaben zum verstorbenen Kind (Frage 2)

Das Alter der verstorbenen Kinder bewegt sich vor allem vom Jugend- bis zum jungen Erwachsenenalter: 60 Jugendliche fallen in die Altersgruppe der 10-19jährigen, 58 in die der 20-29jährigen. Nur etwa die Hälfte dieser Todesfälle (32) ereignet sich in der Altersgruppe der 1-9jährigen, die höchste Dichte der Sterberate zeigen Todesfälle im kurzen Lebensabschnitt von 0-6 Monaten (21) und im Zeitraum von Schwangerschaft und Geburt (50). 12 Befragte machen keine Angabe.[30]

---

[26] Im Diagrammverzeichnis finden sich die Diagramme 1 bis 10, die schnelle Übersicht über diesen Frageblock ermöglichen.

[27] Vgl. Diagrammverzeichnis: Diagramm 1.

[28] Vgl. Diagrammverzeichnis: Diagramm 2.

[29] Vgl. Diagrammverzeichnis: Diagramm 3.

[30] Vgl. Diagrammverzeichnis: Diagramm 4.

Der Anteil verstorbener Jungen liegt mit 149 etwa ein Drittel über dem Wert der Mädchen (91).[31]
Die Skala zur Frage: „Welches Kind?“ verstorben ist, ist vom Verfasser nicht genügend differenziert worden, da der Tod mehrerer Kinder nicht aufgeführt ist. 14 Befragte erweitern daher die Skala selbst: 12 geben an, 2 Kinder verloren zu haben, 2 sogar 3 Kinder. Die Majorität bilden die Skalen „eins von zwei“ mit 98 und „eins von mehreren“ mit 81. 48 geben an, ihr einziges Kind verloren zu haben, und 5 machen keine Angabe.[32]
Die Frage nach den Todesursachen wird den Kategorien des psychologischen Teiles[33] angelehnt, um Vergleiche zu ermöglichen. Die Einteilung und Zuordung der Todesursachen wird in folgende Kategorien zusammengefaßt: plötzlicher unerwarteter Tod, plötzlicher Kindstod, langsamer erwarteter Tod, Tod vor / während / nach der Geburt, Selbsttötung, Mord und Tod durch Drogen. In die Kategorie plötzlicher unerwarteter Tod, die mit 97 Nennungen bei weitem führend ist, fallen plötzliches Versterben wie Herzinfarkt und Unfälle aller Art, geführt von Verkehrsunfällen. Zur Kategorie langsam erwarteter Tod, mit 51 Nennungen die zweithäufigste, werden alle Krankheiten gerechnet, bei denen eine Vorbereitung auf den Tod - zumindest zeitlich - gegeben ist. 45 Kinder sterben im Zeitraum von Schwangerschaft und Geburt, 12 am plötzlichen Kindstod, 26 durch Selbsttötung und 10 verlieren ihr Leben durch Mord.[34] Tod durch Drogen kommt nur einmal vor, 3 geben die Todesursache als unbekannt an.[35]
Der Todestag des Kindes wird der Übersichtlichkeit halber in Zeiträume zusammengefaßt: 93 Kinder verstarben in den Jahren 1994-1996, 75 von 1991-1993, 37 von 1988-1990, 25 von 1985-1987, 8 von 1982-1984, 4 von 1979-1981 und ein Kind im Jahr 1971.[36] Die stetige Abnahme der Todesfälle mit dem zeitlichen Abstand vom Todesereignis belegt, daß die Mehrheit der Personen in SHG diese Gruppen vorrangig in den ersten Jahren nach dem Tod ihres Kindes besuchen.

---

31 Vgl. Diagrammverzeichnis: Diagramm 5.

32 Vgl. Diagrammverzeichnis: Diagramm 6.

33 Vgl. Teil III: Punkt 5.3. Die darin aufgeführten Kategorien Schwangerschaftsabbruch und vermißtes Kind kommen nicht vor.

34 Auch diese aufgeführten Todesursachen besitzen das plötzliche Moment des Versterbens, sie stellen daher eine weitere Differenzierung der ersten Kategorie dar. Abschied vom Kind ist ebenfalls nicht möglich.

35 Vgl. Diagrammverzeichnis: Diagramm 7.

36 Vgl. Diagrammverzeichnis: Diagramm 8.

3.2.1.3 Angaben zur SHG (Frage 3)

Die SHG der an der Untersuchung beteiligten Personen befinden sich über das ganze Bundesgebiet verstreut. Auf eine Nennung der einzelnen Orte wird verzichtet, um die Anonymität aller Befragten zu gewährleisten.
Die Anzahl der Mitglieder von SHG beläuft sich meist auf mehr oder weniger 10 Personen: 95 sind in einer Gruppe von 10-19 Personen. Manche Befragte geben Zahlen wie 100 und mehr an, handelt es sich beispielsweise um zentrale Stellen wie Verwaiste Eltern Hamburg e.V. oder Verwaiste Eltern München e.V.. Diese Zahlen sind für die Ermittlung der Mitgliederzahl einer SHG nicht brauchbar und werden deshalb der Kategorie „ohne Angabe" zugerechnet, die mit 83 die zweitgrößte Gruppe ausmacht. 44 geben die Gruppengröße mit 3-9 Personen an, 16 mit 20-29 Personen, 6 mit 30-39 Personen und 2 mit mehr als 39 Personen.[37]
Als Schwerpunkte werden mannigfaltige Ausführungen genannt: Vielen ist eine Einteilung in Todesursachen, die zentrale Stellen von Verwaiste Eltern vornehmen, nicht bekannt. Organisationen wie INITIATIVE REGENBOGEN „Glücklose Schwangerschaft e.V." und GEPS stehen schon mit ihrem Namen für einen Schwerpunkt: erstere für glücklose Schwangerschaft, den Tod vor / während / nach der Geburt, zweitere für Plötzlichen Kindstod (SIDS). Nur Schwerpunkte, die nach Todesarten gegliedert sind, werden vom Verfasser als solche akzeptiert.[38] Die bei weitem größere Anzahl von 194 befindet sich in gewöhnlichen SHG, 52 Personen befinden sich in SHG mit einem Schwerpunkt[39], davon 5 Personen mit Schwerpunkt Selbsttötung, 37 Personen mit Schwerpunkt Tod vor / während / nach der Geburt[40], 6 Personen mit Schwerpunkt SIDS oder Tod von Babys, 3 Personen mit Schwerpunkt Tod durch Mord und eine Person mit Schwerpunkt Tod durch Drogen.

---

37 Vgl. Diagrammverzeichnis: Diagramm 9.

38 Andere genannte Schwerpunkte werden aufgeführt, um Erwartungen verwaister Eltern an SHG und hauptsächliche Themen solcher Gruppen zu zeigen:
Weg- und Trauerbegleitung: Beratung, Verständnis, Zuhören, gezielte Trauerarbeit, eigene Lebensbewältigung nach und Umgang mit dem Tod der Kinder, Integration des Todes in das Leben; Information: Öffentlichkeitsarbeit im Trauerbereich, Austausch zu Strafprozessen und Schadensersatzklagen, medizinische Aufklärung; Zusammenarbeit mit Polizei, Feuerwehr und Rotes Kreuz.

39 Vgl. Diagrammverzeichnis: Diagramm 10.

40 Den überwiegenden Teil machen Regenbogen-Gruppen aus.

3.2.2 Verhältnis verwaister Eltern zu ihrer kirchlichen Gemeinde (Frage 4 - Hypothese 1)

Hypothese 1: Das Eingebundensein der Eltern in ihre kirchliche Gemeinde vor dem Tod des Kindes hat positive Auswirkungen auf ihren Trauerweg.

Zur Bearbeitung dieser Hypothese wird bei der Frage angesetzt, was verwaiste Eltern unter „kirchlicher Gemeinde" verstehen und zu welcher sie sich zugehörig fühlen. Relevant ist in diesem Zusammenhang, ob sich Gemeindemitglieder zu ihrer Gemeinde, zu der sie territorial gehören, zählen, oder eine „Wahlgemeinde" gesucht haben.[41] Beschreibungen des Verhältnisses zur Gemeinde vor und nach dem Tod des Kindes folgen sowie Erläuterungen zum Verhalten der Gemeindemitglieder Eltern gegenüber nach dem Tod des Kindes. Sodann werden Zugehörigkeit und Wohlbefinden verwaister Eltern in ihren Gemeinden und ihr Einfluß auf die Trauer der Befragten anhand von Aussagen eruiert, bevor der Verfasser Zusammenfassung, Interpretation und Hypothesendiskussion vornimmt.

Ergebnisse

Kirchliche Gemeinde:

Die Befragten verstehen unter kirchlicher Gemeinde[42] :

⇒ Gemeinschaft einer Konfession, eines Glaubensbekenntnisses, aller Getauften, von Kirchenmitgliedern;

⇒ Zusammengehörigkeit von Christen, -leben und -arbeit von Menschen mit christlichen und sozialen Zielen;

⇒ Ort von Besinnung und Gebet, des Hörens auf Gottes Wort, eines Stückes (geistlicher) Heimat, wie Familie;

⇒ Pfarrei als territoriales Verwaltungsgebilde;

⇒ Gruppe aktiver Gemeindemitglieder;

⇒ Aktivitäten: Gottesdienst, Gebet, Glaubensgespräche, Kirchenchor, gemeinsame Freizeitgestaltung, Organisation von Veranstaltungen, Arbeit in gemeindlichen Gruppen;

---

[41] Daher wurde bei Frage 4. b): Wo befindet sich „Ihre" kirchliche Gemeinde?, „Ihre" in Anführungszeichen gesetzt.

[42] Das im Folgenden unterstrichene Wort ist jeweils Subjekt der durch Komma abgetrennten, näheren Bestimmungen.

⇒Eigenschaften: Nächstenliebe, Hilfsbereitschaft, Tragfähigkeit, Geborgenheit, Vertrauen, Verständnis, Zeithaben, Toleranz, Ehrlichkeit, Kontaktfreudigkeit, Offenheit gegenüber allen Menschen und Belangen des Lebens, Lebendigkeit, Freude;

⇒Aufgaben: Seelsorge, Trauergruppen, persönlicher Beistand und Begleitung, Hausbesuche für Trauernde, Besuchsdienste, Angebote für alle Lebensstufen und -situationen, Eucharistie als Mittelpunkt, Sakramentenverwaltung, Glaubensverkündigung, Zusammenarbeit mit Verbänden, Schulen und anderen Gruppen;

⇒biblische Leitmotive: wo zwei oder drei in meinem Namen versammelt sind, da bin ich mitten unter ihnen, der Hirte mit seiner Herde, Nachfolge Jesu;

⇒keine Bedeutung.

Gemeinde vor Ort oder Wahlgemeinde:

202 der Befragten geben ihre Gemeinde am Wohnort an, lediglich 28, „Ihre" Gemeinde befinde sich anderswo.[43]

Verhältnis zur Gemeinde vor dem Tod des Kindes:

In ihrer Beschreibung des Verhältnisses zur Gemeinde vor dem Tod des Kindes reicht das Spektrum der Befragten von kein bis sehr intensives Verhältnis:

⇒kein Verhältnis: keine Verbindung und Beteiligung, kein Bedürfnis nach Gemeinde;

⇒Gemeindewechsel: kaum eigene Wahrnehmung für Wohnortgemeinde, als Neue erster Zugang zur Wohnortgemeinde, zur Heimatgemeinde innigeres Verhältnis, mangelnde Integration in Wohnortgemeinde;

⇒distanziertes Verhältnis[44];

⇒Verhältnis zur Gemeinde über Aktivität der Kinder: engere Bindung an Gemeinde in der Zeit besonderer Anlässe und Lebensphasen der Kinder[45];

⇒gespaltenes Verhältnis[46];

---

[43] Vgl. Diagrammverzeichnis: Diagramm 11.

[44] Kritik wird z.T. in Form von Pauschalurteilen geäußert, beispielsweise „Die ganze Kirche ist verlogen und nicht ehrlich."

[45] Beispielsweise kirchlicher Kindergarten, Einschulung, Schule kirchlichen Trägers, Konfirmation, Erstkommunion, Firmung.

[46] Beispielsweise bei konfessionsverschiedenen Partnern und wiederverheiratet Geschiedenen.

⇒ durchschnittliches Verhältnis: ohne eigenes Engagement, vereinzelte Gottesdienstbesuche, Sakramentenempfang an Lebenswenden, durch Erziehung geprägter Glaube, keine engeren Kontakte zu Gemeindemitgliedern;
⇒ loses Verhältnis: vereinzelte Gottesdienstbesuche, Besuch verschiedener Gemeinden, gelegentliche Kontakte mit Gemeindemitgliedern und Gespräche;
⇒ gutes Verhältnis: eigenes Engagement, regelmäßige Gottesdienstbesuche, Teilnahme am Gemeindeleben, Mitgliedschaft in Gemeindegremien, hauptamtliche Tätigkeit;
⇒ sehr intensives Verhältnis: starkes Engagement, regelmäßige Gottesdienstbesuche, rege Teilnahme am Gemeindeleben, persönliche Kontakte, tief familiäre Verbundenheit;
⇒ Verhältnisbeschreibung anhand der Beziehungen zu Gemeindemitgliedern und -vertretern: gute bis freundschaftliche Kontakte, regelmäßige Besuche - unverbindlich unpersönliche Kontakte, keine Akzeptanz für Gemeindevorsteher.

Verhältnis zur Gemeinde mit dem Tod des Kindes:

147 Befragte geben eine Veränderung des Verhältnisses zur Gemeinde nach dem Tod des Kindes an - davon gehen 63 deutlich in Richtung einer Verschlechterung -, 86 erleben keine, 11 machen keine Angabe und 2 beantworten die Frage mit ja - nein.[47] In der Beschreibung der Veränderung des Verhältnisses zur Gemeinde reicht das Spektrum von Verschlechterung bis zu Verbesserung. Angefügt wird das Erleben der eigenen Beziehung zu Gott, den Gemeindevertretern und -mitgliedern, das häufig anstelle einer Verhältnisbeschreibung zur Gemeinde angeführt wird:
⇒ Verschlechterung des Verhältnisses: Einstellen eigenen Engagements, Rückgang bis keine Gottesdienstbesuche, Rückzug aus Gemeinde mit Ablehnung aller gemeindlichen Belange, keine weiteren Erwartungen;
⇒ loses Verhältnis: vereinzelte Gottesdienstbesuche, gelegentliche Teilnahme am Gemeindeleben, kein Zugehörigkeitsgefühl;
⇒ Verhältniswandel: zeitweise Einstellen eigenen Engagements, später Wiederaufnahme, vereinzelte oder regelmäßige Gottesdienstbesuche;
⇒ Verhältnisänderung bei Gemeindewechsel: weitere Intensivierung der Verbindung zur Heimatgemeinde oder allmähliche Integration in Wohnortgemeinde;

---

[47] Vgl. Diagrammverzeichnis: Diagramm 12.

⇒ Verbesserung des Verhältnisses: eigenes Engagement, regelmäßige Gottesdienstbesuche, regelmäßiges Gebet, Glaube aus Überzeugung, Teilnahme am Gemeindeleben, Intensivierung des Zugehörigkeitsgefühls, tragfähige Beziehungen zu Gemeindemitgliedern, Offenheit gegenüber Kirche und Interesse am kirchlichen Geschehen;
⇒ Relevanz der Beziehung zu Gemeindemitgliedern und -vertretern: Zugang zur Gemeinde über das als hilfreich empfundene Verhalten von Gemeindevertretern und -mitgliedern - Bruch mit Gemeinde durch erfahrenes Gegenteil;
⇒ Veränderung in Gottesbild und Gottesbeziehung.[48]

Verhalten der Gemeindemitglieder mit dem Tod des Kindes:

Das Verhaltensspektrum von seiten der Gemeindemitglieder Betroffenen gegenüber läßt sich von negativ bis positiv erfahrenen Erlebnissen differenzieren:
⇒ kein Verhalten: unveränderte Reaktion;
⇒ gesellschaftlich „normales“ Verhalten: Zurückhaltung, Fassungs-, Hilf- und Sprachlosigkeit, Schweigen;
⇒ negatives Verhalten: Desinteresse, Neugierde, Verständnislosigkeit, (unausgesprochene) Schuldzuweisungen am Tod, Tabuisierung von Tatsache und Thema Tod, Missionierungsversuche zum eigenen Glauben seitens Gemeindemitglieder, Trauerratschläge, Beschwichtigungen und vorschnelle Vertröstungen, mangelnde Gesprächsbereitschaft, keine Besuche, Ausweichen in Form von Wegschauen und Aus-dem-Weg-Gehen[49], keine Unterstützung, Ausgrenzung;
⇒ positives Verhalten: Anteilnahme, Akzeptanz, Verständnis, Zuhören, Hilfsangebot, Unterstützung, Besuche[50], Briefe, Telephonate, offene Gespräche, Sich-nach-dem-Befinden-Erkundigen, Einladungen, Aufnahme in Gemeindegruppen, gemeinsames Gebet, Hinweise auf hilfreiche Literatur;
⇒ Verhalten von Gemeindevertretern: Anteilnahme, Verständnis, Sensibilität, Einfühlsamkeit, Zeithaben, Zuhören, gemeinsame Beerdigungsvorbereitung, Gesprächsangebot, persönlicher Beistand und Begleitung, gemeinsames Gebet,

---

48 Vgl. Teil V: Punkt 3.2.6.

49 Beispielsweise die Straßenseite wechseln, sich beim Einkaufen verstecken.

50 Aussagen Betroffener: „Es gab Leute, mit deren Besuch wir fest gerechnet hatten, die aber nicht kamen, dafür kamen andere, von denen wir es nicht erwarteten“, „diejenigen, die zu mir kamen, sind heute meine Freunde“, „viele Gemeindemitglieder kamen auf mich zu, um mich zu trösten, für mich eigentlich fremde Leute, die ich vorher lediglich gegrüßt habe.“

Unterstützung für SHG-Gründung und -Arbeit - Zurückhaltung und Hilflosigkeit, Pflichtbesuch zwecks Beerdigung und Predigt/Grabrede, Beerdigungsverweigerung[51], Delegation der Beerdigung, keine Nachbetreuung, unsensibles Reden[52], Ignoranz und Desinteresse[53].

Zugehörigkeit und Wohlbefinden der Eltern in ihrer Gemeinde:

29 fühlen sich ihrer Gemeinde nicht zugehörig, 36 wählen die Skala „eher nicht", 29 können sich nicht festlegen, 75 geben „im großen und ganzen" an, 8 machen keine Angabe und 69 fühlen sich zu ihrer Gemeinde zugehörig.[54]
26 fühlen sich in ihrer Gemeinde nicht wohl, 28 „eher nicht", 35 legen sich nicht fest, 89 fühlen sich „im großen und ganzen" wohl, 51 geben an, sich in ihrer Gemeinde wohl zu fühlen, und 17 machen keine Angabe.[55]

Auswirkungen von Zugehörigkeit zur und Wohlbefinden in der Gemeinde auf die eigene Trauer:

90 der befragten Personen bejahen Auswirkungen auf ihre Trauer, 131 verneinen sie und 25 machen keine Angabe.[56] 88 Betroffene konkretisieren[57]:
⇒ negative Auswirkungen: Alleinsein, Gefühl von Verletzung, Enttäuschung und Verbitterung;
⇒ positive Auswirkungen: Gemeinde als Vertrauensraum, Erfahrung von Gemeinschaft, Schwinden der Angst vor Alleinsein, Trauerbegleitung, Freiraum innerer und äußerer Erlaubnis für emotionale Traueräußerungen, offensiver Umgang mit Thema Tod und Trauer, bevorzugte Wahl von Gemeindemitgliedern als Gesprächspartner, Gefühl von Geborgenheit und Sicherheit, offene Gespräche, Motivation zu Gemeindeengagement, Gotteshaus als Kraftschöpfungsort, Erinnerung und Nähe zum verstorbenen

---

51 Beispielsweise für totgeborenes Kind.

52 Aussage eines Pfarrers: „Wenn Sie nicht am Gemeindeleben teilnehmen, brauchen Sie sich nicht wundern, wenn niemand trauert."

53 Beispielsweise war das verstorbene Kind über Jahre hinweg in der Gemeinde aktiv, dennoch kam zum Zeitpunkt des Todes und danach weder eine Reaktion noch Äußerung von seiten der Gemeindeleitung.

54 Vgl. Diagrammverzeichnis: Diagramm 13.

55 Vgl. Diagrammverzeichnis: Diagramm 14.

56 Vgl. Diagrammverzeichnis: Diagramm 15.

57 2 der 90, die Auswirkungen bejahen, unterlassen die Konkretisierung ihrer Antworten.

Kind im Gotteshaus, Lebenshilfe durch Glaube, Gottes Wort, Predigt, Eucharistie und Gebet.

3.2.2.1 Zusammenfassung und Interpretation der Ergebnisse zu Hypothese 1[58]

Kirchliche Gemeinde wird als Glaubensgemeinschaft mit Zusammengehörigkeit, als Verwaltungsgebilde und Ort, zu dem persönliche Beziehung besteht, definiert - Definitionen, die alle Christen einer Gemeinde umschließen. Exklusivere Definitionen sprechen von aktiven Gruppen innerhalb der Gemeinde. Häufig genannt werden von Bedürfnissen verwaister Eltern bestimmte Definitionen, denen Gemeinde entsprechen soll: Aufgaben und Aktivitäten treten in den Vordergrund, das Wesen von Gemeinde in den Hintergrund. Auffallend selten taucht eine theologische Definition mit Bezug zu Christus als Proprium christlicher Gemeinde auf. Vielmehr werden Eigenschaften von Gemeinde stark idealisiert, wobei ausschließlich positiv-harmonische Eigenschaften zum Tragen kommen sollen. Daß eine solche Idealgemeinde Wunschbild ist, das projektiv aus ursprünglichen, besonders in der Trauer aufbrechenden Sehnsüchten entsteht, liegt nahe. Neben Definitionen, die Gemeinde als Gemeinschaft von Christen verstehen, ist eine individualistische Auffassung von Gemeinde als „Servicebetrieb" vorherrschend: Gemeinde soll individuellen Bedürfnissen entsprechen. Dies zur Kenntnis zu nehmen ist entscheidend für vorliegende Untersuchung, denn vielfach wird kirchliche Gemeinde anhand individueller Bedürfnisse beurteilt.

Nur wenig Betroffene haben für sich eine Gemeinde ausgewählt, territoriale Zuständigkeit bestimmt damit größtenteils die Zugehörigkeit ihrer Mitglieder.

Das Verhältnis der Eltern zur Gemeinde vor dem Tod des Kindes weist ein breites Spektrum auf: Gut bis optimal verstandenes Verhältnis wird meist beurteilt anhand der Regelmäßigkeit des Gottesdienstbesuches und breit gefächerten eigenen Engagements, wodurch enge Bindung an die kirchliche Gemeinde entsteht und Gemeinschaft auch im Alltag erfahrbar wird.
Kontakte zur Gemeinde werden oft an Lebenswenden eigener Persönlichkeitsgeschichte oder der eigener Kinder gesucht. Solche besonderen

[58] Folgende Ausführungen orientieren sich in der Reihenfolge an vorhergehender Anordnung der Antwortendarstellung. Übergänge zur nächsten Frage, markiert durch neuen Absatz, wirken daher z.T. abrupt.

Anlässe sowie hohe kirchliche Festtage stellen Berührungspunkte zu Gemeinde im eigenen Leben dar. In der Familienphase, sind Kinder in religiösen Einrichtungen integriert oder stehen in Vorbereitung auf Erstkommunion oder Firmung/Konfirmation, ist der Bezug vieler Eltern zur Gemeinde intensiviert. Mitunter wird der Gemeindekontakt nur noch aufgrund eigener christlicher Erziehung aufrechterhalten.

Ungewöhnlich hoch ist die Zahl der Eltern, die durch Umzug in eine andere Gemeinde wechseln und nur schwer in der neuen Wohnortgemeinde Fuß fassen können. Der Bezug zur Heimatgemeinde bleibt häufig der intensivere, obgleich die räumliche Entfernung wirkliche Teilnahme am Gemeindeleben unmöglich macht. Solche Eltern finden in der neuen Wohnortgemeinde keine gewachsenen und vertrauten Beziehungen vor, sie haben keinen - weder örtlich noch personal - vertrauten Rahmen, der ihnen ein für ihren Trauerweg hilfreiches Gefühl von Geborgenheit und Sicherheit geben kann. Individualismus macht Gemeindezusammenhalt schwierig, die Größen der Stadtgemeinden und die Aufsplitterung in Teilgemeinden an verschiedenen Orten begünstigen Anonymität, wodurch Zugehörigkeit und persönliche Kontakte - besonders zu Verantwortlichen der Gemeinde - zusätzlich erschwert werden.

Auch Ehepaare mit konfessionsverschiedenen Partnern haben Schwierigkeiten, sich einer Gemeinde zugehörig zu fühlen: Hin- und hergerissen zwischen eigener Gemeinde und der des Partners kann erst nach Entscheidung für eine Gemeinde Integration stattfinden. Ein ähnlich zwiespältiges Verhältnis ist bei katholischen wiederverheiratet Geschiedenen gegeben, die als Gemeindemitglieder vom Sakramentenempfang ausgeschlossen sind.

Maßgebend ist eine Auswahlhaltung: Eigenen Bedürfnissen, Interessen und Überzeugungen entsprechend wird das eigene Verhältnis zur Gemeinde bestimmt, gesellschaftlich gängiges Servicedenken macht so auch vor Gemeinde keinen Halt. Individualismus und persönliche Lebensgeschichte bilden die Hauptpfeiler der Beziehung zu Gemeinde. Im Extrem wird sogar die Relevanz von Glaubensgemeinschaft für eigenen Glauben geleugnet, indem individueller Glaube, der keines Gemeindeanschlusses bedarf, postuliert wird. Fraglich ist die Motivation für weiterhin bestehende Gemeindemitgliedschaft betreffender Personen. Mitunter auftauchende negative Pauschalurteile über die gesamte Kirche machen Übertragungen eigener negativer Erfahrungen mit Gemeinde deutlich. Die daraus resultierende Verletzung kann eine adäquate Differenzierung des Verhältnisses zur eigenen Gemeinde erschweren.

Welcher Stellenwert in einer Verhältnisbeschreibung Beziehung zukommt, spiegelt sich in der Qualität der Beziehungen zu Gemeindemitgliedern und -vertretern wider. Folgerichtig setzen Befragte diese Beziehungen mit ihrem Verhältnis zu Gemeinde gleich.

Bei der Mehrheit der Befragten ist mit dem Tod des Kindes eine Umbruchsituation in der eigenen Verhältnisbestimmung zu Gemeinde gegeben. Drei das Verhältnis zu kirchlicher Gemeinde maßgeblich bestimmende Faktoren werden von den Befragten selbst explizit genannt: Gemeindevertreter, -mitglieder und Gott.
63 vom Tod ihrer Kinder betroffene Eltern stellen ausdrücklich eine Verschlechterung des Verhältnisses zur Gemeinde bis hin zu Kirchenaustritt und Konfessionswechsel für sich fest: Meist werden Erwartungen an Gemeinde in ihrer Trauer enttäuscht. Entsprechend der Bedeutsamkeit der Beziehungsqualität für die eigene Verhältnisbestimmung zu Gemeinde ist entscheidend, wie Eltern diese zu Mitchristen bei und nach dem Tod des Kindes erfahren; der Tod des Kindes wird zum Testfall für Gemeinde. Getroffen in tiefem Leid erwarten viele Eltern im aufbrechenden Gefühlschaos Hilfe von der Gemeinde. Vor allem die sich zwischen Reden und Verhalten von Gemeindemitgliedern, samt den Verantwortlichen, auftuende Kluft führt oft zur Revidierung des Gemeindeverhältnisses hin zur Verschlechterung.
Eltern sind mehr an die Gemeinde gebunden, haben sie weitere Kinder. Die Verhältnisänderung zur Gemeinde gleicht meist einer Kurve von mehr Distanz, d.h., individuell religiöser Bindung und Sozialisation entsprechend werden Gottesdienste mitunter weiter besucht, während Gemeindeengagement zeitweise ausgesetzt wird, hin zu neuer Annäherung. Damit diese gelingen kann, müssen - wie Erfahrungen betroffener Eltern zeigen - positive Erfahrungen mit Gemeindemitgliedern und Verantwortlichen gemacht worden sein. Bei vielen wird kirchliche Gemeindezugehörigkeit wichtiger, eigenes Engagement verstärkt und Beziehungen zu Gemeindemitgliedern intensivieren sich. Kirchliche Gemeinde wird vielfach Forum eigener Suche nach religiöser Antwort auf den Tod des Kindes, erhalten Eltern Unterstützung durch Gemeinde auf ihrem Trauerweg.
Ebenso beeinflussen Veränderungen in Gottesbild und persönlicher Gottesbeziehung mit dem Tod des Kindes das Verhältnis zu kirchlicher Gemeinde: Gottesbild und eigene Gottesbeziehung geraten mit dem Tod meist in eine Krise. Unter Umständen wird kirchliche Gemeinde zum Anwalt dessen erklärt, dem Letztverantwortung für den Tod zugeschrieben wird - Gott selbst.

Die Gefahr liegt nahe, in Verschiebung eigener Aggressionen auf die Kirche Gemeinde als Schuldige anzuklagen.
Mehrfach können Neuzugezogene mit allmählicher Integration in gemeindliche Gruppen vertraute Beziehungen gewinnen. Infolge ihrer meist mangelnden Integration in die kirchliche Gemeinde vor dem Tod des Kindes stellen sie keine übergroßen Erwartungen an die Gemeinde und können unbefangen Gemeindemitglieder und Verantwortliche kennenlernen. Der Kontakt zur Heimatgemeinde bleibt jedoch oft stärker, da aufgrund des innigeren Verhältnisses das Kind dort vielfach beerdigt ist.

Verwaiste Eltern tragen eine Ambivalenz im eigenen Verhalten, einerseits Wunsch nach Anteilnahme, Verständnis und Akzeptanz, andererseits nach Rückzug, an Gemeinde heran - eine Ambivalenz, die für Gemeindemitglieder und -vertreter nur schwer einzuordnen ist. Das Verhalten von Gemeindemitgliedern, vor allem auch das Verantwortlicher, ist entscheidend für weiteren Bezug verwaister Eltern zur örtlichen Gemeinde: Nicht selten verändert sich der Bekanntenkreis nach dem Tod des Kindes; bestehende Beziehungen werden, abhängig vom Verhalten Verantwortlicher und Mitglieder der Gemeinde, von Eltern als dynamisch und veränderbar erlebt.
Kirche als Teilbereich einer Gesellschaft, für die Trauer Tabuthema ist, ist ebenfalls durchdrungen von dieser Trauerabwehrhaltung. Häufig erfahren verwaiste Eltern in ihrer Gemeinde darum zweierlei: Nur wenige wenden sich ihnen wirklich mit großer Unterstützung - von praktischen Hilfen bis zu gemeinsamen Gebeten - zu und lassen sich auf ihren Trauerweg ein. Positive Erfahrungen sind vielfach nur auf die ersten Trauerwochen begrenzt. Ihnen folgen schon nach wenigen Wochen - bei einem Großteil der Eltern gilt dies schon von Beginn an - gesellschaftlich „normale" bis negative Verhaltensweisen: Die Mehrheit reagiert mit Zurückhaltung und Schweigen bis hin zu fast vollständigem Abbruch der Beziehungen durch Ausweichen und Einstellen der Besuche; bei Gemeindeverantwortlichen zum Teil sicher aufgrund ihrer Überlastung.
Innerhalb kurzer Zeit erfolgt so eine Kehrtwende im Verhalten von Gemeindemitgliedern: Durch Berührung mit verwaisten Eltern werden eigene Erfahrungen mit Tod wach bzw. Ängste vor eigenem Tod mobilisiert. Der Wunsch, möglichst bald zum Alltag zurückzukehren, überwiegt daher. Auf gemeinsamen Wandlungsprozeß mit verwaisten Eltern lassen sich nur wenige Gemeindemitglieder ein, denn Mitgehen in der Trauer bedeutet, nicht nur

Betroffene in ihrer Veränderung zu akzeptieren, sondern auch sich selbst verändern zu lassen.
Manche Eltern werden gerade in der akuten Trauerzeit von Sekten umworben, die ihnen Verständnis entgegenbringen. Eine solche schwache Disposition Trauernder auszunutzen, um sie als Mitglieder zu werben, ist verwerflich, doch können sich traditionelle Kirchen angesichts dieser Bemühungen von außerhalb der Gemeinde bewußt werden: persönliche Sorge um Trauernde ist notwendig!

63 der 90 Personen, die Auswirkungen von Zugehörigkeit zur und Wohlbefinden in der Gemeinde auf die eigene Trauer bejahen, beschreiben positive Auswirkungen, 25 negative und 2 konkretisieren nicht. Für mehr als die Hälfte der an der Untersuchung teilgenommenen Personen sind Zugehörigkeit und Wohlbefinden in der Gemeinde für ihren Trauerweg nicht relevant: Der Großteil Betroffener, so scheint es, holt sich Hilfe in anderen Gruppen und Einrichtungen. Spezifische Hilfen für verwaiste Eltern auf ihrem Trauerweg werden offensichtlich nur schwer in der eigenen kirchlichen Gemeinde gefunden.
Fehlt zwischen Gemeindemitgliedern Vertrauen, ist kein Raum vorhanden für existentielle Betroffenheit wie Trauer, die nur zugelassen werden kann, können sich Trauernde öffnen. Jede Verhärtung von Enttäuschung bis hin zu Verbitterung ist für den Trauerprozeß hinderlich. An den positiven Auswirkungen können Bedürfnisse verwaister Eltern abgelesen werden.

3.2.2.2 Hypothesendiskussion 1

Hypothese 1: Das Eingebundensein der Eltern in ihre kirchliche Gemeinde vor dem Tod des Kindes hat positive Auswirkungen auf ihren Trauerweg.

Diese Hypothese läßt sich nicht bestätigen: Vorherige Eingebundenheit in ihre kirchliche Gemeinde erweist sich für einen Teil Betroffener als hilfreich, für einen anderen wird sie Anlaß großer Enttäuschung. Das Eingebundensein der Eltern in ihre kirchliche Gemeinde vor dem Tod kann daher - muß aber nicht - hilfreich für den weiteren Trauerweg sein. Individuelle Unterschiede in Bedürfnissen und Persönlichkeitsgeschichte machen es unmöglich, eine allgemeine Aussage zu treffen. Entscheidend für den weiteren Trauerweg ist vielmehr das Eingebundensein der Eltern in ihre Gemeinde und deren Erfahrungen zum Zeitpunkt des Todes und danach. Dem Verhalten von Gemeindemitgliedern und -vertretern kommt in diesem Zusammenhang große

Bedeutung zu: Erfahren verwaiste Eltern Unterstützung in Wort und Tat, hat dies mit hoher Wahrscheinlichkeit positive Auswirkungen auf die eigene Trauer.

3.2.3 Vom Wunsch verwaister Eltern nach Kontakt zu ihrer kirchlichen Gemeinde (Frage 5 - Hypothese 2)

Hypothese 2: Haben Eltern positive Erfahrungen in der eigenen Lebensgeschichte mit kirchlicher Gemeinde gemacht, wünschen sie bei Verlust ihres Kindes Kontakt zu kirchlicher Gemeinde, sind aber zur Kontaktaufnahme von ihrer Situation her häufig dazu nicht in der Lage.

Für die Bearbeitung dieser Hypothese muß auch die für die erste Hypothese relevante Frage nach dem Verhältnis verwaister Eltern zu ihrer kirchlichen Gemeinde vor dem Tod ihres Kindes herangezogen werden. Inwieweit und aus welchen Gründen Eltern bei Verlust ihres Kindes Kontakt zu ihrer kirchlichen Gemeinde wünsch(t)en, wird in folgender Darstellung gezeigt. Die Initiative bei der Kontaktaufnahme zwischen Eltern und Gemeinde wird dabei besonders berücksichtigt.

Ergebnisse

Wunsch der Eltern nach Kontaktaufnahme von seiten der kirchlichen Gemeinde:

184 der 246 Befragten woll(t)en, daß Vertreter ihrer kirchlichen Gemeinde auf sie zugehen, 48 verneinen dies und 14 machen keine Angabe.[59] Als Gründe werden angeführt:

⇒ positive Erwartungen: Seelsorge, Trauerbegleitung, Seelsorger als Gesprächspartner[60] mit fachlicher[61] und persönlicher[62] Kompetenz, Beistand im Blick auf Veränderung von Gottesbild und -beziehung[63], gemeinsames

59 Vgl. Diagrammverzeichnis: Diagramm 16.

60 Aussage Betroffener: „Mit flüchtigen Bekannten kann man sowas nicht besprechen, aber mit Seelsorgern."

61 Aussagen Betroffener: „Ein kompetenter und erfahrener Seelsorger hätte mich auf die Schwere der Trauerarbeit hinweisen können", „ich hatte viele Fragen, die ich gerne mit einer kompetenten Person besprach."

62 Aussage Betroffener: „Es kommt auf die Person an, die Hilfe bringen will."

63 Begründungen Betroffener: „Weil man mit Gott hadert und unbedingt über Gefühle und Zweifel reden muß", „um Zweifel, Wut und Enttäuschung über den Glauben und über Gott zu äußern."

Gebet, Akzeptanz, Verständnis, Anteilnahme, Gespräche, Zuhören, persönliche Kontakte, Hilfsangebot;

⇒ negative Gründe und Befürchtungen: Hilfe nur durch Selbstbetroffene, kein Bedürfnis nach Gemeinde[64], kein Vertrauen, Verständnislosigkeit, Enttäuschung über Unfähigkeit im Umgang mit Thema Tod und Trauer, Angst vor Verletzung und Ablehnung, Verstärkung eigener Trauer[65].

Selbstinitiative Betroffener bei Kontaktaufnahme zu ihrer kirchlichen Gemeinde:

138 Personen gehen in ihrer Trauer nicht auf Gemeindemitglieder zu, eine Person antwortet mit ja - nein, 6 Personen machen keine Angabe und 101 gehen selbst auf Personen in der Gemeinde zu.[66] Als Gründe werden angeführt:

⇒ Zugehen im Blick auf Gemeindevertreter: Begräbnisregelung, Bedürfnis nach Seelsorge, Suche nach Hilfe und Gesprächsbereitschaft[67], Hilfsangebot für Gemeinde bei Todesfällen von Kindern, Vorstellung von SHG, Hinweis auf Situation und Bedürfnisse Betroffener;

⇒ Zugehen im Blick auf Gemeindemitglieder: Suche nach Austausch[68], Verständnis, Hilfe, Gemeindeanschluß, Ablenkung in der Gemeinschaft, Erspüren der Unsicherheit anderer[69], kein Aushalten des Ausweichens anderer, Zuneigung zu offenen Menschen;

⇒ Zugehen im Blick auf religiöse Orientierung: Suche nach neuer Gottesbeziehung, Gemeinschaft in Gebet, Glaube und Hoffnung;

⇒ (zunächst) kein Zugehen: Schock, Selbstaufgabe[70], Mutlosigkeit, kein Glaube, keine Hoffnung, unverbindlich unpersönliche Kontakte, Mangel an kompetentem Ansprechpartner, Verständnislosigkeit, Zurückhaltung, Hilf- und Sprachlosigkeit, Angst vor Beschwichtigungen und vorschnellen

---

64 Aussage Betroffener: „Vertreter von Haus- und Bibelkreisen traten an mich heran, ich aber wollte keinen Kontakt.“

65 Aussage Betroffener: „Eigene Fassungslosigkeit wäre durch Fassungslosigkeit anderer potenziert worden.“

66 Vgl. Diagrammverzeichnis: Diagramm 17.

67 Aussage Betroffener: „In der Unfallnacht rief ich unseren Pfarrer an, um mein großes Leid herauszuschreien.“

68 Aussage Betroffener: „Ich mußte über den Schmerz reden, um daran nicht zu ersticken.“

69 Aussagen Betroffener: „Die Zurückhaltung anderer tat weh und niemand wußte, wie er sich verhalten soll“, „viele wollten helfen, wußten aber nicht wie.“

70 Aussage Betroffener: „Ich war nicht in der Lage, auf jemanden zuzugehen, weil ich seelisch mit meiner Tochter gestorben war.“

Vertröstungen, Selbsthilfe-Erwartung[71], anderweitige Hilfe, kein Bedürfnis nach Gemeinde.

3.2.3.1 Zusammenfassung und Interpretation der Ergebnisse zu Hypothese 2[72]

184, damit rund Dreiviertel aller Befragten wünsch(t)en, daß Vertreter ihrer kirchlichen Gemeinde bei Verlust ihres Kindes auf sie zugehen. Grundlegend für diesen Wunsch nach Begegnung sind Erfahrungen in der eigenen Lebensgeschichte mit Gemeindevertretern, mit denen spontan die Aufgabe der Seelsorge verbunden wird.

Oft steht das Interesse verwaister Eltern an einer Begegnung mit Gemeindevertretern am Anfang ihrer akuten Trauer. Verwaiste Eltern wollen sich in ihrer Trauer mitteilen und verspüren einen inneren Drang, ihre Trauer auszudrücken. Erste Hilfe wird deshalb vorrangig in Gesprächen gesucht, zweitrangig ist, ob es sich dabei um Vertreter der Gemeinde handelt. Besonders gesucht sind Seelsorger als Gesprächspartner mit theologisch-fachlicher Kompetenz: Mehrfach wollen Eltern über Gottesbild und ihre veränderte Gottesbeziehung reden, wobei vor allem auf Gott übertragene negative Gefühle im Vordergrund stehen. Gott gilt oft als Letztverantwortlicher am Tod des Kindes, Zweifel an Gott, Wut und Anklage gegen ihn sowie Gefühl von Bestrafung sind häufige Konsequenz. In dieser Glaubensauseinandersetzung stehen viele Eltern allein. Bei Vertretern der Gemeinde erhofft sich ein Großteil der Betroffenen Antworten auf Fragen um Sterben und Tod aus christlicher Sicht, auf Theodizee-Frage und Fragen der Eschatologie sowie Hilfe in ihrer Suche nach Glauben und Gottes Beistand.

Neben theologisch-fachlicher Kompetenz wird vom Seelsorger als wichtigem und vertrauenswürdigem Gesprächspartner auch ein hohes Maß an psychologisch-fachlicher und persönlicher Kompetenz erwartet. Viele erhoffen sich kompetente Begleitung in ihrer Trauer, die fachliches Wissen um Trauer voraussetzt. Daneben erfordert Begleitung als Basis eine Vertrauensbeziehung zu Betroffenen, wozu ein gesteigertes Maß an Selbsteinbringung von seiten des Seelsorgers notwendig ist. Diese Selbsteinbringung umfaßt unter anderem auch

---

71 Aussage Betroffener: „Der damalige Pfarrer war der Religionslehrer meiner Tochter. Er war uns freundschaftlich verbunden. Ich wollte aber alleine sein und erbat mir diese Distanz von allen Menschen, bis ich wieder von mir aus auf sie zukommen wollte."

72 Vgl. Anm. 58.

personal-reflexive Kompetenz, d.h., aus welchem Selbstverstehen heraus der Seelsorger handelt, beeinflußt wesentlich die seelsorgliche Beziehung. Pflichtbesuche, bei denen persönliches Interesse seitens des Seelsorgers nicht vorhanden ist, lehnen betroffene Eltern strikt ab, während Besuche aus einem Herzensanliegen heraus sehr erwünscht sind. Letztlich ist die Person des Seelsorgers ausschlaggebend für das Vertrauen verwaister Eltern.
Der Wunsch nach Kontakt zu kirchlicher Gemeinde bleibt oft unerfüllt, was befragte Eltern meist konditional ausdrücken: „es hätte mir sicher gutgetan, es wäre schön gewesen, wenn ...“. Nach einer Zeit des Wartens mit der damit verbundenen Enttäuschung sinkt das Interesse an Kontaktaufnahme. Eltern versuchen, sich selbst zu helfen, indem sie beispielsweise SHG aufsuchen. Andere finden ausschließlich oder vielfach mehr Verständnis und Hilfe durch Selbstbetroffene, denen Vertrauensvorschuß durch ähnlich Erlebtes entgegengebracht wird. Zugehen auf Gleichbetroffene ist nach Erfahrung vieler Betroffener leichter, denn auf Verständnis und Annahme, die wichtigsten Bedürfnisse in der Trauer, kann gezählt werden.
Bei Eltern, die sich kein Zugehen wünschen, ist keinerlei - auch nicht eine erhoffte - Vertrauensbasis zu Vertretern ihrer kirchlichen Gemeinde vorhanden. Das Fremdsein der Seelsorger, negative Erfahrungen mit Gemeinde und Seelsorgern und eigene Befürchtungen sind dafür ausschlaggebend.

138 Personen gehen in ihrer Trauer nicht auf Gemeindemitglieder zu, 101 werden selbst initiativ und gehen auf Personen in der Gemeinde zu. Der Anteil der selbst aktiven Personen ist höher als erwartet, was wahrscheinlich auf die Zielgruppe verwaiste Eltern in SHG zurückzuführen ist, die ein Mindestmaß an Initiative mitbringen müssen, um sich solchen Gruppen anschließen zu können. Mehr als die Hälfte der Betroffenen bleibt passiv: Häufige Ursachen sind eigene Unfähigkeit, auf jemanden zuzugehen, Enttäuschung über Verhalten von Gemeindemitgliedern und -vorstehern und Mangel an persönlichen Kontakten. Eigenes Zugehen ist Vertrauenssache, die meist nur dann in Frage kommt, ist eine Vertrauensbasis gewachsen.
Neben Vertrauen ist auch Zeit ein entscheidender Faktor für eigenes Zugehen: In akuter Trauer ist der Tod im Leben vorherrschend, erst nach einem Stück gegangenen Trauerweges normalisieren sich Beziehungen und findet allmähliche Annäherung an andere Gemeindemitglieder wieder statt. Einerseits ziehen sich verwaiste Eltern zurück, andererseits werden sie vom Umfeld auch ausgegrenzt, weil es Kraft kostet, das Schwere der Trauer bei anderen zu ertragen.

Schwierigkeiten im Zusammenhang mit gesellschaftlich „normalem" Verhalten gegenüber Trauernden haben viele Befragte: Infolge der gesellschaftlich bestehenden Unsicherheit im Umgang mit verwaisten Eltern obliegt es der Eigenverantwortlichkeit des Individuums, den Mantel des Schweigens eigeninitiativ zu durchbrechen. Auch wenn der Wille zur Hilfe seitens der Gemeindemitglieder vorhanden ist, gilt es für verwaiste Eltern, bestehende Unsicherheit im Verhalten ihnen gegenüber zu überwinden und von sich aus auf gewünschte Begleitpersonen zuzugehen. Eltern gehen oft auf andere zu, die als Außenstehende im nahen Umfeld vielfach darauf warten, daß ihnen von den Eltern zu verstehen gegeben wird, wie sie mit ihnen umgehen sollen. Da Trauer individuell stark differiert, ist eine Äußerung verwaister Eltern diesbezüglich sinnvoll, haben sie Kraft dazu. Daß eigenes Zugehen auf andere in akuter Trauer schwierig ist, liegt daran, daß Trauer wenig Altruistisches an sich hat - Rückzug und Besinnung auf das eigene Selbst gehören zum Erscheinungsbild von Trauer -, für sensible Wahrnehmung der Bedürfnisse anderer ist zunächst kein Platz. Gehen Betroffene trotzdem auf andere zu, geschieht dies häufig, um sich selbst Erleichterung zu schaffen, beispielsweise durch Verständnis und Hilfe Außenstehender. Dennoch wenden sich engagierte Eltern auch im Interesse anderer verwaister Eltern an Gemeinde, um auf die Not anderer Betroffener aufmerksam zu machen, kirchliche Gemeinde für ihre Arbeit in SHG zu interessieren und ihr Hilfen bei entsprechenden Todesfällen anzubieten. Als Gründe für eigenes Zugehen werden meist Suche nach Austausch, Verständnis und Hilfe angegeben, wobei der Eigenschaft Gemeindemitglied vielfach nur sekundärer Stellenwert zugeschrieben wird: im Vordergrund steht die Begegnung von Mensch zu Mensch. Auch im Blick auf ihre religiöse Ausrichtung entscheiden sich verwaiste Eltern, die Gemeinschaft mit Christen zu suchen, die in Gebet und Glaube mit ihnen ihr Leben und ihre Hoffnung teilen.

3.2.3.2 Hypothesendiskussion 2

Hypothese 2: Haben Eltern positive Erfahrungen in der eigenen Lebensgeschichte mit kirchlicher Gemeinde gemacht, wünschen sie bei Verlust ihres Kindes Kontakt zu kirchlicher Gemeinde, sind aber zur Kontaktaufnahme von ihrer Situation her häufig dazu nicht in der Lage.

Diese Hypothese kann bestätigt werden - ja, sie kann sogar erweitert werden, denn der Anteil der Eltern, die ein Zugehen von Vertretern der Gemeinde wünsch(t)en, übertrifft bei weitem die Anzahl derer, die positive Erfahrungen mit kirchlicher Gemeinde mach(t)en und ihr Verhältnis zu Gemeinde vor dem Tod des Kindes dementsprechend gutheißen. Wahrscheinlich ist, daß betroffene Eltern, die zur Gemeinde gehören und auch nur eine erhoffte Vertrauensbasis zu dieser hegen, den Kontakt zu Gemeinde, insbesondere zu Verantwortlichen, wünschen. Dieser Wunsch besteht besonders zu Beginn der Trauer, da zu diesem Zeitpunkt Fragen und Probleme im Zusammenhang mit Glauben auftreten und Beistand und Verständnis erwartet wird. Gerade in akuter Trauer, die bei plötzlichen Todesfällen fast immer eintritt, ist der Großteil der Betroffenen im eigenen Zugehen gehemmt und nicht in der Lage, Kontakte zur Gemeinde zu halten.

3.2.4 Erfahrungen und Hilfen in der Gemeinde (Frage 6 - Hypothese 3)

Hypothese 3: Gemeindlicher Beistand auf dem Trauerweg verwaister Eltern in Verkündigung, Liturgie und Diakonie wird als nicht ausreichend empfunden.

Um diese Hypothese prüfen zu können, werden zunächst Erfahrungen verwaister Eltern beim Tod ihres Kindes mit ihrer kirchlichen Gemeinde aufgeführt, bevor Äußerungen über Hilfen in den verschiedenen Aufgabenbereichen von Gemeinde und Bedingungen für deren Inanspruchnahme durch Betroffene zur Darstellung kommen.

Ergebnisse

Erfahrungen mit kirchlicher Gemeinde beim Tod des Kindes:

Folgende Auflistung erstreckt sich von positiven über negative zu keinerlei Erfahrungen mit kirchlicher Gemeinde beim Tod des Kindes[73]:

⇒positive Erfahrungen mit Gemeindevertretern: Verständnis, Anteilnahme, Hilfsangebot, Gesprächsbereitschaft, Sensibilität, Zeithaben, Besuche, persönlicher Beistand und Begleitung, fachliche Kompetenz, gemeinsames Gebet, Segnung der Eltern, gemeinsame Beerdigungsvorbereitung, Ermöglichung des Zugangs zur Leichenhalle zum Abschiednehmen, Gestaltung von Aussegnungsfeier, Requiem und Beerdigung,

[73] Die von Eltern meist vorgenommene Unterscheidung in Erfahrungen mit Gemeindevertretern und -mitgliedern wird übernommen.

Predigt[74]/Grabrede, Kassette vom Requiem oder Predigtmanuskript, Beerdigung ungetauften Kindes, Unterstützung für SHG-Gründung und -Arbeit;

⇒ positive Erfahrungen mit Gemeindemitgliedern: Akzeptanz, Verständnis[75], Zuhören, Anteilnahme[76], Sensibilität, Einfühlsamkeit, Erinnerung[77], Gefühl von Geborgenheit und Sicherheit, offene Gespräche, persönlicher Beistand und Begleitung[78], Unterstützung[79], Hilfsangebot, Mitgestaltung der Trauerfeier, Teilnahme an Beerdigung, Besuche, Briefe, Telephonate, Gemeinschaft in Gebet, Glaube und Hoffnung, Blumen auf dem Grab, Hinweise auf hilfreiche Literatur;

⇒ negative Erfahrungen mit Gemeindevertretern: Pflichtbesuche[80], Unsicherheit, unsensibles Reden, kein Entgegenkommen[81], Beerdigung als „kalte" Zeremonie, keine Nachbetreuung[82], keine Gesprächsbereitschaft, oberflächliche Gespräche, Weltfremdheit, kein Gebet, Ignoranz und Desinteresse, Beerdigungsverweigerung;

---

74 Aussagen Betroffener: „Die gute Predigt bewegte mich", „der Pfarrer fand Worte, in denen wir uns selbst erkannten. Das gab uns Trost."

75 Beispielsweise hinsichtlich aufkommender Zweifel an Gott und aufbrechender Gefühle.

76 In stummer, innig-liebevoller und schriftlicher Form.

77 Aussagen Betroffener: „Schön fand ich es, als der Name meines Sohnes am Totensonntag in der Kirche genannt wurde"; bei Fehl- und Totgeburten: „Jede Geste ist hilfreich, die zeigt, daß unser Kind als Person gesehen wird, die anderen Verstorbenen in der Gemeinde gleichgestellt ist."

78 Aussage Betroffener: „Kontakte waren für mich lebenswichtig."

79 Beispielsweise Spende für Beerdigungskosten.

80 Die Aussage eines Pfarrers demonstriert die Macht der Gewohnheit, die einfühlsames Eingehen auf Eltern beim Besuch vor der Beerdigung unmöglich macht: „Ich mache den Beruf schon über 30 Jahre. Ich habe die Eckdaten und das genügt mir." Meist dient das Trauergespräch als Informationsfundgrube für die Beerdigungsansprache: „Der zuständige Pfarrer besuchte uns, um Daten für die Predigt zu erfragen." Eine Betroffene berichtet vom zweimaligen Besuch des Pfarrers, der nur kam, um Taufbuch und Konfirmationsspruch abzuholen.

81 Aussagen Betroffener: „Am 1. Jahrestag wollte ich eine Messe zur Erinnerung an ihren (verstorbene Tochter; d.V.) Geburtstag, der zufällig auf einen Samstag fiel. Die Sekretärin lehnte ab, da die Messe am Wochenende nur für Lebende sei. Jahresmessen finden nur an einem Werktag statt ... Der Vater sollte sich einen Tag Urlaub nehmen", ein Requiem für das verstorbene Kind wurde von vorneherein mit der Begründung verweigert: „bei einem Kind mache man dies nicht."

82 Aussagen wie „nur die Beerdigung, das war's dann", „das übliche, wie bei jeder Beerdigung, mehr nicht" oder „Beerdigung, sonst nichts" sind typisch. „Die Angebote bezogen sich unmittelbar auf die Zeit um den Tod, spezielle Angebote danach für trauernde Eltern gibt es nicht."

⇒ negative Erfahrungen mit Gemeindemitgliedern: wenig Anteilnahme, Desinteresse, Neugierde[83], Verständnislosigkeit, keine Unterstützung, keine Besuche, Tabuisierung von Tatsache und Thema Tod[84], Alleinsein, Hilf- und Sprachlosigkeit, Ausgrenzung[85], Ausweichen in Form von Wegschauen und Aus-dem-Weg-Gehen, (unausgesprochene) Schuldzuweisungen am Tod[86], unsensibles Reden, Beschwichtigungen und vorschnelle Vertröstungen[87], Trauerratschläge;

⇒ keine Erfahrungen[88].

Konkrete Hilfen in der Gemeinde als Stütze in der Trauer:

140 Befragte bejahen, 92 verneinen, daß sie konkrete Hilfen in der Gemeinde für ihre Trauer erfahren (haben), 2 beantworten die Frage mit ja - nein und 12 machen keine Angabe.[89] Neben Hilfen in Verkündigung, Liturgie und Diakonie[90] werden vor allem Personen als deren Träger und SHG hilfreich erlebt:

---

83 Aussage Betroffener: „Meine Familie und ich, wir fühlten uns jeden Sonntag beobachtet, während wir am Grab standen und wenn wir vom Gottesdienst nachhause gingen."

84 Aussagen Betroffener: „Den Namen unseres Kindes haben unsere Nachbarn nie mehr erwähnt", „die Gemeinde tat so, als ob es den Tod nie gegeben hätte."

85 Beispielsweise werden verwaiste Eltern von einer Einladung zur Taufe mit der Bemerkung ausgeschlossen: „Es wäre nicht gut für Euch, da es ein fröhlicher Taufgottesdienst ist."

86 Aussage Betroffener: „Unser Kind war sieben Jahre vermißt, als das Skelett gefunden wurde, daher gab es viele Gerüchte."

87 Beispielsweise „Das ist ja schrecklich, wenn so ein junger Mensch sterben muß, versuchen Sie zu beten, das wird Sie trösten", „auch im Leid liegt ein Stück Liebe Gottes", „das Leben geht weiter", „es wird schon wieder", „Kopf hoch", „die Zeit heilt alle Wunden", „Ihr seid doch noch jung, Ihr könnt noch mehr Kinder haben", „das Kind ist doch bei Gott, Du glaubst doch, nun leb' weiter wie vorher", „Gott kann Dir das zumuten, weil du stark bist", „Sie sind noch jung, machen Sie doch ein neues Kind, dann ist das andere schnell vergessen", „wer weiß, wozu dies gut war", „wenn das Kind so krank war, muß man doch froh sein, daß es gestorben ist", „das Kind hat ja noch gar nicht richtig gelebt", „geht uns ja nichts an", „der Herr hat's gegeben, der Herr hat's genommen", „Sie sind in Ihrem Glauben so stark, Sie verkraften das schon", „Gott wird es wohl recht machen", „Dein Kind war Gott nicht genug zugewandt", „es war Gottes Wille."

88 Erklärungen Betroffener: eine Mutter, die ihr Kind vor der Geburt verliert: „Mein Kind wurde leider nicht beerdigt, weil ich nicht wußte, daß es doch geht", „mein Sohn war in der Gemeinde unbekannt und gehörte keiner Religionsgemeinschaft an", „ich glaube, daß niemand in der Gemeinde über mich etwas wußte. Es kam daher auch keine Hilfe, da mein Sohn in einer anderen Stadt wohnte."

89 Vgl. Diagrammverzeichnis: Diagramm 18.

90 Folgende Hilfen werden den Bereichen Verkündigung, Liturgie und Diakonie zugeordnet, wobei die Grenzen zwischen den Grundvollzügen von Gemeinde fließend sind und genannte Hilfen Elemente eines anderen Vollzugs implizieren.

⇒Liturgie: Gestaltung von Aussegnungsfeier, Requiem und Beerdigung, Beerdigung nur in engstem Familienkreis, Teilnahme der Gemeindemitglieder an Beerdigung, Gedächtnisgottesdienste in einem bestimmten Zeitraum nach der Beerdigung[91], Bußfeiern, Gräbersegnung an Allerseelen[92] oder Allerheiligen, Namensnennung am Todestag im Gottesdienst, Namenseintragung ins Sterbebuch der Gemeinde, erinnerndes Gedenken der Toten im Gottesdienst, Abendmahl, Gottesdienst mit Krankensalbung, Weltgebetstag der Frauen, Rosenkranz, gemeinsames und eigenes Gebet[93];

⇒Diakonie: Gesprächsbereitschaft, Trauergespräch, offene Gespräche über längeren Zeitraum, persönlicher Beistand und Begleitung, Anteilnahme von Gemeindemitgliedern und -verantwortlichen, Besuche, Briefe, Telephonate, Unterstützung durch verschiedene gemeindliche Gruppen[94], Blumen auf dem Grab, Eingehen auf Wünsche der Eltern bei Beerdigung, Kinderdienst während der Beerdigung, Sich-nach-dem-Befinden-Erkundigen, Hilfsangebot, praktische Hilfe[95], Kassette von Requiem oder Predigtmanuskript, Hinweise auf hilfreiche Literatur;

⇒Verkündigung: Predigt/Grabrede, Predigten in Gottesdiensten, Bibel-, Gebets- und Gesprächskreis zum Thema Tod und Trauer;

⇒Personen: Pfarrer/in, Kaplan, Pastor/in, Pastoralreferent/in, Gemeindereferent/in, Seelsorger/innen außerhalb der Gemeinde, Familienmitglieder, Freunde, Nachbarn, Arbeitskollegen, (zunächst) Unbekannte, Friedhofsbesucher, Selbstbetroffene;

⇒SHG: Gruppentreffen, SHG-Engagement in kirchlicher Gemeinde[96].

Bedingungen für die Inanspruchnahme von Hilfen aus der Gemeinde:

Folgende Bedingungen betreffen helfende Personen, Qualität der Hilfe und Art des Kontaktes zu Gemeinde:

⇒helfende Personen: Fähigkeit zum Zuhören, Mittragen, Wegweisen und zu Selbstkritik, Einfühlungsvermögen, Kirchenmitglied, fachliche und

91 Beispielsweise Sechswochenamt, Jahrtagsmesse.

92 Für die während des Jahres Verstorbenen mit Namensnennung und Alter.

93 Aussage Betroffener: „Der Hauskreis schloß uns in seine Gebetsgemeinschaft mit ein, das tat gut."

94 Beispielsweise Kinderkatechesegruppe, Frauengruppe.

95 Beispielsweise Autofahren, Schreiben, Kochen, Putzen, Waschen, Bügeln.

96 Beispielsweise Gestaltung mehrerer Abende über Trauer verwaister Eltern, Organisation von Gedächtnisgottesdiensten.

persönliche Kompetenz, Auseinandersetzung mit Tod und Trauer, Selbstbetroffenheit, Glaubwürdigkeit;

⇒Qualität der Hilfe: Hilfen „von Herzen“, Hilfe über längeren Zeitraum, Verständnis, Aushalten von Schweigen, Sensibilität, Annahme, Nähe, Einfühlsamkeit, Zuhören, Echtheit, Glaubwürdigkeit, Offenheit, Akzeptanz der Trauerweise, Anteilnahme, Vertrauen, Zeithaben, Verschwiegenheit, Schweigepflicht, gemeinsame Suche nach „Lösungen“;

⇒Art des Kontaktes zu Gemeinde: Zugehen auf Trauernde, Möglichkeit des Zugehens in Eigeninitiative, persönliches Kennenlernen von Gemeindeverantwortlichen und -mitgliedern, Hilfsangebote von Gemeinde, Möglichkeit zu persönlichem Beistand und Begleitung, Zusammenführen Gleichbetroffener, SHG-Anliegen als Gemeindeanliegen.

3.2.4.1 Zusammenfassung und Interpretation der Ergebnisse zu Hypothese 3[97]

Das Erfahrungsspektrum verwaister Eltern mit ihrer kirchlichen Gemeinde differiert stark: Hilfe ist nicht gleich Hilfe, ein und dieselbe kann von Betroffenen unterschiedlich bewertet werden, ausschlaggebend ist, „wie“ sie von Betroffenen wahrgenommen wird; gemachte Erfahrungen sind daher personenabhängig. Diese werden meist anhand der Einfühlsamkeit verantwortlicher Gemeindevertreter und -mitglieder beurteilt. Ihre Sensibilität im Reden und Verhalten ist für weiteren Kontakt zur Gemeinde maßgebend.

Zum Zeitpunkt des Todes, in dem zum Teil der liturgische Rahmen im Umgang mit Tod und Trauer Stütze bietet, wird ein Großteil aufgeführter Erfahrungen gemacht, nach dieser Anfangszeit finden sich auf lange Sicht kaum institutionalisierte Hilfen für Trauernde, was von vielen Betroffenen bemängelt wird. Machen Eltern gute Erfahrungen mit kirchlicher Gemeinde, beziehen sich diese folglich vielfach auf den Anfang ihrer Trauer.

Das Verhalten Gemeindeverantwortlicher selbst ist im Todesfall eines Kindes oft von Unsicherheit bestimmt, verstärkt beim Tod im Zeitraum der Geburt: Eltern berichten von Pfarrern, die sich gegen den Wunsch der Eltern weigern, ungetaufte Kinder zu beerdigen. Betroffene erleben eine tiefgreifende Diskrepanz: einerseits wird von theologischer Seite das Menschsein der Leibesfrucht von Anfang an propagiert, andererseits aber Trauer um ein solches

---

97 Vgl. Anm. 58.

Kind faktisch abgewertet. Umgekehrt werden in einer Reihe von Erfahrungsberichten in genanntem Fall auch positive Erfahrungen beschrieben: Beispielsweise werden Fehl- und Totgeburten beerdigt und Vornamen der Kinder auf gemeindlicher Ebene anerkannt. Besuche und Begleitung durch eigene Gemeindeverantwortliche bleiben meist unerfüllter Wunsch, mitunter finden Eltern auch vertrauenswürdige Seelsorger außerhalb der Gemeinde und anderer Konfession zu Begleitung oder Gesprächen. Dagegen funktionieren - den Serviceleistungen einer Konsumgesellschaft entsprechend - in den meisten Gemeinden „Regelung" und „Organisation" um das Ereignis Tod: Persönliche Bedürfnisse der Eltern nach Verständnis, Anteilnahme und Entgegenkommen in ihrer Trauer treten hinter organisatorischem Ansinnen an sekundäre Stelle, was auf viele Betroffene verletzend wirkt. Pflichtbesuche als „Informationsfundgrube" zwecks Beerdigung und Predigt/Grabrede sind daher wenig willkommen.
Auch die Mehrheit der Gemeindemitglieder bleibt Betroffenen gegenüber zurückhaltend: Tod ist in der Gemeinde oft kein Thema, im Gottesdienst wird er zwar erwähnt, doch gemeinschaftliche Auseinandersetzung damit findet kaum statt. Durch Tabuisierung von Tatsache und Thema Tod und Ausweichen - Verhalten, das vielfach aus Unsicherheit erwächst - erfolgt für viele Eltern weitere Distanzierung. Gezeigte und gelebte Erinnerung an das Kind und Annahme des Geschehenen wird bei soviel Ablehnung und Leugnung massiv erschwert. Umgekehrt freuen sich Eltern, erinnert sich die Gemeinde an ihr Kind und pflegt sie diese Erinnerung. Bei unglücklichen Todesumständen und -ursachen - vor allem bei Todesfällen mit unklarer Ursache, Unfällen, Selbsttötung und Drogentod - kommen Schuldzuweisungen an die Eltern auf, die zu ihrem Leidwesen durch Ausgrenzung sozial sanktioniert werden und sich dann wie „Aussätzige" fühlen. Zusätzlich belastend sind für Eltern unsensibles Reden, Trauerratschläge, Beschwichtigungen und wohlgemeinte „Vertröstungen" wie „der Herr hat's gegeben, der Herr hat's genommen", eine Aussage, die, insofern sie Ausdruck tiefer Ergebenheit an Gott sein kann, theologisch richtig ist. Neben Zeitpunkt und Art und Weise ist vor allem die Ausstrahlung der Person bestimmend für die Artikulation solcher theologischer Interpretationen. Grundsätzlich ist damit aber Vorsicht geboten, da bei Eltern aufgrund ihrer Krise mit eigenem Gottesbild und eigener Gottesbeziehung meist massive Widerstände ausgelöst werden. Aus Enttäuschung über die Gemeinde ziehen sich Eltern zurück mit der Folge der Verhärtung eigener Gefühle und ihrer Beziehung zur Gemeinde. In den Erfahrungsberichten wird häufig von Alleinsein gesprochen:

Isolation trifft besonders jene, die aus eigener Kraft nicht in der Lage sind, auf andere zuzugehen; persönliche Kontakte und Beziehungen - Menschen, die zuhören und sich vom Leid anderer betreffen lassen können - sind jedoch unentbehrlich in der Trauer. Oft wird schon durch eine Bezugsperson aus der Gemeinde, die Eltern Stütze in ihrer Trauer ist, der erste Schritt aus der Isolation erleichtert.
Einige Eltern wissen sich von ihrer Gemeinde aber auch hervorragend begleitet: Gemeindeverantwortliche und -mitglieder zeigen große Anteilnahme und bieten konkrete Hilfen an. Besonders angefragt ist christliche Gemeinde auch im Bereich des Glaubens an Gott und der Sinngebung - spezifische Hilfe, die SHG gewöhnlich nicht geben können.
43 befragte Personen geben an, keinerlei Erfahrungen beim Tod ihres Kindes gemacht zu haben: Vielfach handelt es sich dabei um Verlust eines Kindes vor / während / nach der Geburt, wovon die Gemeinde nicht unterrichtet ist. Die Verbindung Gemeindeverantwortlicher zu Krankenhausseelsorgern ist daher unabdingbar. Aus Unkenntnis der Eltern über die Möglichkeit der Beerdigung von vorgeburtlich verstorbenen Kindern findet eine solche nicht statt, wodurch auch kein Kontakt zu kirchlicher Gemeinde gegeben ist. Verlust eines Kindes bleibt ebenfalls unauffällig, lebt das Kind nicht mehr in der Gemeinde der Eltern.

Bei einem Großteil der 140 Befragten, die Stützen in der Gemeinde für ihre Trauer erfahren (haben), ist die Zusammengehörigkeitserfahrung von Gemeinde für ihre Trauer von Wichtigkeit: Wenn Gemeinde ihren Auftrag für Trauernde erkennt, ist eine erste Brücke zu ihnen geschlagen. Sich im Stillen getragen wissen von einer glaubenden Gemeinschaft stärkt das Vertrauen in das Leben, Verbindung im Gebet mit Gemeindemitgliedern erleben manche Eltern als Stütze. Diese Zusammengehörigkeit unter Gemeindemitgliedern - Koinonia - ist Basis jeglicher Trauerhilfe.
Fest institutionalisierte Hilfen finden sich anfangs im rituell vorgegebenen Ablauf der Totenliturgie: Zumal deutlich wird, daß nur wenige in aktiver Weise regelmäßig an gemeindlicher Liturgie teilnehmen, finden sich viele Eltern in einer allgemein gehaltenen Begräbnisliturgie kaum wieder. Persönliche Gestaltung ist für sie daher häufig Bedingung, sich in der Liturgie zurechtzufinden und diese als Hilfe zu empfinden. Dafür steht auch ihr häufiger Wunsch nach Beerdigung im familiären Kreis: Treten Gemeindeverantwortliche entgegen diesem Wunsch als Vertreter einer Gemeindetheologie mit der Forderung nach öffentlicher Beerdigung für das verstorbene Kind auf, wird dies als zusätzliche Belastung von Eltern empfunden.

Vielfach werden Beerdigung und Trauergespräch als Hilfen erlebt, während die Erwartung seitens der Eltern an die Gemeinde, gerade in der Zeit nach der Beerdigung Hilfen zu erfahren, meist enttäuscht bleibt. Hinzu kommt, daß Eltern Trauerhilfe im Zeitraum um den Tod durch Schock, der bei fast allen überraschenden Todesfällen eintritt, kaum wahrnehmen können.[98] Außerhalb dieses Zeitraums liegt die Initiative für Unterstützung trauernder Eltern im eigentlichen Trauerprozeß in allen Aufgabenbereichen von Gemeinde vor allem bei Gemeindeverantwortlichen sowie bei Mitgliedern und Eltern selbst.

Besonderes Anliegen vieler Eltern ist, Erinnerung an ihr totes Kind mit Gemeinde teilen zu können, beispielsweise durch Aussprechen des Namens im Rahmen einer liturgischen Gedächtnisfeier: Im Gedenken an das verstorbene Kind kommt Gemeinde nicht nur der Aufforderung nach, der Toten zu gedenken und damit die Gemeinschaft aller Gläubigen über den Tod hinaus aufzuzeigen, sondern erweist Eltern einen wichtigen Liebesdienst, zusammen mit ihnen für das Kind zu beten. Verletzend ist daher für Eltern, wird bei der Jahrtagsmesse der Name des Kindes nicht erwähnt, sondern nur allgemein für Verstorbene gebetet. Toten- bzw. Ewigkeitssonntag, Allerheiligen, Weihnachten, Mutter-, Geburts- und Todestag des Kindes stellen für Eltern besondere Gedenktage dar, an denen verstärkt Erinnerungen und Trauer aufbrechen. Ist Gemeinde fähig, das verstorbene Kind in einer positiven Weise ins Gemeindeleben miteinzubeziehen, wird Hilfe erst zu „wirklicher“ Hilfe für Eltern.

Willkommen ist jede Art von praktischer Hilfe im Bereich der Diakonie: Manche Eltern erhalten Besuche von Gemeindeverantwortlichen und -mitgliedern, von Freunden des Kindes, Familienmitgliedern, Bekannten und auch Seelsorgern anderer Pfarreien über lange Zeit und können sich mit ihrer Trauer in Gesprächen existentiell auseinandersetzen; persönlicher Beistand und Begleitung sind gegeben. Gemeinde kann so zur Oase werden, um Kraft zu schöpfen, den Trauerweg durchzustehen. Daß Eltern auf ihrem Trauerweg in der Gänze von engagierter Gemeinde Begleitung erfahren, bleibt jedoch die Ausnahme.

In den Gemeinden suchen viele verwaiste Eltern Neuorientierung in Sinn-, Glaubens- und Lebensfragen: Auseinandersetzung mit Glaube ist Spezifikum christlicher Gemeinde, Hilfe auf der Suche nach Erneuerung ihres Glaubens wird

---

98 Aussagen Betroffener: „Die Beerdigung habe ich fast nicht wahrgenommen, mich beherrschte nur ein Gedanke: Jetzt wird mir mein Kind völlig genommen.“ Eine andere erfährt durch die Beerdigung erst im Nachhinein Hilfe, indem sie das Grab als Trauerort entdeckt: „Obwohl ich wie in Trance war, war mir die Beerdigung eine Hilfe, denn wir haben dadurch einen Ort, wo wir hingehen können.“

von vielen Eltern erfragt und erwartet, da wesentliche Fragen des Menschen um Leben und Tod, deren Deutung und Sinngebung unmittelbar an Religion gebunden sind. Häufig erfahren sie Lebenshilfe durch Trauerpredigt und andere Predigten, finden sie sich selbst in den Worten wieder und erleben sie glaubhafte Entsprechung dieser Verkündigung in den Taten. Auch Glaubensgespräche mit Verantwortlichen und in verschiedenen gemeindlichen Gruppen werden im Aufgabenbereich Verkündigung als Hilfen genannt.
Zu den auf dem Fragebogen vorgegebenen Skalen Beerdigung, Gespräche, Gottesdienste und Predigt, die relativ häufig als Hilfen in der Gemeinde angegeben werden, kommen im Zusammenhang mit den SHG vielfach genannte Hilfen durch Gleichbetroffene.

Die Bedingungen für Inanspruchnahme von Hilfen aus der Gemeinde beziehen sich meist auf persönliche Merkmale helfender Personen und sind an grundlegenden Bedürfnissen Trauernder orientiert: Zeithaben und Fähigkeit zum Zuhören sowie Vertrauen und Verständnis für emotionale Traueräußerungen, Situation verwaister Eltern und persönliche Veränderung werden vom Großteil genannt. Bereitschaft zu Annahme betroffener Eltern und Auseinandersetzung mit Tod und Trauer sind weitere Grundbedingungen. Erwartet werden Sensibilität und Einfühlsamkeit bei allen Hilfen.
Gemäß vielen Erfahrungsberichten werden persönliche Hilfen organisierten vorgezogen: Offensichtlich bestimmt die Qualität der wechselseitigen Beziehung zwischen verwaisten Eltern und Gemeindemitgliedern und -verantwortlichen die jeweilige Qualität der Hilfe. Mit dem Vorrang persönlicher Beziehung vor sachlicher Hilfe wird Professionalität von Helfern als zweitrangig oder gar hinderlich erlebt.
Bezüglich der Art des Kontaktes zu Gemeinde äußern sich Eltern unterschiedlich: Eigenes Zugehen und das der Gemeindemitglieder auf Eltern wird individuell verschieden gefordert. Dementsprechend soll Hilfe angeboten werden, da Bitten in dieser Situation schwer ist, oder nur aus eigenem Antrieb bei Bedarf gewährt werden.

3.2.4.2 Hypothesendiskussion 3

Hypothese 3: Gemeindlicher Beistand auf dem Trauerweg verwaister Eltern in Verkündigung, Liturgie und Diakonie wird als nicht ausreichend empfunden.

Diese Hypothese kann bestätigt werden: Die Mehrheit der Eltern vermißt gemeindlichen Beistand in ihrer Trauer. Meist erfahren Eltern Hilfe - wenn überhaupt - um den Zeitpunkt des Todes ihres Kindes im Zusammenhang mit der Totenliturgie, einziger diakonischer Dienst bleibt oftmals das Trauergespräch vor der Beerdigung, im Bereich der Verkündigung die Predigt im Trauergottesdienst. Im Ermessen Gemeindeverantwortlicher liegt jeder weitere Beistand für Eltern, da geregelte institutionalisierte Hilfen seitens der Liturgie kaum mehr praktiziert werden. In ihrer eigentlichen Trauer, die nach der Beerdigung anfängt, werden die meisten Eltern alleingelassen. Allerdings sind Erwartungen von Eltern an Gemeinde individuell verschieden, so daß Erfragen des Wunsches nach gemeindlichem Beistand als Einstieg für weitere Hilfen notwendig ist. Von Ausnahmen abgesehen werden an kirchliche Gemeinde herangetragene Erwartungen bei weitem nicht erfüllt: Gemeinde fühlt sich oft nicht zuständig, verwaiste Eltern zu stützen, ausschließlich von Gemeindeverantwortlichen wird seitens der Gemeindemitglieder und des Großteils der Eltern persönlicher Beistand und Begleitung erwartet.

3.2.5 Relevanz der Person gemeindlicher Vertreter/innen für den Umgang mit verwaisten Eltern (Frage 7 - Hypothese 4)

Hypothese 4: Die Person des gemeindlichen Vertreters (Pfarrer/in, Kaplan, Pastor/in, Vikar/in, Diakon/in, Pastoralreferent/in, Gemeindereferent/in, Seelsorger/in) mit ihren Haltungen ist im Umgang mit verwaisten Eltern grundlegend.

Um diese Hypothese zu prüfen, werden die Gemeinde vertretenden Personen in den Blick genommen: Nach einer Beurteilung der Erfahrungen verwaister Eltern mit gemeindlichen Vertretern hinsichtlich ihres Trauerweges folgen Situationen zu deren Konkretisierung. Aufgeführte Auswirkungen legen den Einfluß dieser Erfahrungen mit Gemeindeverantwortlichen auf das Verhältnis der Eltern zu ihrer Gemeinde dar. Im Anschluß wird von verwaisten Eltern konkret erfahrene und in Anspruch genommene Seelsorge aufgezeigt, bevor deren Wünsche hinsichtlich persönlicher und fachlicher Merkmale der Person des gemeindlichen Vertreters die Darstellung beschließen.

Ergebnisse

Bewertung der Erfahrungen verwaister Eltern mit gemeindlichen Vertretern im Blick auf ihren eigenen Trauerweg:

70 der befragten Personen stufen ihre Erfahrungen als „hilfreich“ ein, 43 als „etwas hilfreich“, 8 als „eher störend“, 20 als „erschwerend“ und 2 ambivalent als hilfreich und erschwerend. Die Skala „ohne Einfluß“ wird von 64 Befragten gewählt, und 39 machen keine Angabe.[99]

Konkrete Situationen:

Die Skalen werden folgendermaßen ausgeführt:

⇒hilfreich: Person[100], Zeithaben, Dasein[101], offene Gespräche[102], Telephonate, Gesprächsangebot, gemeinsame Auseinandersetzung mit Tod und Trauer[103], persönlicher Beistand und Begleitung[104], Beistand im Blick auf Veränderung von Gottesbild und -beziehung, Verständnis, Zuhören, Einfühlsamkeit, Anteilnahme, Sich-nach-dem-Befinden-Erkundigen, Sensibilität, Echtheit[105], Offenheit, Annahme[106], Mittragen der Trauer, zugegebene Sprachlosigkeit, keine Antwort auf Fragen nach dem Warum[107], sofortiges Kommen bei Todesnachricht, Eingehen auf Wünsche der Eltern[108], Hilfe bei Beerdigungsvorbereitung, gemeinsame Gestaltung des Trauergottesdienstes, Nähen eines Totenkleidchens für verstorbenes Kind von der Frau des Pastors, Begleitung zur Leichenhalle, persönliche Predigt, Klärung theologischer

99 Vgl. Diagrammverzeichnis: Diagramm 19.

100 Aussage Betroffener: „Ich glaube nicht, daß man es an konkreten Situationen festmachen kann. Der Pfarrer war uns hilfreich durch seine Person.“

101 Aussage Betroffener: „Der Pfarrer verbrachte 2 Jahre nach dem Tod des Kindes mit uns den Heilig Abend, da wir Angst vor allen Erinnerungen hatten.“

102 Aussage Betroffener: „Das Gespräch mit der Pfarrerin war so dicht und so gut. Dies war der Grund, daß ich den Selbstmord meines Sohnes akzeptieren konnte.“

103 Beispielsweise anhand des Buches Jiob.

104 Beispielsweise während des Strafprozesses des Kindsmörders.

105 Beispielsweise Zeigen eigener Gefühle.

106 Eine Betroffene berichtet, wie die zuständige Pastorin die 1. Woche täglich da war, sie annahm und nicht versuchte, etwas aus- oder einzureden.

107 Aussagen Betroffener: „Der Pfarrer sagt, auch wenn er Pfarrer ist, könne er manche Sachen auch nicht verstehen.“

108 Aussage Betroffener: „Wir wollten keinen großen Gottesdienst, nur im engsten Kreis. Deshalb schlug der Pfarrer eine Hausmesse vor, was wir als äußerst positiv empfanden.“

Fragen bei unglücklichen Todesumständen und ungetauften Kindern[109], Beerdigung ungetauften Kindes mit Namen[110], Erhalt des Predigtmanuskriptes, Gefühl von Geborgenheit und Sicherheit, kirchliche Rituale, Beerdigung, Briefe, Erfahrung von Gemeinschaft, Besuche über längeren Zeitraum, persönliche Kontakte, Einladung zu Gedächtnisgottesdiensten[111], Erinnerung, Namensnennung am Todestag im Gottesdienst, Gedenken des verstorbenen Kindes im Jahresabschlußgottesdienst mit einer Kerze, zum Geburtstag an dessen Grab mit anschließendem Besuch bei Eltern und bei Taufe eines Nachfolgekindes, gemeinsames Gebet[112], Gebet am Grab bei Gräbersegnung an Allerseelen oder Allerheiligen, Zusammenführen Gleichbetroffener, Treffen mit Pfarrer in der SHG zum Thema: Leben und Tod - Glaubensfragen und Lebenshilfen, Möglichkeit zu emotionalen Traueräußerungen, körperliche Gesten[113], Hinweise auf SHG und hilfreiche Literatur, Meditationsseminare in Gemeinde, Hilfe bei Suche nach therapeutischer Fachkraft, Möglichkeit zu Veröffentlichungen seitens der SHG im Gemeindeblatt, Unterstützung für SHG-Gründung und -Arbeit;

⇒ etwas hilfreich: einmaliger Besuch, Trauergespräch, Beerdigung, unterschiedliche[114] und ambivalente Erfahrungen mit derselben Seelsorgeperson;

⇒ ohne Einfluß: unveränderte Reaktion, Alleinsein, Pflichtbesuche, Hilfe bei Vertretern außerhalb der Gemeinde, anderen Gruppen und Einrichtungen, Selbsthilfe-Erwartung, Mangel an fachlicher Kompetenz, unpersönliche Kontakte;

⇒ eher störend: kein ernstgemeintes Sich-nach-dem-Befinden-Erkundigen, unsensibles Reden, Fassungs- und Hilflosigkeit, Karte mit „frommem" Spruch

---

109 Aussage Betroffener: „Ich glaubte, daß der Teufel seine Hand im Spiel hatte, da sich mein Kind im Spiel stranguliert hatte." Eine andere spricht von ihren Ängsten um ihr ungetauftes Kind: „Das Gespräch mit dem Pfarrer half mir sehr, danach war ich die bedrückende Angst los, daß mein Sohn ohne das Sakrament der Taufe nicht in den Himmel aufgenommen wird. Es tat gut, eine Erklärung zu bekommen."

110 Aussage Betroffener: „Der Pfarrer beerdigte meine totgeborene Tochter mit Namen, dafür bin ich ihm sehr dankbar."

111 Eine Betroffene freut sich über einen Brief vom Pfarrer und schrieb: „Auch wenn mich jetzt niemand mehr darauf anspricht, ist unser totes Kind nicht vergessen."

112 Beispielsweise am Todestag.

113 Beispielsweise Umarmung, Handhalten.

114 Beispielsweise belastende Begegnungen mit Pfarrer, mit pastoralen Mitarbeitern hingegen hilfreiche.

als einzige Reaktion, Ausstrahlung von Kälte, kein Eingehen auf Text- und Gestaltungsvorschläge für Requiem und Beerdigung, Beerdigung unter Zeitdruck, Zeitmangel[115], gegensätzlicher Wunsch von Pfarrer und Eltern hinsichtlich öffentlicher oder geschlossener Beerdigung, Terminschwierigkeiten für Beerdigung wegen Freizeitgestaltung des Pfarrers, wenig Entgegenkommen in organisatorischen Dingen, Mangel an fachlicher Kompetenz, Beschwichtigungen und vorschnelle Vertröstungen;

⇒erschwerend: eigene Verbitterung, Enttäuschung, Aggressionen, keine Hilfe, Desinteresse, Zurückhaltung, Ausweichen, Alleinsein, Unverständnis, kein Einhalten angekündigten Besuches[116], Schuldzuweisungen am Tod durch psychologisierende Erklärungen, moralische Bewertung von Selbsttötung, Beschwichtigungen und vorschnelle Vertröstungen, kein Anhören der Fragen nach dem Warum, Beerdigungsverweigerung für ungetauftes Kind, keine Akzeptanz von Trauer um totgeborenes Kind[117], Tabuisierung von Tatsache und Thema Tod, kein Erwähnen verstorbenen Kindes bei Taufe eines Nachfolgekindes, keine Reaktion auf schriftliche Kontaktaufnahme durch Eltern, Ignoranz[118].

Auswirkungen der Erfahrungen mit Gemeindevertretern auf das Verhältnis der Eltern zur Gemeinde:

132 Personen bejahen, 91 verneinen Auswirkungen auf das Verhältnis zur Gemeinde, 22 machen keine Angabe und eine Person bleibt ambivalent[119]:

⇒positive Auswirkungen: Fähigkeit des Zugehens auf Gleichbetroffene und andere Trauernde in Gemeinde, Sensibilität im zwischenmenschlichen

[115] Aussage Betroffener: „Ich hatte das Gefühl, mich kurz fassen zu müssen, weil Pfarrer einen vollen Terminkalender haben."

[116] Beispielsweise durch die Floskel: „Wir reden später noch einmal zusammen."

[117] Aussagen Betroffener: „Wir hatten das Gefühl, daß der Pfarrer sich nicht so betreffen ließ, wie wenn ein älteres Kind oder ein Erwachsener stirbt." Ein Pfarrer vergleicht den Schmerz einer Mutter über ihr totes Baby mit dem seiner eigenen Mutter und spielt ihn damit herunter: „Meine Mutter hat früher auch Kinder verloren, das war früher ganz normal."

[118] Aussage Betroffener: „Bei einem Gespräch stellt sich heraus, daß der Pfarrer gar nicht weiß, daß wir trauern, denn die Beerdigung hielt ein anderer Pfarrer." Beispielsweise fragt einige Wochen später - an Allerheiligen - der Pfarrer nochmals nach, wer eigentlich in der Familie gestorben ist. Aussage Betroffener: „Einmal besuchte uns jemand und wollte zur Geburt unseres Kindes gratulieren und brachte ein Geschenk mit. Wir wollten kein Geschenk, da unser Baby gestorben war."

[119] Vgl. Diagrammverzeichnis: Diagramm 20.

Umgang, regelmäßige Gottesdienstbesuche, Teilnahme am Gemeindeleben[120], Intensivierung des Zugehörigkeitsgefühls, Überwindung von Isolation, persönliche Kontakte[121], eigenes Engagement, Offenheit gegenüber anderen Menschen, Lebenshilfe durch Glaube, Gottes Wort, Predigt, Eucharistie und Gebet, Glaube aus Überzeugung, Gemeinde als Ort des Grabes, Gemeinde als Vertrauensraum, Gefühl von Geborgenheit und Sicherheit, Erfahrung von Gemeinschaft, Unterstützung für SHG-Arbeit[122];

⇒ negative Auswirkungen: keine weiteren Erwartungen, unverbindlich unpersönliche Kontakte, Ausweichen vor Gemeindeverantwortlichen unter gleichzeitiger Intensivierung der Suche nach hilfreichen Kontakten zu Gemeindemitgliedern, Rückzug aus Gemeinde mit Ablehnung aller gemeindlichen Belange, Rückgang bis keine Gottesdienstbesuche, Einstellen eigenen Engagements, Enttäuschung[123], Ausgrenzung, Verhärtung, Kirchenaustritt, keine Glaubwürdigkeit[124], Besuch anderer Gemeinde[125];

⇒ neutral: anderweitige Erfahrung von Gemeinschaft, SHG-Gründung[126], Hilfe bei Seelsorgern außerhalb der Gemeinde, anderen Gruppen und Einrichtungen, Gottesdienstbesuche in Heimatgemeinde, keine Integration in Wohnortgemeinde.

Besuche aus der Gemeinde nach dem Tod des Kindes:

123 Personen erhalten/erhielten Besuch aus der Gemeinde, 117 verneinen dies und 6 machen keine Angabe.[127] Folgende Personen werden genannt:

⇒ Witwe, selbstbetroffene Mütter und Ehepaare;

---

120 Aussage Betroffener: „Ich habe zum Pfarrer tiefes Vertrauen entwickelt. Dies bewog mich, wieder aktiver zu werden und meine Isolation zu verlassen. Er war wie ein Vater."

121 Verwaiste Eltern halten Kontakt zu Seelsorgern, zu denen persönliche Beziehung besteht. Aussage Betroffener: „Ich wollte, daß die Pastorin unsere gesunden Kinder tauft, was auch geschehen ist."

122 Beispielsweise Halten von Vorträgen über Trauer, Auslegen von Informationsmaterial, Schreiben von Artikeln für kirchliche Zeitungen, Angebote im meditativen und musikalischen Bereich für Menschen in schweren Lebenssituationen.

123 Aussagen Betroffener: „Gemeinde gehört nicht mehr zu meinem Leben", „Gemeinde hat nicht mehr die erste Stelle inne."

124 Aussage Betroffener: „Ich kann mir das Gerede vom Pfarrer nicht mehr anhören, die Wirklichkeit ist anders."

125 Aussage Betroffener: „Die Schulgemeinde ist für mich wichtiger geworden, weil mich dort Menschen gestützt haben."

126 Aussage Betroffener: „Nachdem unsere Familie wieder gefestigt war, wurden wir aktiv und gründeten eine SHG."

127 Vgl. Diagrammverzeichnis: Diagramm 21.

⇒Familienmitglieder, Freunde und Bekannte des Kindes und der Eltern, Nachbarn, Arbeitskollegen;
⇒Vorsitzender des Pfarrgemeinderates, Pastoralrat, Kirchenvorsteher, Mitglieder des Kirchenvorstandes und der Jungen Gemeinde, Mitglieder verschiedener gemeindlicher Gruppen;
⇒Pfarrer/in, Kaplan, Pastor/in, Frau des Pastors, Dekan, Probst, Vikar, Seelsorgerin, Diakon, Pastoralreferent/in, Gemeindereferent/in;
⇒(zunächst) Unbekannte[128];
⇒Pastor aus Nachbargemeinde, anderer bekannter oder befreundeter Pfarrer, Krankenhausseelsorger/in, Hospizarbeiterin, Erzieherin, Lehrer/in, Paten des verstorbenen Kindes, Hausarzt, Schulpfarrer, Bekannte aus Kinderbetreuung, SHG-Mitglieder und -Leiterin, Ordensschwester, Frauen der Caritas.

Inanspruchnahme seelsorglicher Begleitung:

98 der 246 Betroffenen nehmen/nahmen seelsorgliche Begleitung in Anspruch, 135 verneinen dies, 12 machen keine Angabe und eine Person bleibt mit ja - nein ambivalent.[129] Als Gründe werden angeführt:
⇒Bedürfnis nach religiöser Orientierung: Auseinandersetzung mit religiösen Fragen, Fragen nach dem Sinn des Lebens[130] und der Schuld am Tod des Kindes, Beistand im Blick auf Veränderung von Gottesbild und -beziehung, Stabilität im Glauben, Gemeinschaft in Glaube und Hoffnung, Suche nach verstorbenem Kind[131], Korrektiv eigener Ichbezogenheit[132];
⇒Bedürfnis nach Begleitung: Freiraum innerer und äußerer Erlaubnis für emotionale Traueräußerungen, offene Gespräche, Reflexionsmöglichkeit, Hilfe im Umgang mit dem Tod des Kindes und eigener Trauer;

[128] Eine Betroffene erzählt von der „Tochter einer Nachbarin, welche ... sie nur flüchtig kannte. Sie ist ... zur Freundin geworden."

[129] Vgl. Diagrammverzeichnis: Diagramm 22.

[130] Eine Betroffene begründet ihr Verlangen nach seelsorglicher Begleitung folgendermaßen: „Weil ich Menschen suchte, die meine Fragen nach Gott und dem Sinn des Lebens aushielten."

[131] Einer Betroffenen wird die „Überzeugung, daß es mehr für mein sterbendes und dann totes Kind gab und gibt, als ich mir vorstellen kann" zum Antrieb, sich auf seelsorgliche Begleitung einzulassen, eine andere will dadurch dem verstorbenen Kind noch etwas Gutes tun: „Ich wollte es mit seelsorglicher Begleitung in Gottes Obhut zurückgeben."

[132] Aussage Betroffener für eine Inanspruchnahme: „weil sich dadurch mein Blickwinkel erweitert, die eigenen Gedanken nicht nur im Kreis drehen."

⇒kein Angebot zu Begleitung[133], keine Kenntnis über Möglichkeit, keine Möglichkeit trotz Eigeninitiative, unverbindlich unpersönliche Kontakte, Schwierigkeit oder Unfähigkeit zu Eigeninitiative, Verhinderung durch eigene Lebensumstände[134];

⇒anderweitige Hilfe: SHG, soziales Umfeld, Gespräche mit Selbstbetroffenen und therapeutischen Fachkräften, Seminare;

⇒keine Eignung der Seelsorger: Zeitmangel, Überforderung[135], Mangel an Einfühlungsvermögen;

⇒Bedürfnis nach Abstand von Gott und Kirche: Gefühl von Gottes Ferne, Hader mit Gott[136], Leere religiöser Aussagen, kein Bedürfnis nach Gemeinde[137].

Konkrete Gestalt erfahrener seelsorglicher Begleitung:

⇒Gespräche, (regelmäßige) Besuche[138], Briefe, Telephonate, Wahrnehmung der Befindlichkeit, Annahme, Begleitung während der Todesstunde des Kindes, Requiem und Beerdigung, gemeinsamer Gang zum Grab, gemeinsame Gottesdienste mit Eltern, Tischmesse im Elternhaus, Sakramentenempfang[139], Gebet[140], Bibel-, Gebets- und Gesprächskreis, Hinweise auf hilfreiche Literatur und Fernsehsendungen, Bücherleihe, hilfreiche Impulse in Gottesdiensten, Dasein, Nähe, persönliche Kontakte, Einladungen;

⇒gemeinsame Freizeitgestaltung mit verwaisten Eltern, Seminare mit Familien, Wanderungen, Reisen, Treffen am Grab, Gemeinschaft am Todes- und Geburtstag;

---

133 Eine Betroffene „wartete auf einen Anruf vom Pfarrer, der nie erfolgte", eine andere schreibt, daß der „Seelsorger sich nicht zur Verfügung stellte."

134 Beispielsweise Erziehung mehrerer Kinder. Aussage Betroffener: „Zunächst war keine Begleitung möglich, da ich noch weitere 5 Kinder hatte. Dies bestimmte den Alltag sehr. Trauern konnte ich daher erst nach Jahren."

135 Aussage Betroffener: „Ich habe das Gefühl, daß katholische Pfarrer dazu überfordert sind, wenn es um den Tod eines Kindes geht. Wie sollen sie auch verstehen? Sie sind weder Vater noch Mutter."

136 Aussage Betroffener: „Ich habe damals nicht an seelsorgliche Begleitung gedacht, weil ich da mit Gott eh nicht klarkam und ihn nicht verstehen konnte."

137 Eine Betroffene begründet, keine seelsorgliche Begleitung in Anspruch genommen zu haben, mit knappen Worten: „Ich habe mich sehr in mich verkrochen."

138 Regelmäßige Besuche von Gemeindeverantwortlichen über längeren Zeitraum sind die Ausnahme, was die Aussage einer Betroffenen bestätigt: „Ca. 4-6 Wochen hatte ich ein wöchentliches einstündiges Gespräch bei der Pfarrerin. Später bin ich in eine Psychotherapie gegangen, weil die Pfarrerin diesen Einsatz einfach nicht bringen konnte, bei all ihren Aufgaben."

139 Beispielsweise Krankensalbung.

140 Beispielsweise in Form von Fürbitten mit Seelsorgern.

⇒Teilnahme an Einkehr- und Begegnungstagen für verwaiste Eltern[141], Vorträge, gemeindeübergreifende und diözesane thematische Seminare, Entspannungsübungen, Tanz, Gedächtnisgottesdienste;
⇒Seelsorge kirchlicher Einrichtungen[142], Krankenhausseelsorge, Zusammenführen Gleichbetroffener, Begleitung von SHG;
⇒Beratungsstellen, psychosomatische Kur, SHG, psychotherapeutische Behandlung[143].

Gewünschte persönliche und fachliche Merkmale von Vertretern im Umgang mit verwaisten Eltern:

Persönliche Merkmale:
⇒Haltungen, Ausstrahlung und Fähigkeiten: Einfühlungsvermögen, Sensibilität, Dasein, Zuhören, Mittragen (über längeren Zeitraum), Wegweisen, Annahme, Klarheit, Echtheit, Anteilnahme, Verständnis, differenzierte Wahrnehmung, Fähigkeit zu Kontaktaufnahme, Geduld, stete Gesprächsbereitschaft, Zeithaben, eigenes Engagement, Interesse am Mitmenschen, Verschwiegenheit, Aushalten von Schweigen, Einfachheit, Ruhe, Behutsamkeit, Verläßlichkeit[144], Verfügbarkeit, Ausstrahlung von Vertrauen, Güte, Hoffnung, Liebe und Lebensfreude, Flexibilität, Offenheit, Toleranz, Nähe und Distanz, Fähigkeit zu Selbstexplikation, zu Selbstkritik, Reflexionsvermögen;
⇒religiöse Orientierung: Stabilität im Glauben, Gottvertrauen, Kirchenmitglied, Glaubwürdigkeit, persönliche Gottesbeziehung, Offenheit für Glaubensfragen und -zweifel, Akzeptanz des Glaubens der Eltern;
⇒Erfahrungen: eigene reflektierte Verlusterfahrungen, Erfahrung im Umgang mit verwaisten Eltern, eigene Kinder, Selbstbetroffenheit, Kennen verstorbenen Kindes.

Fachliche Merkmale:
⇒theologisch-fachliche Kompetenz: Wissen in Glaubensfragen, Bibelkenntnisse[145], Theologiestudium, seelsorgliche Ausbildung, Kenntnis

141 Beispielsweise in St. Ottilien, Altomünster, Niederaltaich.

142 Beispielsweise evangelische Diakonie, evangelische Akademie.

143 Beispielsweise Gesprächs-, Verhaltens- oder Trauertherapie.

144 Beispielsweise zugesagte Besuche realisieren.

145 Beispielsweise über trostreiche Beispiele in der Bibel.

über liturgischen Ablauf von Beerdigung[146], Gestaltung kindgerechter Beerdigung, Mut zu unkonventionellen Handlungen[147], angemessene Vermittlung von Glaubenswissen, Lebenshilfe, Gebets- und Meditationspraxis, gemeinsames Gebet, Zusage des Gebetes für Eltern;

⇒ psychologisch-fachliche Kompetenz: Wissen über Trauerverlauf bei Eltern, Kenntnis einschlägiger Trauerliteratur, therapeutische Ausbildung, Blick für Wesentliches und Thematisierung, Erfahrung oder Ausbildung in klientenzentrierter Gesprächstherapie, (Zusatz-)Ausbildung in Trauer- oder Hospizarbeit, Teilnahme an Trauerseminaren, erlernter Umgang mit Gefühlen, Erkennen „normaler" und „pathologischer" Trauer, personal-reflexive Kompetenz, Wissen über mögliche Symptomatik von Trauer, Wissen um Todesarten und deren Einfluß auf Trauer, Wissen um Familienproblematik bei Selbsttötung des Kindes, eigene Supervision;

⇒ praktisches Wissen und Handeln: Adressenvermittlung von SHG-Beratungsstellen, Angebote für verwaiste Eltern wie meditative Übungen, Körperübungen, kreatives Arbeiten mit Materialien, Suche nach hilfreichen Methoden[148], Hinweise auf hilfreiche Literatur und Bibelstellen über Trauer, Wissen um organisatorische Dinge[149], SHG-Erfahrung, Erfahrung im Umgang mit trauernden Eltern, Engagement in Trauergruppen[150].

3.2.5.1 Zusammenfassung und Interpretation der Ergebnisse zu Hypothese 4[151]

113 betroffene Eltern, damit nicht einmal die Hälfte der befragten 246 Personen, erfahren durch Gemeindeverantwortliche mindestens etwas Hilfe. Zusammen mit denen, die ihre Erfahrungen als negativ für ihren Trauerweg bewerten, ist der Anteil derer, für die Begegnungen und Umgang mit Gemeindevertretern hinsichtlich ihres Trauerverlaufs ohne Bedeutung bleiben - mit der Personenanzahl von 103 -, höher.

---

146 Besonders bei totgeborenen Kindern.

147 Beispielsweise neue Lieder oder Rituale.

148 Beispielsweise Malen, Spazierengehen, Gedichteschreiben.

149 Beispielsweise bestehende gesetzliche Möglichkeiten bezüglich Beerdigung. Zu besonderen gesetzlichen Regelungen bei Tod eines Kindes vor / während / nach der Geburt: vgl. Teil III: Punkt 5.3.3.

150 Beispielsweise Gestaltung eines Abends zu religiösen Fragen der Eltern.

151 Vgl. Anm. 58.

Mit Gemeindevertretern verbinden viele unmittelbar den Pfarrer oder die Pastorin als Symbolgestalten für die ganze Gemeinde, was in Einleitungen verschiedener Bewertungen zum Ausdruck kommt, beispielsweise: „Ich will die Kirche nicht an einer Person festmachen, aber ...". Das Verhältnis zu kirchlicher Gemeinde spiegelt sich im Verhältnis zu deren Verantwortlichen.

Die Bewertungen der Erfahrungen hängen von Erwartungen der Eltern ab: Manche geben sich mit wenigen Gesten der Anteilnahme zufrieden und empfinden diese als „hilfreich", während andere ähnlich erfahrenen Beistand und Begleitung als „etwas hilfreich" oder gar als „ohne Einfluß" auf ihre Trauer bewerten. Große Enttäuschung äußern demzufolge - insbesondere vor dem Tod in der Gemeinde engagierte - Eltern mit hohen Erwartungen, die keinerlei Hilfe von Gemeindeverantwortlichen erfahren. Das subjektive Moment eigenen Erlebens wird zum wichtigsten Kriterium für die Beurteilung von Hilfe durch Gemeindevertreter.

Inwieweit verwaiste Eltern Gemeindevertreter in ihrer Trauer als hilfreich erfahren, hängt zum Großteil von der Person/Persönlichkeit des Vertreters und deren Eingehen auf Situation und Wünsche der Eltern ab. Persönliche Haltungen pastoraler Mitarbeiter wie Echtheit, Annahme und Einfühlsamkeit, zugegebene Sprachlosigkeit, Offenheit und keine sofortigen Antworten auf Fragen nach dem Warum werden meist positiv erlebt. Ebenso von Eltern geschätzt werden die Erinnerung an das verstorbene Kind und jedes kleine Zeichen von Anteilnahme. Wird hingegen das Kind totgeschwiegen, werden Eltern in ihrer Trauer nicht wahrgenommen - besonders bei totgeborenen Kindern müssen sie um Anerkennung ihrer Trauer kämpfen -, oder weiß gar niemand vom Tod des Kindes, verletzen sie diese Unaufmerksamkeiten. Gespräche in einer Atmosphäre offener Begegnung werden als wichtige Hilfe, die Gemeindevertreter geben können, erfahren. Kennen Gemeindeverantwortliche das verstorbene Kind, ist dies von Vorteil, denn sie können Erlebnisse mit dem Kind Eltern mitteilen. Eltern wollen sich gemeinsam erinnern und erfahren, wie andere ihr Kind erlebten.

Vor allem bei Todesfällen mit schwierigen Umständen, beispielsweise bei Selbsttötung des Kindes und ungetauften Kindern, sind Eltern mitunter massiv besorgt um das „Seelenheil" ihres Kindes; doch Fragen nach dem Weiterleben des Kindes beschäftigen die meisten Eltern. Oft empfinden betroffene Eltern die persönliche Predigt bei der Beerdigung als tröstlich: Bilder des Eschaton und erhoffte Geborgenheit des Kindes bei Gott geben ihnen Hoffnung in ihrer Trauer.

Kirchliche Rituale um den Tod des Kindes stützen Eltern am Anfang ihrer Trauer und ermöglichen ihnen konkrete Erinnerung.
Viele Eltern nutzen die Freiheit, ihren Seelsorger selbst zu wählen, besonders dann, bestehen Irritationen zwischen Eltern und dem Seelsorger vor Ort. Nicht selten übernehmen Krankenhaus- oder persönlich bekannte Seelsorger die Aufgabe der Begleitung. Solche Seelsorger werden teilweise auch von sich aus aktiv und kümmern sich über Konfessionsverschiedenheit hinweg um betroffene Eltern.
Viele Gemeindevertreter zeigen guten Willen, Eltern zu begleiten, doch fehlt häufig Zeit für Begleitung über längeren Zeitraum. Erschwerend für den Umgang mit Eltern kommt hinzu, daß diese in ihrer Trauerzeit eine hohe Verletzbarkeit und Empfindlichkeit auszeichnet. So genügt manchmal eine Kleinigkeit zum Kontaktabbruch, beispielsweise ein Verweis auf reguläre Sprechzeiten.
Selten äußern sich Eltern zur Schwierigkeit des Umgangs mit ihnen: „Suizid eines fröhlichen sportlichen ... Jungen ist eine große Hürde, außerdem war ich schwer depressiv, so daß es schwer war, mit mir umzugehen“, räumt eine betroffene Mutter ein. Von sich selbst und eigenen Bedürfnissen Abstand zu nehmen fällt Betroffenen offensichtlich schwer.

Auswirkungen der Erfahrungen mit Gemeindevertretern auf das Verhältnis der Eltern zur Gemeinde werden von 132 Personen, damit mehr als der Hälfte konstatiert, womit der große Einfluß dieser Erfahrungen mit Verantwortlichen auf das weitere Verhältnis zur Gemeinde belegt ist. Davon verändert sich bei 63 das Verhältnis zum schlechteren, bei 53 zum besseren, bei 16 ergeben sich allgemeine, nicht unbedingt zur Gemeinde in Bezug stehende Veränderungen. Viele (91) verneinen Auswirkungen auf ihr Verhältnis zur Gemeinde: Wird jedoch der Umstand berücksichtigt, daß viele Eltern keinerlei Erfahrungen mit Gemeindevertretern machen und sich so mangels gemachter Erfahrung auch keine Verhältnisänderung vollziehen kann, relativiert sich diese Zahl. Zudem machen 22 keine Angabe über ihre Verhältnisauswirkung.
Das Verhältnis zu Gemeindevertretern steht in unmittelbarem Zusammenhang mit weiterem Kontakt zur Gemeinde: Abhängig vom Erleben Verantwortlicher ändert sich das Verhältnis, wobei das Spektrum von persönlich tiefer Vertrauensbeziehung zu Gemeindeverantwortlichen, die Eltern zur weiteren Integration in die Gemeinde hilft, bis hin zu Austritt aus der Gemeinde reicht. Deutlich wird dieser Zusammenhang bei Neubesetzung der Pfarrstelle, wenn durch Wechsel Gemeindeverantwortlicher eine neue Situation entsteht: Ist das Verhältnis belastet, kann es sich unter Umständen zum Positiven - hin zu mehr

Integration - wenden oder noch verschlechtern - hin zu noch größerer Isolation. Der Veränderungsprozeß bei der Suche nach einem Verhältnis zur Gemeinde bleibt dynamisch, wobei sich das Verhältnis oft an erhaltener oder nicht gewährter persönlicher Hilfe entscheidet. Eltern sind zudem kritisch im Blick auf Äußerungen Gemeindeverantwortlicher, deren Glaubwürdigkeit am konkreten Verhalten gemessen wird.
Viele Eltern werden durch die Trauer zu veränderten Menschen: Diese Veränderung ist Antrieb, auf Gleichbetroffene und Trauernde in ähnlicher Situation zuzugehen und sich für sie zu engagieren.
Nur selten spielt das Verhältnis zur Gemeinde keine Rolle: Interesse an sakralen Handlungen, beispielsweise der Gottesdienstfeier, besteht - wenn auch vielfach im Rückgang begriffen - weiterhin, während gegenüber der Gemeinde Ablehnung vorherrschend ist. Eigenen Glauben leben ohne Bedürfnis nach kirchlicher Gemeinschaft wird entweder aus einem individualistischen Glaubensverständnis heraus geäußert oder aber ist Folge von Enttäuschung über die konkret erfahrene Gestalt von Gemeinde. In Äußerungen wie „vielleicht hätte ich Trost in Gott gefunden, wäre mir geholfen worden" geben Eltern, die sich daher meist zurückziehen, mehrmals ihrer Sehnsucht nach ausstehender Unterstützung Ausdruck.

Von den 123 Betroffenen mit Besuch aus der Gemeinde leiten viele ihre Aussage mit „einmaliger", „einziger" oder „nur ein" Besuch, dann nichts mehr ein, bevor sie konkrete Personen benennen. Meist sind es Gemeindeverantwortliche, die „offiziell" einen Besuch, der einziger bleibt, abstatten; in nur wenigen Ausnahmen kommen Verantwortliche öfter ins Haus und zudem häufig erst auf ausdrücklichen Wunsch der Eltern. Dieser offizielle Besuch wird von Eltern verschieden erlebt: Da meist kein persönliches Verhältnis zwischen Eltern und Vertretern besteht, sind diese Begegnungen von Unsicherheit bestimmt. Solchen Besuchen haftet manchmal etwas von Pflichtbesuchen an, was für unvoreingenommene Begegnung zusätzlich hinderlich ist. Dennoch - dies verdeutlichen häufige Klagen über den Mangel an solchen Besuchen - wünschen sich Eltern offizielle Besuche aus der Gemeinde. Mitunter erhalten Eltern auch Besuche anderer, nicht im unmittelbaren Zusammenhang mit der Gemeinde stehenden Seelsorger, die persönlichen Bezug zu Eltern pflegen.
Neben Besuchen offizieller Gemeindevertreter, wozu auch führende Laien verschiedener gemeindlicher Gruppen gerechnet werden, kommen häufig Leute aus dem unmittelbaren Umfeld der Eltern ins Haus: Familienangehörige, Nachbarn, befreundete Pfarrer, Freunde und Bekannte der Eltern und des Kindes

von der Schule oder vom Kindergarten - Menschen, die durch ihre eigene Lebensgeschichte mit der des verstorbenen Kindes und der der Eltern verbunden sind. Bei solchen Personen, die ein Stück des Trauerweges mitgehen, steht nicht die Zugehörigkeit zur Gemeinde im Vordergrund.
Eine andere Besuchergruppe bilden Selbstbetroffene und Menschen mit ähnlicher Erfahrung: Die Gemeinsamkeit liegt bei ihnen weniger in gemeinsamen Erinnerungen an das verstorbene Kind, als in der Ähnlichkeit des Verlusterlebnisses. Manchmal kümmern sich auch zunächst unbekannte Gemeindemitglieder um die Eltern, zu denen meist intensive Beziehungen bis hin zu Freundschaften entstehen.
Abgesehen von offiziellen Besuchen durch Gemeindevertreter, ist auffällig, daß die Besuchenden überwiegend weiblichen Geschlechts sind. Da der Großteil der an der Untersuchung teilnehmenden Personen weiblichen Geschlechts ist, deutet dies indirekt auf die bevorzugte Wahl gleichgeschlechtlicher Begleitung.

Bevor auf konkret erfahrene Seelsorge eingegangen wird, werden zunächst von Eltern angeführte Gründe für die (Nicht-)Inanspruchnahme von Seelsorge kommentiert:
Vielfach warten betroffene Eltern umsonst auf ein Angebot gemeindlicher Seelsorger oder Initiative aus der Gemeinde für seelsorgliche Begleitung. In dieser Haltung vieler Eltern zeigt sich die gegenwärtig gesellschaftliche Prägung von Angebot und Nachfrage: vom vorhandenen oder nicht bestehenden Angebot. Initiative selbst zu ergreifen und Begleitung einzufordern wird meist als schwierig empfunden. Möglicherweise würde die Begleitung unerwünschten Pflichtcharakter erhalten; oft fehlt persönlicher Kontakt zu Gemeindeverantwortlichen. Mit Ausnahme weniger in Unkenntnis über die grundsätzliche Möglichkeit von seelsorglicher Begleitung äußern viele den Wunsch nach Begleitung und finden keine Hilfe, manchmal sogar dann nicht, bemühen sie sich eigeninitiativ darum.
Manche Eltern orientieren sich, durch negative Erfahrungen mit Gemeinde bestärkt oder aus der Überzeugung heraus, seelsorgliche Begleitung sei keine Hilfe, anderweitig: Sie finden Hilfe in ihrem sozialen Umfeld, in SHG, auf speziellen Seminaren, bei Selbstbetroffenen und therapeutischen Fachkräften. Mitunter wird die Eignung der Seelsorger bemängelt: Mangel an Zeit und Einfühlungsvermögen sowie geglaubte Überforderung sind für Eltern Hindernisse, sich Seelsorgern anzuvertrauen. Abstand zu Gemeindeverantwortlichen wird bisweilen auch aufgrund von Übertragungen aus persönlicher Gottesbeziehung eingehalten, wobei vor allem negative Gefühle auf

Gemeindeverantwortliche projiziert werden, was Begegnungen mit ihnen erschwert; oder aber die Konzentration auf die eigene Person erfordert soviel Kraft, daß Kontakte zu anderen Personen nicht erwünscht sind.
Das Hauptmotiv der 98 Eltern für seelsorgliche Begleitung ist religiöser Art: In Fragen des Glaubens suchen sie einen Seelsorger, der sich auf gemeinsame Suche nach möglichen Antworten einlassen kann. In ihrer Suche nach neuem Gottesbild und neuer Gottesbeziehung sowie im Bemühen, den Tod des Kindes in das eigene Leben einordnen zu können, erwarten Eltern Hilfe, Gott gegenüber erneut Vertrauen fassen zu können, denn neuer Glaube bedeutet für sie auch tief darin wurzelnde Hoffnung, aus der sie wieder langsam Lebensmut zu schöpfen vermögen. Seelsorgliche Begleitung erleben Eltern mitunter auch als Korrektiv ihrer Ichbezogenheit in der Trauer und Erweiterung der eigenen Perspektive.
Aus dem Bedürfnis nach Begleitung suchen manche Eltern Hilfe bei Seelsorgern, um sich aussprechen und ihre Trauer herausschreien und herausweinen zu können.

Bei den relativ wenig konkreten Aussagen über Seelsorge wird deutlich, daß nur ein geringer Teil derer, die Seelsorge in Anspruch nehmen, Begleitung in der eigenen Gemeinde finden. Viele seelsorgliche Kontakte gehen direkt über die Krankenhausseelsorge, zu der sich offensichtlich für viele Eltern leichter Kontakte ergeben, gerade dann, wenn ihr Kind dort stationäre Aufnahme fand. Die Vermutung liegt nahe, daß Krankenhausseelsorgern unmittelbarerer Zugang zu Eltern schon dadurch eröffnet ist, daß ihnen strukturell mehr Zeit für Begegnungen zur Verfügung steht. Neben der Krankenhausseelsorge, die manchen Eltern über längeren Zeitraum als Anlaufspunkt dient, werden persönlich bekannte oder empfohlene Seelsorger - beispielsweise aus der Nachbargemeinde - genannt, zu denen ein Vertrauensverhältnis besteht. Persönlicher Kontakt ist für die meisten Eltern daher wichtiger als Gemeindezugehörigkeit oder eigene Konfession. Die Qualität der Beziehung zum Seelsorger ist ausschlaggebend für längere Begleitung. Da Eltern kaum Seelsorger ihrer eigenen Gemeinde als Begleiter wählen, ist dadurch indirekt auch die geringe Vertrautheit mit ihnen angezeigt.
Unter konkreter Seelsorge versteht der Großteil der Eltern Gespräche als Ausdrucksmöglichkeit des Verlustes und Möglichkeit zu Glaubensauseinandersetzung in variierenden Kommunikationsformen: Beispielsweise Briefe zu bestimmten Anlässen - am Geburts- oder Todestag des verstorbenen Kindes - und Telephonate.

Häufig werden außergemeindliche Angebote für verwaiste Eltern angeführt: Neben vereinzelten Initiativen auf übergemeindlicher oder diözesaner Ebene werden besonders Klöster genannt, die Wochenenden für Trauernde oder verwaiste Eltern anbieten. Hilfe von SHG oder anderer Selbstbetroffener wird ebenfalls als Seelsorge gesehen.

Bei gewünschten persönlichen Merkmalen des Seelsorgers dominieren empathische Fähigkeiten wie Einfühlungsvermögen, Einfühlsamkeit, Zuhören und Verständnis[152], was dem Grundbedürfnis Trauernder nach Annahme in ihrer Trauer entspricht. Ebenfalls gefordert wird „die“ Grundbedingung für Begleitung: Zeit. Genannte Haltungen und Fähigkeiten, die Seelsorger ausweisen sollen, decken sich größtenteils mit den Grundhaltungen von C.R.Rogers.[153]
Unterschiedliche Forderungen tauchen im Bereich persönlicher Glaubensauseinandersetzung auf: Der Seelsorger soll selbst authentischen, spürbaren Kontakt zu Gott haben und Betroffene daran erinnern, haben sie diesen Kontakt verloren. Andere wiederum äußern sich ablehnend gegenüber religiösen Ambitionen des Seelsorgers. Gewünscht wird von Eltern keine religiöse Belehrung, für einfaches Zeugnis lebendigen Glaubens sind jedoch viele dankbar. Ähnlich ambivalent ist der Wunsch nach Begegnung: Bedürfnis nach Nähe und Distanz in bezug auf den Seelsorger variiert vom Wunsch nach Körper- und Blickkontakt bis hin zu gewünschter Distanz und Angst vor Vereinnahmung. Solch unterschiedliche Wünsche trauernder Eltern zu erspüren oder bei Gelegenheit zu erfragen und angemessen auf sie einzugehen ist Aufgabe des Seelsorgers. Dabei soll der Seelsorger sich empathisch geben, aber eigene Glaubensüberzeugung miteinbringen - denn dies gehört zu seiner Echtheit.
Die Forderung nach steter Gesprächsbereitschaft und Verfügbarkeit der Seelsorger ist nicht realisierbar - manche der geäußerten persönlichen Anforderungen an Seelsorger klingen stark idealisiert. Müßte er über alle aufgeführten Eigenschaften verfügen, stellte er einen Idealmenschen dar, der mit sich selbst integriert und mit ausschließlich positiver Ausstrahlung, d.h. ohne eigene Probleme und Schwierigkeiten, behaftet ist.
Immer wieder wird auf den Nutzen von Selbstbetroffenheit mit dadurch erhofftem Einfühlungsvermögen verwiesen: Eltern erleben nichtbetroffene Gemeindeverantwortliche als überfordert mit ihrer Situation. Haben

[152] Zuhören allein wird von 96, Einfühlungsvermögen oder Einfühlsamkeit von 72 und Verständnis von 31 Personen wörtlich genannt.

[153] Vgl. dazu Teil III: Punkt 7.1.

Verantwortliche hingegen selbst ähnliche Verlusterfahrungen, beispielsweise ein schwerbehindertes Kind, steigt zu ihnen das Vertrauen der Eltern. Wird Selbstbetroffenheit zur Bedingung erhoben, haben es Nichtbetroffene schwer, Eltern zu begleiten.

Bei fachlichen Merkmalen werden häufig theologische und psychologische Kompetenz vom Seelsorger gefordert: Theologisch-fachliches Wissen, besonders zu Fragen des Eschaton, und Bibelkenntnisse sollen Seelsorger auszeichnen, wobei jeglicher Dogmatismus von Eltern abgewehrt wird. Gewünscht wird gemeinsamer Umgang mit der Bibel mit dem fachkundigen - im Sinn behutsamen Mitgehens - Seelsorger als Begleiter. Auf rationaler Ebene Glauben verteidigen zu wollen, stößt bei Eltern auf Widerstand; sie stehen in existentieller Auseinandersetzung mit dem Tod des Kindes und suchen nach Halt. Aufgabe des Seelsorgers ist daher, zuerst das Vertrauen der Eltern in das Leben zu stärken. Möglichkeit hierzu bietet die mehrfach genannte Glaubwürdigkeit des Seelsorgers, an der Eltern ablesen können, was Glaube bewirkt, und durch die sie in dessen gelebtem Zeugnis selbst mit Gottes lebendigem Wort in Berührung kommen. Mehrfach von Eltern erwähnt und zur fachlichen Kompetenz gerechnet werden Gebets- und Meditationspraxis des Seelsorgers sowie die Zusage des Gebetes für Eltern.

Öfter als theologische Kompetenz werden psychologische Kenntnisse und Erfahrung gefordert: Von psychologischer Ausbildung erhoffen sich Eltern angemessene Hilfe und Verständnis für ihre Situation. Besonders in Gesprächsführung sollen Seelsorger geübt sein. Erfahrungen im gesamten Trauerbereich werden vielfach erwartet.

Insgesamt mißt ein Großteil der Eltern persönlichen Merkmalen größeres Gewicht zu als fachlichen - eine Gewichtung, die die vorrangige Bedeutung der Person/Persönlichkeit des Seelsorgers untermauert.

3.2.5.2 Hypothesendiskussion 4

Hypothese 4: Die Person des gemeindlichen Vertreters (Pfarrer/in, Kaplan, Pastor/in, Vikar/in, Diakon/in, Pastoralreferent/in, Gemeindereferent/in, Seelsorger/in) mit ihren Haltungen ist im Umgang mit verwaisten Eltern grundlegend.

Diese Hypothese kann bestätigt werden: Deutlich wird, daß die Bewertung von Erfahrungen mit Gemeindevertretern von deren persönlichen Haltungen abhängt.

Je persönlicher Hilfe gewährt wird, desto besser wird diese von Eltern honoriert. Hilfe für verwaiste Eltern in der kirchlichen Gemeinde ist folglich personenabhängig, d.h., die Person/Persönlichkeit mit ihren Haltungen ist entscheidend. Dieser grundlegende Einfluß der Person auf gemeindliche Hilfen zeigt sich weiter darin, daß sich bei mehr als der Hälfte der Eltern ihr Verhältnis zur Gemeinde aufgrund der Erfahrungen mit Gemeindevertretern verändert. Der Bezug zur Gemeinde hängt an der Beziehung der Eltern zu Gemeindeverantwortlichen. Die persönliche Beziehung zum Seelsorger ist für den Umgang mit verwaisten Eltern bestimmend, was insbesondere die Bereitschaft vieler Eltern zeigt, seelsorgliche Begleitung außerhalb der Gemeinde in Anspruch zu nehmen, gerade dann, besteht wenig persönlicher Bezug zum eigenen Gemeindeseelsorger. Der Vorzug persönlicher Eigenschaften vor der Fachlichkeit des Seelsorgers untermauert zudem die Vorrangigkeit der Person vor jeder Professionalität.

3.2.6 Relevanz des christlichen Glaubens für den Trauerweg verwaister Eltern (Frage 8 - Hypothese 5)

Hypothese 5: Christlicher Glaube hilft verwaisten Eltern, Trauer zuzulassen und sich neu dem Leben zuzuwenden.

Zur Überprüfung dieser Hypothese wird beleuchtet, ob und inwiefern verwaiste Eltern christlichen Glauben als Halt und Hoffnung in ihrer Trauer erleben, bevor Erwartungen von Eltern hinsichtlich Aussagen gemeindlicher Vertreter über Deutung von Leben und Tod und die Veränderung der Gottesbeziehung der Eltern mit dem Tod des Kindes eruiert werden. Gemeinschaftliche Bedeutung des Glaubens und Einbindung des Glaubens verwaister Eltern in die Gemeinde werden durch Aussagen, die die Art und Weise des „Glaubenteilens“ mit anderen Christen beschreiben, angeführt. Abschließend folgen Erfahrungen verwaister Eltern bezüglich der Unterschiede in der Trauer zwischen „christlichen“ und anderen Eltern.

Ergebnisse

Christlicher Glaube als Halt und Hoffnung in der Trauer:

179 Personen gibt christlicher Glaube in ihrer Trauer Halt und Hoffnung, 40 verneinen dies, 14 machen keine Angabe und 13 bleiben mit ja - nein ambivalent.[154] Hoffnung und Glaube werden folgendermaßen konkretisiert:

⇒ Hoffnung: Leben nach dem Tod, Wiedersehen, Auferstehung[155], ewiges Leben, Tod als Übergang, Kennenlernen der Kinder[156], Sinn im Leben des Kindes, Klärung der Fragen nach dem Warum[157], Ausgleich im Jenseits für Leiden in dieser Welt, Überwindung des Todes durch die Liebe[158], eigene Heilung;

⇒ Glaube: Wohlergehen[159] und Geborgenheit des Kindes bei Gott, Verbundenheit mit Verstorbenen durch Kirche, bestehende Beziehung zum Kind[160], Gott als Antwort und Kraftquelle, Vorsehung, Vertrauen, Halt gegen Verzweiflung und Sinnlosigkeit, Sinn des Todes und seine Überwindung, an Bedingungen geknüpfter Glaube;

⇒ Erfahrungen in Glaubensauseinandersetzung: Ohnmacht gegenüber Tod[161], Wut, Hader, Anklage, Glaube als Sprung und Geschenk ins Vertrauen[162], Trost, Mut, Kraft, Gottes Begleitung, Zulassen des Leids durch Gott trotz seiner Liebe, Jesu Leidenserfahrung als Trost, Gottes Wort als Hilfestellung zur rechten Zeit, Bedeutsamkeit christlicher Werte, Sinn, keine Angst vor eigenem Tod, neue Weltsicht.

---

154 Vgl. Diagrammverzeichnis: Diagramm 23.

155 Vereinzelt treten zur christlichen Lehre entgegengesetzte Gedanken von Wiedergeburt auf.

156 Bei Tod in Schwangerschaft und bei Geburt.

157 Aussage Betroffener: „Für mich ist es unverständlich, daß ein grausames Abschlachten (Mord; d.V.) eines jungen Menschen ohne Grund von Gott zugelassen wird."

158 Aussage Betroffener: „weil nichts verloren ist, was man liebt."

159 Beispielsweise Schmerzfreiheit des Kindes bei Gott.

160 Aussagen Betroffener: Die „Seele des Kindes ist um uns, unsere Liebe läßt die Energie nicht abbrechen." Eine andere Person zitiert in diesem Zusammenhang einen Kirchenvater: „Unsere Toten sind nicht abwesend, sondern nur unsichtbar. Sie schauen mit ihren Augen voller Licht in unsere Augen voller Trauer."

161 Aussage Betroffener: „Ich habe gespürt, daß wir nicht alles regeln können. Eine andere Macht entscheidet."

162 Typische Aussagen Betroffener belegen die Wichtigkeit des Glaubens für verwaiste Eltern: „Nur im Glauben kann ich den Tod meines Kindes ertragen", „hätte ich keinen Glauben, so wäre ich schon längst tot", „ohne Glaube könnte ich nicht leben, es gäbe keinen Sinn", „mein Glaube ließ mich diesen unsagbaren Schmerz aushalten", „ohne Glaube wäre eine seelische Heilung nicht möglich gewesen", der „Strudel der Fragen und Schuldfragen endet damit."

Aussagen gemeindlicher Vertreter über Deutung von Leben und Tod:

104 Personen erwarten Aussagen gemeindlicher Vertreter über Lebens- und Todesdeutung, 111 verneinen dies, 9 beantworten die Frage mit ja - nein und 22 machen keine Angabe.[163] Als Gründe werden angeführt:

⇒pro: Umgang mit Tabuthema Tod, zentrale Themen in der Trauer, persönliche Betroffenheit, Denkanstoß und Orientierung, Bestätigung eigener Sehnsüchte, Glaubens- und Lebenshilfe, fachliche Kompetenz und persönliche Meinung der Vertreter, keine alleinige Deutung dieser Fragen[164], Interesse;

⇒contra: Hilflosigkeit und Unfähigkeit der Vertreter[165], Enttäuschung, Suche nach eigener Antwort, alleinige Bedeutung eigener Erfahrungen, Absolutheitsanspruch der Aussagen, Aussagen meist zu früh[166], Abwürgen von Gefühlen und Erzählbedürfnis, keine Hilfe, kein Interesse, keine Beeinflussung.

Veränderung der Gottesbeziehung durch den Tod des Kindes:

194 Personen erfahren eine Veränderung in ihrer Beziehung zu Gott, 44 verneinen dies und 8 machen keine Angabe[167]:

⇒negative Veränderung: (fast) kein Glaube mehr[168], Verlust des Vertrauens, Zweifel bis Negation bezüglich Existenz, Güte, Gerechtigkeit, Allmacht[169] und Liebe Gottes, Gott als Schuldiger, Abbruch der Suche nach Sinn, Distanz zu Gott, (fast) kein Gebet mehr;

⇒positive Veränderung: Glaubensauseinandersetzung, neue Weltsicht, Intensivierung der Suche nach Gott, Stabilität im Glauben, Glaube aus

---

163 Vgl. Diagrammverzeichnis: Diagramm 24.

164 Aussage Betroffener: „Man stellt sich immer wieder dieselben Fragen und gibt die gleichen Antworten. Eine andere Meinung kann diesen Teufelskreis durchbrechen."

165 Aussagen Betroffener: „Unser kath. Pfarrer ist nicht fähig dazu. Er ist viel zu sehr mit Verwaltung beschäftigt und weiß nicht, was Seelsorge ist", „beim Taufgespräch meines dritten Kindes wurde über den Tod des Kindes (Kind kam tot zur Welt; d.V.) geredet. Der Pfarrer erzählte von einem Babyhimmel, das hat mir nicht geholfen."

166 Aussage Betroffener: Eltern „kommen selbst nach einer Zeit auf dieses Thema."

167 Vgl. Diagrammverzeichnis: Diagramm 25.

168 Aussage Betroffener: „Ich bin weit von der Kirche entfernt und ... mein Glaube ist weit weg. Tod und Krankheit haben mich verändert und ich werde damit nicht fertig."

169 Aussage Betroffener: „Wenn Gott allmächtig ist und liebt, warum konnte er den Tod meines Kindes nicht verhindern?"

Überzeugung[170], Akzeptanz von Tod[171] und Gottes Unbegreiflichkeit, Interesse für Theologie, Gewißheit von Gottes Existenz, (häufiges) Gebet, Gottes Begleitung[172], keine Angst vor eigenem Tod, Abgeben der Verantwortung für das Kind an Gott, bedingungslosere Beziehung, Verwiesenheit auf Gott, Sensibilisierung eigener Empfindung und Wahrnehmung, Wertschätzung der Schöpfung, Integration des Todes in das Leben, Bewußtsein der Vergänglichkeit, Beziehung zu Jesus und Maria[173];

⇒ prägende Gefühle und innere Auseinandersetzung: Fragen nach dem Warum[174], Wut, Hader, Anklage, Verbitterung, Ängste, Verzweiflung, Enttäuschung, Resignation, Gleichgültigkeit Gott gegenüber[175], Erschütterung von Sicherheit und Geborgenheit, Schutzlosigkeit, Alleinsein, Gefühl von Bestrafung und Gottes Ferne, Machtkampf mit Gott, Ablehnung Gottes - Gottes Liebe, Annahme, Vertrauen[176], Kraft, Hilfe, Trost.

Eigenen Glauben mit Gemeindemitgliedern teilen:

119 Personen können eigenen Glauben mit anderen Gemeindemitgliedern nicht teilen, 93 bejahen dies, 3 differenzieren ihre Antwort mit ja - nein und 31 machen keine Angabe.[177] Als Möglichkeiten, Glauben zu teilen, werden angeführt:

⇒ Gespräche, Diskussionen, persönliche Beziehungen, (ein wenig/nur) Gottesdienste, gemeinsames Gebet, Seniorennachmittage, Bibelwochen, Seminare[178], Besinnungstage, gemeinsame Freizeitgestaltung,

---

170 Aussagen Betroffener: „Vorher war ich ein braver Mitläufer“, „vorher habe ich geglaubt, aber das lief nebenher, jetzt bekenne ich mich dazu“, „mein anerzogener Glaube ist zerbrochen, langsam ist ein erfahrbarer Glaube gewachsen.“

171 Aussage Betroffener: „In der Anfangszeit habe ich Gott verflucht, warum tut er gerade mir das an. Mittlerweile kann ich den Tod akzeptieren, verstehen aber nicht.“

172 Aussage Betroffener: „Anfangs hatte ich Schwierigkeiten, mit Gott zu reden, war er doch verantwortlich für mein Leid. Durch Literatur ... wurde Gott nun mein liebender Begleiter.“

173 Aussage Betroffener: „Ich habe Jesus gefunden, der durch tiefe Abgründe mitgeht und mitträgt, und ich habe Maria gefunden, die um ihren Sohn trauert.“

174 Beispielsweise warum ich, warum hat Gott mich nicht vor diesem Unheil bewahrt, warum läßt er so etwas zu?

175 Aussage Betroffener: Gott „wurde mir gleichgültiger. Ich will ihn nicht verantwortlich machen für mein Leid, aber auch nicht mehr danken für mein Glück. Wenn es ihn gibt, wie es mir nahe gebracht wurde, dann verstehe ich ihn nicht.“

176 Aussage Betroffener: Ich erfuhr „zuerst sehr große Bitterkeit und Zweifel, doch langsam wächst wieder Vertrauen.“

177 Vgl. Diagrammverzeichnis: Diagramm 26.

178 Beispielsweise Cursillo-Kurs.

Krankenbesuche, gemeinsame Arbeit, Frauenfrühstück, Hospizarbeit, Frauenbund, Exerzitien, gemeinsames Feiern, Beerdigungen, Kinderkatechese-, Krabbel-, Frauen- und Gottesdienstvorbereitungsgruppe, Haus-, Familien-, Bibel-, Gebets-, Gesprächs- und Mitarbeiterkreis, Kantoreisingen, Kirchenchor, Kindergartenmitarbeit;

⇒ mit Ehepartner, Freund/in, Pastorenehepaar, Verwandten, Ähnlich- und Selbstbetroffenen, Kindern, gläubigen Christen, Menschen gleichen Alters, Personen/Christen außerhalb der Gemeinde, Ordensangehörigen, (nur) mit SHG-Mitgliedern, in anderer Gemeinde[179].

Andersartigkeit der Trauer „christlicher“ Eltern:

109 Personen sind der Ansicht, „christliche“ Eltern trauern anders, 72 verneinen dies, 7 beantworten die Frage mit ja - nein und 58 machen keine Angabe.[180]
Äußerungen von Eltern:

⇒ positive Äußerungen zur Bedeutung des Glaubens: (eher) Akzeptanz von Tod, Hoffnung auf Wiedersehen, Auferstehung und ewiges Leben, Glaube an Wohlergehen und Geborgenheit des Kindes bei Gott, Leben und Tod in Gottes Hand[181], Trost, Lebenshilfe, Kraft, Gottes Liebe, keine überhöhten Selbstzweifel, Zugang zu anderer Verstehensebene, Möglichkeit zu (verborgenem) Sinn, Vertrauen, Gottes Begleitung[182];

⇒ negative Äußerungen zur Bedeutung des Glaubens: Gefühl von Bestrafung, Wut, Hader, Anklage gegen Gott, drängendere Fragen nach dem Warum, Neigung zu mehr Schuldgefühlen, nur scheinbare Gelassenheit in der Trauer;

⇒ Äußerungen zum Trauerweg: weniger Verzweiflung, Verbitterung und Depression, stillere Trauer, kein Unterschied in akuter Trauer[183], gleicher Schmerz[184], keine Erfahrung, keine Vergleichsmöglichkeiten.

---

179 Beispielsweise Schul-, Nachbargemeinde.

180 Vgl. Diagrammverzeichnis: Diagramm 27.

181 Aussage Betroffener: „Wir kommen alle aus Gottes Hand in Gottes Hand.“

182 Aussage Betroffener: Ich „muß nicht durch die Welt rennen und mein Kind suchen. Ich weiß, wo es ist und daß es ihm gut geht. Ich spüre Gottes Begleitung und fühle mich nicht so verloren.“

183 Aussage Betroffener: „In der ersten Zeit sind auch christliche Eltern ohne Trost und Hoffnung.“

184 Aussagen Betroffener: Das „Verlustgefühl an sich ist gleich“, „christliche Eltern leiden genauso, finden aber später Trost im Glauben an die Auferstehung.“

3.2.6.1 Zusammenfassung und Interpretation der Ergebnisse zu Hypothese 5[185]

Eine deutliche Mehrheit, 179 Personen, erfahren christlichen Glauben als Halt und Hoffnung in ihrer Trauer, 13 erleben ihn nur zeit- oder teilweise als Halt.
Vor allem die Glaubenssätze geben Eltern Stütze, die sich mit ihren Sehnsüchten nach Weiterleben und Wiederbegegnung mit ihrem Kind decken. Zentrale Themen aufgeführter Antworten sind daher Hoffnung auf Leben nach dem Tod, auf Auferstehung und Wiedersehen - Form und Ort bleiben unklar - sowie Glaube an Wohlergehen und Geborgenheit des Kindes bei Gott. Glaube und Hoffnung helfen Eltern, die Beziehung zu ihrem Kind aufrecht zu erhalten. Die meisten Eltern erfahren Glaube und Hoffnung jedoch nicht statisch, vielmehr werden diese immer in Auseinandersetzung mit Zweifeln durchlebt. Vielfältig sind die Erfahrungen der Eltern, die von solcher existentieller Auseinandersetzung zeugen. Vielfach wird diese mit Gott geführt aufgrund eigener Ohnmacht gegenüber dem Tod des Kindes und bewirkt, lassen Eltern diesen Machtkampf mit Gott zu - mitsamt den verbundenen Schmerzen -, bei manchen eine Kehrtwende: Wut, Hader und Klage gegenüber Gott wenden sich am tiefsten Punkt der Verzweiflung in Trost, Mut und Kraft. Da es keine rationale Antwort auf den Tod des Kindes gibt, bleibt nur Glaube: er bricht auf an der Stelle der Kapitulation eigenen rationalen Verstehens. Aufgabe ständig rationaler Beschäftigung mit Fragen nach dem Warum des Todes kann Raum geben für den Sprung ins Vertrauen zu Gott - als Möglichkeit, eine Deutung für den Tod zu finden. Erfahren sie Glaube als Sprung und Geschenk ins Vertrauen, daß Gott ein liebender, kein strafender Gott ist, bejahen sie ihre existentielle Abhängigkeit von Gott. Manchen Eltern wird dabei das Geheimnis um Jesu Kreuz und Auferstehung zugänglich. Hierzu gehört auch die Gewißheit, daß Gott in Jesus Christus alles eingesetzt hat, um sich mit Trauernden zu identifizieren. Eltern erfahren im Bild des leidenden Christus modellhafte Hilfe und persönlichen Zugang zu seiner Person.
Die liebende Beziehung zu ihrem Kind wollen Eltern nicht aufgeben: Häufig spüren Eltern diese Verbundenheit in der Kirche und im Gebet. Der christliche Glaube von der Gemeinschaft der Heiligen in der Kirche, die Tote und Lebende erfaßt, stützt diese Überzeugung vom Durchdringen der Welten der Toten und Lebenden. Die Hoffnung, daß Liebe stärker als der Tod ist und das Leben

[185] Vgl. Anm. 58.

verwandelt, nicht aber durch den Tod der Vernichtung preisgibt, ist zentrale Grundlage für den Weiterbestand der Beziehung zwischen Eltern und verstorbenem Kind.

In etwa ausgeglichen sind Erwartungen verwaister Eltern zu Aussagen gemeindlicher Vertreter über Deutung von Leben und Tod: 104 Personen erwarten diese und 111 lehnen sie ab. Bei letzteren ist häufig Offenheit gegenüber Gesprächen mit Vertretern über diese Themen zu erkennen, während Aussagen im Sinn von Belehrungen deutlich abgelehnt werden.
Stark vertreten ist die Auffassung, jeder müsse seine eigene Deutung zu Leben und Tod finden: Das Spektrum reicht von „fremde Deutungen stören" bis dahin, daß „zu diesem Thema ... jeder seine eigenen Ansichten" hat und „nicht in eine gewisse Richtung beeinflußt werden" sollte. Persönlicher Erfahrungsaspekt gewinnt an großer Bedeutung, absolute oder mit Autorität verbundene Aussagen können von verwaisten Eltern mehrfach nur schwer oder gar nicht akzeptiert werden. Gesprächsmöglichkeiten zu intensiver Auseinandersetzung mit diesen Themen hingegen werden gesucht. Neben Situations- und Personenabhängigkeit solcher Gespräche ist der Zeitpunkt für derartige Aussagen entscheidend: Kurz nach dem Verlust sind Betroffene emotional mit dem Verlust beschäftigt, so daß wenig bis keine Offenheit dafür zu erwarten ist. Aussagen können dann Gefühle und Erzählbedürfnis blockieren. Erfahrene Hilflosigkeit und Unfähigkeit der Seelsorger mit dadurch einhergehender Enttäuschung für Eltern läßt manche von ihnen jeglichc Aussagen von Vertretern abwehren.
Nicht selten wollen Eltern durch Aussagen der Vertreter Bestätigung ihrer in der Trauer vorherrschenden Sehnsüchte: Weiterleben und Wiedersehen des Kindes. Bei der Mehrheit der Eltern, die Aussagen bejahen, sind fachliche Kompetenz und persönliche Meinung des Gemeindevertreters gefragt, dessen Rolle wird jedoch oft beschränkt auf die des Hilfestellers: Die Aussagen dienen vielen Eltern lediglich als Denkanstoß und Orientierung, sie ersetzen nicht eigene Suche nach dem, was persönlich „glaubhaft" erscheint. Einige Eltern erwarten sich in ihrer persönlichen Betroffenheit auch Glaubens- und Lebenshilfe auf ihrem Trauerweg: Aussagen stellen für sie trostvolle Glaubensgrundlage dar. Aussagen über Leben und Tod werden manchmal schon deshalb bejaht, weil sie das gesellschaftliche Tabu des Todes aufheben und die Zusammengehörigkeit von Leben und Tod anzeigen.

Wie die überwiegende Mehrheit (194) der befragten Personen belegt, tritt fast immer eine tiefgreifende Krise mit dem eigenen Gottesbild auf. Nach langem

Weg der Auseinandersetzung mit dem Glauben äußern sich 104 Personen in Richtung einer Intensivierung ihrer Gottesbeziehung. Da sich diese am Anfang der Trauer zunächst fast immer verschlechtert, die individuelle Trauerzeit so mitausschlaggebend ist und die Beziehung stets dynamisch bleibt, kann nur schwer ein Urteil über endgültige Verbesserung oder Verschlechterung gefällt werden.

Engagierte Auseinandersetzung mit vielfältigen Fragen nach Gott, dem Gottesbild, dem Leben danach und dem Warum des Todes beschäftigt die meisten Eltern. Gott, der zunächst oft als Letztverantwortlicher für den Tod des Kindes gesehen wird, ist Ziel vieler auf ihn projizierter negativer Gefühle. Diese in der Trauer aufbrechenden Gefühle machen die Auseinandersetzung zur existentiellen Suche. Im Wechselspiel mit Zweifeln und erneutem Vertrauen lösen sich in vielen Fällen nach längerer Zeit diese negativen Gefühle und Gott wird gleichsam als Begleiter entdeckt, der den Trauerweg mitgeht und Kraft schenkt. Versöhnung kann stattfinden, die Gottesbeziehung vieler Eltern erfährt Vertiefung.

Schwanken in den Gefühlen - beispielsweise Wut auf Gott und Annahme bei ihm - bewirkt ebenfalls ambivalentes Hin- und Hergerissenwerden zwischen zwei extremen Gottesbildern: das des strafend-prüfenden und das des liebenden Gottes. Wird Kontakt zu Gott gehalten in allen Gefühlszuständen, bricht die Beziehung nicht ab, vielmehr verändert sie sich: Naiver Kinderglaube und eigene zurecht gelegte Vorstellungen werden revidiert, der erworbene Glaube ist ein gereifter, denn in existentieller Auseinandersetzung mit Gott ist sein Fundament gelegt. Die Qualität der Beziehung verschiebt sich bei diesen Verläufen in Richtung einer persönlicheren und unmittelbareren Gottesbeziehung als vor dem Tod des Kindes. Die neue Beziehung äußert sich in neuem Umgang mit Leben und Tod sowie neu entdeckter Sensibilität für Empfindung, Wahrnehmung und Wertschätzung der Schöpfung. Mit der Akzeptanz des Todes und der Unbegreiflichkeit Gottes verlieren die Fragen nach dem Warum an Bedeutung, wobei diese letztendlich offen bleiben. Am Ende des schweren Trauerweges erfolgt vielfach eine Intensivierung persönlichen Glaubens. Glaube und Religion gewinnen an Wichtigkeit im Leben der Eltern.

Ein typisch positiver Verlauf des Veränderungsprozesses zeigt sich in:

- stark emotionaler Auseinandersetzung mit Gott und offenen Fragen
- neuer persönlicher Suche und Annäherung an Gott
- Annahme des Todes - meist nach längerer Zeit
- Zunahme von Vertrauen trotz Unbegreiflichkeit des Verlustes

- positiven Gefühlen, die in der Gottesbeziehung an Raum gewinnen
- Intensivierung der Beziehung zu Gott.

Viele Eltern aber verlieren ihren Glauben, werden mit dem Ereignis nicht fertig, erleben sich in dieser Auseinandersetzung auf Dauer überfordert und brechen die Glaubenssuche ab. Manche korrigieren ihr Gottesbild hin auf Gottes Ohnmacht, indem sie persönlich nicht akzeptable Eigenschaften Gottes bis hin zu seiner Existenz leugnen. Auffallend sind dabei Verhärtung negativer Gefühle und Resignation.

Nur 93 befragte Personen, bei weitem nicht einmal die Hälfte der Gesamtheit, sehen für sich selbst die Möglichkeit, mit anderen Christen aus der Gemeinde ihren Glauben zu teilen. Die Mehrheit der Eltern ist im Glauben in ihrer Gemeinde auf sich selbst gestellt.

Die Möglichkeit, Glauben zu teilen, wird vom Großteil der Betroffenen als wohltuend erlebt: Durch die Erfahrung von Gemeinschaft und Verbundenheit im Glauben wächst Vertrauen und Mut, das Leben neu zu wagen. Die Möglichkeit des Glaubenteilens finden Eltern vor allem in persönlichen Gesprächen über das eigene Leben und Gott mit einzelnen vertrauten Personen - Freunde und Verwandte werden oft genannt - und in Gruppen, wobei eine besondere Gruppe wiederum Ähnlich- und Selbstbetroffene in der Gemeinde bilden. In gemeindlichen Gruppen wie Bibel-, Gesprächs- und Hauskreis, Kirchenchor oder Vorbereitungsgruppe für besondere Bereiche haben Eltern Möglichkeiten, über ihren Glauben ins Gespräch zu kommen. Manche berichten von Besinnungstagen und Wochenendseminaren mit Möglichkeit zu Glaubensaustausch; bei gemeinsamen Aktionen und Unternehmungen, bei gemeindlichen Veranstaltungen und Krankenbesuchen werden ebenfalls positive Erfahrungen angeführt.

Neben Gesprächen sind Gottesdienstteilnahme und gemeinsames Gebet als weitere Schwerpunkte zum Glaubenteilen genannt: Eltern erleben durch Gemeinschaft in Feier und Gebet wohltuende Verbundenheit im Glauben.

72 Personen verneinen eine Andersartigkeit der Trauer „christlicher“ Eltern, 109 Personen vertreten die Ansicht, daß „christliche“ Eltern anders trauern, womit knapp die Hälfte in „christlicher“ Trauer einen Unterschied sieht.

Eltern äußern sich vorsichtig und leiten ihre Bewertungen mit Wörtern wie „eher“ oder „eventuell“ ein. Einige geben keine differenzierten Antworten mit der Begründung, es lägen weder Vergleichsmöglichkeiten noch dementsprechende Erfahrungen vor. Manche wiederum stoßen sich an dieser Frage, weil dieser

Sachverhalt nicht bewertet werden sollte. Der hohe Anteil der Antworten ohne Angabe (58) legt dies ebenfalls nahe.
Die meistgenannten Unterschiede betreffen die Hoffnung auf Leben nach dem Tod, auf Auferstehung und Wiedersehen des Kindes. Daß es dem Kind wohlergeht und es bei Gott geborgen ist und „christliche" Eltern den Tod ihres Kindes eher akzeptieren können, wird von mehreren Eltern genannt: Durch den Glauben bedingt würden sie ihr Kind eher loslassen können. Der Glaube wird - nach Ansicht vieler - besonders nach akuter Trauer zur Kraftquelle, beim schmerzvollen emotionalen Trauerverlauf sehen Eltern hingegen wenig bis keine Unterschiede.
Deutlich wird, daß Eltern Trauer nicht in Regeln fassen wollen: „Jeder trauert anders" ist Grundtenor vieler Aussagen.

3.2.6.2 Hypothesendiskussion 5

Hypothese 5: Christlicher Glaube hilft verwaisten Eltern, Trauer zuzulassen und sich neu dem Leben zuzuwenden.

Diese Hypothese kann bestätigt werden: Christlicher Glaube, verstanden nicht als dogmatisches Wissen, sondern ständige Auseinandersetzung des ganzen Menschen, ist konkrete Lebenshilfe für viele Eltern in der Trauer. Durch Beschäftigung mit eschatologischen Themen: Auferstehung und bestehende Gemeinschaft zwischen Toten und Lebenden, erfahren Eltern Glauben als Halt und Hoffnung, der ihnen Mut und Kraft gibt, den Verlust ihres Kindes zu akzeptieren. In Gott als Gegenüber finden viele Eltern einen Klageort für ihre Trauer: In dieser meist emotionsgeladenen Auseinandersetzung können sich negativ belastende Gefühle lösen hin zu einem positiven Gottesbild. Können Eltern zudem christlichen Glauben mit anderen Christen in der Gemeinde teilen, fördert dies ihr Vertrauen, Leben neu zu wagen. Gemeindevertreter sind dabei vor allem als Gesprächspartner in Glaubensfragen erwünscht.

3.2.7 Wunsch nach Veränderungen im gemeindlichen Leben von verwaisten Eltern (Frage 9 - Hypothese 6)

Hypothese 6: Verwaiste Eltern wünschen Veränderungen im gemeindlichen Leben und sind bereit, diese mitzutragen.

Zur Überprüfung dieser Hypothese werden Bedürfnisse verwaister Eltern im Blick auf das gemeindliche Leben näher untersucht: Zunächst werden deren Wünsche und Erwartungen an die Gemeinde und deren Vertreter dargelegt, bevor die Äußerungen der Eltern in von ihnen angeführten notwendigen Veränderungen weitere Konkretisierung erfahren. Die eigene Bereitschaft verwaister Eltern, sich in ihrer Gemeinde zu engagieren, beschließt vorliegende Darstellung.

<u>Ergebnisse</u>

Wünsche und Erwartungen an kirchliche Gemeinde und deren Vertreter:

Als Wünsche und Erwartungen in Verkündigung, Liturgie und Diakonie werden angeführt[186]:

⇒Diakonie: Annahme, Anteilnahme über längeren Zeitraum, Zugehen, Kontakte, Unterstützung, Gespräche (an für Eltern besonderen Tagen[187]), Sich-nach-dem-Befinden-Erkundigen, Anfrage wegen Wunsches nach Besuch, regelmäßige Besuche, Telephonate, telephonische Erreichbarkeit der Vertreter, persönlicher Beistand und Begleitung für verwaiste Eltern und Geschwisterkinder, praktische Hilfe[188], Zeithaben, Trauergruppen, Hinweise auf Umgang mit Trauernden und Literatur zum Thema Trauer, Blumen auf dem Grab, körperliche Gesten, Einladungen zu gemeindlichen Veranstaltungen, Dasein, Akzeptanz emotionaler Traueräußerungen, Gleichstellung der Trauer bei Fehl- und Totgeborenen, Sensibilität, Glaubwürdigkeit, Empathie, Einfühlungsvermögen, Verständnis, Zuhören, Offenheit, Echtheit, Hilfsbereitschaft, Geduld, Behutsamkeit, keine Trauerratschläge, keine Beschwichtigungen und vorschnelle Vertröstungen, keine Tabuisierung von Tatsache und Thema Tod, (finanzielle) Unterstützung

---

186 Wünsche und Erwartungen an Vertreter der Gemeinde entsprechen größtenteils denen an die Gemeinde, weswegen sie zusammen dargestellt werden.

187 Beispielsweise am Todestag des Kindes.

188 Beispielsweise eine Beileidskarte mit Hinweis, an wen man sich bei Bedarf wenden kann, ein Hilfsangebot in Form von Vermittlung an einen Seelsorger.

für SHG-Gründung und -Arbeit in den Gemeinden, kostenfreie Nutzung kirchlicher Räume durch SHG, speziell an Vertreter: Integration Trauernder in die Gemeinde, Adressenvermittlung zu SHG-Beratungsstellen, Mitarbeit bei SHG, persönliche[189] und fachliche[190] Kompetenz im Umgang mit Trauernden, eigene Supervision;

⇒ Liturgie: Hilfe bei Beerdigungsvorbereitung, Eingehen auf Wünsche der Eltern bei Beerdigung, Mitgestaltungsmöglichkeiten, gemeinsames Gebet, Gebet für Trauernde und Totgeborene, Stille, Gebetsstunden und Meditationen für Trauernde, erinnerndes Gedenken der Toten im Gottesdienst, Pflege vorhandener und neuer[191] Rituale um Sterben und Tod, wenig Loblieder in Gottesdiensten, speziell an Vertreter: gemeinsame Beerdigungsvorbereitung, Gestaltung kindgerechter Beerdigung, Beerdigung von Fehl- und Totgeburten, Segnung Totgeborener, Segnung der Eltern, Namensnennung am Todestag im Gottesdienst, Gräbersegnung, thematische Gottesdienste für verwaiste Eltern mit anschließendem Gespräch, Gedächtnisgottesdienste, Informationen zur Art der Bestattung;

⇒ Verkündigung: gemeinsame Glaubensauseinandersetzung über Leben und Tod, keine Glaubensverteidigung in akuter Trauer, keine Entschuldigung für Gott, persönliche Predigt bei Beerdigung und Gedächtnisgottesdiensten, Predigten in Gottesdiensten, keine moralische Bewertung verschiedener Todesursachen, Trauerseminare, Bibel-, Gebets- und Gesprächskreise, speziell an Vertreter: fachliche Kompetenz, Öffentlichkeitsarbeit[192], Wahl verständlicher Sprache in der Kirche.

Notwendige konkrete Veränderungen:

Als Veränderungen in Verkündigung, Liturgie und Diakonie werden angeführt:

⇒ Diakonie: Zugehen, mehr Aufmerksamkeit für Geschwister des verstorbenen Kindes, persönlicher Beistand und Begleitung, Gespräche, Besuche, Zeithaben, Integration Trauernder in die Gemeinde, Gesprächsbereitschaft, Angebote für Trauernde, gemeindliche Reflexion zu möglichen Aufgaben der Gemeinde bei Tod eines Kindes, Information des Krankenhauses an Gemeinde

---

189 Beispielsweise Teilnahme an Trauerseminaren, speziell für trauernde Eltern, Selbsterfahrung mit Trauernden.

190 Beispielsweise Ausbildung in Gesprächsführung und Trauerbegleitung, regelmäßiger Besuch von Seelsorgekursen.

191 Besonders bei um den Zeitpunkt von Schwangerschaft und Geburt verstorbenen Kindern.

192 Beispielsweise im Gemeindeblatt, in gemeindlichem Aushang.

über den Tod eines Kindes, Einrichtung von überkonfessionellen Beratungsstellen, Hilfsangebot, praktische Hilfe, Ausbildung Ehrenamtlicher für den Umgang mit Trauernden, Einsatz der Kirchen für elterliche Interessen: gesetzliche Regelung der Namensgebung von Totgeborenen, Kontakt zu SHG, kostenfreie Nutzung kirchlicher Räume durch SHG, (finanzielle) Unterstützung für SHG-Gründung und -Arbeit in den Gemeinden;

⇒ Liturgie: (Not-[193])Taufe/Segnung Totgeborener, Verbesserung der Abschiedsmöglichkeiten vom toten Kind, Pflege vorhandener und neuer Rituale um Sterben und Tod, Ermöglichung der Aufbahrung des Kindes zuhause, gemeinsame Beerdigungsvorbereitung, Gestaltung kindgerechter Beerdigung, Beerdigung von Fehl- und Totgeburten, Möglichkeit zum Erwerb von Kindergräbern, Namensnennung am Todestag im Gottesdienst, Gedächtnisgottesdienste, Stille, Gebetsstunden und Meditationen für Trauernde, offene Kirchen außerhalb der Gottesdienstzeiten;

⇒ Verkündigung: Integration des Todes in das Leben, Anhören Betroffener, Hinweis auf betroffene Eltern in der Gemeinde vor Ort, Öffentlichkeitsarbeit zur Situation Trauernder[194], Veränderung der kirchlichen Einstellung gegenüber Selbsttötung, keine Schuldzuweisungen, Vorträge zu Spiritualität, über Sinn- und Theodizee-Frage.

Wille betroffener Eltern zu eigenem Engagement in ihrer Gemeinde:

123 Personen wollen sich in der Gemeinde engagieren, 95 verneinen dies, 27 machen keine Angabe und eine Person beantwortet die Frage mit ja - nein.[195] Eltern konkretisieren ihr Engagement in ihrer Gemeinde folgendermaßen:

⇒ Zugehen auf Betroffene, persönliche Begleitung, Gespräche, Besuche, Briefe[196], Telephonate, Gruppenarbeit mit Betroffenen, praktische Hilfe[197], Öffentlichkeitsarbeit zur Situation Trauernder und zu SHG in der Gemeinde[198], Literaturausleihe, Organisation von Seminaren, Hinweis auf Seminare, Verbindungsglied zwischen Gemeindevertretern und SHG,

---

193 Aussage Betroffener, deren Kind noch lebte: „Der Klinikpfarrer spendete die Nottaufe nur auf massiven Druck hin, da keine Paten da waren."

194 Beispielsweise in der Gemeinde Thematisierung der Veränderungen in der Familie, des Lebenssinnes.

195 Vgl. Diagrammverzeichnis: Diagramm 28.

196 Beispielsweise als Reaktion auf Todesanzeigen in der Zeitung: Anschreiben der Eltern.

197 Beispielsweise Behördengänge, Hausaufgabenhilfe.

198 Beispielsweise in Vorträgen, Gruppenabenden.

Ansprechpartner für Gleichbetroffene, SHG-Gründung in der Gemeinde, Hilfestellung für Umgang mit dem toten Kind im Krankenhaus, Einsatz für Suchtgeschädigte, Sterbebegleitung, Engagement in Jugend- und Hospizarbeit, Absolvieren einer Seelsorgeausbildung, Organisation und Mitgestaltung von Gedächtnisgottesdiensten, Mitarbeit in Pfarrgemeinderat, Kirchenvorstand, Mütterkreis, Frauenbund und Mission, Gebet für Betroffene.

3.2.7.1 Zusammenfassung und Interpretation der Ergebnisse zu Hypothese 6[199]

Meist werden Erwartungen und Wünsche aufgrund eigener Erfahrungen formuliert: Leiden Eltern Mangel, wünschen sie sich Veränderungen, wobei die individuelle Bedürfnisstruktur den Maßstab vorlegt. Grundlegend für jede Hilfe in allen kirchlichen Aufgabenbereichen von Gemeinde sind persönliche Kompetenz der Gemeindevertreter - die Person als Instrument der Seelsorge - sowie Glaubwürdigkeit im Reden und Handeln der Gemeindemitglieder und Vertreter. Viele Eltern plädieren für enttabuisierten Umgang mit Sterben und Tod in ihrer Gemeinde: sie wünschen sich verstärkte Thematisierung von Tod und Trauer in allen Grundvollzügen von Gemeinde.

Im Vordergrund stehen bei verwaisten Eltern menschliche Bedürfnisse, wobei der Wunsch nach Kommunikation implizit stets mit anwesend ist, beispielsweise im Wunsch nach aktivem Zugehen und Verständnis. Trauernde wünschen sich Kontakte zu Gemeindemitgliedern und vor allem zu Vertretern - Kontakte, die mit der Beerdigung des Kindes nicht aufhören, sondern sich in Form von regelmäßigen Besuchen, Gesprächen und persönlicher Begleitung über längeren Zeitraum fortsetzen. Als Bedingung für den Umgang mit Eltern wird Zeithaben genannt. Da gewünschte Intensität individuell verschieden ist, ist Erfragen von Wünschen und Erwartungen einzelner Trauernder notwendig. Beachtung und Gleichstellung ihrer Trauer zu Eltern, die ältere Kinder verloren haben, fordern Eltern Fehl- und Totgeborener. Speziell an Gemeindevertreter ergeht der vielfach genannte Wunsch, die Integration Trauernder in die Gemeinde als ihre Aufgabe zu verstehen. Mit Blick auf diese Bedürfnisse kommt dem Grundvollzug der Diakonie besondere Bedeutung zu.

Spezielle Aufmerksamkeit wünschen Eltern SHG gegenüber, denn SHG fangen viele auf, die sich in ihrer Kirchengemeinde nicht aufgehoben fühlen.

---

[199] Vgl. Anm. 58.

In der Liturgie wünschen sich Eltern, auf ihre Bedürfnisse bei Beerdigung und Gedächtnisgottesdiensten einzugehen. Es wird erwartet, daß die Erinnerung an das tote Kind weiterhin im Leben der Gemeinde Platz hat. Gedenken jeder Art bezeugt Eltern die Lebendigkeit dieses Gedächtnisses. Neue Formen in Ritualen fordern besonders Eltern von um den Zeitpunkt von Schwangerschaft und Geburt verstorbenen Kindern. Von Vertretern erwarten sich Eltern persönlich gestaltete Beerdigungen ihrer Kinder. Die Dringlichkeit, Fehl- und Totgeborene auf Verlangen der Eltern hin in jedem Fall zu beerdigen, wird deutlich. Gemäß katholischem Kirchenrecht[200] haben Ungetaufte grundsätzlich kein Recht auf ein kirchliches Begräbnis, für vor der Taufe verstorbene Kinder, die die Eltern taufen lassen wollten, kann jedoch ein Begräbnis gehalten werden[201] nach der Ordnung des Kinderbegräbnisses[202]. Derselbe Ritus kann verwendet werden, wünschen Eltern eines totgeborenen Kindes ein kirchliches Begräbnis oder werden Fehl- sowie Totgeborene in einem gemeinsamen Sarg begraben oder eingeäschert.
Schwierigkeiten bereiten vielen Eltern Loblieder in Gottesdiensten, denn sie sehen für sich darin kaum Raum für ihre Trauer. Insgesamt erwarten Eltern, sich selbst verstärkt in der Liturgie wiederzufinden.
In der Verkündigung erhoffen sie sich offene Glaubensauseinandersetzung mit Leben und Tod sowie neue Möglichkeiten dafür. Genannt werden in diesem Zusammenhang Trauerseminare, Bibel-, Gebets- und Gesprächskeise mit Themen wie Tod und Lebenssinn, Glaube und Lebenswirklichkeit. In gewünschten persönlichen Predigten sollen moralische Bewertungen verschiedener Todesursachen mit dadurch implizit an Eltern herangetragenen Vorwürfen, Glaubensverteidigung und Entschuldigungen für Gott unterlassen werden. Kompetenz in Glaubensfragen sowie Initiative und Koordination von Öffentlichkeitsarbeit, um das gesellschaftlich vorhandene Trauertabu zu lockern, wird von vielen Eltern gemeindlichen Vertretern zugedacht.

Im Wesentlichen unterscheiden sich geforderte notwendige Veränderungen nicht von aufgeführten Wünschen und Erwartungen an Gemeinde und deren Vertreter. Seelsorge für Trauernde - auch für Geschwister verstorbener Kinder - soll insgesamt in den Gemeinden stärkere Gewichtung erhalten.

---

200 Vgl. CIC c. 1176 § 1.

201 Vgl. ebd. c. 1183 § 2.

202 Vgl. Die kirchliche Begräbnisfeier in den katholischen Bistümern des deutschen Sprachgebietes, 109-117.

Konkrete Veränderungen wünschen sich Eltern Totgeborener: Da totgeborene Kinder nicht getauft werden, fordern betroffene Eltern Alternativen zur Taufe bzw. die (Not-) Taufe selbst.

Exkurs: Kirchliche Lehre von der unbedingten Heilsnotwendigkeit der Taufe[203]

Die Kirche hat den Auftrag, die Menschen zu taufen, damit sie gerettet würden.[204] Die Heilsnotwendigkeit der Taufe geht auf Jesu Auftrag zurück, Aussagen wie Joh 3,5 und 14,6 bringen die Überzeugung zum Ausdruck, daß es ohne Christus kein Heil gibt.

Eine eigene Rolle spielt jedoch die Heilsnotwendigkeit der Wassertaufe: Seit dem 2. Jahrhundert wurde auf die Frage, ob die Wassertaufe im Notfall ersetzt werden könne, mit dem Hinweis auf die Möglichkeit der Bluttaufe geantwortet, denn noch nicht getaufte Katechumenen hatten die Bluttaufe (baptisma sanguinis) durch Zeugentod empfangen.[205] Seit dem 4. Jahrhundert wird mit der Möglichkeit der Begierdetaufe (votum sacramenti) geantwortet, d.h., stirbt ein seinem Gewissen gemäß lebender Mensch ohne Taufe, der sie begehrt hätte, hätte er um ihre Bedeutung gewußt, wird er aufgrund des votum sacramenti gerettet. Angesichts des in der Hl. Schrift zum Ausdruck gebrachten allgemeinen

---

[203] Folgende geschichtliche Vergegenwärtigung macht die Sorge von Eltern um das Heil ihrer gestorbenen ungetauften und deshalb vom Himmel ausgeschlossenen Kinder deutlich: So wurde der Versuch unternommen, das Kind im Verlauf einer schwierigen Geburt noch im Mutterleib zu taufen. Die Geltung der Taufe verschloß vor bzw. unmittelbar bei der Geburt und damit vor dem Taufsakrament verstorbenen Kindern den Himmel, sie durften auch nicht in geweihter Erde begraben werden: „Ungetaufte dürfen - auch zur Abschreckung vor Versäumnissen der Eltern - nicht auf heiligem Boden beerdigt werden, sondern an einem (natürlich würdigen) eigenen (an den Friedhof angrenzenden) Platz; tatsächlich werden sie aber anscheinend nicht selten nur mehr oder weniger verscharrt“ (Paul, E., 203). Noch in der Neuzeit wurden ungetaufte Kinder auf dem „Unschuldigen Gottesacker“ begraben, beispielsweise unter der Dachtraufe der Kirche; das herabfließende Wasser sollte sie gleichsam taufen (vgl. Geiger, Sp. 88-89). Ungetaufte Kinder wurden auch in unmittelbarer Nähe, jedoch außerhalb der Friedhofsmauern bestattet. Der Mißbrauch der Taufe toter Kinder lag nahe: Die kirchlicherseits nie anerkannte, mittelalterliche Einrichtung des Kinderzeichnens wurde geschaffen, d.h., tote Kinder wurden auf eine heilige Stätte an Wallfahrtsorten hingelegt, bis sie „zeichneten“ (beispielsweise waren die Zeichen rote Wangen und Schweißperlen auf der Stirn), um sie dann bedingungsweise taufen und nach dem sofort wieder eintretenden Tod in geweihter Friedhofserde begraben zu können. Eltern konnten so ihrer Verantwortung für die Taufe nachkommen, gleichzeitig war das Seelenheil ihrer Kinder gerettet (vgl. Imhof, A.E., 160-167).

[204] Vgl. Mk 16,16; Mt 28,19; Joh 3,3-5.

[205] Vgl. Tertullian, 16, 290-291; Cyprian, 21, 794-795; Cyrill von Jerusalem, 10, Sp. 440-441; Augustinus, De civitate Dei 7, Sp. 381; ders., De baptismo 17, Sp. 169-170.

Heilswillens Gottes[206] wird die Notwendigkeit der Wassertaufe relativiert, nicht aber die der Begierdetaufe.

Hinsichtlich der Frage nach dem Heil unmündig ungetaufter Kinder werden seit Augustinus ohne kirchlich-lehramtliche Zustimmung verschiedene theologische Meinungen vertreten: Nach Augustinus, für den die Kindertaufe wichtiges Argument zur Stützung seiner Erbsündenlehre ist, sind diese Kinder ohne Taufe wegen der Erbsünde vor der Verdammnis nicht sicher.[207] Aus dem augustinischen Verständnis entwickelt die Schultheologie im Mittelalter als theologische Schlußfolgerung die Hypothese vom limbus puerorum, einer „Vorhölle", in dem den ungetauft gestorbenen Kindern - nach der Mehrzahl der mittelalterlichen Theologen - Seligkeit durch natürliche Freude und Liebe ohne Gottesschau, nicht übernatürliche Seligkeit zugesprochen wird. Diese Unterscheidung zwischen natürlicher und übernatürlicher Seligkeit wird in neuerer Zeit immer wieder hinterfragt[208]: Beispielsweise besagt die Illuminationstheorie von H.Klee, die Kinder würden von Gott erleuchtet und könnten so im Sterben selbst ein votum sacramenti erwecken. Eine Heilsmöglichkeit dieser Kinder wird auch von H.Schell verfochten: der Tod der Kinder würde von Gott als Quasi-Sakrament angenommen, insofern sie - wie Christus - ohne persönliche Schuld zur Buße für Adams Sünde sterben. Auch K.Rahner nimmt das votum der Eltern oder der Kirche als gültigen Ersatz für die Begierdetaufe der Kinder hin.[209]

Durch das II. Vatikanum erfährt der Heilsoptimismus in der Kirche eine Stärkung, insofern beide Grundlinien, allgemeiner Heilswille Gottes und Heilsnotwendigkeit der Kirche, betont werden. Kirche, selbst Sakrament und als „Zeichen und Werkzeug"[210] notwendig, ist nicht mit dem Heil - der Basileia Gottes - deckungsgleich. Das Taufsakrament wird als notwendiges Zeichen wirksamen göttlichen Heilswillens gesehen, nicht aber als exklusives Heilsmittel, kraft dessen alle Ungetauften aus Gottes Heilswillen herausfallen. Konkret wird dies an der gestuften

---

206 Vgl. 1 Tim 2,3-6; 4,10.

207 Vgl. Augustinus, De anima et eius origine 9, 12, Sp. 516; kein Kind wird ohne die Erbsünde empfangen, gegen die es kein anderes Mittel gibt außer der Taufe.

208 Vgl. Fragen der Theologie und des religiösen Lebens, 458-464.

209 „Aus heutiger theologischer Sicht erscheint freilich die Annahme eines eigenen 'jenseitigen Aufenthaltsortes' (limbus puerorum) eher als theologische Verlegenheitslösung einer Zeit, die sich noch schwer tat, den allgemeinen Heilswillen Gottes und die Heilsnotwendigkeit der Kirche und der Taufe zusammenzudenken", urteilt die Pastoralkommission der Deutschen Bischöfe (Eltern trauern um ihr totes neugeborenes Kind, 52).

210 LG 1.

Kirchenzugehörigkeit[211]: Auch jene, „die das Evangelium noch nicht empfangen haben, sind auf das Gottesvolk auf verschiedene Weise hingeordnet ... Die göttliche Vorsehung verweigert auch denen das zum Heil Notwendige nicht, die ohne Schuld noch nicht zur ausdrücklichen Anerkennung Gottes gekommen sind, jedoch, nicht ohne die göttliche Gnade, ein rechtes Leben zu führen sich bemühen."[212] Aus dieser auf Nicht-Christen angelegten Passage folgert die Pastoralkommission und die Kommission Ehe und Familie der Deutschen Bischofskonferenz: Dies „gilt um so mehr von den unmündigen, noch nicht zum persönlichen Glauben fähigen Kindern: Wie sollten die, welche dem Heilswirken Gottes noch gar kein Hindernis in den Weg legen können, von seiner Gnade ausgeschlossen sein?"[213]

Unmündig ungetaufte Kinder werden der göttlichen Barmherzigkeit anvertraut, im Glauben, daß Gott auch für sie einen Weg zum Heil hat, damit sie dort sind, wo Christus ist. Eine Bestätigung findet dies in Jesu Worten selbst, die kirchlicher Überzeugung entsprechend allen Kindern gelten: „Laßt die Kinder zu mir kommen! Wehrt ihnen nicht, denn solchen gehört das Reich Gottes" (Mk 10,14). „Wahrlich, ich sage euch, wenn ihr nicht umkehrt und werdet wie die Kinder, so werdet ihr nicht in das Reich der Himmel eingehen" (Mt 18,3). Eine verbindlich lehramtliche Entscheidung über den Verbleib ungetaufter Kinder gibt es nicht.

Nicht alle Gemeinden sind vom Tod eines Babys um den Zeitpunkt der Geburt unterrichtet, betroffene Eltern erwarten deshalb verbesserte Kommunikation zwischen Krankenhaus und Gemeinde. Mit Blick auf den gesellschaftlichen Einfluß von Kirche wünschen sich Eltern vermehrten Einsatz der Kirchen für ihre Interessen. Besonders dringlich wird die gesetzlich geregelte Namensgebung von Totgeborenen verlangt.
Eltern wünschen, ein Grab für ihr Kind erwerben zu können, um langfristig einen Ort für ihre Trauer zu haben. Eine Pacht, die nach einigen Jahren abläuft und das Grab wieder freigibt, ist derzeit gängige Praxis in vielen Gemeinden.

Exakt die Hälfte, 123 befragte Personen, bejahen ihre Bereitschaft zu eigenem Engagement in der Gemeinde, wobei einige Eltern bereits engagiert mitarbeiten. Der Großteil von ihnen ist im Bereich der Trauerbegleitung tätig oder will dort

---

[211] Vgl. ebd. 14 -16.

[212] Ebd. 16.

[213] Eltern trauern um ihr totes neugeborenes Kind, 52.

tätig werden, wenngleich sich mehrere dazu aufgrund eigener Bedürftigkeit noch nicht in der Lage fühlen. Eigene Lebenserfahrungen sehen Eltern im diakonischen Bereich mit dem Argument der Selbstbetroffenheit und eigener Glaubwürdigkeit am besten eingebracht. Elterliches Engagement außerhalb des Trauerbereiches in anderen gemeindlichen Bereichen ist selten anzutreffen.
Das Engagement seit längerer Zeit Tätiger steht meist im Zusammenhang mit SHG - viele befragte Personen leiten SHG -, die Gemeinde ist zweitrangig. Zusammenarbeit zwischen Gemeinde und SHG wird aber angestrebt.

3.2.7.2 Hypothesendiskussion 6

Hypothese 6: Verwaiste Eltern wünschen Veränderungen im gemeindlichen Leben und sind bereit, diese mitzutragen.

Diese Hypothese kann nur teilweise bestätigt werden: Vielfältige Veränderungen in der Gemeinde, vor allem im Bereich der Diakonie, werden von nahezu allen Eltern gewünscht, doch ist nur die Hälfte aller Befragten bereit, sich in der Gemeinde für gemeindliche oder eigene Belange zu engagieren.

3.2.8 Zusätzliche Aspekte (Frage 10)

Diese Frage ermöglicht einen Blick über den Rahmen der Untersuchung hinaus. Da vorangehende Fragen auf die Hypothesen eingeengt sind, besteht die Gefahr, daß andere wichtige Aspekte zum Thema, die die Konzeption der Untersuchung außer acht läßt, verlorengehen.

Zusätzliche Aspekte werden nur aufgeführt, stellen sie einen in vorliegender Untersuchung noch nicht erwähnten Inhalt dar:

⇒ gesellschaftliche Offenheit gegenüber dem Thema Trauer, Aufklärung über Rechte der Eltern bei Bestattungsinstitut, Obduktionen am Unfallort und in der Kinderklinik, Aufklärungsarbeit hinsichtlich Todesarten, verstärkte staatliche Hilfe für verwaiste Eltern;

⇒ Ökumene der traditionellen großen Konfessionen im Blick auf eine Zusammenarbeit für Trauernde, Voneinander-Lernen der Konfessionen, Überkonfessionalität bzw. Religionsunabhängigkeit der Gesprächsangebote für Trauernde;

⇒ Eingeständnis von Versäumnissen der Kirchen bei anderweitiger Orientierung der Eltern außerhalb der Gemeinden;

⇒ Aufmerksamkeit von Gemeinde für soziales Umfeld des verstorbenen Kindes.

4. Zielkontrolle und Überblick

Der bewertende Gesamtüberblick zu vorliegenden Ergebnissen am Ende dieser praktisch-theologischen Untersuchung kontrolliert, ob die Ziele entsprechend der Untersuchungskonzeption erreicht sind.

Ziel der Untersuchung ist in erster Linie Klärung inhaltlicher Fragen, die Gegenstand der Hypothesen sind. Die Untersuchung zeigt[214]:

- Erfahrungen verwaister Eltern um den Zeitpunkt des Todes ihres Kindes und danach sowie das Verhalten von Gemeindemitgliedern und -vertretern beeinflussen den elterlichen Trauerweg und das Verhältnis der Eltern zur Gemeinde.
- Verwaiste Eltern in der kirchlichen Gemeinde, die auch nur eine erhoffte Vertrauensbasis zu dieser hegen, wünschen sich Kontakt zur Gemeinde, insbesondere zu deren Vertretern.
- Die Mehrheit verwaister Eltern vermißt gemeindlichen Beistand in ihrer Trauer.
- Elterliche Bewertungen von Erfahrungen mit Gemeindevertretern hängen von deren persönlichen Haltungen ab: Bezug zur Gemeinde hängt an der Beziehung der Eltern zu Gemeindeverantwortlichen.
- Gelebter christlicher Glaube stellt für verwaiste Eltern Lebenshilfe in ihrer Trauer dar.
- Vielfältige Veränderungen in der Gemeinde, insbesondere im Bereich der Diakonie, wünschen sich verwaiste Eltern. Die Hälfte befragter Personen ist zu eigenem Engagement in der Gemeinde bereit.

Mit genannten Einschränkungen[215] ist festzustellen, daß die Existenz genannter Situationsaspekte von befragten Eltern bestätigt wird. Eine große Anzahl qualitativer Aussagen zu den Problemaspekten ist zu verzeichnen, konkrete

---

214 Vgl. Hypothesen 1 bis 6.

215 Vgl. Hypothesendiskussionen 1 bis 6.

Aussagen und Tendenzen sind dadurch ermöglicht. Neben den Hypothesendiskussionen sind viele inhaltliche Aussagen gemacht, gemeindliche Zusammenhänge hergestellt, mögliche Ursachen beschrieben und Veränderungsmöglichkeiten angedeutet. Die hohe Beteiligung - 246 Personen - ist Gewähr für die Aussagekraft vorliegender Forschungsergebnisse. Für weitere Reflexion sind wichtige Ansatzpunkte erbracht. Inhaltliche und formale Zielsetzung der Untersuchung gilt als erreicht.

Nach dieser Auswertung der inhaltlichen Aussagen, die den Hypothesen gegenübergestellt wurden, treten zu den Ergebnissen in vorangegangenen Kapiteln dargestellte praktisch-theologische, psychologische und bibeltheologische Überlegungen; zusammen mit vorliegenden Untersuchungsergebnissen bieten diese die notwendige Grundlage für Veränderungen in der Gemeinde. Davon ausgehend werden Hilfen zur Verbesserung der Situation verwaister Eltern in ihren Gemeinden in Form von Postulaten formuliert; sie bilden Konklusion und Abschluß vorliegender Arbeit.

VI. Postulate[1] für gemeindlichen Umgang mit verwaisten Eltern

Postulate haben nicht den Anspruch eines umfassend seelsorglichen Konzeptes für den Umgang mit verwaisten Eltern in der Gemeinde, sind für ein solches aber grundlegend und richtungsweisend. Sie fordern Grundvoraussetzungen für die Ermöglichung einer Ausfaltung von angemessenen Hilfen für verwaiste Eltern in ihrer Gemeinde ein, denn die Qualität der Hilfe entscheidet über deren Nutzen. Konkrete Beispiele und Forderungen bezüglich gemeindlicher Hilfen wurden in vorliegender praktisch-theologischer Untersuchung von betroffenen Eltern bereits veranschaulicht und vom Verfasser evaluiert; sie dienen als Basis für folgende aufeinander aufbauende Postulate.

1. Postulat einer sensiblen Wahrnehmung

Am Beginn menschlichen Verhaltens steht Wahrnehmen, dem Denken in Form von Reflektieren, Vergleichen, Analysieren, Planen und Wählen oder Entscheiden, durch welches Wahrgenommenes einzuordnen versucht wird, nachfolgt. Die Tat schließt sich als weitere Reaktion an; zu gefaßtem Entschluß tritt Aktivität und Handlungsvollzug. In einem von Schnellebigkeit und Leistung geprägten gesellschaftlichen Umfeld gerät Wahrnehmung spürbar in den Hintergrund: Nach kurzer, meist oberflächlicher Wahrnehmung schließt sich sofortiges Denken, Überlegen, Beurteilen und Erwägen an. Am Ende langer diskursiv-mentaler Beschäftigung stehen Handlungsimpulse, die auf Veränderung vorherrschender Zustände zielen und möglichst schnell umgesetzt werden sollen. Besuche aus einem Herzensanliegen, Dasein, Nähe schenken, Zuhören und empathisches Mitgehen rangieren an oberster Stelle der Wünsche und Erwartungen verwaister Eltern an Gemeindeverantwortliche und -mitglieder. Voraussetzung dafür ist Wahrnehmung ihrer Person, Trauer und Situation. Dies erfordert Zeit, die heutigen leistungsbezogenen Menschen vielfach als verschwendet erscheint. Leistungsdruck als Hemmnis für sensible Wahrnehmung hat längst auch in kirchlichen Gemeinden Einzug gehalten. Zwischenmenschliche Beziehungen und Mitmenschen werden zunehmend unter dem Aspekt von

[1] Gesichtete, relevante Literatur zum Kontext der aufgeführten Postulate: vgl. Teil VI des Literaturverzeichnisses.

Nützlichkeit und Effektivierung gesehen; Wahrnehmungsfähigkeit schwindet. Betroffene Eltern, die in aufbrechender Trauer in ihrem Leistungsvermögen behindert sind, erhalten in ihrer Situation von seiten eines leistungsbezogenen Umfeldes wenig Be-Achtung. Unter Leistungsdruck können Trauernde nicht wahrgenommen werden, denn Zeit zum Zuhören erfordert, um ihnen eigene Aufmerksamkeit ganz zu widmen, „Abschalten-Können" von eigenen Interessen. Durch das im Rahmen der Untersuchung entschiedene Einfordern der Eltern von persönlicher Anteilnahme und Verständnis wird die gesellschaftlich gängige Erlebnisverweigerung von Trauer und Unfähigkeit, andere leiden zu sehen und diese mitzutragen, deutlich. Gleichzeitig wird der häufige Wunsch verwaister Eltern, in ihrer Gemeinde gesehen und angehört zu werden, nachhaltig betont, was verlangt, Leid nicht aus dem Weg zu gehen, sondern ihm zu begegnen und es auszuhalten. C.R.Rogers' Grundhaltungen sind für sensible Wahrnehmung im Umgang mit Trauernden entscheidend: Trauernde Eltern anhören bedeutet, ihre Worte hören und sie darüberhinaus in ihren Anliegen mit allen Sinnen derart aufnehmen, daß sie sich angenommen und verstanden fühlen.

Für kirchliche Gemeinde stellt sich die Aufgabe, verwaiste Eltern als Personen in ihrer Trauer und Situation wahrzunehmen und ihnen zu verstehen zu geben, daß sie in ihrem Sosein angenommen und geliebt sind. Erfahren Eltern derartigen Trost in Annahme, sind sie zunehmend in der Lage, sich auf eigene Trauer ein- und sie loszulassen, wodurch sie erneut Vertrauen in ihr Leben zu fassen vermögen. Paradox ist es geradezu, wird von ihnen gefordert, „Trauerarbeit zu leisten"; selbst ihre Trauer muß Ertrag bringen. Der Trauerprozeß ist weniger über den Begriff Arbeit zu bestimmen als vielmehr über „Sich-Lassen": Lassen sich Eltern, kann sich Trauer lösen.

Sensible Wahrnehmung ist Bedingung der Möglichkeit für Beziehung zu verwaisten Eltern, auf deren Grundlage Annahme ermöglicht ist und damit Fortschreiten auf ihrem Trauerweg begünstigt wird. Gemeinde hat die Aufgabe, für betroffene Eltern Foren zu schaffen bzw. Eltern in bestehende gemeindliche Gruppen einzuladen und einzubinden, die von vertrauensvoll-wohlwollender Atmosphäre geprägt sind. Durch die Integration verwaister Eltern in gemeindliche Kommunikationsstrukturen werden Begegnungen der Eltern untereinander und mit der Gemeinde ermöglicht. Gemeindemitglieder werden dadurch für betroffene Eltern neu sensibilisiert, da ihre tatsächliche Existenz in der Gemeinde wahrgenommen wird.

Das erste Postulat betrifft daher unmittelbar den gemeindlichen Grundvollzug der Koinonia und ihrer Ermöglichung, welche in sensibler Wahrnehmung füreinander als Basis für Beziehungen gemeindlicher Mitglieder zueinander grundgelegt ist. Ob gemeindliche Konzepte mit ihren Zielen, Methoden und Maßnahmen für den Umgang mit verwaisten Eltern tragen, hängt damit letztlich von sensibler Wahrnehmungsfähigkeit ab; sie ist Ausgangspunkt gemeindlichen Handelns.

2. Postulat eines Vorranges persönlicher vor fachlicher Kompetenz

Wie vorliegende Untersuchung bestätigt, hängt an der Person des Gemeindevertreters vielfach die weitere Qualität des Verhältnisses verwaister Eltern zu ihrer kirchlichen Gemeinde. Personenbezogenes Handeln an und mit Menschen erfordert die Herstellung einer Beziehung als wechselseitig geteilter Verständigungsgrundlage. Die Qualität, d.h. Wirksamkeit gemeindlichen Handelns bemißt sich wesentlich daran, inwieweit es gelingt, eine Vertrauensbasis mit wechselseitigem Vertrauensangebot und -vorschuß aufzubauen. Dies kann nur erreicht werden, wenn Seelsorger in ihrer Berufsrolle als ganzheitlich-menschlicher Bezugspunkt transparent sind. Grundlage für alle gemeindlichen Aufgabenbereiche bleibt daher die Person als wichtigstes „Instrument" der Seelsorge. Als solches bedarf es genügender bis bestmöglicher Kenntnisse um die eigene Person, gepaart mit der Fähigkeit zur Umsetzung. Da persönliche Kompetenz im Vordergrund steht, kommt Persönlichkeitsentwicklung, Selbstwahrnehmung und -erfahrung in der Ausbildung pastoral Tätiger besondere Beachtung zu: Selbsterfahrung mit Kennenlernen der persönlichen Grenzen, deren Akzeptanz und Respektierung, Wissen um zentrale Bedürfnisse im eigenen Leben, Auseinandersetzung mit Sterben, Tod und Trauer, Einüben in „abschiedliches Leben", Förderung sozial-kommunikativer Kompetenzen sowie Entwicklung von Fähigkeiten zu kritischer Selbstbeobachtung und Selbstreflexion. Dieser Aufgabe muß sich theologische Ausbildung über die Vermittlung theoretischer Inhalte hinaus, beispielsweise durch zum Studium parallel verlaufende Praktika in Krankenhäusern, Hospizen und Altenheimen, verstärkt stellen. Mit dem Moment der Beziehung weist Seelsorge, die sich durch Menschen auf Menschen hin ereignet, das Moment der Verkündigung auf. Die Begegnung mit dem Seelsorger, der im Idealfall mit seiner Person Abbild des neuen Menschseins in Christus sein soll, ist zugleich Einladung, sich Gottes Selbstzusage zu öffnen. Die Glaubwürdigkeit der Verkündigungs-Beziehung von seiten des Seelsorgers bemißt sich an der Transparenz hinsichtlich der eigenen Person und hinsichtlich der Sendung mit dem ins eigene Leben integrierten Glauben. Darum ist persönlich-existentielle Auseinandersetzung aller Gemeindemitglieder -besonders aber pastoraler Mitarbeiter- mit eigenem Glauben unabdingbar. In täglichem Gebet, in geistlichen Betrachtungen und Exerzitien kann die Beziehung zu Jesus Christus wachsen und Nachfolge Jesu in ehrlicher Selbstbegegnung erfahrbar werden. Dieser Weg zur Erfahrung des In-Beziehung-gesetzt-Seins mit dem Transzendenten als übergreifender Sinn- und Zielperspektive macht theoretischen Glauben zu erfahrenem; nur dieser kann christliches Leben tragen und im Dienst für andere fruchtbar werden. Letztlich geht es auch in Gebet und geistlicher Betrachtung um Wahrnehmung, Hören-Lernen und Sensibilisierung für Gottes Wirken.[2]

Vorwiegend prägt persönliche Kompetenz die Begegnung mit verwaisten Eltern, doch kann sie fachliche Kompetenz, besonders im theologischen und pastoralpsychologischen Bereich, nicht ersetzen, die sich als „Fähigkeitskompetenz" zweifach charakterisieren läßt: berufstheoretische Kompetenz als Ergebnis wissenschaftlich fundierter Ausbildung, die durch private und institutionalisierte Fortbildung aufrechterhalten und vermehrt wird, und berufspraktische Kompetenz als methodisch-didaktisches Können. Als Grundlage zum Verständnis und angemessenen Umgang mit verwaisten Eltern in der Begleitung sind Wissen um Fragen der Eschatologie, Verständnis und Deutung von Trauer im biblischen Horizont, Symptomatik von Trauer, Trauerverlauf und Einflüsse verschiedener Todesarten auf Trauer von Bedeutung. Vertrautheit mit den Grundhaltungen von C.R.Rogers, Schulung von Wahrnehmungsfähigkeit und Übung in Gesprächsführung sollten Gemeindeverantwortliche ausweisen. Neben dieser „Fähigkeitskompetenz" beinhaltet die fachliche Kompetenz als „Zuständigkeitskompetenz" auch Kenntnisse über Möglichkeiten anderer Einrichtungen, beispielsweise die Arbeit von SHG, caritativer oder therapeutischer Einrichtungen, und überregional

2 Die Wahrnehmung der Beziehungen zu sich selbst, zu anderen und zu Gott begünstigt reale Selbsteinschätzung: Die eigene Beziehung zu den Menschen spiegelt sich in der persönlichen Gottesbeziehung (Mt 25,31-46) und umgekehrt (1 Joh 4,20), d.h., das Verhalten anderen gegenüber findet sein Äquivalent im Umgang mit Gott. Konkret bedeutet dies: Mangelt es an Fähigkeit, andere an sich heranzulassen und anzuhören, sind Hören auf Gottes Wort sowie der Zugang zur eigenen Mitte ebenso gehemmt - diese Beziehungen sind aufs engste miteinander verknüpft. Der Trugschluß, über viel Glauben zu verfügen, aber nicht zu wissen, wie dieser in konkreten Beziehungen realisiert werden kann, erübrigt sich, denn an konkreten Beziehungen zu anderen und sich selbst kann auf die Beziehung zu Gott geschlossen werden.

seelsorgliche Angebote für verwaiste Eltern, beispielsweise in Klöstern, diözesanen Bildungshäusern und Akademien.
Hinsichtlich fachlicher Qualifikation von Seelsorgern in der Begleitung verwaister Eltern gilt es zu beachten, sie in ihrem Trauerverhalten nicht zu beurteilen und dem anzustrebenden Ziel, Trauerarbeit „leisten" zu müssen, zu unterstellen, was aber angemessene Konfrontation mit ihren Bewältigungsmechanismen und angezeigte Vermittlung zu medizinischen und therapeutischen Fachkräften nicht ausschließt. Im Verlauf des Trauerprozesses hängt viel daran, daß sie genügend Unterstützung durch mitfühlende und hilfsbereite Menschen finden. Es ist jedoch nicht leicht, mit verwaisten Eltern zu kommunizieren, da ihr innigster Wunsch, das Kind möge wieder leben, enttäuscht wird; Aggressionen können ausgelöst werden, die auf dritte übertragen werden. Alle, die verwaiste Eltern begleiten, müssen mit solchen Übertragungen und Gegenübertragungen ihrerseits rechnen. Im Gemeindedienst Tätigen sollten daher Möglichkeiten zu eigener Psychohygiene offenstehen: Einzel- und Gruppensupervision, Besuch von Reflexionsgruppen, Gespräche mit anderen Seelsorgern - einzeln wie im Team - sowie eigene Aufzeichnungen nach Begegnungen.

3. Postulat eines vertrauensvoll-persönlichen Kontaktes von Trauerbeginn an

Da es sich bei einer Eltern-Kind-Beziehung um eine sehr intime handelt, wird von Eltern bei Verlust ihres Kindes durch Tod die Krisensituation derart stark erlebt, daß persönliche und soziale Stabilität aus dem Gleichgewicht geraten. In akuter Trauer, in welcher frühkindliche Verhaltensmuster reaktiviert werden, stärken Gesten von persönlicher Sorge und Zuneigung sowie das Bemühen, Kontakt zu halten und Beziehung zu schaffen, das Vertrauen der Eltern ins Leben und haben damit zweifach stabilisierende Wirkung: individuell, weil persönliche Annahme erfahrbar wird, und sozial, weil Gemeinde ihnen aus ihrer Isolation hilft und Eingebundensein in Gemeinschaft für Eltern erfahrbar werden kann. Beide Aspekte - persönlich-individueller und sozial-gemeindlicher - der Trauer verwaister Eltern in ihren kirchlichen Gemeinden sind für gemeindliches Handeln unlöslich miteinander verwoben.
Gemäß vorangegangenen Untersuchungsergebnissen kommt dem Verhalten von Gemeindemitgliedern und -verantwortlichen um den Zeitpunkt der einsetzenden

Trauer der Eltern für deren weiteres Verhältnis zur Gemeinde zentrale Bedeutung zu. Grundlagen allen gemeindlichen Handelns sind die Beziehungen Gemeindeverantwortlicher und -mitglieder zueinander - diese bestimmen die glaubwürdige Realisierung der Grundaufgaben von Gemeinde entscheidend mit. Besonders in Liturgie und Diakonie stellen sie Berührungspunkte zu verwaisten Eltern dar. Durch gemeindliches Handeln in ihren Grundvollzügen wird das gesellschaftliche Tabu um Tod und Trauer aufgebrochen. Da Trauer hinterbliebener Eltern angesichts des Todes ihrer geliebten Kinder gesellschaftlich meist nicht mitgetragen wird, stellt deren Ermöglichung eine wichtige Aufgabe der Gemeinde dar.
Im Glauben an Jesu Tod und Auferstehung wird der Tod nicht ungeschehen, aber in Hoffnung auf Leben verwandelt. Die Begräbnisliturgie kann Zeichen der Hoffnung im Sinn der Auferstehung Jesu setzen[3]: Eltern dürfen hoffen, daß ihre verstorbenen Kinder in Gemeinschaft mit Christus stehen und leben. Die Gemeinschaft mit dem Kind besteht über den Tod hinaus, verändert sich aber radikal - das Kind muß losgelassen und freigegeben werden. Liturgie in ihren vielfältigen Ausdrucksformen kann verwaiste Eltern zur Auseinandersetzung mit ihrer Situation im Angesicht Gottes anregen; sie stehen dabei mit ihrem Leid in Gemeinschaft der Gemeinde vor Gott. Durch die Öffentlichwerdung der Trauer sind Eltern zunächst aus ihrer Isolationssituation herausgenommen, aber zunehmende Privatisierung von Abschiedssituationen[4] macht es Gemeinde schwer, Stütze in der Trauerbegleitung zu sein. Gemeinde hat dabei keine Möglichkeit, sich vom verstorbenen Kind zu verabschieden. Verwaiste Eltern berauben sich dadurch der Erfahrung von Anteilnahme seitens der Gemeindemitglieder: Durch die Teilnahme an den Exsequien bekunden die Mitanwesenden im gemeinsamen Beten und Singen, Hören und Schweigen, in Gesten und Körperhaltungen den hinterbliebenen Angehörigen in ihrer persönlichen Trauersituation ihr - wenn auch in formalisierter Weise - Mitgehen und Abschiednehmen. In Gemeinschaft den Tod des verstorbenen Kindes zu bedenken und im Kontext eines christlichen Auferstehungsglaubens zu deuten bezeugt Eltern gelebte christliche Solidarität.

---

3 Die Erneuerung der Totenliturgie im Sinn des II. Vatikanums greift das seit dem 10. Jahrhundert durch den Gerichtsgedanken im Empfinden der Gläubigen weitgehend verdrängte österliche Ziel wieder auf: „Der Ritus der Exsequien soll deutlicher den österlichen Sinn des christlichen Todes ausdrücken“ (SC 81).

4 Beispielsweise Abschied „im engsten Familienkreis“ und „in aller Stille“, anonyme Bestattungen.

Liturgie eröffnet neben dem aktiven Mittun der Mitfeiernden ein gnadenhaftes Geschehen zwischen göttlichem und menschlichem Du. Eltern setzen sich in den verbalen und nonverbalen Zeichen Gottes Nähe und Anspruch aus. Schwindend kirchliche Sozialisierung macht es jedoch schwer, Totenliturgie ohne Erklärungen auf ihren transzendentalen Bezug zu vollziehen. Gottes Heilsangebot kann von verwaisten Eltern meist nur nachvollzogen werden, insofern auch ihre besondere Situation der Trauer mit ihren Grunderfahrungen zum Ausdruck gebracht wird - Erschütterung vor der Unbegreiflichkeit des Todes beim Begräbnis ihres Kindes. Daher muß Liturgie in die „persönliche" Bedürfnislage der Eltern hinein konkret werden, wozu die Einbeziehung von Eltern und Gemeinde bei der Gestaltung der Totenliturgie gehört. Gemeinde muß ihre Möglichkeiten[5] und die der Eltern zur aktiven Teilnahme an der Totenliturgie ausschöpfen und - besonders in städtischen Gebieten - Riten und Bräuche neu beleben: in der Zeit zwischen Tod und Beerdigung beispielsweise Nachbarschaftshilfe und -gebet, wofür Gemeinde Anregungen in Form einer Materialmappe geben kann, Sterberosenkranz oder Totenandacht mit Namensnennung des verstorbenen Kindes und unter Einbeziehung biblischer Texte zu Tod und Auferstehung, Gestaltung der Totenwache, Ermöglichung des Zugangs zu Verstorbenen, Aufbahrung sowie Hilfestellung im Umgang mit dem toten Körper und beim Abschied vom Kind; beim Begräbnis beispielsweise Requiem mit Meßformular für ein verstorbenes Kind, spezielle Liturgie bei Fehl- und Totgeburten, Auswahl der liturgischen Texte und Lieder, Formulierung von Fürbitten, musikalische und liturgische Mitwirkung in Form von Lektorendienst, Kirchenchor-Beteiligung, Tragen des Sarges durch Angehörige oder Freunde sowie Hilfestellung bei der Organisation eines sich anschließenden Leichenmahls; nach der Beerdigung beispielsweise Sechswochenamt, Gedenkgottesdienste für verstorbene Kinder mit Namensnennung - eventuell in Zusammenarbeit mit SHG -, Segnung der Eltern und Gebet für sie, Totengedenken in Gebet und Gottesdiensten - besonders an für Eltern erinnerungsreichen Tagen wie Mutter-, Geburts- und Todestag des Kindes, Weihnachten und Ostern -, Jahresabschlußgottesdienst mit Namensnennung aller Verstorbenen und Getauften, thematische Gottesdienste zu Tod und Trauer, Meßstipendien für Verstorbene, Schaffen eines Raumes für elterliche Trauer in liturgischen Feiern - beispielsweise in Fürbitten und im Beten von Klagepsalmen -, Grabbesuch, Kerzen am Grab als christliches Hoffnungssymbol sowie Wallfahrten. Eine besondere Gedenkform stellt ein „Buch der Namen" dar, in

5 Vgl. auch Teil V: Punkt 3.2.4.

welchem alle nach dem Todestag geordneten Verstorbenen der Gemeinde verzeichnet sind. Dieses kann, aufgeschlagen zum jeweiligen Jahresdatum an einem würdigen Ort in der Kirche, Gemeindemitglieder zum Gebet für am jeweiligen Tag verstorbene Mitglieder der Gemeinde anregen.
Liturgisches Handeln ist mit diakonischem Tun eng verbunden: Was verwaiste Eltern in der Liturgie erleben, bedarf der Bestätigung in gemeindlicher Diakonie, welche in nachgehender Wegbegleitung ihren Ausdruck findet. Für eine an der Wahrnehmung des Seelsorgers von trauernder Person und Situation orientierte Begleitung spricht die individuelle Verschiedenheit jedes Trauerverlaufs. Wünschen betroffene Eltern Begleitung durch Seelsorger und andere Gemeindemitglieder, erfordert diese wiederholte Besuche und Gesprächsmöglichkeiten in vertrauensvoll-persönlicher Atmosphäre über längeren Zeitraum. Das Gespräch mit Seelsorgern wird von Eltern als wichtigste Hilfe erfahren und gewünscht. Innerhalb der an den Grundhaltungen von C.R.Rogers orientierten Gesprächsführung in der seelsorglichen Begleitung steht die trauernde Person im Vordergrund: In Abhängigkeit von der Qualität der Begegnung, von Situation und Gesprächsverlauf ist Thematisierung religiöser Fragen für beide Gesprächspartner zu jeder Zeit möglich.
In Anbetracht des derzeit zunehmenden Seelsorgermangels unter gleichzeitigem Aufgabenzuwachs ist die Realisierung angemessener seelsorglicher Begleitung für verwaiste Eltern in immer weniger zur Verfügung stehender Zeit schwierig. Mut zur Aufgabendelegation um der eigenen Entlastung willen und Abgrenzungsfähigkeiten sind dafür Voraussetzungen. Unabdingbar erscheint die Erarbeitung einer Prioritätenliste in der Gemeinde - beispielsweise durch Pfarrgemeinderat bzw. Kirchenvorstand -, d.h., Zuwendung zu verwaisten Eltern muß vor anderen periodisch anstehenden Aufgaben und gemeindlichen Repräsentationspflichten stehen. Hinsichtlich der in der Seelsorge erforderlichen Schwerpunktsetzung kommt behutsamer Hinführung von Eltern zur Versöhnung mit Gott, dem Partner, dem verstorbenen Kind und sich selbst besondere Bedeutung zu. Da Schuldgefühle oder tatsächliche Schuld mit dem Tod eines Kindes häufig auftreten und sich einstellende Aggressionen und Haß auf Gott, dritte, beispielsweise den Partner, oder sich selbst richten, tut Versöhnung Not. Wie berechtigt und verständlich derartige Gefühlsverhärtungen auch sein mögen, besonders Mördern gegenüber, so behindert doch Nicht-Vergeben seelische Gesundung, da angesichts des Sich-nicht-lösen-Könnens emotionaler Verhärtungen kein Raum für tieferliegende positive Gefühle entsteht. Die

Wiederentdeckung des Bußsakramentes, Versöhnungs- und Bußgottesdienste können Eltern in diesem Zusammenhang heilvollen Dienst erweisen.
Trauerbegleitung ist Aufgabe der gesamten Gemeinde; gemeindlicher Diakonie sind in bezug auf verwaiste Eltern keine Grenzen gesetzt: Alle Gesten, kommen sie aus einer Haltung aufrichtiger Anteilnahme, werden von Eltern geschätzt und willkommen geheißen.[6] Bereits bestehende gemeindliche Gruppen, die Kontakt zu verwaisten Eltern halten, können wichtige Hilfe sein. Wünschenswert sind Bildung und Koordination ehrenamtlicher Kreise, die Stütze für verwaiste Eltern und Begleitung über längeren Zeitraum als ihre Aufgabe sehen. Dafür eignen sich insbesondere Gemeindemitglieder mit eigenen Trauererfahrungen und erworbenem Lebenswissen, die als mit in der Trauer sich auftuenden Abgründen Vertraute von Trauernden oft als glaubwürdig erfahren werden. Gemeinde muß sich um Qualifikation und Unterstützung solcher Begleiter kümmern. Jedes Gemeindemitglied ist eingeladen, trotz möglicher eigener Widerstände auf Trauernde zuzugehen und in geeigneten Momenten Bedürfnisse und Wünsche verwaister Eltern zu erfragen. Werden auch in Begegnungen Hilfsangebote von Gemeindemitgliedern für verwaiste Eltern zunächst von diesen abgelehnt, ist es dennoch sinnvoll, weiterhin persönliche Nähe und Hilfsbereitschaft zu signalisieren.
Darüberhinaus ist gemeindliche Organisation praktischer Hilfen für betroffene Eltern zu deren Entlastung anzuraten - beispielsweise bei alltäglichen Erledigungen, Behördengängen, Kinderbetreuung, im Haushalt, bei der Grabpflege - und Errichtung eines gemeindlichen Fonds zur Unterstützung finanziell minderbemittelter Eltern bei Beerdigungskosten.

4. Postulat einer verstärkten Thematisierung von Leben, Tod und Trauer

Eine Schwierigkeit der Verkündigung vor verwaisten Eltern besteht darin, einerseits auf die Situation Tod eines Kindes und dessen Eltern sowie auf Anwesende in ihrer Trauer angemessen einfühlsam einzugehen, andererseits den Glauben an Auferstehung und Gottes gekommene Basileia mit ihrem Heilsangebot zu bezeugen. Integration von Bibeltexten in die Verkündigung, die

---

[6] Sämtlich menschliche Kommunikationswege sind geeignet: beispielsweise freundlicher Gruß, Gespräche - einzeln und in Gruppen -, Besuche, Briefe, Telephonate, körperliche Gesten; vgl. auch ebd..

zum einen Motive zur Charakterisierung der Situation verwaister Eltern - beispielsweise die der Klage -, zum anderen Texte, die auf das Eschaton mit der darin aufscheinenden Hoffnung auf verwandeltes Leben bei Christus hinweisen, einschließen, wird beiden Grundanliegen gerecht und begünstigt daher existentiell-personale Auseinandersetzung mit Tod und Leben[7].

Da die Gottesbeziehung mit dem Tod des Kindes meist in eine Krise gerät, suchen verwaiste Eltern sinnstiftende Antworten auf eine Vielzahl aufbrechender existentieller Fragen. Wie vorliegende Untersuchungsergebnisse zeigen, wünschen sich viele Eltern keine Glaubensbelehrungen, sondern eine im Dialog mit ihnen an ihrem Leben ausgerichtete Verkündigung. Hilfestellung zu geben, damit Züge von Gottes Heilsgeschichte mit den Menschen in der je eigenen persönlichen Biographie entdeckt werden können, ist Aufgabe der Seelsorge. Für Sich-vertrauensvolles-Einlassen in Gottes Heilsangebot sind verwaiste Eltern in besonderer Weise disponiert, denn sie sind um Neubestimmung ihrer Beziehung zu Gott existentiell bemüht.

Elterliche Erwartungen an Verkündigung betreffen vor allem die in der Trauer aufbrechenden Sehnsüchte nach „Weiterleben", Wohlergehen des Kindes und möglichem Wiedersehen. Mit der Auferstehungshoffnung verbinden verwaiste Eltern ein konkretes Gesicht - das Bild ihres Kindes. Allgemein gehaltene Ausführungen zu den Eschata sind ihnen darum weniger Hilfe als Hoffnungen, die einzeln oder in Gemeinschaft offenbar geworden sind: Glaubenszeugnisse, persönliche Erzählungen und Erfahrungen. Die Verkündigungssprache sollte aus diesem Grund darstellend und von narrativem Erzählstil geprägt sein, nicht herstellend oder gar argumentativ.

Daß das Leben mit dem Tod am Ende, nicht aber am Ziel ist, „das" Hoffnungsangebot über den Tod hinaus, kann Gemeinde durch ihr Glaubenszeugnis aufzeigen: Tage in der Fastenzeit, Karwoche, Osterfest, Allerseelen, Allerheiligen und Toten- bzw. Ewigkeitssonntag eignen sich in erster Linie zur Thematisierung von Tod und Trauer mit deren Bezug zum Leben. Durch Gedenkfeiern und Gräbergang bezeugt Gemeinde die Verbundenheit zwischen Toten und Lebenden in Christus. Förderung von Gruppen und Arbeitskreisen, die entgegen dem Privatisierungstrend den Austausch über existentielle Themen wie Glaube, Tod und Trauer zu ihrem Gegenstand machen, ist Aufgabe der Gemeinde. Durch diese Kreise leistet Gemeinde zugleich präventive Hilfe, indem sie Vorbereitung auf Verlusterlebnisse im persönlichen

---

7 Vgl. Teil I: Punkt 5..

Umfeld ermöglicht. Besonders Verantwortlichen obliegt es, Themen um Leben, Tod und Trauer in der Gemeinde zu etablieren durch thematische Predigtreihen, Seminare für Trauernde unter Einbezug kreativer und ästhetischer Ausdrucksmöglichkeiten - beispielsweise mit Malen, Tonen, Lesen, Schreiben, Musik und Tanz -, Öffentlichkeitsarbeit zur Situation von Trauer und Aufklärung über Phänomene des Trauererlebens in gemeindlichen Medien - beispielsweise Gemeindeblatt bzw. Gottesdienstanzeiger -, spirituelle Angebote für Trauernde - beispielsweise Meditations-, Gebets-, Besinnungsstunden und -tage -, thematische Einheiten im Religionsunterricht, in der Jugend- und Ministrantenarbeit - beispielsweise mittels Seelsorger-Ministranten-Erlebnisaustausch nach Beerdigungen -, ökumenische Zusammenarbeit - beispielsweise im Rahmen überkonfessioneller SHG -, Zusammenarbeit mit Krankenhäusern und SHG sowie Hinweise auf Trauerliteratur - beispielsweise in der Pfarreibibliothek und im Schriftenstand. Im Kirchenvorstand bzw. Pfarrgemeinderat sollte mit Blick auf das Proprium christianum über die Gestaltung kirchlicher Friedhöfe als einzig offiziellen Trauerorten beraten werden: Im Zusammenhang mit dem Friedhof als Stätte christlicher Verkündigung, der glaubensvoll-zuversichtlichen Erwartung der kommenden Welt und Hoffnung auf das Leben bei Gott stellt sich die Frage nach der Zusammenarbeit mit Bestattern und anderen an der Friedhofskultur beteiligten Berufsgruppen. Zur Kooperation mit Bestattungsunternehmern, Friedhofsverwaltung, Grabkünstlern, Gärtnern, Steinmetzen und Floristen gehört, Material zu christlichem Todes- und Trauerverständnis sowie Anregungen für christliche Todesanzeigen, Danksagungen, Totenzettel, Totenbildchen zum Gedenken des verstorbenen Kindes im Gebet, Kranzschleifen, Danksagungen, Grabmalgestaltung und Grabinschriften zu geben. Gemeinden sollten insbesondere um würdige Bestattung und Gedenken Fehl- und Totgeborener Sorge tragen, beispielsweise in der Errichtung eines Kindergrabfeldes und gemeinsamen Grabdenkmals mit Namen. Bestatter könnten einen Besuch vom Pfarrer vermitteln, umgekehrt Seelsorger Hilfestellung bei der Auswahl der Grabstelle geben. Gemeinden sollten sich zudem für großzügigere Zeitabfolge bei Beerdigungen in Großstädten und Verlängerung der Grabbelegzeiten einsetzen. Weitere Zusammenarbeit ist mit unmittelbar durch den Tod eines Kindes konfrontierten Berufsgruppen - Notärzte, Rettungssanitäter, Krankenhauspersonal und Polizei - anzustreben, beispielsweise durch Einladungen zu gemeindlichen Veranstaltungen im Bereich Tod und Trauer. Seelsorgliche Begleitung von

Polizisten bei Überbringen der Todesnachricht nach einem Unfall an die Eltern ist wünschenswert.

5. Postulat einer Orientierung an Jesu Beispiel

Eine vermittelnde, konkrete Theorie für christliches Handeln im Sinn einer Rezeptologie, die absolut verbindliches Handeln mitsamt der Anwendung für die Gegenwart vorschreibt, kann es nicht geben, ohne in Fundamentalismus abdriften zu wollen. Doch besitzen für Christen Sinnelemente und Glaubensinhalte der Hl. Schrift über die Zeit hinweg Gültigkeit. Diese auszuhaltende Spannung ermöglicht positiv freien Handlungsspielraum für Christen, der Sinnfindung als subjektiven Vorgang möglich macht. Das Medium „Beispiel" in seinen bildhaften Zügen und seiner kontextuellen Option als Basis wird beidem gerecht: es schafft Freiraum für den Rezipienten und vermittelt gleichzeitig den inneren Anspruch des Proprium christianums, der auf dieser Grundlage zum Handeln in personal-freiheitlicher Aneignung drängt.

Die theologische Legitimation für die Begleitung Trauernder in der Gemeinde leitet sich von Jesu Beispiel ab und orientiert sich daran: Insofern sich christliche Gemeinde der Offenbarung in Jesus Christus verpflichtet weiß, gilt Jesu Umgang mit Trauer für sie als vorbildhaft - sein Handeln ist Maßstab gemeindlichen Handelns. Es ist auf der Grundlage sensibler Wahrnehmung stets personenbezogen und situationsabhängig, d.h., Jesus begegnet trauernden Eltern in ihrer konkreten Lebenswirklichkeit, läßt sich auf sie ein und zeigt innige Anteilnahme[8]. Sein Handeln ist durch die mit ihm gekommene Basileia Gottes geleitet, durch welche Gott selbst verherrlicht wird. Seine Vollmacht gibt ihm Kraft, die Trauer der Eltern zu unterbrechen und durch das Zeichen der Wiedererweckung[9] „Größeres" als die Trauer der Eltern anzukündigen: die in ihm zu den Menschen gekommene Basileia Gottes; in ihr findet Trauer letztlich ihren Trost. Begleitung Trauernder kann auf der Grundlage des Beispiels Jesu, seiner innewohnenden Spontaneität und Unterschiedlichkeit im Umgang mit Trauernden keinen Phasen zugeteilt werden; sie muß sich vielmehr an der Wahrnehmung des Begleiters orientieren: Bei den Auferweckungen der Kinder

8 Beispielsweise zeigt Jesus der Mutter des Jünglings von Naïn seine Betroffenheit (vgl. Lk 7,13).

9 Die Perikopen von den Auferweckungen des Jünglings von Naïn (Lk 7,11-17) und der Tochter des Jaïrus (Mk 5,21-43; Mt 9,18-26; Lk 8,40-56) sind für trauernde Eltern schwer zu fassen. Sie wecken in ihnen den Wunsch, daß sich an ihrem Kind Gottes gekommene Basileia in gleicher Weise offenbart: in der Totenerweckung ihres Kindes in ihre Gegenwart.

unterbricht Jesus die elterliche Trauer und stellt so das Kommen von Gottes Basileia in den Mittelpunkt. Bei den Emmausjüngern geht er ein Stück des Trauerwegs mit, läßt sie erzählen und hört zu, bevor er sie in einer direktiven Lektion zur Auslegung der Hl. Schrift auf das Erkennen des Auferstandenen vorbereitet. In allen Fällen aber wird den Trauernden Hilfe zuteil: Jesu Wort und Handeln weisen über die konkrete Situation hinaus auf Gottes Heil in seiner Nähe zu jedem Menschen; diese Menschen erfahren sich in ihrer unvergleichlichen Bedeutung für Gott. Dieses An- und Ernstgenommensein weckt in ihnen Kräfte, ihren Weg aufgrund erfahrener Hoffnung fortzusetzen.

Im Emmausgang kommt das Moment christlicher Wegbegleitung als gemeindliches Handlungsmuster zum Tragen: Für die Jünger wird erfahrbar, daß Christus der Weg, die Wahrheit und das Leben ist[10]. Die Jünger erkennen in der Begegnung mit Christus sich selbst als neugestiftete Gemeinde, die Zeugnis vom Auferstandenen geben kann. Orientierung an Jesu Beispiel bedeutet für Gemeinde, selbst Weggefährte zu werden, d.h., eigene Lebenswirklichkeit mit der verwaister Eltern zu konfrontieren. Dadurch haben Eltern die Möglichkeit, das ihnen vom Leben auferlegte „Kreuz", den Tod ihres Kindes, anzunehmen und in Hoffnung verwandeln zu lassen: Jesu Auferstehung wird Anlaß zur Hoffnung auf die Auferstehung aller Menschen. Gemeindliche Trauerbegleitung kann so zum Trost für verwaiste Eltern werden, bis das „neue Jerusalem" anbricht: „Siehe, das Zelt Gottes bei den Menschen! Und er wird bei ihnen wohnen, und sie werden sein Volk sein, und Gott selbst wird bei ihnen sein. Und er wird jede Träne von ihren Augen abwischen, und der Tod wird nicht mehr sein, noch Trauer, noch Geschrei, noch Schmerz wird mehr sein ..." (Offb 21,3b-4).

10 Vgl. Joh 14,6.

ANLAGENVERZEICHNIS

Teil II: Anlage

Die Grundgesten des kirchlichen Selbstvollzugs stehen in unauflöslicher Beziehung zueinander: Analog zu den drei Dimensionen eines räumlichen Körpers bilden sie ein Ganzes und verstärken sich gegenseitig. Sie können nicht voneinander getrennt werden - als nebeneinander liegende Handlungsfelder kirchlichen Wirkens -, sondern sind drei Seiten derselben Sache.

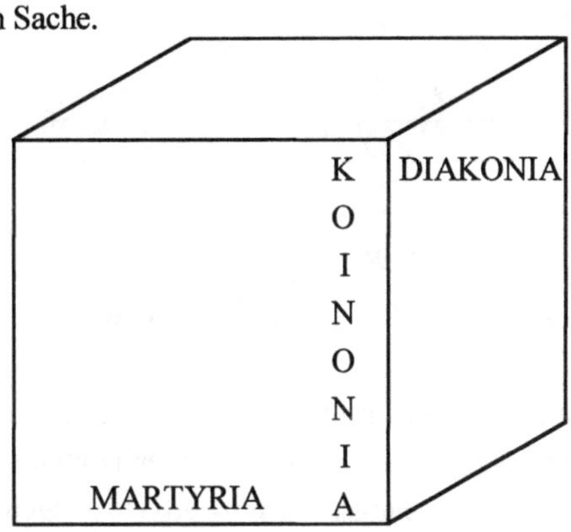

R.Zerfaß entwickelt sein Modell weiter und siedelt das Handeln der Kirche zwischen den Polen der Auferstehung Christi und dem Eschaton an. Auf dieser Zeitachse vollziehen sich die Grundvollzüge Gottes- und Gemeindedienst in einem inneren Kreis, um den sich Dienst am Wort, expliziert in Verkündigung und Bildung, sowie Dienst an den Armen, expliziert in Seelsorge und Caritas, ordnen. Der Schwerpunkt liegt auf Koinonia und Liturgie, aus denen Verkündigung und Diakonie hervorgehen.

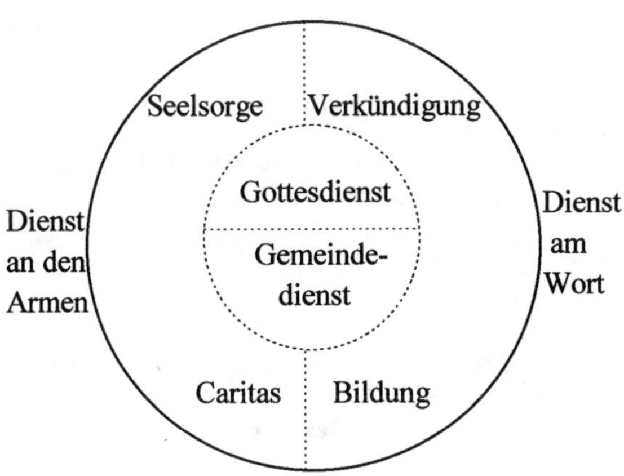

Teil III: Anlage 1

M.Schibilsky zeichnet einen Spiralweg der Trauer, der durch vier Räume führt: Vergangenheit, Zukunft, innen und außen. Schnittpunkt der Koordinaten ist der Tod, von dem sich Trauernde in Spiralform entfernen. Im Durchschreiten dieser Dimensionen öffnet sich mit der Spirale auch das Leben der Betroffenen.

Trauer als Spiralweg

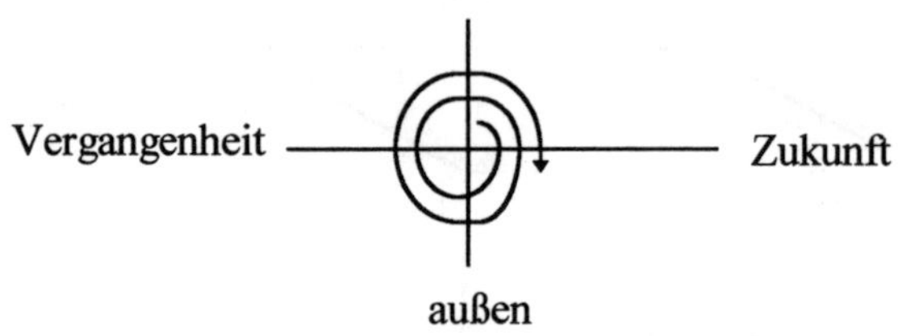

W.M.Lamers stellt die außerordentliche Zeit des Trauerns durch eine Schlaufe (Grief Cycle) dar:
Auf den unmittelbaren Verlust (Loss) folgt Protest: In dieser Phase dominieren Schock und Verwirrung, der Verlust wird geleugnet, Wut und Ärger kommen zum Ausdruck. Dabei kann Wut gegen für den Tod vermeintlich Verantwortliche, gegen sich selbst oder gegen den Verstorbenen gerichtet sein. Andere Gefühle wie Weinen oder somatische Beschwerden (Schlaflosigkeit, schweres Atmen, Appetitlosigkeit) können auftreten. Verzweiflung (Despair): Die prägenden Gefühle dieser Phase sind Trauer, Pein, Ängste und Depression. Loslösung (Detachment): In dieser Phase ziehen sich Trauernde zurück, fühlen sich in Gesellschaft fehl am Platz. Die Umwelt wirkt eintönig, das Leben erscheint sinnlos, Aktivitäten werden interesselos und mechanisch ausgeführt. Trauernde treten aus dem Trauerkreis, können sie ohne großen Schmerz auf ihren erlittenen Verlust schauen. Erst nach Durchleben der Trauer gelangt der Trauernde wieder in die gerade Lebensspur (Recovery).

Grief Cycle

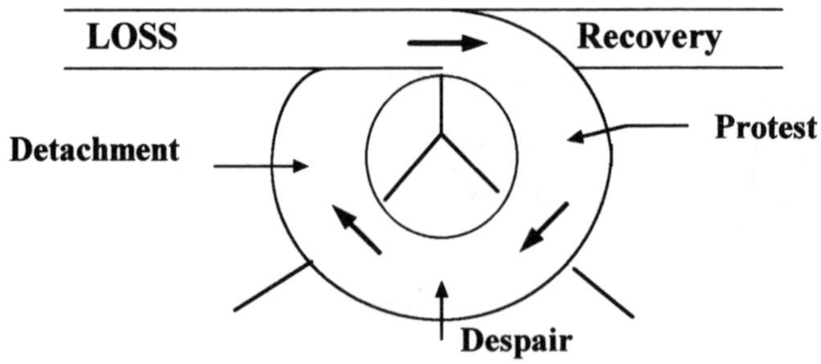

Anlage 2

Hilfen für Eltern

- Dem verstorbenen Kind einen Namen geben.
- Das Kind anschauen und berühren, unabhängig davon, ob es mißgebildet ist oder nicht. Erfahrungsgemäß akzeptieren es die Eltern in jedem Fall.[1] Berühren und Streicheln hilft, die Realität zu „fassen" und zu „begreifen". Dabei dürfen Erinnerungen an das Kind kommen und zugelassen werden; Erinnerungen können später tröstlich sein. Der Kontakt mit der Realität beugt späterem Grübeln und Phantasieren vor. Die Eltern sollen darauf hingewiesen werden, daß sie ihrem Kind eigene Kleider anziehen dürfen.
- Eltern Zeit geben, alleine Abschied zu nehmen. Nicht vorschreiben, wie sie Abschied nehmen sollen. Hin und wieder nach ihnen schauen, daß sie sehen, es ist jemand da.
- Arzt, Krankenschwester oder Seelsorger sollen den Eltern Zeit schenken und ihnen anbieten zuzuhören, ihnen als Mensch zur Verfügung stehen, da-sein. Eltern erzählen und ihre mitunter heftigen Gefühle ausdrücken lassen. „Wer einmal solche Ausbrüche bei trauernden Eltern zugelassen hat, wird erstaunt darüber sein, wie kurz sie nur dauern. Die Heftigkeit des Ausbruches ist eher als ein Schutzwall vor weiteren psychischen Beeinträchtigungen ... anzusehen."[2] Es ist viel, die Untröstlichkeit der Situation an sich heranzulassen, empathisch zu sein und sie anzunehmen.
- Erst nach dem Abschied vom Kind die Eltern nach Bestattungswünschen fragen. Dabei, wenn möglich, andere Familienmitglieder miteinbeziehen. Sprechen über das tote Kind wird dadurch leichter. Unsicherheiten, was mit dem toten Baby passiert, müssen ausgeräumt werden.
- Ein Foto vom verstorbenen Kind machen. Hand- oder Fußabdruck des Kindes anfertigen. Dies können Erinnerungshilfen für die Eltern sein, die ihnen später nochmals ermöglichen, bewußt Abschied zu nehmen.
- Freunde können anfangs bei alltäglichen Erledigungen und praktischen Angelegenheiten behilflich sein: Behördengänge, Einkäufe, Betreuung anderer Kinder oder Hilfe im Haushalt.
- Keine billigen Trostworte, die bloße Unsicherheit ausdrücken,

---

1 Vgl. Regenbogen-Broschüre, 5.

2 Student, J.-Ch., 117.

äußern.[3] Solche Floskeln wirken leer und verletzen Eltern.

- Vorsicht ist zunächst angeraten mit jeglicher ideologischen oder religiösen Deutung dritter.[4]
- Beim Tod des Kindes die Mutter nicht auf die Wöchnerinnenstation legen: Bei ihrem persönlichen Leid kann sie das Glück anderer Eltern schwer tragen, da sie verlor, was andere Eltern feiern.
- Eltern zu einem Nachgespräch einladen, in welchem nochmals Gelegenheit besteht, das Erlebte zu erzählen, eventuell an andere Paare mit ähnlicher Erfahrung vermitteln, um sich aussprechen zu können: Bei solchen Menschen erfahren sie Verständnis und Trost und sehen, daß ein Weiterleben nach diesem schweren Verlust möglich ist.
- Sich einen Ort für die Trauer und Erinnerung bewahren. Dies kann beispielsweise ein Grab oder Geburtsteller sein.

---

3 Beispielsweise: „Man kann nicht alles im Leben haben“, „Sie haben ja noch andere Kinder“, „es wird schon wieder“, „die Zeit heilt alle Wunden.“

4 Beispielsweise: „Gott will Sie prüfen.“

Anlage 3

Tabelle Plötzlicher Kindstod im Vergleich mit anderen Todesursachen bei Säuglingen im Alter von 28 Tagen bis zu einem Jahr in der BRD 1984

Sämtliche Todesursachen	414,6	=	100,0%
Infektiöse parasitäre Krankheiten	15,2	=	3,6%
Meningitis	3,8	=	0,9%
Pneumonie	5,1	=	1,2%
Angeborene Herz-, Kreislauf-Anomalien	38,7	=	9,3%
Erkrankungen perinatalen Ursprungs	53,4	=	12,9%
Plötzlicher Kindstod	125,3	=	30,2%

Anlage 4

Hilfreicher Umgang mit Eltern

„Was Du tun und was Du lassen solltest

Was du tun solltest:

- Zeige Deine aufrichtige Anteilnahme und Fürsorge.
- Stelle Dich zur Verfügung: um Zuzuhören, Besorgungen zu machen, bei den Kindern zu helfen oder was sonst in dieser Zeit notwendig erscheint.
- Sage ihnen, daß Dir das, was ihrem Kind geschehen ist und der Schmerz, den sie jetzt erleiden, leid tut.
- Erlaube ihnen, soviel Trauer auszudrücken, wie sie jetzt gerade empfinden und mit Dir teilen möchten.
- Ermutige sie, mit sich selbst Geduld zu haben, nicht zuviel von sich selbst zu verlangen und sich selbst keine Schuld zuzuschreiben.
- Erlaube ihnen über ihr Kind, das sie verloren haben, so viel und so oft zu sprechen wie sie möchten.
- Sprich mit ihnen über die ganz besonderen, einmaligen Qualitäten des Kindes, das sie verloren haben.
- Schenke den Brüdern und Schwestern des Kindes beim Begräbnis und in den Monaten danach ganz besondere Aufmerksamkeit (sie sind ebenfalls verletzt, verwirrt und benötigen ein Maß an Aufmerksamkeit, wie es ihnen ihre Eltern in dieser Zeit vielleicht nicht schenken können).
- Versichere ihnen, daß sie alles getan haben, was in ihrer Macht stand und daß ihr Kind die bestmögliche medizinische Versorgung erhalten hat - oder was Du sonst an positiven und wahren Dingen über die Fürsorge für das Kind sagen kannst.

Was Du nicht tun solltest:

- Laß Dich nicht durch Dein eigenes Gefühl der Hilflosigkeit davon abhalten, den verwaisten Eltern hilfreich die Hand zu reichen.
- Meide sie nicht, nur weil Dir der Kontakt unangenehm ist. (Von Freunden gemieden zu werden, fügt zusätzlichen Schmerz zu einer ohnedies unerträglich schmerzhaften Erfahrung.)
- Sage nicht, Du wüßtest, was sie empfinden! (Wenn Du nicht selbst ein Kind verloren hast, wirst Du wahrscheinlich nicht empfinden können, wie es ihnen geht.)
- Sage nicht: „Geht es Dir denn immer noch nicht besser?" oder irgend etwas ähnliches, das die Gefühle der Eltern beurteilt.
- Schreibe ihnen nicht vor, was sie eigentlich fühlen oder tun sollten!
- Wechsele nicht das Gesprächsthema, wenn sie auf ihr totes Kind zu sprechen kommen.
- Vermeide es nicht, den Namen des Kindes zu erwähnen aus Angst, Du könntest sie damit an ihren Schmerz erinnern (sie haben ihn ohnedies nicht vergessen!)
- Versuche nicht, irgend etwas Positives am Tod ihres Kindes zu finden (z.B. eine spirituelle Erfahrung, engere Familienbindungen ...)
- Weise nicht daraufhin, daß sie ja noch ihre anderen Kinder haben (Kinder sind nicht austauschbar; sie können sich nicht gegenseitig ersetzen).
- Sage ihnen nicht, sie könnten ja noch mehr Kinder haben (auch dann nicht, wenn sie das wollen und können - ein anderes Kind kann ihnen nicht das verstorbene Kind ersetzen).
- Empfiehl ihnen nicht, für die anderen, noch verbliebenen Kinder dankbar zu sein (die Trauer über den Verlust eines Kindes wird nicht durch Liebe und Wertschätzung für die anderen lebenden Kinder erleichtert).
- Mache keinerlei Bemerkungen, die in irgendeiner Weise vermuten lassen könnten, daß ihre Fürsorge für das Kind zu Hause, in der Notfallstation, im Krankenhaus oder wo immer sonst nicht angemessen gewesen sei (Eltern werden ohnedies genügend durch Gefühle von Zweifel und Schuld gequält)."

Teil V: Anlage 1

Schreiben an Eltern von Verwaiste Eltern München e.V. im Rahmen des Pretests

29.08.96

Liebe/r*,

vor einiger Zeit trat ein junger Theologe an unseren Verein heran mit der Bitte, ihn bei seiner Doktorarbeit zu unterstützen.
Herr Holzschuh will in seiner Arbeit das Verhältnis trauernder Eltern zu ihrer kirchlichen Gemeinde untersuchen.
Herr X. und ich sind der Ansicht, daß für eine solche Umfrage eher länger betroffene Eltern in Frage kommen, und so wollen wir an Dich/Sie herantreten. Wir bitten Sie/Dich, den beantworteten Fragebogen so bald als möglich an Herrn Holzschuh zurückzusenden.

Mit freundlichen Grüßen

Name des Verfassers

Anlage 2

Erklärendes Schreiben zum Pretest

Absender des Verfassers

September 1996

Liebe verwaiste Eltern,
seit zwei Jahren promoviere ich an der Phil.-Theol. Hochschule in Benediktbeuern. Das Thema betrifft die Trauer der Eltern, wenn sie ein Kind verloren haben. Dabei geht es vor allem um das Verhältnis verwaister Eltern zu ihrer kirchlichen Gemeinde und umgekehrt. Da ich die Not verwaister Eltern, deren tiefe Betroffenheit, deren Infragestellung von Sinn und Lebensauffassung und deren Randposition nicht nur gesellschaftlich, sondern auch kirchlich wahrnehme, erachte ich es als notwendig, sich auch wissenschaftlich mit diesem Thema in der Pastoraltheologie auseinanderzusetzen. Ich bin kath. Theologe und es ist mir ein Anliegen, das Verhältnis von Kirche zu Trauernden in den Blick zu nehmen und positive Handlungsimpulse zu geben. Ich sehe es derzeit als eine der dringlichsten Aufgaben der Kirchen, sich Trauernder anzunehmen. Mit dieser Motivation wende ich mich an Sie.
Ich stehe in Verbindung zu Verwaiste Eltern Hamburg e.V. und bin dort Mitglied des Vereins. Dank dieses Kontaktes war es mir möglich, Erfahrungsberichte und wissenschaftliche Studien in meine Arbeit miteinzubeziehen. Da es jedoch keine Studien bezüglich des Verhältnisses verwaister Eltern zu deren kirchlicher Gemeinde gibt, bin ich auf Ihre Mitarbeit angewiesen. Es ist mir bewußt, daß der Umgang mit verwaisten Eltern Sensibilität erfordert. Als Nichtbetroffener ist es nicht leicht, das Vertrauen Betroffener zu gewinnen, zumal wenn auch wissenschaftliches Interesse bekundet wird.
Ich will anhand einer schriftlichen Umfrage bei Ihnen als Mitgliedern einer SHG (= Selbsthilfegruppe/n) verwaister Eltern Ihr Verhältnis zu Ihrer kirchlichen Gemeinde, Ihre Erfahrungen und Wünsche an Ihre Gemeinde erfragen. Da viele verwaiste Eltern, die einer kirchlichen Gemeinde angehören, SHG besuchen, scheint mir diese Wahl der SHG als Untersuchungsfeld sinnvoll: Sie haben die Fähigkeit, neue soziale Kontakte in Ihrer Trauer in den SHG zu knüpfen und aktiv nach „Lösung" Ihrer Trauer zu suchen, sowie den Mut, über Ihre Trauer zu sprechen und diese auszudrücken; bedingt durch diese Offenheit erhoffe ich mir, daß Sie an der Befragung teilnehmen. Zur Befragung habe ich beiliegenden Fragebogen erstellt. Diesen bitte ich zu beantworten. Vielleicht gelingt es mittels dieser Studie, die Situation verwaister Eltern in den Gemeinden zu verbessern, aber schon eine Bewußtseinsänderung und mehr Verständnis für verwaiste Eltern innerhalb der Gemeinden sind hilfreich.

Zur Durchführung der Befragung: Füllen Sie den Fragebogen aus oder antworten Sie in Briefform oder in Form eines Erlebnisberichtes, doch sollten alle Fragen berücksichtigt werden. Die Anordnung der Antworten nach den numerierten Fragen erleichtert mir die Auswertung. Die Antwort kann anonym erfolgen, um persönliche Intimität zu schützen, aber auch persönliche Antworten mit Namensnennung werden anonym gehandhabt. Ich sichere Ihnen völlige Anonymität und Diskretion zu. Aus diesem Grund habe ich Sie über Verwaiste Eltern München e.V. anschreiben lassen, Ihre Adresse ist mir nicht bekannt. Die inhaltlichen Ergebnisse der Befragung finden ausschließlich Eingang in meine wissenschaftliche Arbeit und werden nicht weiterverwendet oder weitergegeben.
Zum Aufbau des Fragebogens: Zunächst folgen Fragen zu Ihrer Person und Situation, dann Fragen zu den einzelnen Aspekten des Themas. Es gibt geschlossene Fragen zur Bejahung bzw. Verneinung, wobei Zutreffendes unterstrichen werden soll (z.B. *ja* - *nein* oder *ja* - *nein*), und offene Fragen, auf die frei geantwortet werden soll.
Ich bitte um Rücksendung bis spätestens Samstag, dem 14. September 1996 (adressierter und frankierter Rückumschlag liegt bei).

Handschriftlicher Dank und Unterschrift des Verfassers

Anlage 3

Aufruf zur Teilnahme an der Untersuchung von Verwaiste Eltern Hamburg e.V.

Um das **Verhältnis verwaister Eltern zu ihrer kirchlichen Gemeinde und umgekehrt** geht es auch dem katholischen Theologen *Wolfgang Holzschuh.* Dieses möchte er im Rahmen seiner Dissertation gründlicher untersuchen und ist dabei auf die Erfahrung betroffener Eltern angewiesen. Als Mitglied unseres Vereins wendet er sich an die SHGs und an einzelne trauernde Mütter und Väter. Sein Anliegen formuliert er so:

September 1996

Liebe verwaiste Eltern,
seit zwei Jahren promoviere ich an der Phil.-Theol. Hochschule in Benediktbeuern. Das Thema betrifft die Trauer der Eltern, wenn sie ein Kind verloren haben. Dabei geht es vor allem um das Verhältnis verwaister Eltern zu ihrer kirchlichen Gemeinde und umgekehrt. Da ich die Not verwaister Eltern, deren tiefe Betroffenheit, deren Infragestellung von Sinn und Lebensauffassung und deren Randposition nicht nur gesellschaftlich, sondern auch kirchlich wahrnehme, erachte ich es als notwendig, sich auch wissenschaftlich mit diesem Thema in der Pastoraltheologie auseinanderzusetzen. Ich bin kath. Theologe und es ist mir ein Anliegen, das Verhältnis von Kirche zu Trauernden in den Blick zu nehmen und positive Handlungsimpulse zu geben. Ich sehe es derzeit als eine der dringlichsten Aufgaben der Kirchen, sich Trauernder anzunehmen. Mit dieser Motivation wende ich mich an Sie.
Ich stehe in Verbindung zu Verwaiste Eltern Hamburg e.V. und bin dort Mitglied des Vereins. Dank dieses Kontaktes war es mir möglich, Erfahrungsberichte und wissenschaftliche Studien in meine Arbeit miteinzubeziehen. Da es jedoch keine Studien bezüglich des Verhältnisses verwaister Eltern zu deren kirchlicher Gemeinde gibt, bin ich auf Ihre Mitarbeit angewiesen. Es ist mir bewußt, daß der Umgang mit verwaisten Eltern Sensibilität erfordert. Als Nichtbetroffener ist es nicht leicht, das Vertrauen Betroffener zu gewinnen, zumal wenn auch wissenschaftliches Interesse bekundet wird.
Ich will anhand einer schriftlichen Umfrage bei Ihnen als Mitgliedern einer SHG (= Selbsthilfegruppen) verwaister Eltern Ihr Verhältnis zu Ihrer kirchlichen Gemeinde, Ihre Erfahrungen und Wünsche an Ihre Gemeinde erfragen. Da viele verwaiste Eltern, die einer kirchlichen Gemeinde angehören, Selbsthilfegruppen besuchen, scheint mir diese Wahl der SHGs als Untersuchungsfeld sinnvoll: Sie haben die Fähigkeit, neue soziale

Kontakte in Ihrer Trauer in den SHG zu knüpfen und aktiv nach >>Lösung<< Ihrer Trauer zu suchen, sowie den Mut, über Ihre Trauer zu sprechen und diese auszudrücken; bedingt durch diese Offenheit erhoffe ich mir, daß Sie an der Befragung teilnehmen. Zur Befragung habe ich beiliegenden Fragebogen erstellt, den ich den SHGs zuschicken werde. Es wäre gut, wenn darüber hinaus Mütter und Väter, die *keiner* Gruppe angehören, den Fragebogen bei mir anfordern würden.
Vielleicht gelingt es mittels dieser Studie, die Situation verwaister Eltern in den Gemeinden zu verbessern, aber schon eine Bewußtseinsänderung und mehr Verständnis für verwaiste Eltern innerhalb der Gemeinden wären hilfreich.

Name des Verfassers
Adresse
Telephon

DIAGRAMMVERZEICHNIS

Diagramm 1

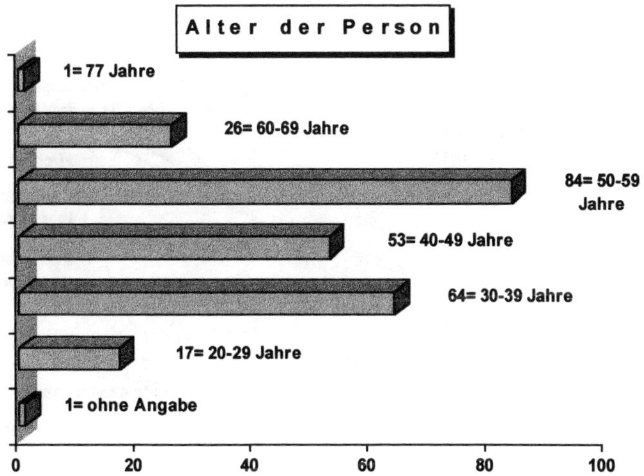

Diagramm 2

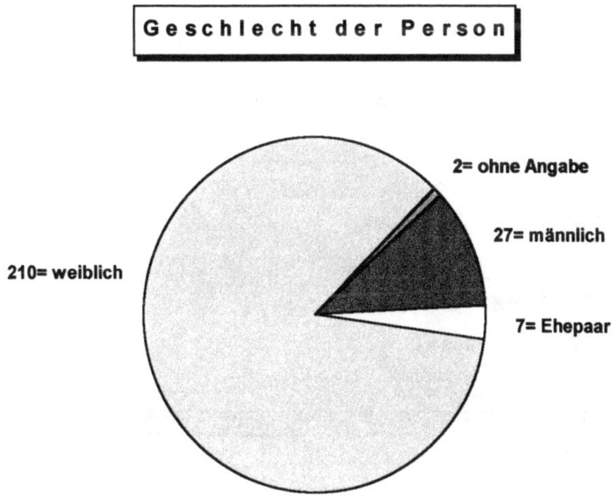

Diagramm 3

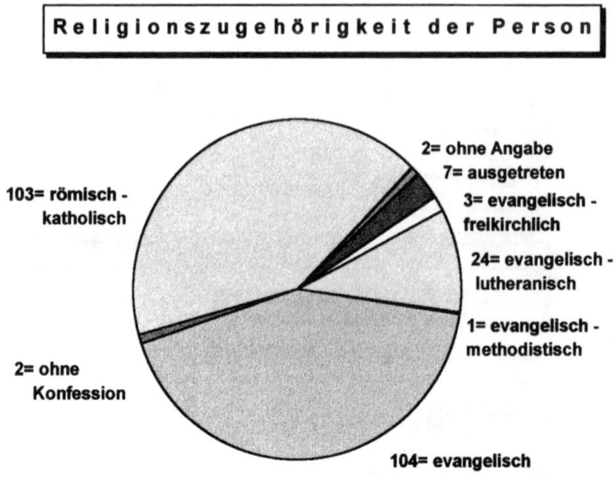

Diagramm 4

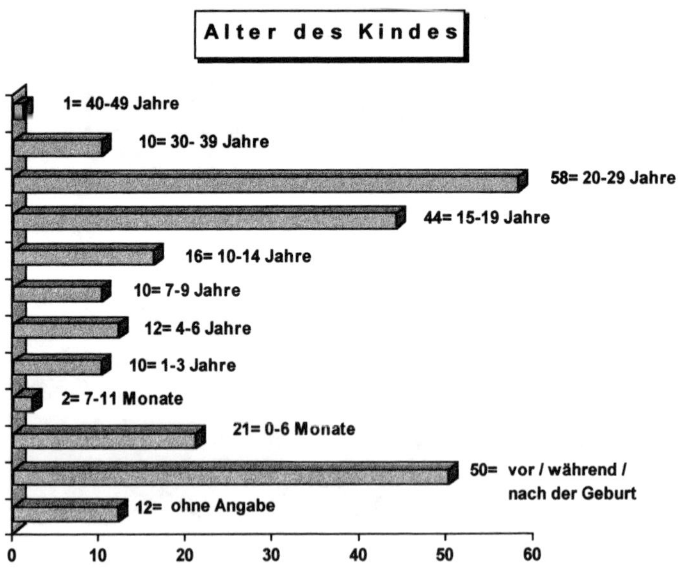

Diagramm 5

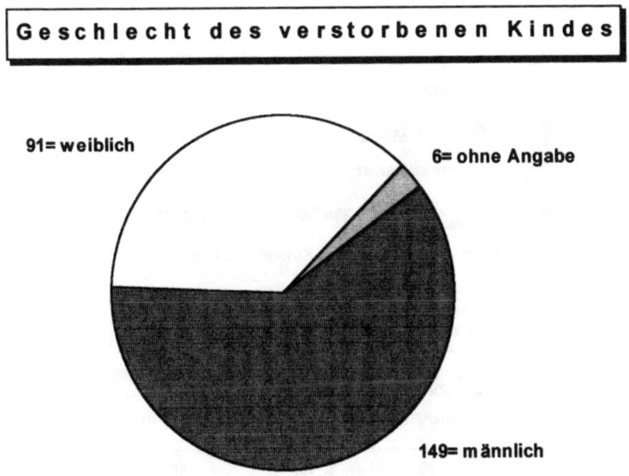

Diagramm 6

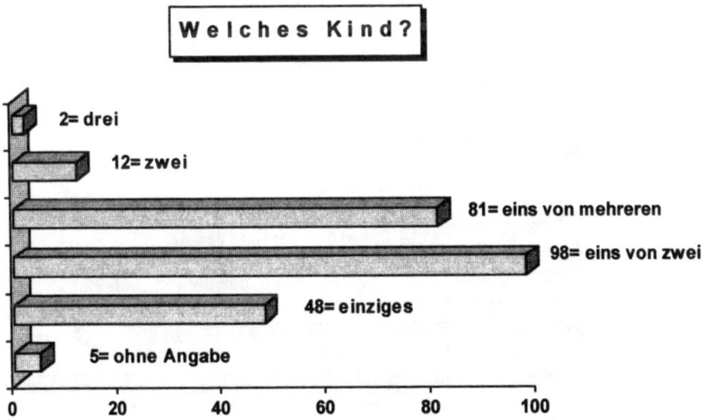

Diagramm 7

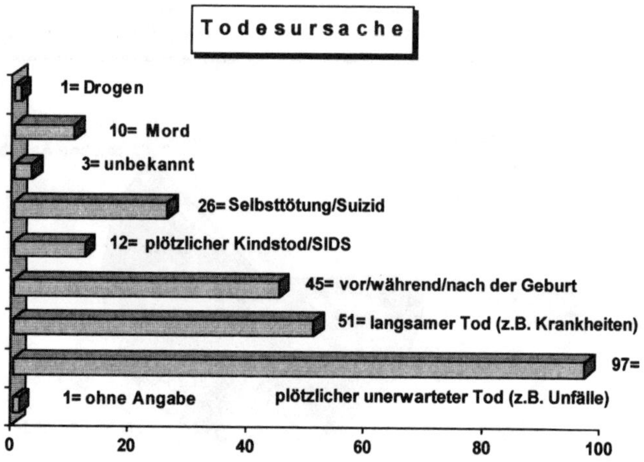

Diagramm 8

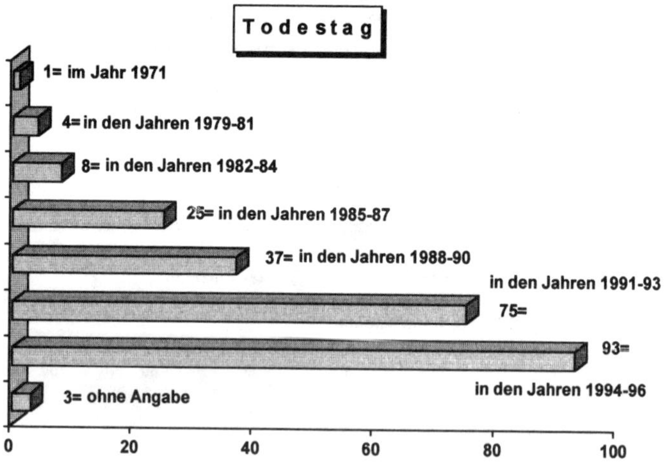

Diagramm 9

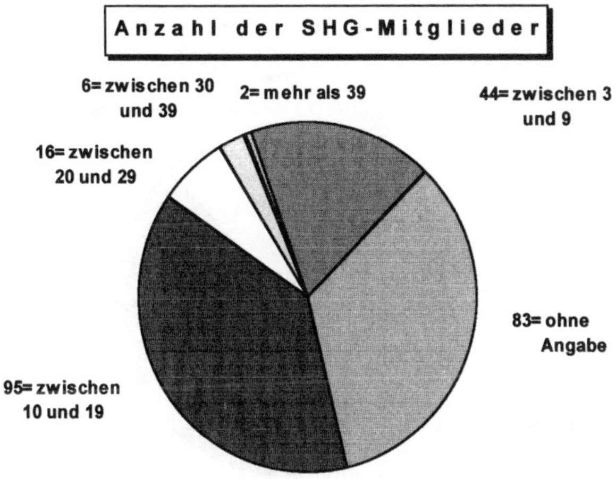

Diagramm 10

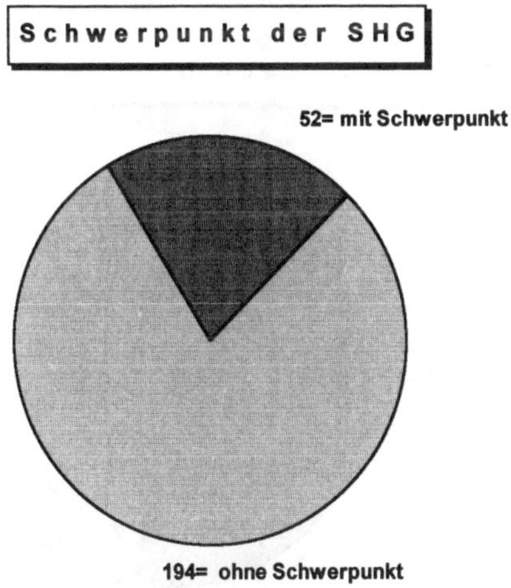

Diagramm 11

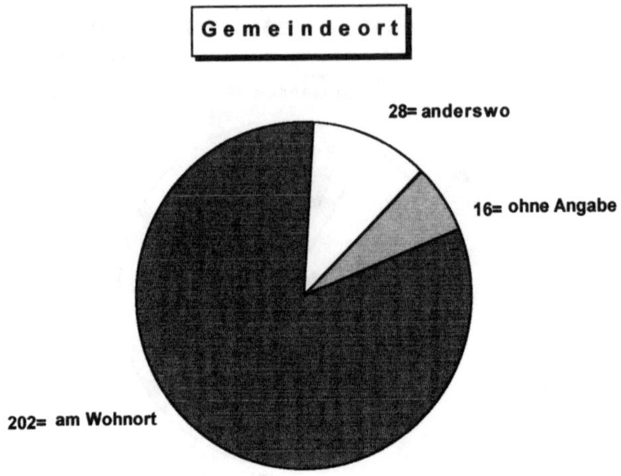

Diagramm 12

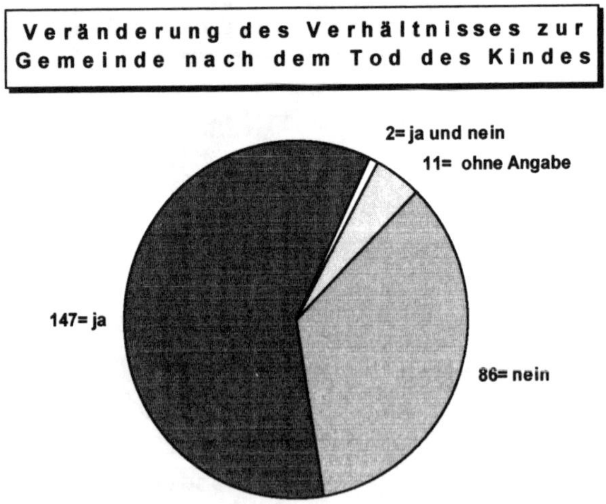

Diagramm 13

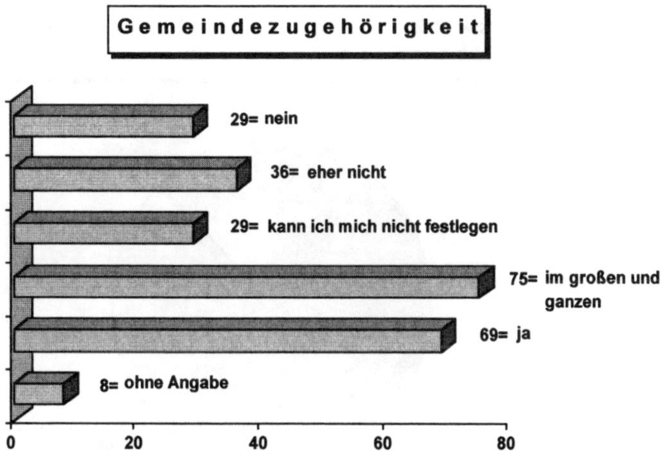

Diagramm 14

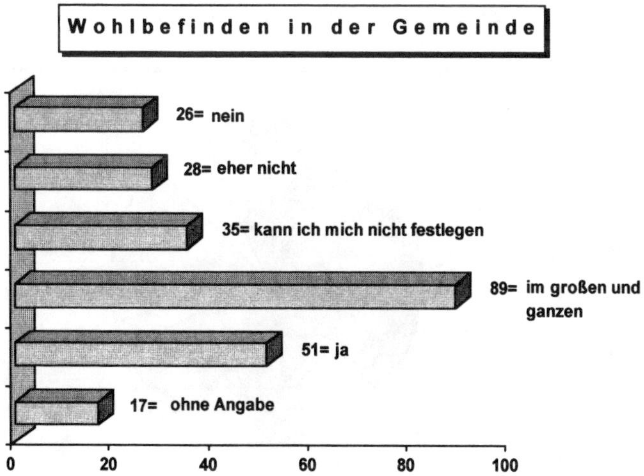

Diagramm 15

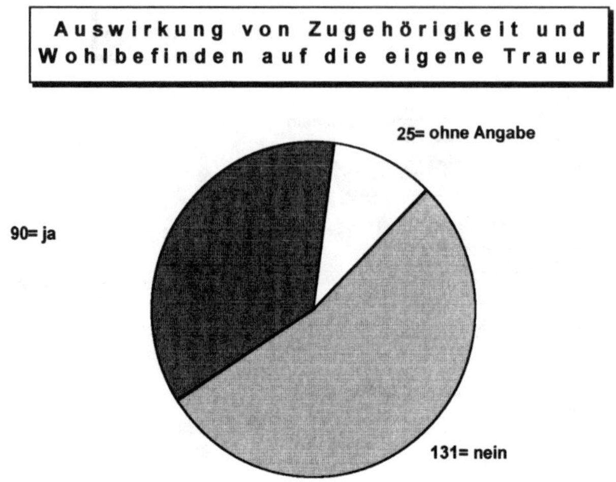

Diagramm 16

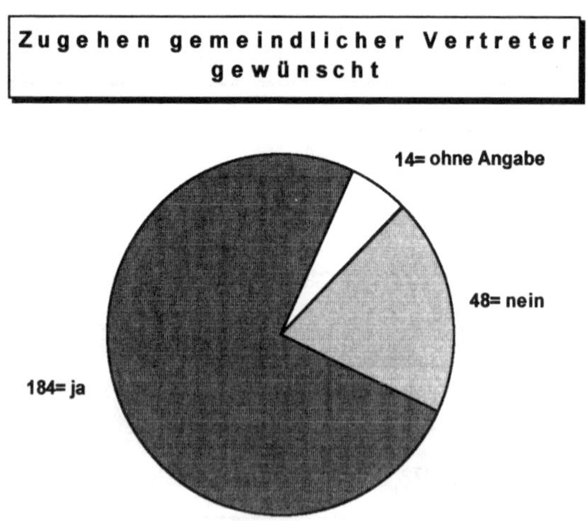

Diagramm 17

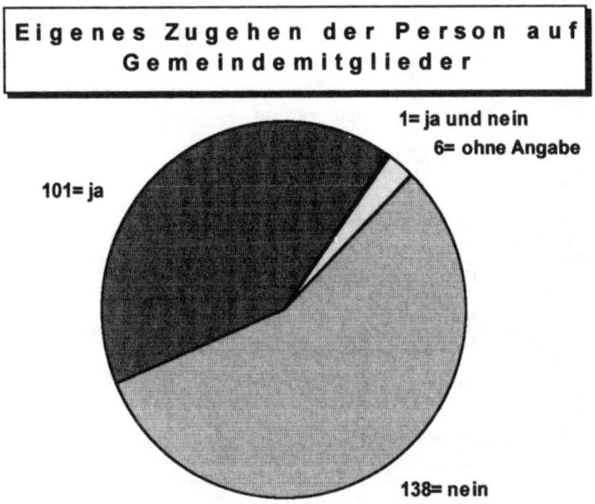

Diagramm 18

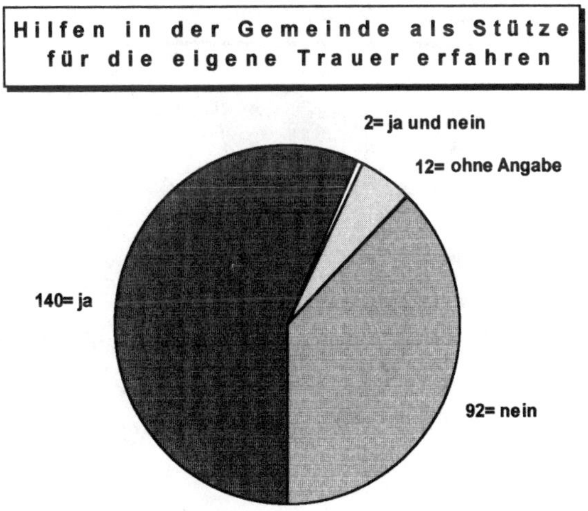

Diagramm 19

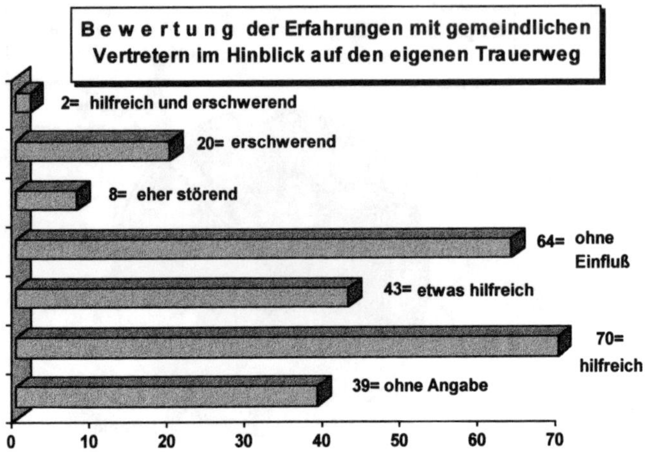

Diagramm 20

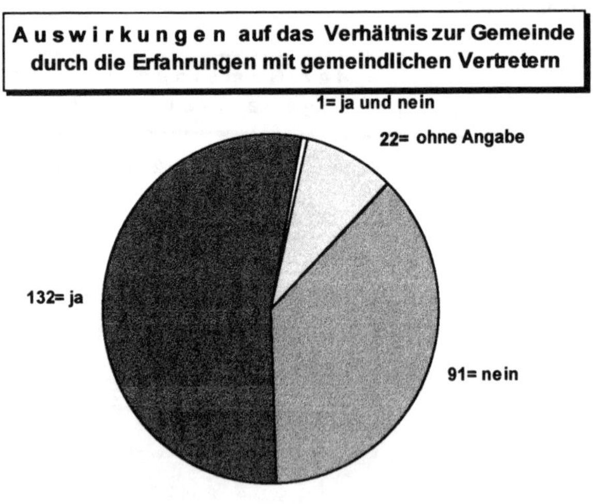

Diagramm 21

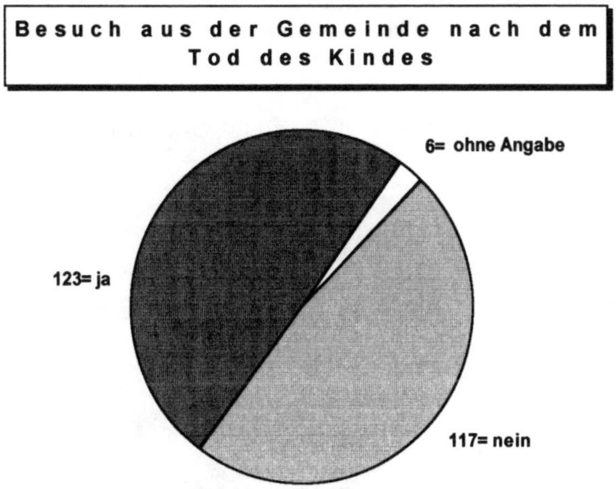

Diagramm 22

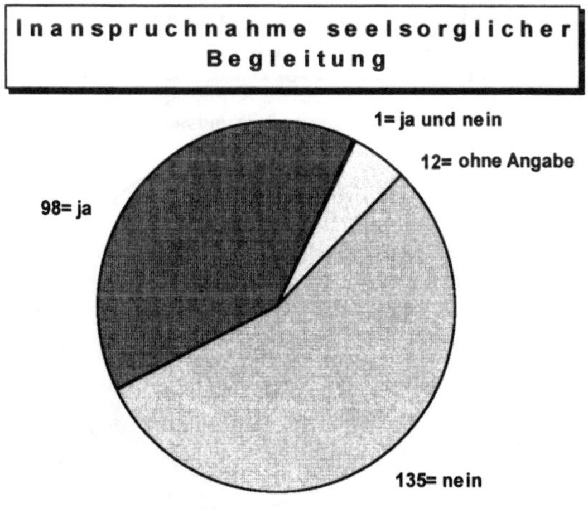

Diagramm 23

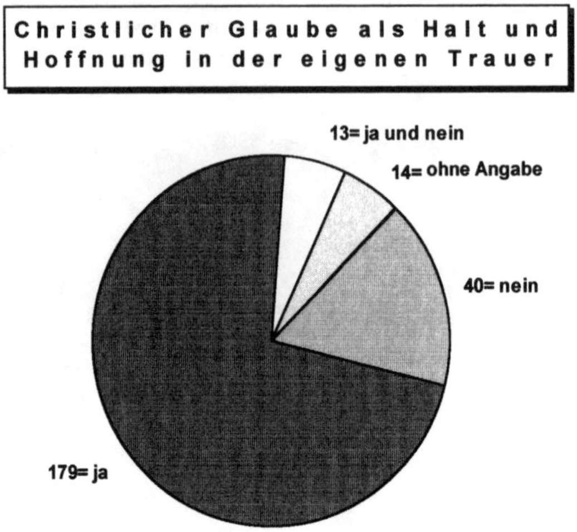

Diagramm 24

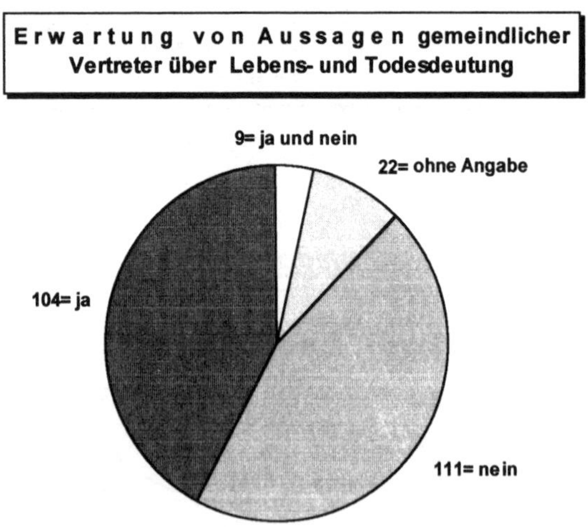

Diagramm 25

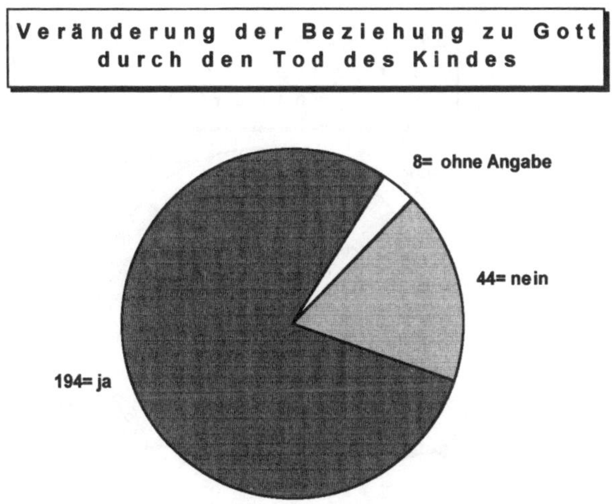

Diagramm 26

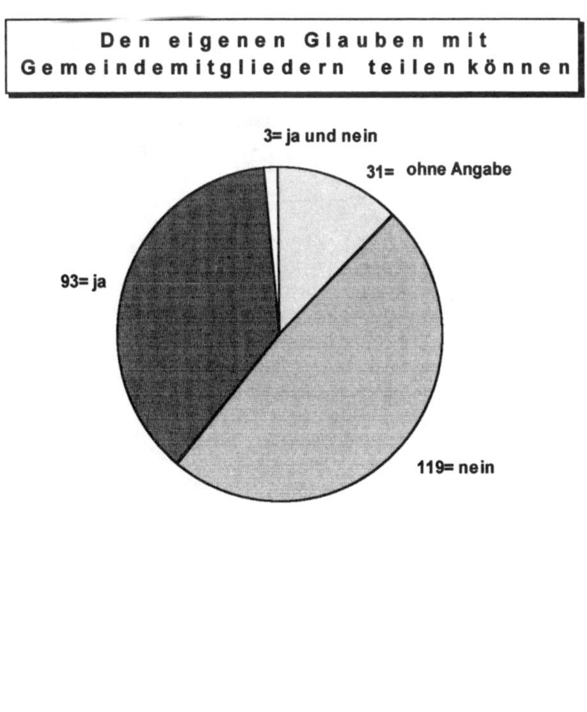

Diagramm 27

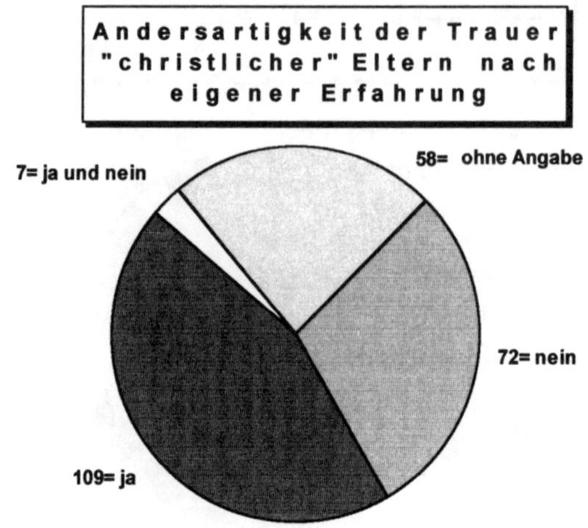

Diagramm 28

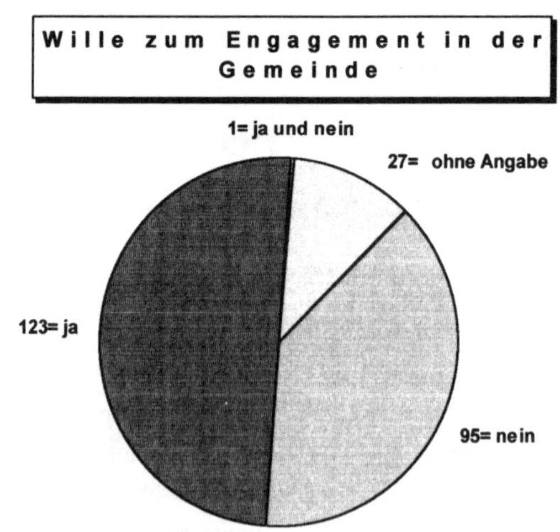

ABKÜRZUNGSVERZEICHNIS

In der Arbeit verwendete Abkürzungen sind folgenden Standardwerken entnommen, bei darin unterschiedlich aufgeführten Abkürzungen ist nachfolgende Reihung entscheidend:

Schwertner, S.M., Internationales Abkürzungsverzeichnis für Theologie und Grenzgebiete (IATG), 2., überarb. und erweit. Aufl., Berlin/New York 1992.

Lexikon für Theologie und Kirche (LThK). Abkürzungsverzeichnis, 3., völlig neubearb. Aufl., Freiburg/Basel/Rom/Wien 1993.

Leistner, O., Internationale Titelabkürzungen (ITA) I-III, 7., erweit. Aufl., Osnabrück 1997.

Außerdem verwendete Abkürzungen:

akt.	aktuelle
BayBestG	Bayerisches Bestattungsgesetz
durchges.	durchgesehene
d.V.	der Verfasser
EN	Evangelii nuntiandi
EV	Evangelium vitae
e.V.	eingetragener Verein
GEPS	Gesellschaft zur Erforschung des Plötzlichen Säuglingstodes e.V.
IPS	Initiative plötzlicher Säuglingstod e.V.
m.E.	meines Erachtens
Nachw.	Nachwort
Pss	Psalmen
PStV	Personenstandsverordnung
SHG	Selbsthilfegruppe/n
SIDS	Sudden Infant Death Syndrome
SZ	Süddeutsche Zeitung
umgearb.	umgearbeitete
VV.	Verse

LITERATURVERZEICHNIS

Die Bibel. Aus dem Grundtext übersetzt. Revidierte Elberfelder Bibel, Sonderausgabe, Wuppertal 1986.

Einheitsübersetzung der Heiligen Schrift. Die Bibel, hg. im Auftrag der Bischöfe Deutschlands, Österreichs, der Schweiz, des Bischofs von Luxemburg, des Bischofs von Bozen-Brixen, Stuttgart [3]1985.

Rahner, K./Vorgrimler, H., Kleines Konzilskompendium. Sämtliche Texte des Zweiten Vatikanums. Allgemeine Einleitung - 16 spezielle Einführungen. Ausführliches Sachregister, Freiburg/Basel/Wien [23]1991.

Teil I

Apel, K.-O., Szientistik, Hermeneutik, Ideologiekritik, in: Hermeneutik und Ideologiekritik, Frankfurt a. M. 1971, 7-44.

Bärenz, R., Die Trauernden trösten. Für eine zeitgemäße Trauerpastoral, München 1983.

Canacakis, J., Trauerverarbeitung im Trauerritual. Psychologische Felduntersuchung zur psychohygienischen Wirksamkeit der Totenklagen, Essen/Mühlheim 1982.

Eltern trauern um ihr totes neugeborenes Kind. Hinweise zur Begleitung, hg. von Sekretariat der Deutschen Bischofskonferenz (=ADBK 109), Bonn 1993.

Habermas, J., Technik und Wissenschaft als „Ideologie", Frankfurt a. M. 1969.

Illhardt, F.J., Trauer. Eine moraltheologische und anthropologische Untersuchung (=MoThSt.S 11), Düsseldorf 1982.

Lämmermann, G., Praktische Theologie als kritische oder empirisch-funktionale Handlungstheorie? Zur theologiegeschichtlichen Ortung und Weiterführung einer aktuellen Kontroverse (=TEH 211), München 1981.

Ders., Vom Trösten Trauernder. Mutmaßungen über ein pastoralpsychologisches Problem, in: PTh 86 (1997) 103-124.

Lindemann, F.-W., Seelsorge im Trauerfall. Erfahrungen und Modelle aus der Pfarrerfortbildung (=APTh 20), Göttingen 1984.

Mette, N./Steinkamp, H., Sozialwissenschaften und Praktische Theologie (=LeTh 11), Düsseldorf 1983.

Richter, K., Tod und Begräbnis in der Pastoral der Gemeinde, in: Materialdienst für Seelsorge und Laienapostolat 4/93, hg. von Bischöfliches Seelsorgeamt Augsburg, 46-51.

Ders., Trauerrituale, Trauergeleit, Trauerarbeit. Vortrag am 13. November 1995 im Zentralklinikum Augsburg.

Spiegel, Y., Der Prozeß des Trauerns. Analyse und Beratung (=GT.P 14), Mainz 1973.

Sundermeier, T., Auch das Trauern dient dem Leben. Eine afrikanische Lektion für Christen in Europa, in: PTh 70 (1981) 407-415.

Ders., Todesriten als Lebenshilfe. Der Trauerprozeß in Afrika, in: WzM 29 (1977) 129-144.

Ven, J.A. van der, Entwurf einer empirischen Theologie (=Theologie und Empirie 10), Kampen/Weinheim 1990.

Wegenast, K., Praktische Theologie zwischen Offenbarung und gesellschaftlichem Kontext, in: PThI 16 (1996) 175-179.

Teil II

Abel, P., Über-leben? Pastoraltheologische Beobachtungen zur Lage von Religion und Kirche, in: Homeyer, J./Steins, G. (Hg.), Kirche - postmodern „überholt"? Erfahrungen und Visionen in einer Zeit des Umbruchs, München 1996, 20-35.

Apostolisches Schreiben „Evangelii nuntiandi" (EN) Seiner Heiligkeit Papst Pauls VI. an den Episkopat, den Klerus und alle Gläubigen der Katholischen Kirche über die Evangelisierung in der Welt von heute, hg. von Sekretariat der Deutschen Bischofskonferenz (=VApS 2), Bonn 1975.

Ariès, Ph., Geschichte des Todes, München [7]1995.

Baumgartner, K., Art. Bestattung V. Gegenwart, in: LThK[3] II, Sp. 324-326.

Beck, U., Eigenes Leben - eigene Armut. Wo verläuft die Grenze zwischen Risiko- und Gefahrenbiographie?, in: ders./Vossenkuhl, W./Ziegler, U.E. (Hg.), Eigenes Leben. Ausflüge in die unbekannte Gesellschaft, in der wir leben, München 1995, 48-51.

Ders., Jenseits von Stand und Klasse?, in: ders./Beck-Gernsheim, E. (Hg.), Riskante Freiheiten. Individualisierung in modernen Gesellschaften, Frankfurt a. M. 1994, 43-61.

Ders., Risikogesellschaft. Auf dem Weg in eine andere Moderne, Frankfurt a. M. 1986.

Beck-Gernsheim, E., Vom „Dasein für andere" zum Anspruch auf ein Stück „eigenes Leben". Individualisierungsprozesse im weiblichen Lebenszusammenhang, in: SozWelt 34 (1983) 307-340.

Berger, P.A., Individualisierung. Statusunsicherheit und Erfahrungsvielfalt, Opladen 1996.

Berger, P.L., Sehnsucht nach Sinn. Glauben in einer Zeit der Leichtgläubigkeit, Frankfurt/New York 1994.

Biener, H., Totengedenken im Anzeigenteil. Beobachtungen zur Ausdifferenzierung der Gattung Todesanzeige, in: ComSoc 28 (1995) 395-411.

Canacakis, J., Ich sehe deine Tränen.Trauern, klagen, leben können, Stuttgart [8]1993.

Das Handeln der Kirche in der Welt von heute. Ein pastoraltheologischer Grundriß, hg. von Konferenz der bayerischen Pastoraltheologen, München 1994.

Denz, H./Zulehner, P.M., Wie Europa lebt und glaubt. Europäische Wertestudie, Düsseldorf 1993.

Der pastorale Dienst in der Pfarrgemeinde, hg. von Sekretariat der Deutschen Bischofskonferenz (=DtBis 54), Bonn 1995.

Duss-von Werdt, J., Der unvermeidliche Tod fordert sein Gastrecht im Haus, in: Fässler-Weibel, P. (Hg.), Wenn Kinder sterben, Freiburg/Schweiz 1993, 201-217.

Feldmann, K., Tod und Gesellschaft. Eine soziologische Betrachtung von Sterben und Tod (=EHS.S 191), Frankfurt/Bern/New York/Paris 1990.

Fuchs, O., Kirche für andere: Identität der Kirche durch Diakonie, in: Conc 24 (1988) 281-289.

Ders., „Umstürzlerische" Bemerkungen zur Option der Diakonie hierzulande, in: Caritas '85. Jahrbuch des Deutschen Caritasverbandes, Freiburg i. Br. o.J., 18-40.

Gabriel, K., Christentum zwischen Tradition und Postmoderne (=QD 141), Freiburg/Basel/Wien 1992.

Garhammer, E., Dem Neuen trauen. Perspektiven künftiger Gemeindearbeit, Graz/Wien/Köln 1996.

Gemeinsame Synode der Bistümer in der Bundesrepublik Deutschland. Beschlüsse der Vollversammlung. Offizielle Gesamtausgabe I, Freiburg/Basel/Wien [5]1976.

Gorer, G., Death, Grief and Mourning in Contemporary Britain, New York 1965.

Gornik, H.A., Und Sterben ist die Meisterprüfung, in: Familienbildung 6/96, 18-21.

Häußling, A.A., Liturgie: Gedächtnis eines Vergangenen und doch Befreiung in der Gegenwart, in: ders. (Hg.), Vom Sinn der Liturgie. Gedächtnis unserer Erlösung und Lobpreis Gottes (=SKAB 140), Düsseldorf 1991, 118-130.

Haslinger, H., Diakonie zwischen Mensch, Kirche und Gesellschaft. Eine praktisch-theologische Untersuchung der diakonischen Praxis unter dem Kriterium des Subjektseins des Menschen (=STPS 18), Würzburg 1996.

Kasper, W., Elemente einer Theologie der Gemeinde, in: LS 27 (1976) 289-298.

Kehl, M., Wohin geht die Kirche? Eine Zeitdiagnose, Freiburg/Basel/Wien 1996.

Klostermann, F., Kirche - Ereignis und Institution. Überlegungen zur Herrschafts- und Institutionsproblematik in der Kirche, Wien 1976.

KNA.ID, Nr. 13, Art. Berliner Bestattungs-Skandal: Für drei Leichen zum Oktoberfest?, vom 26. März, 42 (1997) 5.

Knobloch, S., Praktische Theologie. Ein Lehrbuch für Studium und Pastoral, Freiburg/Basel/Wien 1996.

Kuhnke, U., Koinonia. Zur theologischen Rekonstruktion der Identität christlicher Gemeinde (=Themen und Thesen der Theologie), Düsseldorf 1992.

Kunstmann, J., Christentum in der Optionsgesellschaft. Postmoderne Perspektiven, Weinheim 1997.

Metz, J.B., Gotteskrise. Versuch zur „geistigen Situation der Zeit", in: Diagnosen zur Zeit. Mit Beiträgen von J.B.Metz, G.B.Ginzel, P.Glotz, J.Habermas, D.Sölle, Düsseldorf 1994, 76-92.

Mitscherlich, A. und M., Die Unfähigkeit zu trauern. Grundlagen kollektiven Verhaltens, München 1967.

Nassehi, A./Weber, G., Tod, Modernität und Gesellschaft. Entwurf einer Theorie der Todesverdrängung, Opladen 1989.

Pastorale, Handreichung für den pastoralen Dienst. Einleitungsfaszikel. Die Heilssendung der Kirche in der Gegenwart, hg. von Konferenz der deutschsprachigen Pastoraltheologen, Mainz ²1970.

Rahner, K., Strukturwandel der Kirche als Aufgabe und Chance, Freiburg/Basel/Wien 1972.

Richter, K., Der Umgang mit den Toten und Trauernden in der christlichen Gemeinde. Eine Einführung, in: ders. (Hg.), Der Umgang mit den Toten. Tod und Bestattung in der christlichen Gemeinde (=QD 123), Freiburg/Basel/Wien 1990, 9-26.

Schmied, G., Sterben und Trauern in der modernen Gesellschaft, Opladen 1985.

Schuchard, J., Das Leben mit dem Sterben verlernt, in: Familienbildung 6/96, 16-18.

Schulze, G., Die Erlebnisgesellschaft. Kultursoziologie der Gegenwart, Frankfurt/New York ²1992.

Seigfried, A., Der Tod in der christlichen Anthropologie, in: Beinert, W. (Hg.), Einübung ins Leben - der Tod. Der Tod als Thema der Pastoral, Regensburg 1986, 83-107.

Steinkamp, H., Solidarität und Parteilichkeit. Für eine neue Praxis in Kirche und Gemeinde, Mainz 1994.

Ders., Sozialpastoral, Freiburg i. Br. 1991.

Steins, G., Gottesverwechslung, Gottvergessenheit und Religionsfreudigkeit. Oder: Wenn doch die Propheten einbrächen ..., in: Homeyer, J./Steins, G. (Hg.), Kirche - postmodern „überholt“? Erfahrungen und Visionen in einer Zeit des Umbruchs, München 1996, 57-74.

SZ (Süddeutsche Zeitung) Magazin, Nr. 21, Art. Die Show muß weitergehen, vom 24. Mai, 52 (1996) 38-39; Magazin, Nr. 45, Art. Das Himmelfahrtskommando, vom 7. November, 53 (1997) 14-23; SZ, Nr. 141, Art. Makabre Gruseltour durch Hollywood, vom 21. Juni, 52 (1996) 12; Nr. 158, Art. Ewige Ruhe im Cyberspace, vom 12./13. Juli, 53 (1997) 12; Nr. 268, Art. Am letzten Hemd verdienen, vom 21. November, 53 (1997) 12; Nr. 281, Art. Warum hast du mich verlassen?, vom 6./7. Dezember, 53 (1997) 3.

Theis, J., Annäherungen an das Thema Tod in unserer Gesellschaft, in: TThZ 105 (1996) 266-274.

Unsere Sorge um die Toten und die Hinterbliebenen. Bestattungskultur und Begleitung von Trauernden aus christlicher Sicht, hg. von Sekretariat der Deutschen Bischofskonferenz (=DtBis 53), 3., korrigierte Aufl., Bonn 1995.

Wahl, H., Glaube und symbolische Erfahrung. Eine praktisch-theologische Symboltheorie, Freiburg/Basel/Wien 1994.

Welsch, W., Unsere postmoderne Moderne, Weinheim [4]1994.

Weß, P., Gemeindekirche - Ort des Glaubens. Die Praxis als Fundament und als Konsequenz der Theologie, Graz/Wien/Köln 1989.

Wiederkehr, D., Grundvollzüge christlicher Gemeinde, in: Karrer, L. (Hg.), Handbuch der praktischen Gemeindearbeit, Freiburg/Basel/Wien 1990, 14-38.

Winau, R., Einstellungen zu Tod und Sterben in der europäischen Geschichte, in: ders./Rosemeier, H.P. (Hg.), Tod und Sterben, Berlin/New York 1984, 15-26.

Zerfaß, R., (Diskussionsbeitrag: „Zur theologischen Begründung diakonischen Handelns“), in: Deutscher Caritasverband (Hg.), Der ekklesiologische Ort der Diakonie - Zur gemeindebildenden Funktion und Bedeutung der Diakonie heute. Protokoll eines Symposions der Fortbildungs-Akademie des DCV in Zusammenarbeit mit dem Referat Caritas und Pastoral des DCV (=DCV.M 5), Freiburg i. Br. 1985, 33-40.

Ders., Gefährten in der Bedrängnis, in der Hoffnung auf die Gottesherrschaft und in der Geduld in Jesus (Offb 1,9), in: PThI 14 (1994) 119-145.

Ders., Lebensnerv Caritas. Helfer brauchen Rückhalt, Freiburg i. Br. 1992.

Zulehner, P.M., Art. Gemeinde, in: NHThG II, München 1991, 172-184.

Ders., Art. Praktische Theologie, in: NHThG IV, München 1991, 258-268.

Ders., Pastoraltheologie II: Gemeindepastoral. Orte christlicher Praxis, Düsseldorf 1989.

Ders., Pastoraltheologie III: Übergänge. Pastoral zu den Lebenswenden, Düsseldorf 1990.

Teil III

Abraham, K., Versuch einer Entwicklungsgeschichte der Libido auf Grund der Psychoanalyse seelischer Störungen (1924), in: ders., Psychoanalytische Studien I, 2., erg. Aufl., Frankfurt a. M. 1971, 113-183.

Arbeitsgruppe „Zu Hause sterben“ an der Evangelischen Fachhochschule Hannover (Hg.), Trauer über den Tod eines Kindes. Hilfen für „verwaiste Eltern“, 5., völlig rev. Aufl., Hannover 1995.

Baumgartner, I., Pastoralpsychologie. Einführung in die Praxis heilender Seelsorge, Düsseldorf 1990.

Beutel, M., Der frühe Verlust eines Kindes. Bewältigung und Hilfe bei Fehl-, Totgeburt und Fehlbildung (=Reihe Psychosoziale Medizin 2), Göttingen 1996.

Birgel, J., Trauer von Eltern nach dem Tod ihres neugeborenen Kindes, Lübeck 1995.

Bobzin, D., Ausdrucksweisen von Trauer - Anregungen für das Gespräch mit Angehörigen, in: Saternus, K.-S./Karger, J. von (Hg.), Chronische seelische Belastung - Trauer (=Rechtsmedizinische Forschungsergebnisse 9), Lübeck 1994, 51-60.

Bodner, E., „Die Erde ist mir Heimat nicht geworden“ (K. v. Günderode). Hintergründe für den Suizid junger Menschen in unserer Zeit, in: Verwaiste Eltern Hamburg e.V. (Hg.), Leben mit dem Tod eines Kindes, Schwerpunkt: Suizid, Hamburg 2/91, 1/92, 30-33.

Bojanovsky, J., Einführung in die Problematik und einige wichtige Ergebnisse zum Forschungsbereich Trauer, in: Howe, J./Ochsmann, R. (Hg.), Tod - Sterben - Trauer. Bericht über die 1. Tagung zur Thanato-Psychologie vom 4.-6. November 1982 in Vechta, 2., durchges. Aufl., Eschborn bei Frankfurt a. M. [2]1985, 330-337.

Borg, S./Lasker, J., Glücklose Schwangerschaft. Rat und Hilfe bei Fehlgeburt, Totgeburt und Mißbildungen, Frankfurt/Berlin 1987.

Bowlby, J., Das Glück und die Trauer. Herstellung und Lösung affektiver Bindungen, Stuttgart 1982.

Ders., Processes of Mourning, in: IntJPsychoan 42 (1961) 317-340.

Ders., Verlust, Trauer und Depression, Frankfurt a. M. 1983.

Brocher, T., Wenn Kinder trauern, Reinbek 1993.

Cain, A.C./Cain, B.S., On Replacing a Child, in: JAmAcadChildPsychiatr 3 (1964) 443-456.

Cohn, R., Ich bin ich - ein Aberglaube? Ein Gespräch mit Ruth Cohn, in: Psychologie heute 6 (1979) 23-28.

Cullberg, J., Mental Reactions of Women to Perinatal Death, in: Morris, N. (Hg.), Psychosomatic Medicine in Obstetrics and Gynaecology, Basel 1972, 326-339.

Der Spiegel, Nr. 26, Art. „Jimmy, wir kommen!“, vom 26. Juni, 48 (1995) 168-172.

Engel, G.L., Is Grief a Disease?, in: PsychosMed 23 (1961) 18-22.

Enzyklika Evangelium vitae (EV) von Papst Johannes Paul II. an die Bischöfe, Priester und Diakone, die Ordensleute und Laien sowie an alle Menschen guten Willens über den Wert und die Unantastbarkeit des menschlichen Lebens, hg. von Sekretariat der Deutschen Bischofskonferenz (=VApS 120), Bonn 1995.

Forrest, G.C./Standish, E./Baum, J.D., Support after Perinatal Death. A Study of Support and Counselling after Perinatal Bereavement, in: BrMedJ 285 (1982) 1475-1479.

Freud, S., Briefe 1873-1939, hg. von E.L.Freud, Frankfurt a. M. 1960.

Ders., Gesammelte Werke. Chronologisch geordnet V, hg. von E.Bibring/W.Hoffer/E.Kris/O.Isakower, Frankfurt a. M. [4]1968.

Ders., Gesammelte Werke. Chronologisch geordnet IX, hg. von A.Freud/E.Bibring/E.Kris, Frankfurt a. M. [4]1968.

Ders., Gesammelte Werke. Chronologisch geordnet X, hg. von A.Freud/E.Bibring/W.Hoffer/E.Kris/O.Isakower, Frankfurt a. M. [4]1967.

Fuhr, R./Gremmler-Fuhr, M., Dialogische Beratung, Köln 1991.

Fulcomer, D.M., The Adjustive Behavior of Some Recently Bereaved Spouses, Evanston 1942.

Furman, E., A Child's Parent Dies. Studies in Childhood Bereavement, New Haven 1974.

GEPS Bayern e.V. (Hg.), GEPS-Broschüre, Heft 6, Kolbermoor 1990.

GEPS Bayern e.V. (Hg.), Broschüre Geschwistertrauer, Kolbermoor o.J..

GEPS Deutschland e.V. (Hg.), Die wissenschaftliche Broschüre, Balingen 1993.

Goldmann-Posch, U., Wenn Mütter trauern. Erinnerungen an das verlorene Kind, München 1988.

Dies., Wie managen Männer Trauer und Verlust? Kritische Punkte in der Partnerschaft, Skriptum zum Vortrag vom 20. September 1990 an der Evangelischen Akademie Nordelbien in Hamburg.

Guhr, E., Personale Beratung, Göttingen 1981.

Habel, R., Den Tod neu be-greifen, in: Deutsche Hebammen-Zeitschrift 38 (1986) 325-331.

Hartmann, J., Lautlos und unbemerkt. Der plötzliche Kindstod, München 1990.

Hinker, W./Metelmann, V., Ein Kinderlachen ist verstummt. Eltern trauern, Stuttgart 1992.

Hömmen, Ch., Verstummen, um gehört zu werden, in: Familienbildung 6/96, 38-40.

Hofer, M.A./Wolff, C.T., Relationship between Psychological Defenses and Mean Urinary 17-Hydroxycorticosteroid Excretion Rates. A Predictive Study of Parents of Fatally Ill Children, in: PsychosMed 26 (1964) 592-609.

Dies./Friedman, S.B./Mason, J.W., A Psychoendoctrine Study of Bereavement. I. 17-Hydroxycorticosteroid Excretion Rates of Parents Following Death of their Children from Leukemia, in: PsychosMed 34 (1972) 481-491.

Hofmann, H., Begleitung von Familien, in denen ein Kind an Krebs stirbt, in: Student, J.-Ch. (Hg.), Im Himmel welken keine Blumen. Kinder begegnen dem Tod, Freiburg/Basel/Wien [2]1992, 58-71.

Holderegger, A., Art. Selbsttötung (Suizid), in: Rotter, H./Virt, G. (Hg.), Neues Lexikon der christlichen Moral, Innsbruck/Wien 1990, 672-677.

Horowitz, M.J./Marmar, C./Weiss, D.S./DeWitt, K.N./Rosenbaum, R., Brief Psychotherapy of Bereavement Reactions. The Relationship of Process to Outcome, in: ArchGenPsych 41 (1984) 438-448.

Ide, H., Wenn Kinder sich das Leben nehmen. Trauer, Klage und die Zeit danach, Stuttgart 1992.

Illhardt, F.J., Trauer. Eine moraltheologische und anthropologische Untersuchung (=MoThSt.S 11), Düsseldorf 1982.

INITIATIVE REGENBOGEN „Glücklose Schwangerschaft e.V.“. Regenbogen-Broschüre für verwaiste Eltern, die ihr Kind durch Fehl- oder Totgeburt oder nach der Entbindung verloren haben, Waldstetten [14]1993.

Jerneizig, R./Langenmayr, A., Klientenzentrierte Trauertherapie. Eine Pilotstudie zur Erfassung der therapeutischen Wirksamkeit, Göttingen/Bern/Toronto/Seattle 1992.

Dies./Schubert, U., Klientenzentrierte Psychotherapie bei problematischen Trauerverläufen, in: GWG-Zeitschrift 82 (1991) 65-69.

Dies., Leitfaden zur Trauertherapie und Trauerberatung, Göttingen/Zürich [2]1994.

Johnson, S., Sexual Intimacy and Replacement Children after the Death of a Child, in: Omega 15 (1984/85) 109-118.

Kast, V., Sich einlassen und loslassen. Neue Lebensmöglichkeiten bei Trauer und Trennung, Freiburg/Basel/Wien [3]1994.

Dies., Trauern. Phasen und Chancen des psychischen Prozesses, Stuttgart/Berlin 1982.

Dies., Wenn Geburt und Tod zusammenfallen - Trauer aus der Sicht der Therapeutin, in: Lutz, G./Künzer-Riebel, B. (Hg.), Nur ein Hauch von Leben. Eltern berichten vom Tod ihres Babys und von der Zeit ihrer Trauer, Lahr [2]1989, 63-78.

Dies., Wenn Kinder sterben, in: Student, J.-Ch. (Hg.), Im Himmel welken keine Blumen. Kinder begegnen dem Tod, Freiburg/Basel/Wien [2]1992, 148-159.

Klass, D., Parental Grief. Solace and Resolution, New York 1988.

Ders., Solace and Immortality. Bereaved Parents' Continuing Bond with their Children, in: Death Studies 17 (1993) 343-368.

Ders./Marwit, S.J., Toward a Model of Parental Grief, in: Omega 19 (1988/89) 31-50.

Klass,D./Shinners, B., Professional Roles in a Self-help Group for the Bereaved, in: Omega 13 (1982/83) 361-375.

Klein, M., Das Seelenleben des Kleinkindes und andere Beiträge zur Psychoanalyse, hg. von H.A.Thorner, Stuttgart [2]1983.

Knapp, R.J., Beyond Endurance. When a Child Dies, New York 1986.

Kropf, D., Grundprobleme der Gesprächspsychotherapie, Göttingen 1976.

Kübler-Ross, E., Interviews mit Sterbenden, Stuttgart/Berlin [4]1972.

Dies., Kinder und Tod, Zürich 1984.

Dies., Verstehen, was Sterbende sagen wollen. Einführung in ihre symbolische Sprache, Gütersloh [3]1990.

Lauer, M.E./Mulhern, R.K./Wallskog, J.M./Camitta, B.M., A Comparison Study of Parental Adaption Following a Child's Death at Home or in the Hospital, in: Ped 71 (1983) 107-112.

Legg, C./Sherick, I., The Replacement Child - a Developmental Tragedy. Some Preliminary Comments, in: Child Psychiatry and Human Development 7 (1976) 113-126.

Lehman, D.R./Wortman, C.B./Williams, A.F., Long-term Effects of Losing a Spouse or Child in a Motor Vehicle Crash, in: JPersSocPsychol 52 (1987) 218-231.

Lindemann, E., Jenseits von Trauer. Beiträge zur Krisenbewältigung und Krankheitsvorbeugung, hg. von P.Kutter, Göttingen 1985, 43-58.

Lösch, B., Trauerbegleitung für Eltern, die ihr Kind durch Suizid verloren haben, in: Verwaiste Eltern Hamburg e.V. (Hg.), Leben mit dem Tod eines Kindes, Schwerpunkt: Suizid, Hamburg 2/91, 1/92, 37-39.

Lothrop, H., Gute Hoffnung - jähes Ende. Ein Begleitbuch für Eltern, die ein Baby verlieren, und alle, die sie unterstützen wollen, 4., akt. Aufl., München 1995.

Lutz, G., Glauben auf dem Weg der Trauer, in: ders./Künzer-Riebel, B. (Hg.), Nur ein Hauch von Leben. Eltern berichten vom Tod ihres Babys und von der Zeit ihrer Trauer, Lahr [2]1989, 6-19.

Mandell, F./McAnulty, E./Reece, R.M., Observations of Paternal Response to Sudden Unanticipated Infant Death, in: Ped 65 (1980) 221-225.

Menschenwürde und Menschenrechte von allem Anfang an. Gemeinsames Hirtenwort der deutschen Bischöfe zur ethischen Beurteilung der Abtreibung, hg. von Sekretariat der Deutschen Bischofskonferenz (=DtBis 57), Bonn 1996.

Merk, H., Kurz- und langfristige Auswirkungen des Verlustes eines Kindes auf Eltern und Geschwister, Basel 1981.

Mitscherlich, M., Erinnerungsarbeit. Zur Psychoanalyse der Unfähigkeit zu trauern, Frankfurt a. M. 1993.

Dies., Vorwort, in: Goldmann-Posch, U., Wenn Mütter trauern. Erinnerungen an das verlorene Kind, München 1988, 9-11.

Niethammer, D., Das Sterben der Kinder, in: ZME 40 (1994) 213-221.

Orbach, I., Kinder, die nicht leben wollen, Göttingen 1990.

Ders., Suicidal, Aggressive, and Normal Children's Perception of Personal and Impersonal Death, in: JclinPsychol 34 (1978) 850-856.

Parkes, C.M., Bereavement Counceling: Does it Work?, in: BrMcdJ 281 (1980) 3-6.

Ders./Weiss, R.S., Recovery from Bereavement, New York 1983.

Peick, P.A./Klawe, W., Selbsthilfe für Helfer, München 1981.

Petersen, P., Schwangerschaftsabbruch: unser Bewußtsein vom Tod im Leben. Tiefenpsychologische und anthropologische Aspekte der Verarbeitung, Stuttgart 1986.

Ders., Seelische Veränderungen nach Schwangerschaftsabbruch, in: MMW 123 (1981) 1105-1108.

Poznanski, E.O., The „Replacement Child". A Saga of Unresolved Parental Grief, in: JPed 81 (1972) 1190-1193.

Raphael, B., The Anatomy of Bereavement, New York 1983.

Rickels, L.A., Der unbetrauerbare Tod, Wien 1989.

Riebel, H., Heute kann ich an Matthias denken, ohne daß es mir weh tut - Tod sechs Tage nach der Geburt, in: Lutz, G./Künzer-Riebel, B. (Hg.), Nur ein Hauch von Leben. Eltern berichten vom Tod ihres Babys und von der Zeit ihrer Trauer, Lahr [2]1989, 34-41.

Rogers, C.R., Entwicklung der Persönlichkeit, Stuttgart [8]1991.

Rogers, J./Vachon, M.S./Lyall, W.A./Sheldon, A./Freeman, J.J., A Selfhelp Program for Widows as an Independent Community Service, in: HospCommPsych 31 (1980) 844-846.

Rosenthal, P.A./Rosenthal, S., Suicidal Behavior by Preschool Children, in: AmJPsych 141 (1984) 520-525.

Rothenberg, A., Kreativität in der Psychotherapie, Köln 1990.

Rutgers, E., Wenn unser Kind durch Suizid stirbt, in: Fässler-Weibel, P. (Hg.), Wenn Kinder sterben, Freiburg/Schweiz 1993, 170-178.

Sagmeister, R., Art. Abtreibung, in: Rotter, H./Virt, G. (Hg.), Neues Lexikon der christlichen Moral, Innsbruck/Wien 1990, 13-18.

Schäfer, D./Knubben, W., ... in meinen Armen sterben? Vom Umgang der Polizei mit Trauer und Tod, Hilden 1992.

Schibilsky, M., Trauerwege. Beratung für helfende Berufe, Düsseldorf [2]1991.

Schiff, H.S., Verwaiste Eltern, 2., überarb. und erg. Aufl., Stuttgart 1990.

Schwerin, A.-Ch., Sterben, Tod und Trauer im Bilde verwaister Eltern (=EHS.P 494), Frankfurt/Berlin/Bern/New York/Paris/Wien 1995.

Scobel, W.A., Kann sprechen helfen?, Weinheim/Basel 1983.

Shanfield, S.B./Swain, B.J., Death of Adult Children in Traffic Accidents, in: JNervMdis 172 (1984) 533-538.

Silvermanns, P.R., The Widow to Widow Program. An Experiment in Preventive Intervention, in: MentHyg 53 (1969) 333-337.

Singh, B./Raphael, B., Postdisaster Morbidity of the Bereaved, in: JNervMdis 169 (1981) 203-212.

Spiegel, Y., Der Prozeß des Trauerns. Analyse und Beratung (=GT.P 14), Mainz 1973.

Spinetta, J.J./Swarner, J.A./Sheposh, J.P., Effective Parental Coping Following the Death of a Child from Cancer, in: Journal of Pediatric Psychology 6 (1981) 251-263.

Steffen, H., Reaktionen der Familie auf den Tod eines Kindes, in: FamDyn 3 (1978) 277-283.

Stich, H., Kernstrukturen menschlicher Begegnung, München 1977.

Stober, B., Suizidale Handlungen bei Kindern und Jugendlichen, in: Welz, R./Pohlmeier, H. (Hg.), Selbstmordhandlungen. Suizid und Suizidversuch aus interdisziplinärer Sicht, Weinheim/Basel 1981, 168-186.

Stubbe, H., Formen der Trauer. Eine kulturanthropologische Untersuchung, Berlin 1985.

Student, J.-Ch., Leben bis zum Ende - auch auf der Intensivstation, in: ders. (Hg.), Im Himmel welken keine Blumen. Kinder begegnen dem Tod, Freiburg/Basel/Wien ^{2}1992, 105-119.

Sutter, M., SIDS - Der plötzliche Kindstod, in: Fässler-Weibel, P. (Hg.), Wenn Kinder sterben, Freiburg/Schweiz 1993, 124-131.

SZ (Süddeutsche Zeitung), Nr. 212, Art. Kinder stürzen sich gemeinsam in den Tod, vom 14. September, 51 (1995) 41; Nr. 213, Art. Vom Alarmzeichen und dem „Werther-Effekt", vom 15. September, 51 (1995) 37; Nr. 15, Art. Letzte Ruhestätte in Grüften und Totenhäusern möglich, vom 19. Januar, 52 (1996) 5; Nr. 83, Art. In den USA leben Kinder gefährlich, vom 10. April, 52 (1996) 12; Nr. 105, Art. 15jähriges Mädchen stürzt sich in den Tod, vom 7. Mai, 52 (1996) 33; Nr. 48, Art. Fast wie im wilden Westen, vom 27. Februar, 53 (1997) 19; Nr. 249, Art. Zu Hause sitzen und warten kann man nicht, vom 29. Oktober, 53 (1997) 15; Nr. 275, Art. Die tiefen Spuren der Hoffnung, vom 29./30. November, 53 (1997) 3.

Tausch, R., Lebensschritte. Umgang mit belastenden Gefühlen, Reinbek 1989.

Ders., Umgang mit schweren Verlusten, in: Student, J.-Ch. (Hg.), Im Himmel welken keine Blumen. Kinder begegnen dem Tod, Freiburg/Basel/Wien ^{2}1992, 120-141.

Tausch, R. und A.-M., Gesprächspsychotherapie. Einfühlsame hilfreiche Gruppen und Einzelgespräche in Psychotherapie und alltäglichem Leben, 8., erg. Aufl., Göttingen/Stuttgart 1981.

Varga-Otterhall, B., Sterbephasen-Modelle, in: ZME 40 (1994) 249-255.

Verwaiste Eltern Hamburg e.V. (Hg.), Leben mit dem Tod eines Kindes, Schwerpunkt: Tod am Anfang des Lebens, Hamburg 8/96.

Videka-Sherman, L./Lieberman, M., The Effects of Self-help and Psychotherapy Intervention on Child Loss. The Limits of Recovery, in: AmJOrthops 55 (1985) 70-82.

Volkan, V.D., Linking Objects and Linking Phenomena, New York 1981.

Ders., Psychotherapy of Complicated Mourning, in: ders. (Hg.), Depressive States and their Treatment, Northvale 1985, 271-295.

Ders., The Linking Objekts of Pathological Mourners, in: Archives of General Psychiatry 27 (1972) 215-221.

Voss-Eiser, M., Hilfe und Selbsthilfe für verwaiste Eltern und trauernde Geschwister, in: Student, J.-Ch. (Hg.), Im Himmel welken keine Blumen. Kinder begegnen dem Tod, Freiburg/Basel/Wien ^{2}1992, 162-180.

Dies., Was heißt hier „Selbsthilfe"?, in: Verwaiste Eltern Hamburg e.V. (Hg.), Leben mit dem Tod eines Kindes, Schwerpunkt: Hilfe zur Selbsthilfe, Hamburg 6/94, 32-39.

Wehkamp, K.-H., Kindstod in der Frauenklinik, in: Lutz, G./Künzer-Riebel, B. (Hg.), Nur ein Hauch von Leben. Eltern berichten vom Tod ihres Babys und von der Zeit ihrer Trauer, Lahr ^{2}1989, 79-95.

Ders., Tod am Lebensanfang: Mögliche Auswirkungen und Prävention aus psychosomatisch-psychosozialer Sicht. Bericht über die 2. Tagung zur Thanato-Psychologie vom 23.-24. November 1989 in Osnabrück, in: Ochsmann, R./Howe, J. (Hg.), Trauer - Ontologische Konfrontation, Stuttgart 1991, 44-52.

Wild, A., Die Persönlichkeitstheorie von Rogers und die Ziele des psychotherapeutischen Handelns, in: GwG-Info 39 (1975) 61-71.

Wilske, J., „Plötzlicher Säuglingstod" - ein ungeklärtes Phänomen. Wie weit ist die Forschung heute?, in: GEPS Bayern e.V. (Hg.), Unser wissenschaftliches Blatt, Kolbermoor 1990, 2-19.

Worden, J.W., Beratung und Therapie in Trauerfällen. Ein Handbuch, Bern/Stuttgart/Toronto 1986.

Wortman, C.B./Silver, R.C., The Myths of Coping with Loss, in: JconsPsych 57 (1989) 349-357.

Wunnerlich, A., Zur Psychologie der ausweglosen Situation. Die Bedeutung tödlich verlaufender Krankheiten bei Kindern, gezeigt am Beispiel der akuten Leukämie, Bern/Stuttgart/Wien 1972.

Zauner, R., Trauer und depressive Reaktion nach Spontanabort. Eine Pilotstudie zur systematischen Erfassung von Einflußfaktoren, München 1995.

Zurhorst, G., Zur Kontroverse um den Empathie-Begriff, in: GwG-Info 45 (1981) 28-34.

Teil IV

1. Altes Testament

Albertz, R., Hintergrund und Bedeutung des Elterngebots im Dekalog, in: ZAW 90 (1978) 348-374.

Ders., Persönliche Frömmigkeit und offizielle Religion. Religionsinterner Pluralismus in Israel und Babylon (=CThM 9), Stuttgart 1978.

Barth, Ch., Die Errettung vom Tode in den individuellen Klage- und Dankliedern des Alten Testamentes, mit 2 Anh. und einer Bibliographie neu hg. von B.Janowski, Zürich ^{2}1987 (Bibliographie zur Todesproblematik für die Jahre 1947-1987).

Bertholet, A., Die israelitischen Vorstellungen vom Zustand nach dem Tode (=SGV 16), 2., gänzlich umgearb. und erweit. Aufl., Tübingen 1914.

Ders., Art. Trauergebräuche I und II, in: ^{2}RGG V, Sp. 1253-1258.

Budde, K., Die Bücher Samuel (=KHC 8), Tübingen 1902.

Bultmann, R., Art. ζάω, ζωή, (βιόω, βίος), ἀναζάω, ζῷον, ζωογονέω, ζωοποιέω, in: ThWNT II, 833-877.

Ders., Art. λύπη, λυπέω, ἄλυπος, περίλυπος, συλλυπέομαι, in: ThWNT IV, 314-325.

Caspari, W., Die Samuelbücher (=KAT 7), Leipzig 1926.

Deissler, A., Die Grundbotschaft des Alten Testaments. Ein theologischer Durchblick (=ts), Freiburg/Basel/Wien 1972.

Deselaers, P., Das Buch Tobit. Studien zu seiner Entstehung, Komposition und Theologie (=OBO 43), Freiburg/Göttingen 1982.

Elhorst, H.J., Die israelitischen Trauerriten (=BZAW 27), Gießen 1914, 115-128.

Fohrer, G., Einleitung in das Alte Testament, 12., überarb. und erweit. Aufl., Heidelberg 1979.

Frey, J., Tod, Seelenglaube und Seelenkult im alten Israel. Eine religionsgeschichtliche Untersuchung, Leipzig 1898.

Fuhs, H.F., Klagen vor Gott. Lebensangst und Lebensbewältigung im Glauben Israels, in: LS 31 (1981) 215-221.

Gennep, A. van, Übergangsriten (Les rites de passage). Aus dem Französischen von K.Schomburg und S.M. Schomburg-Scherff. Mit einem Nachw. von S.M. Schomburg-Scherff, Frankfurt/New York 1986.

Gese, H., Der Tod im Alten Testament, in: ders., Zur biblischen Theologie. Alttestamentliche Vorträge (=BEvTh 78), München 1977, 31-54.

Gladigow, B., Naturae deus humanae mortalis. Zur sozialen Konstruktion des Todes in römischer Zeit, in: Stephenson, G. (Hg.), Leben und Tod in den Religionen. Symbol und Wirklichkeit, Darmstadt 1980, 119-133.

Grüneisen, C., Der Ahnenkultus und die Urreligion Israels, Halle 1900.

Heinisch, P., Die Totenklage im AT, in: BZfr 13 (1931) 1-84.

Ders., Die Trauergebräuche bei den Israeliten, in: BZfr 13 (1931) 1-100.

Hermisson, H.-J., Weisheit, in: Boecker, H.J./Hermisson, H.-J./Schmidt, J.M./Schmidt, L. (Hg.), Altes Testament (=Neukirchener Arbeitsbücher), Neukirchen-Vluyn 1983, 165-188.

Jahnow, H., Das hebräische Leichenlied im Rahmen der Völkerdichtung (=BZAW 36), Gießen 1923.

Jirku, A., Die Dämonen und ihre Abwehr im Alten Testament, Leipzig 1912.

Jüngel, E., Tod (=ThTh 8), Stuttgart/Berlin ^{3}1973.

Krieg, M., Todesbilder im Alten Testament oder: „Wie die Alten den Tod gebildet" (=AThANT 73), Zürich 1988.

Kutsch, E., „Trauerbräuche" und „Selbstminderungsriten" im Alten Testament, in: Lüthi, K./Kutsch, E./Dantine, W. (Hg.), Drei Wiener Antrittsreden (=ThSt 78), Zürich 1965, 25-42.

Lang, B., Altersversorgung, Begräbnis und Elterngebot, in: ZDMG Suppl. III/1 (1977) 149-156.

Lohfink, N., Der Mensch vor dem Tod, in: ders., Das Siegeslied am Schilfmeer. Christliche Auseinandersetzungen mit dem Alten Testament, Frankfurt a. M. ^{2}1966, 198-243.

Pedersen, J., Israel. Its Life and Culture III-IV, Copenhagen 1940.

Perlitt, L., Allein mit dem Wort. Theologische Studien, zum 65. Geburtstag hg. von H.Spieckermann, Göttingen 1995, 206-221.

Plieth, M., Leben und Tod im Alten Testament, in: GlLern 9 (1994) 17-29.

Podella, T., Grundzüge alttestamentlicher Jenseitsvorstellungen, in: BN 43 (1988) 70-89.

Prat, M./Léon-Dufour, X., Art. Traurigkeit, in: WBB, Sonderausgabe der 2. Aufl., Freiburg/Basel/Wien 1967, 668-671.

Rad, G. von, Theologie des Alten Testaments I, München 1957.

Rost, L., Die Überlieferung von der Thronnachfolge Davids (=BWANT 3. Folge 6), Stuttgart 1926.

Scharbert, J., Der Schmerz im Alten Testament (=BBB 8), Bonn 1955.

Schmid, H., Art. Begräbnis II, ^{3}RGG I, Sp. 961-962.

Ders., Art. Trauerbräuche II, in: ^{3}RGG VI, Sp. 1000-1001.

Schulz, A., Die Bücher Samuel II (=EHAT 8), Münster 1920.

Schwally, Fr., Das Leben nach dem Tode nach den Vorstellungen des alten Israel und des Judentums einschließlich des Volksglaubens im Zeitalter Christi, Gießen 1892.

Stähli, H.-P., Tod und Leben im Alten Testament, in: ThGl 76 (1986) 172-192.

Steck, O.H., Welt und Umwelt (=BiKon), Stuttgart/Berlin/Köln/Mainz 1978.

Stubbe, H., Formen der Trauer. Eine kulturanthropologische Untersuchung, Berlin 1985.

Torge, P., Seelenglaube und Unsterblichkeitshoffnung im Alten Testament, Leipzig 1909.

Tsukimoto, A., Untersuchungen zur Totenpflege (kispum) im alten Mesopotamien (=AOAT 216), Kevelaer/Neukirchen 1985.

Vaux, R. de, Das Alte Testament und seine Lebensordnungen I, Freiburg/Basel/Wien [2]1984.

Wächter, L., Der Tod im Alten Testament (=AzTh 2/8), Stuttgart 1967.

Welten, P., Art. Bestattung II. Altes Testament, in: TRE V, 734-738.

Wenning, R./Zenger, E., Tod und Bestattung im biblischen Israel. Eine archäologische und religionsgeschichtliche Skizze, in: Hagemann, L./Pulsfort, E. (Hg.), „Ihr alle aber seid Brüder". FS für A.T. Khoury zum 60. Geburtstag (=WFMR.R 14), Würzburg 1990, 285-303.

Westermann, C., Das Buch Jesaja. Kapitel 40-66 (=ATD 19), Göttingen 1966.

Ders., Theologie des Alten Testaments in Grundzügen (=ATD-GAT 6), Göttingen 1978.

Wolff, H.W., Anthropologie des Alten Testaments, 4., durchges. Aufl., München 1984.

Würthwein, E., Die Erzählung von der Thronnachfolge Davids - theologische oder politische Geschichtsschreibung? (=ThSt 115), Zürich 1974.

Zenger, E., Das alttestamentliche Israel und seine Toten, in: Richter, K. (Hg.), Der Umgang mit den Toten. Tod und Bestattung in der christlichen Gemeinde (=QD 123), Freiburg/Basel/Wien 1990, 132-152.

Zimmerli, W., Ort und Grenze der Weisheit im Rahmen der alttestamentlichen Theologie, in: ders., Gottes Offenbarung. Gesammelte Aufsätze zum Alten Testament (=ThB 19), München 1963, 300-315.

2. Neues Testament

Berger, K., Exegese des Neuen Testaments. Neue Wege vom Text zur Auslegung, Heidelberg 1977.

Betz, H.D., Studien zur Bergpredigt, Tübingen 1985.

Bornkamm, G., Enderwartung und Kirche im Matthäusevangelium, in: ders./Barth, G./Held, H.J. (Hg.), Überlieferung und Auslegung im Matthäus-Evangelium (=WMANT 1), 2., durchges. Aufl., Neukirchen-Vluyn 1961, 13-47.

Bovon, F., Das Evangelium nach Lukas. 1. Teil: 1,1-9,50 (=EKK 3/1), Zürich 1989.

Broer, I., Die Seligpreisungen der Bergpredigt (=BBB 61), Bonn 1986.

Bultmann, R., Art. ἐλπίς, ἐλπίζω, ἀπ-, προελπίζω, in: ThWNT II, 515-531.

Ders., Die Geschichte der synoptischen Tradition (=FRLANT 29), Göttingen [7]1967.

Burger, C., Jesu Taten nach Matthäus 8 und 9, in: ZThK 70 (1973) 272-287.

Busse, U., Die Wunder des Propheten Jesus. Die Rezeption, Komposition und Interpretation der Wundertradition im Evangelium des Lukas (=FzB 24), Stuttgart 1977.

Das Neue Testament. Griechisch und Deutsch, hg. von K. und B.Aland, Stuttgart 1984.

Demke, Ch., Jesus Christus - auferstanden von den Toten, in: Kirchner, H. (Hg.), Die Frage nach Jesus Christus im ökumenischen Kontext, Berlin 1980, 82-91.

Dibelius, M., Die Formgeschichte des Evangeliums, 3., durchges. Aufl., Tübingen 1959.

Dobschütz, E. von, Die Thessalonicher-Briefe (=KEK), Göttingen [7]1909.

Dubarle, A.-M., Die Erwartung einer Unsterblichkeit im Alten Testament und im Judentum, in: Conc 6 (1970) 685-691.

Dupont, J., Les Béatitudes I (=EtB), Paris [2]1969.

Ders., Les Béatitudes II (=EtB), Paris [2]1969.

Ders., Les Béatitudes III (=EtB), Paris 1973.

Ernst, J., Das Evangelium nach Lukas (=RNT), Regensburg 1977.

Ders., Das Evangelium nach Markus (=RNT), Regensburg 1981.

Fiedler, P., Die Gegenwart als österliche Zeit - erfahrbar im Gottesdienst. Die „Emmausgeschichte" Lk 24,13-35, in: Oberlinner, L. (Hg.), Auferstehung Jesu - Auferstehung der Christen. Deutungen des Osterglaubens (=QD 105), Freiburg/Basel/Wien 1986, 124-144.

Fischbach, S.M., Totenerweckungen. Zur Geschichte einer Gattung (=FzB 69), Würzburg 1992.

Frankemölle, H., Matthäus. Kommentar I, Düsseldorf 1994.

Gelin, A., Die Armen - Sein Volk, Mainz 1957.

Giesen, H., Christliches Handeln. Eine redaktionskritische Untersuchung zum δικαιοσύνη - Begriff im Matthäus-Evangelium (=EHS.T 181), Frankfurt/Bern 1982.

Gnilka, J., Das Evangelium nach Markus. 1. Teil: 1-8,26 (=EKK 2/1), Zürich/Einsiedeln/Köln/Neukirchen-Vluyn 1978.

Ders., Das Matthäusevangelium. 1. Teil: 1,1-13,58 (=HThK 1/1), Freiburg/Basel/Wien 1986.

Ders., Die biblische Jenseitserwartung: Unsterblichkeitshoffnung - Auferstehungsglaube?, in: BiLe 5 (1964) 103-116.

Gräßer, E., Die Naherwartung Jesu (=SBS 61), Stuttgart 1973.

Grundmann, W., Das Evangelium nach Lukas (=ThHK 3), Berlin [7]1974.

Ders., Das Evangelium nach Markus (=ThHK 2), Berlin [6]1973.

Ders., Das Evangelium nach Matthäus (=ThHK 1), Berlin [3]1972.

Hahn, F., Christologische Hoheitstitel. Ihre Geschichte im frühen Christentum (=FRLANT 83), Göttingen 1963.

Ders. (Hg.), Der Erzähler des Evangeliums. Methodische Neuansätze in der Markusforschung (=SBS 118/119), Stuttgart 1985.

Harbarth, A., „Gott hat sein Volk heimgesucht". Eine form- und redaktionsgeschichtliche Untersuchung zu Lk 7,11-17: „Die Erweckung des Jünglings von Naïn", Heidelberg 1977.

Harnisch, W., Eschatologische Existenz. Ein exegetischer Beitrag zum Sachanliegen von 1.Thessalonicher 4,13-5,11, Göttingen 1973.

Held, H.J., Matthäus als Interpret der Wundergeschichten, in: Bornkamm, G./Barth, G./Held, H.J. (Hg.), Überlieferung und Auslegung im Matthäus-Evangelium (=WMANT 1), 2., durchges. Aufl., Neukirchen-Vluyn 1961, 155-287.

Hengel, M., Nachfolge und Charisma. Eine exegetisch-religionsgeschichtliche Studie zu Mt 8,21f. und Jesu Ruf in die Nachfolge (=BZNW 34), Berlin 1968.

Hoffmann, P., Art. Auferstehung. I/3. Neues Testament, in: TRE V, 450-467.

Ders., Die Stellung der Bergpredigt im Matthäusevangelium. Auslegung der Bergpredigt I, in: BiLe 10 (1969) 57-65.

Ders., Die Toten in Christus. Eine religionsgeschichtliche und exegetische Untersuchung zur paulinischen Eschatologie (=NTA 2), Münster 1966.

Ders., „Selig sind die Armen ..." Auslegung der Bergpredigt II (Mt 5,3-16), in: BiLe 10 (1969) 111-122.

Ders., Studien zur Frühgeschichte der Jesus-Bewegung (=SBAB 17), Stuttgart 1994.

Holtz, T., Der erste Brief an die Thessalonicher (=EKK 23), 2., durchges. Aufl., Zürich/Braunschweig/Neukirchen-Vluyn 1990.

Jeremias, J., Art. Ἡλ(ε)ίας, in: ThWNT II, 930-943.

Kähler, Ch., Studien zur Form- und Traditionsgeschichte der biblischen Makarismen, Jena 1974.

Kertelge, K., Die Wunder Jesu im Markusevangelium (=STANT 23), München 1970.

Kessler, H., Sucht den Lebenden nicht bei den Toten. Die Auferstehung Jesu Christi in biblischer, fundamentaltheologischer und systematischer Sicht, Düsseldorf 1985.

Kessler, W., Gott geht es um das Ganze. Jesaja 56-66 und Jesaja 24-27 (=BAT 19), Stuttgart ²1967.

Klein, H., Barmherzigkeit gegenüber den Elenden und Geächteten. Studien zur Botschaft des lukanischen Sondergutes (=BThSt 10), Neukirchen-Vluyn 1987.

Klostermann, E., Das Matthäusevangelium (=HNT 4), Tübingen ⁴1971.

Koch, K., Was ist Formgeschichte? Neue Wege der Bibelexegese, Neukirchen-Vluyn 1964.

Kuhn, H.-W., Enderwartung und gegenwärtiges Heil. Untersuchungen zu den Gemeindeliedern von Qumran mit einem Anh. über Eschatologie und Gegenwart in der Verkündigung Jesu (=StUNT 4), Göttingen 1966.

Lange, J., Das Matthäus-Evangelium (=WdF 525), Darmstadt 1980.

Lohmeyer, E., Das Evangelium des Markus (=KEK 1/2), Göttingen ¹⁷1967.

Ders., Das Evangelium des Matthäus (=KEK Sonderband), Göttingen ⁴1967.

Lührmann, D., Das Markusevangelium (=HNT 3), Tübingen 1987.

Luz, U., Das Evangelium nach Matthäus. 2. Teil: 8-17 (=EKK 1/2), Zürich/Einsiedeln/Köln/Neukirchen-Vluyn 1990.

Marxsen, W., Der Exeget als Theologe. Vorträge zum Neuen Testament, Gütersloh ²1968.

Merklein, H., Die Gottesherrschaft als Handlungsprinzip. Untersuchungen zur Ethik Jesu (=FzB 34), Würzburg 1978.

Ders., Jesu Botschaft von der Gottesherrschaft. Eine Skizze (=SBS 111), Stuttgart 1983.

Oberlinner, L., Zwischen Kreuz und Parusie. Die eschatologische Qualität des Osterglaubens, in: ders. (Hg.), Auferstehung Jesu - Auferstehung der Christen. Deutungen des Osterglaubens (=QD 105), Freiburg/Basel/Wien 1986, 63-95.

Pesch, R., Das Markusevangelium. Kap. 1,1-8,26 (=HThK 2/1), Freiburg/Basel/Wien 1976.

Ders., Jaïrus (Mk 5,22/Lk 8,41), in: BZ 14 (1970) 252-256.

Ders., Zwischen Karfreitag und Ostern. Die Umkehr der Jünger Jesu, Zürich 1983.

Rigaux, B., Saint Paul. Les Epîtres aux Thessaloniciens (=EtB), Paris/Gembloux 1956.

Rochais, G., Les Récits de Résurrection des Morts dans le Nouveau Testament (=MSSNTS 40), Cambridge 1981.

Sand, A., Das Evangelium nach Matthäus (=RNT), Regensburg 1986.

Schelkle, K.H., Neutestamentliche Eschatologie, in: MySal V, Einsiedeln/Zürich/Köln 1976, 723-776.

Schlosser, J., Le Règne de Dieu dans les Dits de Jésus (=EtB), Paris 1980.

Schmithals, W., Das Evangelium nach Markus. Kap. 1-9,1 (=ÖTK 2/1), Gütersloh/Würzburg 1979.

Schnackenburg, R., Christliche Existenz nach dem Neuen Testament. Abhandlungen und Vorträge I, München 1967.

Ders., Eschatologie. III. im Neuen Testament, in: LThK² III, Sp. 1088-1093.

Ders., Matthäusevangelium 1,1-16,20 (=NEB.NT 1), Würzburg 1985.

Schneider, G., Das Evangelium nach Lukas. Kap. 1-10 (=ÖTK 3/1), Gütersloh/Würzburg ²1984.

Schürmann, H., Das Lukasevangelium. 1. Teil: 1,1-9,50 (=HThK 3/1), Freiburg/Basel/Wien 1969.

Ders., Gottes Reich - Jesu Geschick. Jesu ureigener Tod im Licht seiner Basileia-Verkündigung, Freiburg/Basel/Wien 1983.

Schulz, S., Q. Die Spruchquelle der Evangelisten, Zürich 1972.

Schwarz, W., Die Erweckung des Töchterchens des Jaïrus. Ein Beitrag zur Exegese von Mk 5,21-43, Wien 1984.

Schweizer, E., Das Evangelium nach Markus (=NTD 1), 14., neu bearb. Aufl., Göttingen 1975.

Ders., Die Bergpredigt (=KVR 1481), Göttingen 1982.

Ders., Die Leiblichkeit des Menschen: Leben - Tod - Auferstehung, in: EvTh 29 (1969) 40-55.

Strecker, G., Der Weg der Gerechtigkeit. Untersuchung zur Theologie des Matthäus (=FRLANT 82), Göttingen 1962.

Ders., Die Bergpredigt. Ein exegetischer Kommentar, Göttingen 1984.

Theißen, G., Urchristliche Wundergeschichten. Ein Beitrag zur formgeschichtlichen Erforschung der synoptischen Evangelien (=StNT 8), Gütersloh 1974.

Trilling, W., Das wahre Israel. Studien zur Theologie des Matthäus-Evangeliums (=StANT 10), München ³1964.

Vögtle, A., Der verkündigende und verkündigte Jesus „Christus", in: Sauer, J. (Hg.), Wer ist Jesus Christus?, Freiburg/Basel/Wien 1977, 27-91.

Ders., Hat sich Jesus als Heilsmittler geoffenbart?, in: BiKi 34 (1979) 4-11.

Ders., „Theo-logie“ und „Eschato-logie“ in der Verkündigung Jesu?, in: Gnilka, J. (Hg.), Neues Testament und Kirche. FS für R.Schnackenburg, Freiburg/Basel/Wien 1974, 371-398.

Wächter, L., Der Tod im Alten Testament (=AzTh 2/8), Stuttgart 1967.

Walter, N., Art. σπλαγχνίζομαι, in: EWNT III, Sp. 633-634.

Weinreich, O., Antike Heilungswunder. Untersuchungen zum Wunderglauben der Griechen und Römer (=RGVV 8/1), Gießen 1909 (Nachdr. Berlin 1969).

Wrege, H.T., Die Überlieferungsgeschichte der Bergpredigt (=WUNT 9), Tübingen 1968.

Teil V

Augustinus, De anima et eius origine. Liber tertius, in: PL XLIV, Sp. 509-524.

Ders., De baptismo. Liber quartus, in: PL XLIII, Sp. 153-176.

Ders., De civitate Dei. Liber decimus tertius, in: PL XLI, Sp. 377-404.

Bäumler, Ch., Methoden der empirischen Sozialforschung in der Praktischen Theologie. Eine Einführung (=ST 4), München 1976.

Bohnsack, R., Rekonstruktive Sozialforschung. Einführung in Methodologie und Praxis qualitativer Forschung, 2., überarb. Aufl., Opladen 1993.

Bucher, A.A., Einführung in die empirische Sozialwissenschaft. Ein Arbeitsbuch für TheologInnen, Stuttgart/Berlin/Köln 1994.

Codex des kanonischen Rechtes (CIC), Lateinisch-deutsche Ausgabe, hg. im Auftrag der Deutschen und der Berliner Bischofskonferenz, der Österreichischen Bischofskonferenz, der Schweizer Bischofskonferenz sowie der Bischöfe von Bozen-Brixen, von Luxemburg, von Lüttich, von Metz und von Straßburg, 3., verb. und vermehrte Aufl., Kevelaer 1989.

Cyprian, Epistulae LXXIII, in: CSEL III/2, 787-799.

Cyrill von Jerusalem, Catechesis tertia. De baptismo, in: PG XXXIII, Sp. 425-450.

Die kirchliche Begräbnisfeier in den katholischen Bistümern des deutschen Sprachgebietes, hg. im Auftrag der Bischofskonferenzen Deutschlands, Österreichs und der Schweiz und des Bischofs von Luxemburg, Einsiedeln/Köln/Freiburg/Basel/Regensburg/Wien/Salz-burg/Linz 1972.

Eltern trauern um ihr totes neugeborenes Kind. Hinweise zur Begleitung, hg. von Sekretariat der Deutschen Bischofskonferenz (=ABDK 109), Bonn 1993.

Fragen der Theologie und des religiösen Lebens. Neue Arbeiten über das Schicksal des ungetauft verstorbenen Kindes, in: HerKorr 9 (1954/55) 458-464.

Friedrichs, J., Methoden empirischer Sozialforschung (=WV studium 28), Opladen [14]1990.

Geiger, Art. Friedhof, in: HDA III, Berlin/Leipzig 1931, Sp. 86-95.

Imhof, A.E., Die verlorenen Welten. Alltagsbewältigung durch unsere Vorfahren - und weshalb wir uns heute so schwer damit tun, München 1984.

Kleining, G., Umriss zu einer Methodologie qualitativer Sozialforschung, in: KZSS 34 (1982) 224-253.

Lamnek, S., Qualitative Sozialforschung I: Methodologie, 3., korrigierte Aufl., Weinheim 1995.

Paul, E., Geschichte der christlichen Erziehung II: Barock und Aufklärung, Freiburg/Basel/Wien 1995.

Schwerin, A.-Ch., Sterben, Tod und Trauer im Bilde verwaister Eltern (=EHS.P 494), Frankfurt/Berlin/Bern/New York/Paris/Wien 1995.

Tertullian, De baptismo, in: CChr SL I, 277-295.

Ven, J.A. van der, Entwurf einer empirischen Theologie (=Theologie und Empirie 10), Kampen/Weinheim 1990.

Verwaiste Eltern Hamburg e.V. (Hg.), Leben mit dem Tod eines Kindes, Schwerpunkt: Hilfe zur Selbsthilfe, Hamburg 6/94.

Ders., Leben mit dem Tod eines Kindes, Schwerpunkt: Tod am Anfang des Lebens, Hamburg 8/96.

Ders., Leben mit dem Tod eines Kindes, Schwerpunkt: Trauer und Behinderung, Hamburg 7/95.

Teil VI

Agende. Für evangelisch-lutherische Kirchen und Gemeinden III/5: Die Bestattung, hg. von der Kirchenleitung der Vereinigten Evangelisch-Lutherischen Kirche Deutschlands, neubearb. Aufl. Hannover 1996.

Bärenz, R., Die Trauernden trösten. Für eine zeitgemäße Trauerpastoral, München 1983.

Bärsch, J., Aus Sorge um die Toten und die Trauernden. Die Begräbnisliturgie nach der neuen lutherischen Bestattungsagende, in: Gottesdienst 31 (1997) 113-115.

Ders./Kowalski, B. (Hg.), Trauernde trösten - Tote beerdigen. Biblische, pastorale und liturgische Hifen im Umkreis von Sterben und Tod (=Feiern mit der Bibel 4), Stuttgart 1997.

Baumgartner, I., Heilende Seelsorge in Lebenskrisen, Düsseldorf 1992.

Ders., Pastoralpsychologie. Einführung in die Praxis heilender Seelsorge, Düsseldorf 1990.

Ders., Theologische Dimensionen der Supervision von Mitarbeitern in Seelsorge und Caritas, Ueken 1997.

Baumgartner, K./Müller, W. (Hg.), Beraten und begleiten - Handbuch für das seelsorgliche Gespräch, Freiburg/Basel/Wien 1990.

Baumgartner, K. (Hg.), Das Seelsorgegespräch in der Gemeinde (=PastH), Würzburg 1982.

Ders., Die Trauernden trösten, in: LKat 5 (1983) 97-100.

Ders., In existentiellen Verlustsituationen, in: ders./Müller, W. (Hg.), Beraten und begleiten - Handbuch für das seelsorgliche Gespräch, Freiburg/Basel/Wien 1990, 232-240.

Ders., Tröstet einander, in: Die Lebendige Zelle 38 (1995) 138-140.

Bohlen, R., Klagen - Leben - Hoffen - Trösten. Die geistliche Rede angesichts von Sterben und Tod, in: TThZ 105 (1996) 275-284.

Bommer, J., Die Gemeinde und ihre Sterbenden und Toten, in: TZ 43 (1987) 22-30.

Brem, A., Gemeinde als Lernort der Beziehung, in: Diak 25 (1994) 50-53.

Calster, S. van, Trauer und Trost. Überlegungen eines Pastoraltheologen, in: IKaZ 17 (1988) 512-514.

Chudzinski, J., Vom Dunkel ins Licht. Weihnachtliche Meßfeier mit Trauernden, in: Praxis in der Gemeinde 9 (1987) 39-40.

Düerkob, M., Trauern. Eine Voraussetzung für die Selbstwerdung des Menschen (=Deutsche Hochschulschriften 886), Frankfurt a. M. 1994.

Emeis, D., Abschied und neue Nähe. Beerdigung und Eucharistie, in: LS 32 (1981) 209-214.

Ders., Zum Umgang mit Schuld in Trauersituationen, in: LKat 5 (1983) 131-133.

Engstler, J., Trauerbegleitung in der Gemeinde - Ein Versuch, in: Materialbrief GK 2/96, hg. von Deutscher Katecheten-Verein e.V., 20-21.

Entrich, M., Das Unaufhaltsame aufhalten. Eine Frau im Trauerzug oder: Jesus bringt die Wende (Lk 7,11-17), in: Die Lebendige Zelle 38 (1995) 136-138.

Fuchs, O., Biblische Geschichten und christliches Handeln. Überlegungen zu einer angemessenen Vermittlungstheorie zwischen Schrift und Leben, in: Katholisches Bibelwerk (Hg.), Dynamik im Wort. Lehre von der Bibel, Leben aus der Bibel, Stuttgart 1983, 361-383.

Göllner, R., Behandlung von Trauer und Tod im Religionsunterricht, in: LS 32 (1981) 239-244.

Ders., Biblische Perikopen zur Trauer und ihre Behandlung in Religionsunterricht und Katechese, in: LKat 5 (1983) 162-170.

Grewe, Ch. und J., Von Beileidsbekundungen bitte keinen Abstand nehmen!, in: Die Lebendige Zelle 38 (1995) 151.

Haberl-Ruff, A., Gemeinsam trauern. Form einer Trauerliturgie in der Gemeinde, in: LS 46 (1995) 332-336.

Holzschuh, W., Getröstete Trauer (Lk 24,13-35), in: Kowalski, B. (Hg.), Unsere Trauer wandelst Du in Freude. Hilfen für Totengebet und Begräbnisfeiern (=Feiern mit der Bibel 3), Stuttgart 1996, 115-119.

Ders., Fürbittformular für die Beerdigung eines Kindes, in: Kowalski, B. (Hg.), Unsere Trauer wandelst Du in Freude. Hilfen für Totengebet und Begräbnisfeiern (=Feiern mit der Bibel 3), Stuttgart 1996, 128-129.

Horix-Schwesinger, H. von, Trauerarbeit in der Gemeinde, in: Materialdienst für Seelsorge und Laienapostolat 4/93, hg. von Bischöfliches Seelsorgeamt Augsburg, 43-45.

Illhardt, F.J., Trauer - Arbeit an der Grenze, in: LebZeug 41 (1986) 51-61.

Jalics, F., Kontemplative Exerzitien. Eine Einführung in die kontemplative Lebenshaltung und in das Jesusgebet, Würzburg ^{4}1996.

Lade, E. (Hg.), Trauergottesdienste. Musterbeispiele mit vielfältigen Anregungen für alle Traueranlässe I und II, Kissing/Zürich/Paris/Mailand/Amsterdam/Wien/New York 1996.

Lämmermann, G., Vom Trösten Trauernder. Mutmaßungen über ein pastoralpsychologisches Problem, in: PTh 86 (1997) 103-124.

Lamp, I./Meurer, T., Abschied - Trauer - Neubeginn. Erfahrungen mit Tod und Trauer. Begleitung auf dem Trauerweg, Aachen 1997.

Lindner, R., Begleitung Trauernder (=Studienbriefe Seelsorge S4), Stuttgart o.J..

Ders., Umgang mit Trauernden, in: LKat 5 (1983) 129-131.

Lüdicke, R., Trauerseminare, in: LS 46 (1995) 328-332.

Merz-Abt, T./Stutz, P., Gottesdienst feiern mit Trauernden. Anregungen zur Auseinandersetzung mit Sterben, Tod und Auferstehung und Gottesdienst-Modelle, Luzern/Stuttgart 1992.

Meurer, T., Verstehen, was Trauernde sagen wollen, in: LS 45 (1994) 199-203.

Möser, W., Kann man Trauerbegleitung lernen? - Ein dreitägiges Seminar, in: Materialbrief GK 2/96, hg. von Deutscher Katecheten-Verein e.V., 22-23.

Müller, W., Meine Seele weint. Die therapeutische Wirkung der Psalmen für die Trauerarbeit (=MKS 73), Münsterschwarzach 1993.

Ders., Trauerarbeit in der Seelsorge, in: Praxis in der Gemeinde 9 (1987) 42-43.

Nationale Liturgiekommission-Sekretäre, Das kirchliche Begräbnis in Europa. Pastoralliturgische Überlegungen und Empfehlungen, in: HID 47 (1993) 166-172.

Neysters, P./Schmitt, K.H., Denn sie werden getröstet werden. Das Hausbuch zu Leid und Trauer, Sterben und Tod, München 1993.

Nocke, F.-J., Loslassen in Liebe. Sterben und Tod in heutiger Theologie, in: ZME 42 (1996) 209-216.

Oates, W.E., Krise, Trennung, Trauer. Ein Leitfaden pastoraler Fürsorge und Beratung, München 1977.

Ott, R., Trauer und Trost. Eine katechetische Skizze, in: LKat 5 (1983) 115-120.

Pera, H./Weinert, B., Mit Leidenden unterwegs. Wo wir einander begegnen, sind wir Lebende, Leipzig 1991.

Pisarski, W., Anders trauern - anders leben, Gütersloh ^{4}1993.

Probst, M./Richter, K., Zeichen der Hoffnung in Tod und Trauer. Werkbuch zur Sterbe- und Totenliturgie, NB, Freiburg/Basel/Wien 1996.

Publik-Forum-Extra: Trauern und Trösten 17 (1988).

Reichert, G., Totengedächtnis in der Gemeinde, in: LS 32 (1981) 247-251.

Reiner, A., Trauer eröffnet Zukunft, in: LS 45 (1994) 316-319.

Richter, K. (Hg.), Unablässig leidet mein Herz. Christliche Verkündigung angesichts von Trauer und Angst, Freiburg/Basel/Wien 1992.

Riedel, I., Die Emmaus-Geschichte als Trauer-Weg. Erschließung eines Textes mit bibliodramatischen Elementen, in: JRPäd 8 (1991) 89-99.

Ritt, H. (Hg.), Bereiten wir uns auf den Tod vor? 28. Sonntag im Jahreskreis bis Christkönigssonntag (=Gottes Volk, Bibel und Liturgie im Leben der Gemeinde 8), Stuttgart 1994.

Ritter, M., Wenn Kinder sterben. Über die seelsorgliche Betreuung von Kindern und Eltern, in: Baumgartner, K. (Hg.), Für ein Sterben in Würde. Erfahrungen unter medizinisch-therapeutischen und theologisch-pastoralen Aspekten, München 1997, 141-156.

Rossow, W., Klientenzentrierte Gesprächsführung im Trauergespräch, in: WzM 32 (1980) 270-280.

Rusche, B./Haneklaus, H., Bildungsarbeit mit Beerdigungsunternehmern, in: LKat 5 (1983) 174-176.

Scheuermann, M., Seelsorge an Trauernden, in: TPQ 135 (1987) 59-63.

Scheuermann, R., Vorbereitung auf den Umgang mit Trauernden, in: LKat 5 (1983) 133-136.

Schibilsky, M., Von der Trauergeschichte zur Lebensgeschichte. Biographische Wege der Vergewisserung - Trauern mit biblischen Texten, Skriptum zum Vortrag vom 13. Oktober 1989 beim Forum: Ein Tod zur Unzeit, in München.

Schmeiser, N., Trauernde in Liturgie und Leben der Gemeinde. Ein Bildungsangebot zur Trauerbegleitung, in: LJ 47 (1997) 41-49.

Schmitz-Böhmig, U., Tod zur Unzeit. Erfahrungen mit trauernden Eltern, in: Brennpunkt Gemeinde 49 (1996) 183-186.

Schulz, E., Trauernde trösten. Ein pastoraltheologisches Postulat an Seelsorger und Gemeinden, in: Brosseder,H./Schulz,E./Wahl,H. (Hg.), Den Menschen nachgehen. FS für H.Schilling, St. Ottilien 1987, 225-251.

Seigfried, A., Trauern in der Hoffnung, in: LS 32 (1981) 228-233.

Spörlein, J. (Hg.), Christliche Verkündigung angesichts von Tod und Trauer, Freiburg/Basel/Wien 1996.

Spohr, M./Schnegg, M., Trauernde in Gemeinde und Hospiz, in: Pastoralblatt 49 (1997) 5-16.

Stahlschmidt, K.G., Mein Kind ist tot - Suizid! Treffen „Verwaister Eltern“, in: Materialbrief GK 1/96, hg. von Deutscher Katecheten-Verein e.V., 19-20.

Stappen, B., Trauerarbeit als Erinnerungsarbeit, in: LS 45 (1994) 304-308.

Stollberg, D., Der Glaube, der uns heilt oder: Von der Fähigkeit zu trauern, in: PTh 75 (1986) 135-148.

Wehrle, P., Verkündigung bei Tod und Trauer, in: LS 32 (1981) 234-239.

Winter, F., Seelsorge an Sterbenden und Trauernden, Göttingen/Berlin 1976.

Zerfaß, R., Jesu Umgangsstil als Maßstab der Seelsorge, in: Diak 14 (1983) 230-243.

Zimmermann-Wolf, Ch., Viel Weinen und Wehklagen - Rachel trauert um ihre Kinder ..., in: LS 46 (1995) 324-327.